미디어 언어와 문화

미디어 언어와 문화

발행일 2024년 6월 27일

지은이 이정복
펴낸이 최도옥
표 지 조해민
펴낸곳 소통
주 소 서울시 금천구 시흥대로 193 1110호
전 화 070-8843-1172
팩 스 0505-828-1177
이메일 songtongpub@gmail.com
블로그 http//sotongpublish.tistory.com

가 격 24,000원

잘못된 책은 바꾸어 드립니다.
이 책의 내용은 저작권법에 따라 보호받고 있습니다.

ISBN 979-11-91957-36-5 93700

미디어 언어와 문화

이 정 복 지음

소통

머리말

　21세기는 인터넷 미디어가 지배하는 시대다. 신문, 방송과 같은 전통적인 매체는 인터넷과 경쟁하기보다는 그 안에 들어감으로써 새로운 활기를 찾게 되었고, 오히려 경쟁력을 높이고 있다. 안방의 텔레비전을 통해 보던 드라마, 영화관을 찾아서 보던 영화도 이제는 인터넷 동영상 서비스(OTT)를 이용해 언제 어디서든 작은 휴대전화 화면에서도 편하게 볼 수 있다. 손으로 꾹꾹 눌러 쓴 정성과 향기가 담긴 편지도, 카페와 민속주점 입구 게시판에 붙이던 약속 쪽지도 분위기 차이는 좀 있지만 모두 인터넷 안에서 자리를 잡은 지 오래다. 에어컨, 세탁기와 같은 가전에도, 자동차에도 인터넷이 연결되어 사람들과 수시로 대화를 나눈다. 만들어 낸 거의 모든 기계와 매체가 인터넷이라는 용광로 안에서 이웃이 되고, 하나로 연결되었다. 그만큼 사람들의 삶과 정신과 마음이 인터넷을 기반으로 작동하는 때인 셈이다.

　인터넷을 움직이는 핵심 운영 체계는 언어다. 프로그램 자체도 언어를 바탕으로 만든 것이고, 인터넷 안에서 사람과 사람, 기계와 사람이 소통하는 데도 언어가 가장 중요한 요소로 쓰인다. 최근 인터넷 공간의 소통 방식이 문자에서 동영상 중심으로 빠르게 바뀌고 있지만 동영상에서도 언어는 빠질 수 없는 필수 성분이다. 사진과 그림 중심으로 만들어진 콘텐츠도 제목이며 해설은 언어로 되어 있고, 그것을 본 누리꾼들이 올리는 댓글은 언어일 수밖에 없다. 놀라운 속도로 발달하고 있는 인공지능(AI)도 언어와 기술, 언어학과 공학의 결합체가 아닌가? 이처럼 인터넷 미디어에서도 언어가 중심을 차지하는 것은 사람과 사회의 존재 자체가 언어의 토대 위에서 이루어진 것이고, 언어는 사회를 돌아가게 하는 원초적이면서 가장 힘센 미디어기 때문이다. 언어, 특히 인터넷 언어에 대한 끊임없는 관심과 연구가 필요한 이유다.

이 책은 인터넷 미디어를 중심으로 이루어지는 한국어 화자들의 언어 사용과 관련 문화의 다양한 모습을 살펴보고자 한 것이다. 특히 한류 문화가 전 세계적 인기를 얻는 상황에서 한국의 드라마, 가요 등 한류 문화콘텐츠에도 관심을 크게 기울였다. 2017년에 ≪사회적 소통망(SNS)의 언어문화 연구≫를 펴낸 지 7년 만에 그동안의 연구를 체계 세우고 종합해 보았다. 모두 11개의 장으로 구성되며, '방송, 신문 매체', '사회적 소통망', '동영상 매체'의 3부로 나누어 기술했다.

　1부에서는 '드라마의 경어법과 차별 언어', '드라마의 통신 언어', '언론 기사의 외래 고유명사 줄임말', '언론 기사의 욕설 댓글'을 다루었다. 대표적 전통 매체인 방송과 신문이 인터넷과 결합함으로써 미디어의 언어 사용이 더욱 중요한 사회적 문제가 되고 있음을 지적했다. 2부에서는 '비판 정치 트윗글', '트위터 누리꾼들의 영어 차용 복합어 새말', '트위터 누리꾼들의 의성의태어', '소셜 미디어와 텍스트언어학'을 분석했다. 아직도 인터넷 소통에서 중요한 자리를 차지하는 트위터 등의 사회적 소통망에서 나타나는 언어문화를 중점적으로 살펴보았다. 3부에서는 '방탄소년단 유튜브 동영상 댓글', '케이팝 노랫말에 대한 누리꾼들의 태도', '유튜브 동영상 언어 연구'를 다루었다. 인터넷 미디어 이용이 동영상 중심으로 바뀌는 상황과 한류, 한국어의 확산에 초점을 맞추었다.

　케이드라마, 케이팝 등 한류 문화콘텐츠의 자료 수집과 분석에서 큰 도움을 준 박숙정 님에게 고마운 마음을 전하며, 정성으로 책을 만들어 주신 소통 출판사 최도욱 사장님의 노고에도 감사드린다.

2024년 5월 22일

이 정 복

차 례

머리말 / 5

1부_ 방송, 신문 매체의 언어와 문화

1장_ 드라마의 경어법과 차별 언어 / 13

   1. 케이드라마 열풍과 한국어 ·································· 13
   2. 드라마 대사에 나타난 경어법 ······························ 16
      2.1 경어법의 전략적 용법 ································· 16
      2.2 상황 주체 높임 ·· 31
   3. 드라마 대사에 나타난 차별 언어 ·························· 37
   4. 드라마의 언어적 장치와 효과 ······························ 45

2장_ 드라마의 통신 언어 사용과 그 효과 / 49

   1. 드라마와 통신 언어 ·· 49
   2. 드라마 통신 언어의 쓰임 ····································· 50
   3. 드라마 통신 언어에 대한 반응 ······························ 63
   4. 드라마 통신 언어의 효과 ····································· 66

3장_ 언론 기사에 쓰인 외래 고유명사 줄임말 / 71

   1. 언론의 외래어, 외국어 남용 ································· 71
   2. 줄임말에 대한 기본적 이해 ·································· 75
      2.1 줄임말의 개념과 유형 ································· 75
      2.2 줄임말의 사용 동기 ··································· 77
      2.3 줄임말의 형성 원리 ··································· 80
   3. 외래 고유명사 줄임말의 유형과 사용 방식 ············· 88
      3.1 유형 ··· 88

   3.2 사용 방식 ……………………………………………………… 97
  4. 줄임말 유형에 따른 사용 효과 ………………………………… 103
  5. 외래 고유명사의 한국어 줄임말 필요성 ……………………… 110

4장_ 기사 댓글의 욕설 사용 실태와 한국 금기 문화 / 113

  1. 인터넷 공간의 욕설 사용 ………………………………………… 113
  2. 인터넷 욕설과 금기어, 금칙어 ………………………………… 115
  3. 인터넷 욕설의 유형과 사용 실태 ……………………………… 119
  4. 한국 사회 금기 문화의 특징 …………………………………… 136
  5. 욕설 사용의 심층 분석 필요성 ………………………………… 140

2부_ 사회적 소통망의 언어와 문화

5장_ 비판 정치 트윗글의 유형과 언어 사용 전략 / 147

  1. 트위터와 정치인 …………………………………………………… 147
  2. 정치 트윗글의 유형 ……………………………………………… 150
  3. 비판 정치 트윗글의 언어 사용 ………………………………… 158
  4. 비판 정치 트윗글의 사회언어학적 배경 ……………………… 176
  5. 비판 정치 트윗글 연구의 과제 ………………………………… 181

6장_ 트위터 누리꾼들이 쓰는 영어 차용 복합어 새말 / 185

  1. 한국 사회 속의 영어와 외래어 ………………………………… 185
  2. 외래어 관련 선행 연구 및 용어 검토 ………………………… 188
  3. 영어 차용 복합어 새말의 구조와 의미 ……………………… 192
   3.1 영어 차용 복합어의 구조 …………………………………… 192
   3.2 영어 차용 복합어의 의미 …………………………………… 204
  4. 영어 차용 복합어 새말의 사회문화적 의의와 태도 ………… 211
  5. 영어 차용 복합어의 미래 ……………………………………… 220

7장_ 트위터 누리꾼들의 의성의태어 사용과 성별 차이 / 223

  1. 인터넷 공간의 의성의태어 ……………………………………… 223

2. 통신 언어 의성의태어의 유형과 특징 ·············· 226
　　2.1 일상어와 통신 공간에서 두루 쓰이는 것 ·············· 227
　　2.2 통신 언어로 활발히 쓰이는 것 ·············· 233
　　2.3 통신 언어 의성의태어의 특징 ·············· 241
　3. 의성의태어 사용의 성별 차이 분석 ·············· 243
　4. 통신 언어 의성의태어 연구의 의의 ·············· 252

8장_ 소셜 미디어에 대한 텍스트언어학적 접근 / 255

　1. 소셜 미디어와 통신 언어 ·············· 255
　2. 소셜 미디어의 개념과 유형 ·············· 257
　3. 소셜 미디어에 대한 텍스트언어학적 연구 검토 ·············· 264
　4. 소셜 미디어 시대의 텍스트언어학 연구 과제 ·············· 274

3부_ 동영상 매체의 언어와 문화

9장_ 방탄소년단 유튜브 동영상의 한국어 댓글 / 283

　1. 유튜브와 한류 문화 ·············· 283
　2. 한국어로 소통하기 ·············· 288
　3. 한국어 등 이중 언어로 소통하기 ·············· 296
　4. 외국 누리꾼들의 한국어 학습 의지와 사용의 특징 ·············· 302
　5. 유튜브 한류 동영상의 의미와 과제 ·············· 316

10장_ 케이팝 노랫말 언어에 대한 누리꾼들의 태도 / 319

　1. 케이팝의 노랫말과 한국어 ·············· 319
　2. 노랫말 언어의 사용 실태 ·············· 322
　3. 영어 노랫말에 대한 태도 ·············· 336
　4. 일본어 노랫말에 대한 태도 ·············· 348
　5. 케이팝 노랫말과 한국어 ·············· 355
　6. 케이팝의 정체성: 한국어 노랫말 ·············· 367

11장_ 유튜브 동영상 언어의 연구 현황과 과제 / 369

1. 동영상 미디어 시대의 언어 사용 ·· 369
2. 인터넷 이용 환경의 변화와 유튜브 ·· 371
3. 동영상 미디어 언어의 연구 현황 ·· 383
    3.1 영상 내용 언어 연구 ··· 384
    3.2 영상 댓글 언어 연구 ··· 388
4. 동영상 미디어 언어 연구의 과제 ·· 391

참고문헌 ··· 405

찾아보기 ··· 433

1부

방송, 신문 매체의 언어와 문화

1장 드라마의 경어법과 차별 언어
2장 드라마의 통신 언어 사용과 그 효과
3장 언론 기사에 쓰인 외래 고유명사 줄임말
4장 기사 댓글의 욕설 사용 실태와 한국 금기 문화

1장 드라마의 경어법과 차별 언어

1. 케이드라마 열풍과 한국어

 케이컬처(K-culture), 곧 한국 문화의 전 세계적 인기 속에서 케이드라마(K-drama), 곧 한국 드라마도 많은 세계인의 큰 사랑을 받고 있다. 1993년 드라마 〈질투〉가 처음으로 중국에 수출돼 큰 인기를 끌었고, 2000년 이후 〈가을동화〉, 〈겨울연가〉, 〈대장금〉, 〈별에서 온 그대〉 등의 한국 드라마가 일본, 중국, 동남아 등 아시아 여러 나라들에서 인기를 얻기 시작하더니 이제는 미국과 유럽, 남미 등 지구촌 곳곳에서 큰 사랑을 받는 한류(韓流, Korean Wave)의 핵심적 문화콘텐츠로 우뚝 섰다. [그림 1]과 같이, 2024년 3월 10일 기준 넷플릭스(Netflix)의 역대 가장 인기 있는 드라마 순위(비영어)에서 황동혁 감독의 2021년 〈오징어 게임〉이 첫 공개 이후 91일 동안 2억 6,520회의 조회수, 22억 520시간의 시청 시간을 기록하여 세계 1위를 차지할 정도로 한국 드라마의 위세가 대단하다.

[그림 1] 넷플릭스의 역대 가장 인기 있는 드라마 순위

이러한 분위기에서 2000년대에 들어 한국 드라마에 대한 연구도 많이 진행되었다. 드라마 연구는 주로 내용이나 연기 면에서 연구되고 있지만 언어 면에서의 연구도 적지 않다. 드라마를 이루는 요소에 연기자의 발화와 행동, 세트, 음악, 조명, 의상 등 많은 것이 포함되지만 가장 핵심은 바로 대사의 언어기 때문이다. 드라마 대사는 소설이나 시와 마찬가지로 대표적인 언어 예술의 하나고, 전 세계 사람들이 인터넷을 통해 쉽고 편하게 안방에서 다른 나라 드라마를 볼 수 있는 시대에 드라마와 그것을 구성하는 언어 요소의 비중과 중요성이 더 높아졌다. 드라마는 '공적 담화'의 하나로 이해할 수 있으며, 그것은 드라마를 보는 시청자들의 의식을 형성하고 집단화하는 데 큰 영향을 끼치는 점에서 드라마 언어에 대한 다양한 접근이 필요하다(최상민

2018:167 참조).

　이 장에서는 2000년대 이후 나온 한국 방송의 드라마 대사에 나타난 언어적 특징 가운데서 한국어의 경어법과 차별 언어 쓰임을 살펴보고자 한다. 텔레비전 드라마는 "대중의 일상을 좌지우지할 정도로 강력한 영향력을 발휘하는 대중서사물"(윤석진 2003:201)로서 시청자들에게 끼치는 영향이 강할 뿐만 아니라 한국어의 실태를 사실적으로 보여 주는 점에서 연구의 가치가 크다.1) 경어법 또는 높임법은 한국어의 가장 중요한 요소로서 한국어 사용 및 이해에서 핵심적 자리를 차지한다. 또 한국 사회의 갈등과 경쟁이 심해진 현재 다른 사람이나 집단을 차별하고 비하하는 차별 언어의 쓰임이 크게 늘었고, 그것은 언어생활뿐만 아니라 한국어 공동체에 끼치는 부정적 영향이 적지 않다. 그만큼 드라마 대사의 경어법과 차별 언어를 분석할 필요성이 높다.

　이 장을 통해 경어법과 차별 언어의 쓰임을 집중적으로 분석 및 해석함으로써 드라마를 보는 한국인 시청자, 나아가 한국 문화와 드라마에 관심이 높은 외국인들에게 작품 및 한국 문화에 대한 이해력을 높이는 데 도움이 될 것이다. 또한 드라마 제작에 참여하는 작가나 감독에게는 드라마 언어 사용과 관련해 고민해야 할 점이 무엇인지를 알려 주는 유익한 자료가 될 수 있다.

---

1) 2000년대 초반 텔레비전 프로그램 가운데 드라마가 차지하는 비중이 30% 안팎에 이르는 점에서 텔레비전 드라마가 영상 시대 이야기꾼으로서 중요한 역할을 맡고 있었다(윤석진 2003:202). 인터넷 동영상 방송 서비스(OTT)를 통해 시간, 공간 제약 없이 반복적으로 드라마를 볼 수 있는 지금은 사람들의 휴식과 오락에서 드라마가 차지하는 비중이 더 높아진 느낌이다. 한편, 손미·안남일(2021:70-75)는 한류 드라마를 'TV세대 드라마 한류', '인터넷으로 퍼지는 드라마 한류', 'OTT 세대 드라마 한류'의 세 시기로 나누었다.

2. 드라마 대사에 나타난 경어법

한국 드라마 대사에서 보이는 경어법의 쓰임에서 흥미로운 점이 많이 있지만 여기서는 경어법의 전략적 용법과 상황 주체 높임 두 가지를 드라마 대사의 보기를 통해 파악해 보겠다. 드라마 대사를 대상으로 경어법의 쓰임을 분석한 연구로 김명운(1997), 이경우(2001), 박은하(2010) 등이 나왔다. 다만 이들 연구에서는 등장인물 사이에서 청자 경어법 사용이 어떻게 이루어지는지를 주로 다루었을 뿐 경어법의 전략적 용법이나 상황 주체 높임에 대해서는 살피지 못했다.

2.1 경어법의 전략적 용법

한국어 화자들은 경어법을 전략적으로 사용하는 일이 많다. 경어법의 쓰임을 규범적 용법과 전략적 용법 두 가지로 나눌 때, '전략적 용법'은 "화자가 특정한 목적을 이루기 위해 언어공동체의 규범과 다르거나 그것으로부터 예측되지 않는 방향에서 경어법 사용 방식을 의도적으로 조정하는 유표적이고 보다 의식적인 경어법 사용(이정복 2001가:76)"을 가리킨다. 이것은 "상대방에게 적절하다고 생각되는 경어법 형식을 사용함으로써 상하 관계, 친소 관계 등의 대인 관계를 언어적으로 표현하고 인정하는 경어법 사용(이정복 2001가:56)"으로 정의되는 '규범적 용법'에 대응하는 개념이다.

화자들이 동원하는 구체적인 경어법 사용 전략, 곧 전략적 용법의 세부 전략에는 '수혜자 공손 전략, 지위 불일치 해소 전략, 지위 드러내기 전략, 정체성 바꾸기 전략, 거리 조정하기 전략'의 다섯 가지가 있다. 각각의 개념을 제시하면 다음과 같다.[2]

(1) 경어법 사용 전략의 유형과 개념(이정복 2001가:449)
　가. 수혜자 공손 전략: 화자가 청자에 대한 대우 수준을 높임으로써 청자로부터 입은 물질적, 정신적 이익에 대해 고마움을 나타내거나, 그러한 이익을 새롭게 얻으려고 시도하는 의도나 행위
　나. 지위 불일치 해소 전략: 대립적 지위 관계에 있는 화자와 청자가 상대방에 대한 대우 수준을 변화시킴으로써 관계를 안정적인 상태로 바꾸려고 시도하는 의도나 행위
　다. 지위 드러내기 전략: 상위자인 화자가 청자에 대한 대우 수준을 낮춤으로써 자신의 높은 지위를 드러내거나 강조하고, 결과적으로 청자의 태도 또는 행위의 변화를 유도하려고 시도하는 의도나 행위
　라. 정체성 바꾸기 전략: 둘 이상의 신분 질서에 소속된 화자가 청자에 대한 대우 수준을 변화시킴으로써 새로 바뀐 대화 상황에 유리한 정체성을 나타내려고 시도하는 의도나 행위
　마. 거리 조정하기 전략: 화자가 청자에 대한 대우 수준을 변화시키거나 유표적인 경어법 형식을 사용함으로써 청자와의 심리적 거리를 조정하려고 시도하는 의도나 행위

다음 보기는 2021년부터 KBS에서 방송한 〈태조 이방원〉에 나온 것으로, 수혜자 공손 전략의 쓰임이다.

---

[2] 경어법의 전략적 용법의 자세한 내용에 대해서는 이정복(1998나, 1999, 2001가, 2012나) 등을 참조할 수 있다.

(2) 경어법의 전략적 사용: 수혜자 공손 전략 ①
　　대화 참여자: 이성계, 정도전
　　대화 상황: 이성계가 정도전의 집을 찾아와 정몽주와 함께 할 것
　　　　　　　을 부탁함
　　출처: <태종 이방원> 6회 (KBS1, 2021~2022)

　　정도전: 대감!
　　이성계: 잘 다녀 오셨소?
　　정도전: 여기까지 어인 일이십니까?
　　이성계: 아무래도 오늘은 삼봉이 날 찾지 않을 거 같아서 내가 여
　　　　　　기 왔소. 가신 일은 잘 되셨소?
　　정도전: 아무런 성과가 없었습니다. [...] 포은은 앞으로도 계속해
　　　　　　서 우리의 발목을 잡을 것입니다. 그러다가 언젠가 우릴
　　　　　　넘어트릴 겁니다.
　　이성계: 그렇게는 안 될 거요. 내가 그렇게 놔 두지 않을 겁니다.
　　정도전: 무슨 수로 그러실 겁니까? 포은의 손끝 하나 건드리지 못
　　　　　　하시는 분이 그를 어떻게 제압하실 겁니까?
　　이성계: 제압하지 않을 거요. 스스로 우리에게 돌아오게 만들 거
　　　　　　요.
　　정도전: 대감, 그건 불가능합니다.
　　이성계: 가능합니다.
　　정도전: 대감, 이제 제발 포은을 떠나보내셔야 합니다. 그를 이제
　　　　　　버리셔야 합니다.
　　이성계: 삼봉, 기둥 하나로 저 큰 하늘을 떠받칠 수는 없습니다. 나
　　　　　　는 삼봉과 포은 두 사람 모두 필요합니다. 처음부터 그랬
　　　　　　고 지금도 마찬가집니다. 삼봉, 날 믿어 주시오. 내가 삼봉
　　　　　　을 믿듯이 삼봉도 날 믿어 주시오. 삼봉, 부탁입니다.

　　위 대화에서 이성계는 정도전의 집을 찾아와 정치적 대립 관계에 있

는 정몽주를 적으로 돌리지 말고 새 나라를 세우는 대업에 함께 나설 수 있도록 기다리자고 부탁한다. 처음 인사를 나누는 부분에서는 "잘 다녀 오셨소?"와 같이 하오체를 3회 썼다. 정몽주를 어떻게 할 것인지에 대한 의견을 주고 받는 장면에서는 하오체를 3회, 하십시오체를 2회 썼다. 전체적으로 하오체가 하십시오체보다 3배 많다. 이와 달리 정몽주와 함께 할 수 있도록 자신을 믿어 달라고 부탁하는 상황에서는 6문장 가운데 하십시오체를 4회, 하오체가 2회 쓰였다. 부탁하는 상황에서 공손함을 드러내기 위해 기본 형식을 하오체에서 하십시오체로 바꾼 것이다. 자신의 부탁을 상대방이 들어줄 수 있도록 부탁하는 사람으로서 자신을 낮추고 상대방을 더 높이는 전략을 썼다. 이러한 수혜자 공손 전략은 한국어 화자들이 가장 흔하게 쓰는 것이며, 드라마 대사에도 자주 나타난다.

(3) 경어법의 전략적 사용: 수혜자 공손 전략 ②
   대화 참여자: 정수민(계약직 사원), 강지원(대리)
   대화 상황: 정수민이 강지원에게 전화함
   출처: <내 남편과 결혼해 줘> 3회 (tvN, 2024)

   정수민: 난 너한테 부탁할 거 있어서 전화했는데.
   강지원: 뭔데?
   정수민: 너, 밀키트 기획안 있잖아. 그거 되게 괜찮던데 내가 손봐서 제출하면 안 될까?
   강지원: 안 되지. 애초에 내 기획안인데.
   정수민: 아, 왜? 넌 리젝 됐잖아. 느낌 왔단 말이야. 나 정직원 돼야지, 응? 같이 큽시다, 친구! 응?

보기 (3)은 2024년 1월부터 방영된 tvN의 드라마 〈내 남편과 결혼해 줘)에 나타난 수혜자 공손 전략의 경어법 쓰임을 보여 준다. 계약직 사원인 정수민은 강지원 대리와 중학교 때부터 친구인데, 전화 통화를 하면서 강지원의 기획안을 자신에게 달라고 부탁하는 장면이다. 평소 친구 관계를 강조하며 상급자인 강 대리에게 반말을 쓰던 정수민 기획안을 달라고 부탁하면서 "같이 큽시다, 친구!"라고 하여 조금 장난스럽게 하오체를 써서 부탁하는 사람으로서 공손함을 표현하고 있다. 호칭어로도 계속 '너'를 쓰다가 이 문장에서는 '친구'라는 말을 씀으로써 오래전부터 친밀한 관계임을 강조하기도 했다. 부탁하는 사람으로서는 상대방이 자신의 부탁을 들어주도록 언어적 대우를 높이는 방식으로 정성을 다하는 모습인데, 현실적으로 상대방이 부탁을 들어주는 데 직접적인 영향을 끼치기는 어렵다.

(4) 경어법의 전략적 사용: 지위 불일치 해소 전략 ①
   대화 참여자: 정수민(계약직 사원), 유희연(계약직 사원), 김경욱(과장), 양주란(대리), 강지원(대리)
   대화 상황: 식품 회사의 회의실에서 과원들이 모여 회의를 시작하려는 도중
   출처: <내 남편과 결혼해 줘> 2회 (tvN, 2024)

   정수민: 아, 좀 성의 없어 보이네. 희연 씨, 스테이플러는 요렇게, 비스듬히.
   유희연: 스테이플러요?
   김경욱: 그래, 어.
   양주란: 이걸 전부 다요?
   유희연: 이면지가 너무 많이 나올 것 같은데…
   김경욱: 너 때문에 나무가 몇 그루나 의미 없이 쓰였는지 뼈저리게 느끼라는 의미야.

정수민: 과장님, 주란 대리님도 알아들었을 거예요. 지원아, 과장님 커피 한 잔만! 과장님, 과장님은 저 기획안 한 번만 봐 주세요. 저 정직원 돼야 되잖아요. 나가서 바람 좀 쐬고 올까요?

김경욱: 그럴까?

위의 보기 (4)도 〈내 남편과 결혼해 줘〉에서 가져온 것이다. 경어법 전략적 용법 가운데 '지위 불일치 해소 전략'의 쓰임을 보여 준다. 계약직 사원 정수민이 회사에서 지위를 차이를 무시하고 강지원 대리의 이름으로 부르고 반말을 쓴다. 대화를 보면, 회사 사람들이 회의실에 모여 있는 공개적 상황에서도 "지원아, 과장님 커피 한 잔만!"이라고 말한다. 두 사람만 있을 때와 마찬가지로 이름에 호격 조사를 붙여 부르고 반말을 쓴다. 같은 나이의 친구라는 요인과 회사에서 계약직 사원과 대리라는 지위 요인의 불일치 상황에서 자신에게 유리한 나이 요인을 우선적으로 적용하여 경어법을 썼다. 이러한 하위자의 전략적 말하기에 대해서 회의 당시에는 상위자 강지원이 공개적으로 대응하지 못하고 표정으로만 불쾌한 모습을 잠시 나타냈을 뿐 그냥 받아들이는 모습으로 그려졌다.

(5) 경어법의 전략적 사용: 지위 불일치 해소 전략 ②
    대화 참여자: 강지원(대리), 정수민(계약직 사원)
    대화 상황: 강지원이 친구이자 하급자인 정수민에게 공적인 자리에서 높임말을 쓸 것을 요구함
    출처: <내 남편과 결혼해 줘> 3회 (tvN, 2024)

강지원: 진작 말하지. 니가 이럴 줄 알았으면 미리 수정 안 해 놓는 건데. 미안. 다음에 좋은 아이디어 있으면 줄게. 아, 그

리고 회사에서 '지원아', '지원아' 하고 반말하는 거 좀 그
래. 우리가 친구기는 하지만 직급도 다르고 경력도 차이
나는데 나한테 커피 심부름한다거나 업무 지시하는 거 좀
선 넘는 거 같거든. 우리 공과 사는 구분하자. 어때?
정수민: 뭐?
강지원: 끊어야겠다. 내일 봐.
(정수민: 뭐야? 하, 강지원. 니가 감히 나한테 하...)

앞의 (4) 대화가 일어난 뒤에 친구의 말하기 태도에 문제가 있음을 느끼던 강지원 대리는 (5)와 같이 전화 통화를 통해 하급자의 반말 사용 문제를 구체적으로 지적했다. 직급과 경력이 다른데 친구라고 회사에서 반말하는 것은 "좀 선 넘는 거 같거든"이라고 말하면서 공사를 구분하자고 요구했다. 이에 당황하고 불쾌한 정수민은 제대로 답을 하지 못하고, 통화 후 혼자서 화를 내는 모습이다. 하위자의 지위 불일치 해소 전략을 수용할 수 없다는 상위자의 반격인 셈이다. 강지원 대리는 개인적 상황에서는 친구로서 편하게 반말을 쓸 수 있지만 회사에서는 상급자 대우를 하도록 요구했다.

이후에도 정수민은 상급자 친구의 요구를 수용하지 않고 회사에서 반말을 쓰다가 다른 사람들의 눈초리를 의식해서 잠시 높임말 사용으로 바꾸어 쓰는 모습을 일회적으로 보여 주었다. 퇴근길 엘리베이터 앞에서 여러 사람이 기다리고 있는 상황에서 처음에 편하게 "정시 퇴근 오랜만이다. 그치? 지원아"라고 말했다가 다른 사람들이 쳐다보자 "그쵸? 강 대리님"이라고 고쳐 말했다. 그러나 이런 높임말 사용은 이후 거의 나타나지 않고 상급자 친구에 대한 이름과 반말 사용이 지속되고 있는데, 나이보다는 직위가 중요한 경어법 사용 요인으로 작용하는 회사라는 공간에서 주위 사람들의 무언의 압력에 굴복하지 않고 상급자인 친구와 대칭적으로 반말을 쓰는 모습이다. 이는 상급자 친구와

의 친밀한 관계를 강조하며 자신을 내세우려는 뜻과 함께 자기중심적으로 행동하는 인물의 특성을 드러내기 위한 극 전개의 장치로 해석된다.

이 드라마에서는 친구 관계인 대리와 사원 사이 밖에도 다른 사람들의 지위 불일치 해소 전략에 따른 경어법 사용이 나타났다. (6)이 그 보기다.

(6) 경어법의 전략적 사용: 지위 불일치 해소 전략 ③
    대화 참여자: 김태형(사원), 김경욱(대리, 전 과장), 양주란(과장)
    대화 상황: 과장에서 대리로 강등된 김경욱과 대리에서 과장으로 승진한 양주란이 경어법 사용을 두고 다툼
    출처: <내 남편과 결혼해 줘> 11회 (tvN, 2024)

    김태형: 흠. 과장님, 안녕하십니까? 오늘부로 1팀에 발령받은 김태형입니다. 잘 부탁드립니다.
    김경욱: 그래, 흠. 내가 원래 과장이에요. [양주란에게] 어, 왔어? 이야, 이 의자가 이게 어 주인 알아보고 이렇게 완전히 딱 엉덩이를 잡아주네. 양 대리, 아니... [작은 소리로 우물거리며] 양 과장. 곧 주인에게 반환해야 하니까 곱게 쓰고, 응? [김태형에게] 아, 잘해 봐요.
    김태형: 아, 예.
    양주란: 김 대리, 기획안은 왜 제출 안 해?
    김경욱: 아니 이거 내일까지 제출하라... 너 지금 나한테 뭐라 그랬어?
    양주란: 김 대리는 아이디어도 별로인데 성실하지도 않으면 좀 곤란하지. 아, 걱정 마. 메롱하진 않아. 그냥 좀 별로지.
    김경욱: 미친 거야? 너 지금 뭐 하는 거야!
    양주란: 그나저나 누구보다 위계질서 잘 알고 사회 생활 잘하는

사람이 이제 과장도 아닌데 여기 앉는 거 안 불편한가 봐? 김 대리 기준을 알아야 내가 맞출 텐데.
김경욱: 왜 갑자기 반말을 하고 그러십니까?
양 과장: 과장한테 반말하길래 그래도 되는 줄 알았죠. 아무래도 직급이 있는데 난 존대하고 김 대리는 반말하고 이상하잖아. 어쩔까요? 상호 존대 하실까요? 아니면 편하게 반말할까?
김 대리: [아무 말도 하지 못한다]

(6)의 대화는 과장에서 대리로 강등된 김경욱과 대리에서 과장으로 승진한 양주란이 경어법 사용을 두고 다투는 상황이다. 무능 등의 이유로 과장에서 대리로 떨어진 김경욱은 과장으로 승진해 자신의 자리를 차지한 양주란에게 예전대로 계속 반말을 쓰고, 양주란은 계속 높임말을 쓴다. 김경욱이 지위 역전을 받아들이지 못하고 나이나 입사 서열이 높은 자신의 지위를 내세워 반말을 쓴 것인데, 양주란이 이를 명시적으로 거부한 것이다. 직급에서 상위자인 과장으로서는 자신에게 불리한 하위자와의 비대칭적 경어법 사용을 받아들일 수 없었다. "어쩔까요? 상호 존대 하실까요? 아니면 편하게 반말할까?"라고 말함으로써 상대방의 나이와 입사 서열을 존중해 줄 테니 직급과 절충해서 높임말이든 안높임말이든 대칭적으로 쓸 것을 요구하는 모습이다. 이에 하위자인 김 대리는 아무말도 하지 못하고 대칭적 용법을 받아들이게 된다.

다음 보기 (7)과 (8)은 2014년에 방영된 KBS1 드라마 〈정도전〉에서 가져온 지위 드러내기 전략과 정체성 바꾸기 전략의 쓰임이다.

(7) 경어법의 전략적 사용: 지위 드러내기 전략
대화 참여자: 이성계(문하시중), 정몽주(수문하시중)

대화 상황: 정몽주가 이성계 집을 찾아서 혁명 포기를 요구함
출처: <정도전> 39회 (KBS1, 2014)

이성계: 이렇게 하는 건 정말 아니우다. 내 임금이 되면 배 내밀고 부귀영화 누리매 남 짓밟을까 봐 그러는 거우까? 아이, 내사 임금이 돼도 나랏일은 다 삼봉과 포은한테 맡길 거우다. [...] 그렇게 하면 분명히 지금보다는 나은 세상을 맹글 수 있다고 내는 믿수다. 그런데 그기 그렇게도 천벌 받을 짓이우까? 내 이렇게 간청하우다. 제발 함께 해 주시우다. 내 그리고 삼봉, 우리 셋이서 함께 좋은 세상을 맹글어 보시자 말이우다.
정몽주: 죄송합니다. 무슨 말씀을 하셔도 소생의 입장은 바뀌지 않습니다. 못하시겠다면 소생이 도와 드리겠습니다. 돌아가 삼봉에 대한 처형을 지시하겠습니다.
이성계: 고마 나가시우다!
정몽주: 대감!
이성계: 날래 나가라고 하지 않수꺼마! 나 이성계는 이 순간부터 당신 정몽주와는 절연이다.

보기 (7)은 고려 말에 이성계와 정몽주가 역성혁명을 두고 마지막 담판을 벌이는 상황에서 나온 대화다. 혁명을 반대하는 정몽주가 이성계에게 자신과 정도전 가운데 한 사람을 선택하라고 말하자 이성계는 혁명에 대한 뜻을 분명히 드러내며 세 사람이 함께 힘을 합쳐 새 나라를 만들어 보자고 울면서 호소한다. 이 장면에서 이성계는 나이와 직위가 자신보다 낮은 정몽주에게 '아니우다, 거우까, 믿수도, 주시우다'와 같이 제일 높은 청자 높임 종결어미를 일관되게 쓰고 있다. 그런데 정몽주가 따를 수 없으며, 정도전을 죽이겠다고 말하자 이성계는 해라체로 바꾸어 "날래 나가라고 하지 않수꺼마"라고 말했다. 호칭어 사용

에서도 처음에는 호를 이용해 '포은'이라고 가리켰으나 종결어미를 바꾸면서 '당신 정몽주'라고 하여 이름을 그대로 썼다.

이러한 호칭과 경어법 사용의 변화는 경어법의 전략적 용법 가운데 '지위 드러내기 전략'이 작용한 결과다. 싸움이나 갈등 상황에서 잘 나타나는 이 전략은 힘 있는 사람이 호칭어나 종결어미를 바꾸어 씀으로 일상 상황에서 유지되던 높임 대우를 취소하여 자신의 우세한 지위를 드러내고 강조하는 용법이다. 결과적으로 상대방의 생각이나 행동의 변화를 유도하는 기능이 있다. 사극의 경우 등장인물 사이의 갈등과 경쟁, 싸움과 다툼이 계속 이어지는 만큼 이러한 지위 드러내기 전략이 아주 많이 동원되고 있다.

(8) 경어법의 전략적 사용: 정체성 바꾸기 전략
대화 참여자: 이색(정몽주의 스승), 정몽주(수문하시중)
대화 상황: 이색이 자신의 집을 찾아온 정몽주에게 정도전에 대한 탄핵 상소의 배경을 질문함
출처: <정도전> 36회 (KBS1, 2014)

이 색: 수시중!
정몽주: 예.
이 색: 유백순의 일은 수시중 자네가 계획한 일인가?
정몽주: 송구합니다. 대답을 드릴 수 없을 거 같습니다.
이 색: 몽주야, 내 더는 묻지 않으마. 허나 이것 하나만은 유념해야 되느니라.

(8)은 정몽주와 그의 스승인 이색의 대화다. 이색이 자기 집에 찾아온 정몽주에게 처음과 두 번째에는 관직명인 '수시중'을 호칭어로 사용하여 불렀다.3) 또 질문을 할 때는 대명사 '자네'를 가리킴말로 썼고,

하게체를 썼다. 스승이지만 고위 관직에 있는 제자의 지위를 고려하여 격식을 갖추어 대접한 것이다. 그러나 자신의 물음에 정몽주가 대답하지 않으려 하자 세 번째 문장에서 "몽주야"라고 이름에 호격 조사 '-야'를 붙여 부른다. 그러면서 종결어미도 해라체로 바꾸어 썼다.

이러한 호칭어와 청자 높임 종결어미 사용의 변화는 경어법의 전략적 용법 가운데 '정체성 바꾸기 전략'에 해당한다. 처음에는 조정에서 물러난 전직 관리의 정체성에서 현직 고위 관리인 정몽주를 격식적으로 대했다면 나중에는 스승의 정체성에서 제자인 정몽주를 편하게 대한 것이다. 발화 내용을 보면, "허나 이것 하나만은 유념해야 되느니라"라고 하여 스승이 제자에게 정치적 조언 또는 당부를 하려는 모습이다. 정체성 바꾸기 전략은 화자가 자신의 발화 효과를 높이기 위해 동원한 의도적 말하기 방식이다. 전직 고위 관리로서 현직 관리에게 말할 때보다는 스승이 제자에게 말할 때에는 마치 부모가 자식에게 말하듯 힘이 더 실리고, 상대방도 그 말에 따라야 하는 부담감이 높아진다. 화자는 이런 효과를 노리고 호칭과 경어법의 변화를 통해 정체성 바꾸기를 시도한 것이다.

(9) 경어법의 전략적 사용: 정체성 바꾸기 전략 ②
　　대화 참여자: 장욱, 무덕(장욱의 시종이면서 무술 스승)
　　대화 상황: 무덕이 장욱에게 관계의 마지막을 선언함
　　출처: <환혼> 18회 (tvN, 2022~2023)

　　무덕: 도련님!
　　장욱: 어.

---

3) '수시중'은 고려시대 중서문하성의 종일품 벼슬인 '수문하시중(守門下侍中)'의 줄임말이다. '문하시중' 다음의 직위로 오늘날 부총리 정도에 해당한다.

무덕: 국수 끓였슈. 가서 드셔유.
장욱: 어.
무덕: 이 길로 시종 무덕이 물러갈게유. 그리고 너와 나의 사제 관계도 끝이다.
장욱: 끝이라고?
무덕: 눈치채지 못했겠지만 이곳은 얼음돌 안이고, 경천대호에서와 같이 나의 힘을 찾았다.

드라마 〈환혼〉은 2022년부터 tvN에서 방송한 것으로, 가상의 나라 '대호국'을 배경으로 한 판타지 로맨스 활극이다. (9)의 대화에서도 정체성 바꾸기 전략이 동원되었다. 장욱과 무덕은 주인과 시종, 스승과 제자의 이중 정체성을 가진 관계에 있다. 이 대화는 시종이자 무술 스승인 무덕이 주인이자 제자인 장욱에게 관계의 끝을 선언하는 부분이다. 무덕은 처음에 시종의 정체성에서 장욱을 '도련님'으로 부르고 "국수 끓였슈. 가서 드셔유", "이 길로 시종 무덕이 물러갈게유"와 같이 높임의 청자 경어법 형식을 썼다. 그러나 다음 문장에서 시종이 아니라 장욱의 스승으로서 "너와 나의 사제 관계도 끝이다"라고 하면서 호칭어로 '너'를 쓰고 청자 경어법 형식도 해라체로 바꾸었다. (8)과 마찬가지로 여기서도 스승의 정체성으로 바꾸어 자기 말에 더 강한 힘을 실어 상대방에게 전달하려고 했다.

(10) 경어법의 전략적 사용: 거리 조정하기 전략
　　대화 참여자: 이방원(세자), 민 씨(이방원 아내, 세자빈)
　　대화 상황: 민 씨가 자신을 피해 집에 오지 않고 궁궐에서 지내는 이방원을 찾아 권력을 함께 누리자는 뜻을 밝힘
　　출처: <태종 이방원> 21회 (KBS1, 2021~2022)

민 씨: 서방님!
이방원: 뭐 하러 오셨소?
민 씨: 계속 안 오시길래 걱정이 되어 찾아왔습니다.
이방원: 걱정이 되어 왔다구요? 그게 진심이시오? 확인하러 온 거 아니요? 민 씨 가문의 도움 없이는 아무것도 못 하는 내 꼴을 말이오.
민 씨: 저하!
이방원: 내가 어리석었소. 부인이 감추고 있는 속마음이 무엇인지도 모르고 나는 그저 부인이 고맙기만 했소. 나 같은 사람을 위해서 목숨을 내걸고 헌신하는 모습을 보면서 항상 미안했소. 그런데 실상은 그게 아니었소. 부인은 날 이용했던 거요. 날 위해서 헌신한 게 아니라 날 필요로 했을 뿐이오. 여자의 몸으로 오를 수 없는 곳에 당도하기 위해서 꼭두각시로 삼을 사내 하나가 필요했을 뿐이오.
민 씨: 정녕 그리 생각하십니까? 정녕 절 그렇게 매도하고 싶으십니까?
이방원: 그럼 아니란 말이오? 내가 잘못 알고 있는 것이오?
민 씨: 예, 맞습니다. 제가 죄인입니다. 일평생 자수나 놓으면서 한 사내의 장식품으로 살아야 마땅할 계집이 감히 권력을 손에 잡겠다고 날뛰었군요. 지아비에 대한 복종심만으로 꽉 채워야 하는 가슴에다 감히 정치를 하겠다는 망상을 채웠습니다. 그러면서도 시치미를 뚝 떼고 오로지 서방님만을 위하는 척 살아왔군요. 그렇게 소름 끼치는 계집이 바로 접니다. 이제 됐습니까?
이방원: 부인!
민 씨: 저하, 지금 배신감을 느끼는 사람은 저하만이 아닙니다. 그토록 다정하게 절 바라보시던 저하께서 권력을 함께 누리자는 제 말 한마디에 차갑게 돌변하는 모습을 바라보며 저 또한 상실감을 느끼고 있습니다. 고난은 기꺼이 나눠줄 수

있지만 권력은 절대로 나눠줄 수 없다는 한 사내를 바라보
며 저 또한 삶의 회의를 느낍니다. 주무십시오. 이만 가 보
겠습니다. 사병을 혁파하는 일은 세자 저하의 뜻대로 하십
시오. 저하의 뜻을 따르겠습니다. 저희 가문도 저하의 뜻
을 따를 겁니다. 제가 그리 설득했습니다.
이방원: 갑자기 왜 그러시는 거요?
민　씨: 왜 이러다뇨? 제가 바라는 건 저하와 함께 날아오르는 겁
니다. 저하의 날개를 꽁꽁 묶어 놓으려는 것이 아닙니다.
저하는 믿지 않으시겠지만 저는 늘 저하가 첫 번째였습니
다. 제 야심은 늘 두 번째였습니다. 그것만은 알아주십시
오. 제가 서방님을 사랑한다는 사실까지 의심하지 말아 주
십시오. 그럼, 우리가 서로의 눈물을 닦아 주면서 지내왔
던 모든 세월들이 그저 정략적인 혼인 발자취가 되어 버리
는 겁니다. 편히 쉬십시오.

　　조금 길게 인용한 보기 (10)은 경어법의 전략적 사용 가운데 호칭을 이용한 '거리 조정하기 전략'이 동원된 것이다. 민 씨가 이방원에게 부름말 또는 가리킴말로 쓴 것 가운데 '저하'가 11회, '서방님'이 3회로 나타났다. 궁궐에서 세자에게 세자빈이 기본적으로 써야 하는 호칭어는 '저하'인데 민 씨는 세 번에 걸쳐 '서방님'을 썼다. 민 씨가 곧 왕이 될 이방원에게 권력을 함께 나누어 가지자는 말을 한 후 이방원이 그럴 수 없다며 집에 들어오지 않는 상황에서 이방원을 찾아간 민 씨는 첫 부름말로 '서방님'을 썼다. 이것은 세자빈이 아니라 친밀한 아내로서 말한다는 신호를 보내어 부부가 편하게, 솔직하게 화해의 대화를 나누고 싶다는 뜻을 전달한 것이다. 상대와의 심리적 거리를 줄임으로써 앞으로 함께 잘해 보자는 강한 의지를 담은 '거리 줄이기' 전략이다.4)

그러나 이방원은 아내와 부부로서 편하게 대화하고 싶은 뜻이 없다는 점을 드러내며, '내가 걱정되어 온 것이 아니라 민 씨 가문의 도움 없이는 아무것도 하지 못하는 꼴을 확인하러 온 것 아니냐'며 힐난하듯 빈정거린다. 이에 민 씨는 자신의 거리 줄이기 노력이 효과가 없음을 깨닫고 곧 바로 이방원에 대한 호칭어를 공식성이 강한 '세자'로 바꾸었다. 심리적 거리를 넓힘으로써 자신의 뜻을 더 공식적이고 강력하게 전달하려는 '거리 넓히기' 차원의 호칭어 변동이다. '세자'를 여러 번 반복적으로 씀으로써 권력을 나누어 나라를 함께 이끌어 가고 싶다는 희망을 다시 한번 분명히 전달하고 있다. 그런데 마지막 부분에서 "제가 서방님을 사랑한다는 사실까지 의심하지 말아 주십시오"라고 하여 다시 '서방님'을 호칭으로 썼는데, 이는 다시 부부로서의 친밀한 관계를 떠올리도록 하는 거리 줄이기 전략의 사용이다. 이방원이 긍정적 답을 하지 않자 배신감과 상실감을 느끼면서도 부부의 정을 강조하여 관계 파탄에 빠지지 않도록 서로를 경계하고 있는 모습이다.

2.2 상황 주체 높임

이번에는 드라마 대사의 경어법 가운데 '상황 주체 높임'의 쓰임을 살펴보고자 한다. 20세기 말부터 21세기 초반에 걸쳐 한국어 경어법

---

4) 이러한 호칭 변동은 앞의 정체성 바꾸기 전략과 비슷한 면이 있다. 그러나 (8), (9)의 정체성 바꾸기 전략은 상대방과의 관계에서 힘 차이가 있는 둘 이상의 정체성 가운데 발화 효과를 높이기 위해 화자 자신에게 유리한 정체성을 드러내어 말하는 것이다. 이와 달리 거리 조정하기 전략의 경우 대화 참여자 사이의 정체성 변동이 있어도 힘 관계가 역전되지는 않는다. (10)의 두 대화 참여자는 힘의 역전이 가능한 관계가 아니며, 심 씨는 이방원과의 심리적 거리를 조정하려는 동기에서 호칭어를 바꾸어 썼을 뿐이다.

은 그 변화를 실시간으로 뚜렷하게 보여 주고 있다. '주문하신 아메리카노 나오셨습니다', '화장실은 왼쪽에 있으세요', '찾으시는 상품은 품절이세요'와 같이 '아메리카노 (커피)', '화장실', '상품' 등 겉으로 볼 때 사물이 주어인 문장에 '-시-'가 연결되어 쓰이는 상황 주체 높임이라는 경어법 사용이 본격적으로 나타났다. 그것은 잠시 쓰이다가 사라지는 것이 아니라 갈수록 일상적 용법으로 퍼져 나갔고, 거의 자리를 잡았다.

여기서 상황 주체 높임의 대상이 되는 '상황 주체'란 쉽게 말해 '대화 상황을 지배하는 주체'라는 뜻이다. 좀 더 자세히 개념을 설명하면, 이정복(2010나:223)에서는 "발화 상황을 좌우하는 힘을 가진 존재로서 발화 상황 및 화자의 높임 행위를 지배하는 청자"로 정의했다. 또 이정복(2022가:114)는 "상황 주체는 대화 상황에서 상대방의 언어 사용에 강한 영향을 주는 힘 있는 청자인데, 예를 들어, 상업적 대화 상황에서 고객인 청자는 단순히 말을 듣기만 하는 수동적 존재가 아니라 서비스 종사자의 말과 행동을 통제하고 이끌어 내는 지배력을 갖는 사람"이라고 자세히 풀이한 바 있다.

이런 경어법 사용을 '사물 높임'이라고 부르기도 하는데, 중요한 점은 '사물 높임'은 잘못된 것이니 절대 쓰지 말라는 국가기관, 언론, 한국어 관련 단체 등의 공적 목소리가 높은 상황에서도 그 변화의 물줄기는 바뀌지 않고 있다는 사실이다.5) 그럼에도 규범 중심의 철저한 주

---

5) 한국어 관련 시민단체인 한글문화연대에서 2013년에 만들어 유튜브에 올린 '사물 존대' 비판 영상에서는 '커피 나오셨습니다', '엔진은 터 보시고요'와 같은 문장의 쓰임을 제시한 후 "사람의 손으로 만들어 낸 그 모든 위대한 물건, 그들은 사람보다도 더 고귀하고 사람 손이 닿지 않는 저 높은 세계의 존재들입니다"라고 비꼬아 말함으로써 '사람이 사물을 존대하는 것은 잘못'이라는 뜻을 널리 알리려고 했다(커피 나오셨습니다-사물존대의 논리, 한글문화연대, 2013-12-12, https://www.youtube.com/watch?v=bJ0HzxmR-j8).

입식 언어 교육을 받아 온 대다수 한국어 사용자들은 '사물 높임'을 '제대로 배우지 못한 사람이나 쓰는 부끄러운 용법'이라고 믿고 그것에 강하게 저항하는 중이다. 본질적으로 '간접 높임'이나 '사물 높임'은 사용자의 관점에서 전혀 차이가 없는 것이며, 상황 주체 높임에 포괄되는 것임에도 간접 높임은 규범 안에서 올바른 용법으로 인정받고 있으나 이른바 '사물 높임'은 강한 배척의 대상이 되고 있다.[6]

(11) 상황 주체 높임 ①
  대화 참여자: 중년 여성(장그래 어머니), 판매원
  대화 상황: 백화점에서 장그래 어머니가 아들의 정장을 구입함
  출처: <미생> 1회 (tvN, 2014)

  중년 여성: 신상 맞지?
  판매원: 네, 맞습니다. 카드로 하시면 6개월 무이자 할부 가능하세요.
  중년 여성: 카드 없어. 신상 확실하지?

2014년 tvN에서 방송한 드라마 <미생>에서 주인공인 장그래의 어머니가 백화점에서 아들의 정장을 사는 장면에서 나온 보기 (11)은 상업적 맥락에서 쓰인 상황 주체 높임말의 쓰임을 잘 보여 준다. 판매원이 말한 "카드로 하시면 6개월 무이자 할부 가능하세요"를 생략된 부분을 넣어 다시 적으면 '(고객님께서) 카드로 (결제)하시면 (고객님은) 6개월 무이자 할부(가) 가능하세요'의 구조가 된다. '6개월 무이자 할

---

6) 이정복(2024)에서는 기존의 '사물 높임'과 '간접 높임'은 잘못된 용어이며, '상황 주체 높임'이 정확한 표현이라는 관점에서 현대 한국어에서 관찰되는 주체 높임 형식 '-시-'의 '새로운 쓰임'을 언어 변화의 관점에서 종합적으로 설명했다.

부 가능하세요'에서 서술어 '가능하다'의 '-시-'는 '할부'와 연결된 것처럼 보이지만 실제로는 '할부'를 높이는 것이 아니라 생략된 상황 주체인 '고객님'을 높이는 것이다.

다음 (12)에서 제시한 두 드라마 대사에서도 상황 주체 높임이 다수 쓰였다.

(12) 상황 주체 높임 ②
　　가. (문동은→강현남) 네. 그렇게 넣으면 부러지세요. 반드시 여기 금색이 아래로 가게... <더 글로리> 3회 (Netflix, 2023)
　　가-1. (문동은→강현남) 제가 그랬어도 아실 필요 없으세요. <더 글로리> 6회
　　나. (김수미→노상식) 저, 가실 때까지 불편한 점 있으시면 언제든 편하게 연락 주세요. <킹더랜드> 1회 (JTBC, 2023)
　　나-1. (노상식→김수미) 눈에 뭐 들어가셨나요? <킹더랜드> 1회
　　나-2. (고급 식당 계산원→천사랑) 총 다 하셔서 168만 4천 원 나오셨습니다. <킹더랜드> 5회

(12가, 가-1)의 두 보기는 2023년 한국은 물론 전 세계적으로 큰 인기를 끈 네플릭스(Netflix)의 드라마 <더 글로리>에서 학창 시절 학교 폭력의 피해자였던 주인공 문동은이 자신의 복수를 도와주는 중년 여성에게 한 말이다. "그렇게 넣으면 부러지세요"는 빠진 성분을 보충해 정확히 표현하면 '(이모님이)[7] (SD 카드를) 그렇게 넣으면 (SD 카드가) 부러지세요'의 구조다. 표면적으로 보아 분명하게 서술어 '부러지다'의 주어는 사람이 아니라 'SD 카드'인데 주체 높임의 '-시-'가 쓰

---

[7] 문동은이 강현남을 '이모님'으로 부르고, 전화 연락처 또한 '이모님'으로 저장한 것을 반영했다.

였다. 아직도 사회적으로 논란이 되는 '사물 높임'의 전형적 쓰임이다. 그러나 여기서 화자는 'SD 카드'를 높이기 위해 주체 높임 형식을 쓴 것이 전혀 아니다. 생략된 부사절의 주어이자 '넣다'라는 행동의 주체이며, 동시에 대화 현장에서 말을 듣고 있는 상황 주체인 청자를 높이기 위해 그렇게 말한 것이다. "제가 그랬어도 아실 필요 없으세요"를 다시 쓰면 '제가 그랬어도 (이모님은/이모님이) 아실 필요(가) 없으세요'의 구조인데, 직접적인 주어가 사람이 아닌 '필요'임에도 서술어에 '-시-'가 붙어 '없으세요'가 쓰였다. 이 또한 관형절의 주어이자 이중주어문의 전체 주어고 청자인 '이모님'을 높이기 위해 '-시-'를 쓴 것이며, 시청자들도 마찬가지로 이해한다.

  이 드라마 대사에는 보기 외에도 비슷한 경어법 사용이 더 나타났다. 작가가 일부러 사회적 논란을 만들기 위해 사물 주어와 연결되는 서술어에 '-시-'를 쓴 것은 아닐 것이다. 만약 두 문장에서 '-시-'를 빼고 '그렇게 넣으면 부러져요', '제가 그랬어도 아실 필요 없어요'라고 했다면 상대방에 대한 화자의 공손한 말하기가 실현되기 어렵게 느껴진다. 한국어 화자들의 일상 언어 사용에서 이런 문장 구조의 '-시-'의 결합은 아주 자연스럽다. 작가도 의식하지 못할 정도로 이미 한국어 사용자들 사이에서 이러한 '-시-'의 쓰임이 널리 확산된 결과를 반영하는 것이다.

  (12나~나-2)의 보기는 2023년 6월부터 방영된 JTBC의 드라마 〈킹더랜드〉에서 가져온 것인데, '불편한 점 있으시면'과 '뭐 들어가셨나요', 'OO원 나오셨습니다'에서 추상명사나 사물인 주어와 연결되어 '-시-'가 쓰였다. (12나) '불편한 점 있으시면'에서 '점' 대신 의존명사 '것'이 잘 쓰이는데, 이런 문장에서 '있다' 서술어에 '-시-'가 쓰이는 것은 다양한 상황에서 아주 쉽게 관찰된다. (12나-1)의 '(당신은) 눈에 뭐(가) 들어가셨나요'에서는 '티끌'이나 '먼지'와 같은 사물을 가리키는

'무엇'과 연결된 서술어에 '-시-'가 쓰였다.

[그림 2] 상황 주체 높임과 정반대의 경어법 사용 (@sun***)

특히 (12나-2)의 보기를 주목할 필요가 있다. 이 문장은 규범적인 면에서는 '총 다 해서 168만 4천 원 나왔습니다'라고 말해도 되지만 실제로는 '-시-'가 두 번이나 쓰였다. '(고객님!) (식사 비용은) 총 다 하셔서 168만 4천 원(이) 나오셨습니다'로 생략된 호격어 자리의 상황 주체를 최고로 높이고 있다. 더구나 '다 하셔서'는 정확히 말하면 '다 계산해서'의 뜻이고, 이때 주어는 화자 자신인데도 '-시-'가 들어갔다. 전형적인 상업적 맥락에서 고객이자 청자인 상황 주체를 높이기 위해 서술어마다 '-시-'를 넣은 결과다.8) 이런 쓰임이 드라마 대사에 반복적으로 자연스럽게 나타나는 사실을 보면, 형식적 관점에서 사물 주어와 연결되는 '-시-'의 쓰임, 곧 '상황 주체 높임'이 얼마나 한국어 공동체에 깊숙하게 자리 잡고 있는지를 잘 알 수 있다.

3. 드라마 대사에 나타난 차별 언어

한국어에는 성차별, 인종 차별, 지역 차별, 직업 차별 등 여러 유형의 수많은 차별 언어가 쓰이고 있다.9) 질적, 양적인 면에서 다른 어떤 언어와 비교해도 뒤지지 않을 정도로 많은 차별 표현이 존재하며, 쓰임 빈도 또한 높다. 차별 표현이 많아서 화자 자신도 모른 채 비의도적으로 쓰이기도 하며, 속담 등의 형식으로 고정되어 문제의식도 전혀 느끼지 못하는 가운데 언론 기사에서도 표현 효과를 높이는 수단으로 잘 쓰인다. 이런 상황에서 드라마 대사에서 차별 언어가 자주 나타난다.

(13) 성차별 언어 ①
대화 참여자: 경찰 강력팀장, 형사, 회사 대표(회장의 아내)
대화 상황: 형사들이 회사를 방문하여 살인 사건과 관련해 질문함
출처: <재벌X형사> 3회 (SBS, 2024)

대표: 그 여자가 여길 찾아왔었다고 누가 그러던가요?

---

8) 상업적 맥락에서 서술어마다 '-시-'를 넣어 고객을 최대한 공손하게 대우하는 경어법 사용이 퍼지다 보니 그런 용법을 비꼬는 뜻에서 [그림 1]의 "잡것들~ 얼른 들어와!!"와 같이 손님을 비하하는 경어법 사용도 나타난다.
9) 한국어 차별 언어의 유형과 구체적 쓰임에 대해서는 이정복(2014가, 2023다)를 참조할 수 있다.

팀장: 천태준 부회장님이 그러시던데요.
대표: 맞아요. 내가 만났어요
[대표의 회상 장면] 젊은 여성: 저, 회장님을 뵙고 싶습니다.
팀장: 왜 찾아왔었죠?
대표: 뻔한 거 아니겠어요? 젊은 몸뚱이 하나로 인생을 바꾸려는
    여자가 아직도 있는 거죠.
형사: 회장님은 어디 계십니까?
대표: 출장 중이세요. 그동안 제가 업무를 맡고 있고요.

위의 보기는 2023년 1월부터 SBS에서 방영된 드라마 〈재벌X형사〉에서 가져온 것이다. 중년 여성인 회사 대표는 형사들에게 "젊은 몸뚱이 하나로 인생을 바꾸려는 여자가 아직도 있는 거죠"라고 하여 회사로 찾아왔던 한 젊은 여성을 '몸뚱이 하나로 인생을 바꾸려는 여자'로 비난했다. 젊은 여성들이 육체적 관계를 미끼로 남성들에게 접근해서 재물을 뜯어내려고 한다는 고정관념을 말하며, 해당 여성에 대한 부정적 가치 평가를 내린 것이다. 젊은 여성들 가운데는 이른바 '꽃뱀'이 많다는 성차별적 의식을 드러낸 발화에 해당한다.

그런데 이 대화에서 한 가지 눈에 띄는 점은 '몸뚱이 하나로 인생을 바꾸려는 여자'가 "아직도 있는 거죠"라고 말한 부분이다. 과거에는 이 내용을 말할 때 '많다'라고 하던 것이 일반적이었는데, 작가가 그렇게 표현한 것은 아마도 여성 차별의 문제를 고려해 발언 강도를 조정한 결과로 보인다. 그렇다면 작가는 왜 성차별적 발화를 굳이 이 장면에 넣었어야 했는지를 생각하는 것이 필요하다. 이 발언을 한 대표는 회장의 아내로서, 회장을 찾아온 여성이 회장의 혼외자라는 사실을 알고 있었다. 이후 그 여성이 피살되었고, 대표는 조사하러 온 형사들에게 회사의 평판을 고려해 피살자가 회장의 혼외자라는 사실을 감추려는 마음에서 죽은 여성을 꽃뱀으로 몰아 도덕적으로 비난하는 전략을 쓴

것이다. 극의 전개를 위해 넣은 발화로 이해할 수 있지만 이런 성차별적인 내용은 시청자들에게 여성에 대한 부정적 고정관념을 퍼트리고 강화하는 문제가 있음이 분명하다.

(14) 성차별 언어 ②
  대화 참여자: 김경욱 과장, 강지원 대리, 박민환 대리
  대화 상황: 여러 사람이 일하는 사무실에서 강지원 대리가 작성한 기획서와 관련해 말함 (2013년 배경)
  출처: <내 남편과 결혼해 줘> 1회 (tvN, 2024)

  김경욱: 하, 나 지금 누구랑 이야기하니? 저, 강 대리님, 무슨 생각 하세요?
  강지원: 부족한 거 말씀해 주시면 제가 바로 수정해서 올리겠습니다.
  김경욱: 여자들이 이게 문제야, 응? 이렇게 의존적이야. 야, 니 일은 니가 알아서 하는 거고. 야, 일단 회사 나올 때 다른 사람 안구 배려 좀 하자 잉. 그, 여자가 하고 다니는 게 그게 뭐냐? 응? 저 양 대리는 아줌마라 메롱이라 치고, 아가씨까지 이러면, 우리 남자들은 어떻게 살까요? 이게 다 여자들이 군대를 안 갔다 와서 그래. 우리나라도 그, 여자애들도 싹 다 군대 갔다 오게 해야 돼. 응? 안 그래 박 대리?
  박민환: 아, 예, 맞습니다. 예, 추진하겠습니다.

보기 (14)는 드라마 <내 남편과 결혼해 줘>에 나타난 성차별 언어 사용이다. 과장인 김경욱은 하위자 강지원 대리에게 기획서와 관련해 말하는 상황임에도 정작 내용에 대해서는 말하지 않고 상대방의 외모와 태도를 비난하고 있다. "여자가 하고 다니는 게 그게 뭐냐", "양 대리는 아줌마라 메롱이라 치고, 아가씨까지 이러면, 우리 남자들은 어떻

게 살까요"와 같이 여성들이 남자들을 배려하기 위해 잘 차려입고 외모를 가꾸어야 한다고 했다. "여자들이 군대를 안 갔다 와서 그래"에서는 여성들이 군대를 가지 않아서 회사 생활을 제대로 하지 못한다는 뜻을 드러내었다. '아줌마'와 '아가씨'라는 호칭어 사용을 통해서 여성을 분리하고, '결혼한 여성은 아무렇게나 하고 다녀도 된다'는 뜻을 드러내어 기혼 여성에 대한 차별적 시각을 보여 주기도 한다.

이야기 전개상 약 10년 전 한국 사회를 배경으로 하는 내용이라서 작가가 여성 차별적인 내용을 강하게 표현한 것으로 보인다. 당시의 일반적 사회 분위기를 전달하고자 했을 것이다. 그래서 그런지 성차별적 발언을 길게 하고 있음에도 사무실에 있는 여성들은 모두 몰래 인상을 찡그릴 뿐 아무도 명확하게 이의제기하지 못한다. '상급자 남성'이라는 이중적 힘에 여성 직원들이 억눌려 있는 분위기가 잘 묘사되었다. 이 대화를 보는 현재의 여성 시청자들은 시대가 조금 지난 과거 장면이라도 강한 여성 차별적 시각을 드러낸 남성 과장에 대해 아주 부정적인 태도를 갖게 될 것이다. 과거의 모습을 통해 현재 상황을 점검하는 계기로 작용하는 점에서 의미 있는 장면이다.

한편, (14)의 대화에서 문제의 남성 과장이 여성 차별적 시각을 강하게 드러낸 것은 극 내용에서 묘사되는 해당 남성의 성격 특성과도 관련이 있다. 이 남성은 이후 장면에서 무능 등의 여러 가지 이유로 징계를 받고 과장 직위에서 대리로 강등되는데, 바로 그동안의 여성 차별적 언행이 '성인지 감수성 부족'이라는 강등 사유의 하나로 작용한다.

(15) 장애 차별 언어
　　대화 참여자: 이방원(태종), 민 씨(이방원의 아내, 세자빈)
　　대화 상황: 중전으로 책봉되지 못하고 궐 밖에서 지내는 민 씨가

궁궐을 찾아 태종에게 권력을 함께 누리자는 뜻을 다시 밝힘
출처: <태종 이방원> 22회 (KBS1, 2021~2022)

민 씨: 며칠 밤을 지새우면서 고민을 해 봤습니다. 과연 제가 전하께서 원하는 여인이 되어 드릴 수 있을지를요.
이방원: 그래서 결론이 어찌 났소?
민 씨: 되어 드릴 수 있습니다. 나무가 되라 하시면 나무가 되고, 풀이 되라 하시면 풀이 될 수 있습니다. 벙어리가 되라 하시면 입을 다물고, 장님이 되라 하시면 눈을 감을 수 있습니다. 허나, 그리되면 제가 아니더군요. 저는 한 번도 그렇게 살아본 적이 없습니다. 그리고 또, 한 번도 그렇게 살고자 한 적이 없습니다. 하여 제가 전하의 바램을 들어 드릴 수 있는 길은 오직 하나더군요. 제가 싸늘한 주검이 되는 거지요.
이방원: 부인!
민 씨: 이제 전하의 손에 제 운명을 맡기겠습니다. 당신이 원하는 대로 하십시오. 그럼 물러가 보겠습니다.

위 보기는 <태종 이방원>에서 왕좌에 오른 이방원에게 아내 민 씨가 지금까지 함께 노력해서 왕이 되었으니 권력을 나누자는 요구를 하자 이방원이 그럴 수 없다고 한 후 민 씨가 다시 궁궐을 찾아 다시 같은 뜻을 밝히는 장면이다. 왕이 명령하면 따를 수밖에 없는 수동적 존재로는 살 수 없다는 강력한 권력 의지를 드러내었다. 왕의 명령에 따르는 구체적 보기로 "나무가 되라 하시면 나무가 되고, 풀이 되라 하시면 풀이 될 수 있습니다", "벙어리가 되라 하시면 입을 다물고, 장님이 되라 하시면 눈을 감을 수 있습니다"를 들었다. 이 과정에서 장애인 차별 표현 '벙어리'와 '장님'이 쓰였다.

이 대화에서 쓰인 '벙어리'와 '장님'은 21세기 현재 관점에서는 언어 장애인과 시각 장애인에 대한 차별 표현이지만 조선 초라는 당시의 시대적 배경을 고려하면 극의 사실성을 높이는 언어 장치로 이해할 수 있다. 몇백 년 전에 장애인 차별 언어는 사회적으로 아무런 문제의식 없이 자유롭게 쓰였을 것이기 때문이다. 그러나 드라마를 보는 사람은 오래전의 과거인이 아니라 21세기 한국인, 그리고 세계인이라는 점이 중요하다. 극의 시대 배경을 반영한 자연스러운 언어 사용이라고 해도 수용자 관점에서는 있는 그대로 받아들이기 어려운 것이다. 이 대화에서 왕이 시키는 대로 뭐든 해야 하는 존재를 가리키는 데는 나무와 풀만 제시해도 모자람이 없어 보인다. 굳이 장애인 차별 언어를 써야 할 필연성은 없다는 점을 작가나 감독은 언어 사용 문제를 깊이 있게 고려해야 한다.

(16) 직업 차별 언어
　　대화 참여자: 박인성(첫 출근 하는 사장), 사원(남성), 미화원(여성)
　　대화 상황: 박인성이 전화기를 보면서 화장실 앞을 지나가다가 청소 도구에 걸려 넘어짐
　　출처: <사장님을 잠금해제> 2회 (ENA, 2022~2023)

박인성: [청소 도구에 걸려 넘어지며] 아, 아.
사　원: 에이씨, 아줌마!
미화원: 아유, 죄송합니다. 죄송합니다!
사　원: 미쳤어요? 내가 청소 도구 화장실 앞에 두지 말라 했죠?
미화원: 저, 물걸레, 대청소 하느라고…
사　원: 봐, 봐! 저기 사람 쓰러졌잖아.
미화원: 죄송합니다.

사　　원: 몇 번을 말해요, 짜증나게 씨.
미화원: 죄송합니다.
박인성: 저기요, 제 실수예요. 핸드폰만 보다가…
사　　원: 빨리 닦아! 빨리 닦아! 내가 이런 말까진 안 하려고 했는데 그러니까 그 나이 먹고 화장실 청소나 하고 있죠, 씨.

보기 (16)은 2022년부터 방송된 ENA의 드라마 〈사장님을 잠금해제〉에서 가져온 것으로 직업 차별 표현이 쓰인 보기다. 사장으로 처음 출근하던 박인성이 복도에서 청소 도구에 걸려 넘어지는 모습을 보고 가까이에 있던 30대 정도의 남성 사원이 60대 정도의 여성 미화원에게 '아줌마'라고 부르며 반말과 높임말을 섞어 큰 소리로 윽박지른다. '에이씨' 또는 '씨'라는 비속어 감탄사를 반복해 쓰고, '빨리 닦아'라고 반말로 명령을 내리기도 했다. 맨 마지막에는 "그러니까 그 나이 먹고 화장실 청소나 하고 있죠"라며 미화원이라는 직업에 대해 강한 차별, 비하 의식을 노골적으로 드러내었다. '미화원'을 '화장실 청소나 하는 사람'으로 무시하고 있다. 여기서는 미화원이 여성이기에 성차별적 요소도 함께 나타났는데, 자신보다 덩치 큰 남성 미화원이었으면 반말과 차별 표현을 쉽게 내뱉기 어려웠을 것이다. 직업 차별과 함께 성차별까지 나타난 장면이다.

그런데 이 보기에서 미화원에게 해당 사원이 반말이나 비속어 정도만 쓰는 데서 그치지 않고 강한 차별 표현까지 쓴 이유는 무엇일까? 그것은 일차적으로 주인공 박인성의 과거 경험과 관련된다. 위 대화에 이어 회상 장면이 나오는데, 박인성이 아르바이트를 할 때 다른 사람에게서 "내가 진짜 이런 말 안 하려 그랬는데, 그러니까 그 나이 먹도록 알바나 하고 있지!"라는 비슷한 내용의 차별 표현을 들었던 기억이다. 그냥 지나치려던 순간 과거의 불쾌하고 억울했던 경험을 떠올린 박인성은 '여긴 내 무대고 난 슈퍼 갑이다. 레디 액션'이라고 마음속으로 외치며 약자인 미화원을 모욕하고 함부로 대한 사원을 혼내 주게 된다. 또한 젊은 남성 사원의 과도한 차별 언어 사용은 이후의 이야기 전개와도 관련이 있다. 박인성은 나중에 회사에서 곤란한 상황을 겪게 되는데 이 장면에서 도움을 받았던 미화원이 나서서 도움을 준다.

(16)에 나오는 아주 강한 수준의 직업 차별 언어는 특정 직업에 대한 시청자들의 차별 의식을 강화할 수 있는 점에서 좋지 않은 대사라고 비판받을 수도 있다. 또 요즘 상황에서 저런 차별 언어를 노골적으로 쓰는 일도 거의 없다. 조선 초기를 배경으로 한 드라마 〈태종 이방원〉을 보면, 1차 왕자의 난에 참여한 사람들의 축하 술자리에서 이방원의 아내 민 씨와 관련해 남동생이 "솔직히 한몫 이상이지요. 제 누님이라서 드리는 말씀이 아니라 정말 여장부십니다"(18회)라고 하여 여성 차별 표현 '여장부'를 썼다. 이 표현의 사용은 남성 중심 시대에서 당찬 여성에 대한 칭찬으로서 아주 자연스러우며, 당시 언어문화를 고려할 때 언어 사실에 맞는 용법이다. 이와 달리 (16)의 직업 차별 언어는 현재의 언어 실상을 담은 것이라기보다는 극적 긴장감을 높이기 위해 언어 사실을 왜곡한 것에 가깝다.

그러나 작가의 시각에서 볼 때, 그것은 주인공의 과거 기억을 되살리고, 이후 미화원으로부터 도움을 받는 계기로 작용하도록 하는 중요한 언어적 장치로 이해된다. 물론 그렇다고 해도 직업 차별 언어를 쓰는 대신 다른 대안은 생각해 보는 것이 필요하다. "그 나이 먹고 화장실 청소나 하고 있죠" 대신 '일도 잘하지 못하면서 말은 더럽게 안 들어요' 정도의 표현을 써도 비슷한 효과를 거둘 수 있기 때문이다. 먼 과거를 배경으로 하는 사극에서도 각종 차별 표현을 꼭 써야 하는 것은 아니지만 현대를 배경으로 하는 드라마에서는 차별 언어 사용에서 더욱 신중한 처리가 요구된다.

4. 드라마의 언어적 장치와 효과

앞의 두 절에서 분석한 경어법과 차별 언어는 드라마 대사의 언어적 장치의 하나로 쓰인 것이며, 결과적으로 작가의 의도를 실현하는 효과가 나타난다. 언어적 장치 가운데 어떤 것을 어떤 의도에 따라서 더 강조한 것인지, 또 어떤 것이 작가의 의도와 무관한 것인지, 그러한 언어적 장치는 극의 흐름을 위해 필요한 것인지 아닌지 등을 생각해 보는 것이 필요하다. 자료 분석 과정에서 이런 점과 관련해 일부 설명, 기술한 부분이 있지만 다시 한번 종합적으로 정리해 생각해 본다.

경어법의 전략적 용법이나 상황 주체 높임은 한국어 경어법 사용에서 화자들이 흔하게 경험하는 것으로 드라마 대사에서 나오는 이런 용법은 드라마 대화의 사실성을 높이는 효과가 있다. 부탁하는 사람이나 도움을 받은 사람이 호칭어나 종결어미 선택을 통해 평소보다 더 공손하게 말하는 것은 한국어 화자들이 가장 자주 쓰는 전략적 경어법 사용인데, 이러한 용법을 드라마 대사에서 쓰는 것은 언어 사실에 들어맞는 당연한 조치다. 서로 다른 지위 관계에 있는 두 사람이 언어적 대우를 두고 심리적 갈등이나 실제적 대립을 겪는 일도 흔하고, 역사 드라마 또는 회사나 군대를 배경으로 하는 드라마에서도 자주 나온다. 작가는 그런 장면에서 마땅히 지위 불일치 해소 전략에 따른 경어법 사용을 그리지 않을 수 없다. 또 작가는 여러 가지 경어법의 전략적 용법을 대화 안에서 보여 줌으로써 드라마 등장인물들의 상호 관계를 시청자들에게 쉽게, 더 역동적인 모습으로 전달할 수 있다.

상황 주체 높임도 마찬가지다. 경쟁이 치열한 상업적 맥락에서 고객을 최고로 높여 공손하게 대우하기 위해 서술어에 언제나 '-시-'를 붙여 쓰게 됨으로써 한국어 화자들의 일상적 경어법 사용이 되었고, 그것이 사회적으로 널리 퍼진 상황에서 드라마 대사에도 상황 주체 높임이 자연스럽게 나타난다. 작가가 한국어 언어공동체의 모습을 정확히 그리고자 한다면 저절로 이런 높임법 사용이 나올 수밖에 없다. 백화점, 병원, 식당 등에서 쉽게 접하는 경어법의 쓰임이 드라마 대사에서 나오는 것은 극의 사실성을 높이는 데 도움이 된다. 상황 주체 높임이나 경어법의 전략적 용법은 모두 드라마 언어의 사실성을 높이고 등장인물들의 지위 및 역할 관계를 잘 드러내는 장치로서 충분히 효과적이다.

그런데 차별 언어의 경우는 좀 다르게 생각할 필요가 있다. 드라마 대사에서 차별 언어의 사용은 문제가 있는 등장인물의 행동 특성의 하나로 묘사하면서 그런 언어 사용 자체를 비판하려는 의도에서 나온 것일 가능성이 높다. 그러나 드라마 대사에 나오는 차별 언어는 시청자들을 차별 언어 사용에 무감각하게 만들고, 무의식적으로 내면화하게 될 위험이 있으며, 결과적으로 차별 언어 사용을 사회적으로 부추기는 부작용이 나타나게 된다. "등장인물에 의해 발화되는 이런 혐오의 언어들은 결국 약자에 대한 차별과 배제를 강화하는 이데올로기적 기제"(최상민 2018:188)로 작용하는 것이다. 나아가 차별 언어와 같은 부정적 언어 사용은 한국 드라마를 보는 외국 시청자들에게 한국의 언어문화에 대한 왜곡된 인식을 심어 줄 우려가 강하다.

앞의 (15), (16) 보기에서도 지적한 것처럼 굳이 심한 차별 표현을 쓰지 않고 다른 내용의 대안 표현을 써도 비슷한 효과를 거둘 수 있다. 극의 시대 배경을 고려할 때 언어 사실에 맞는 것이라고 하더라도 굳이 차별 표현을 써야 할 필연성은 없다. 이런 점을 고려하면, 드라마 작가들이 극의 사실성과 표현 효과를 높이는 방향에서 경어법과 같은 한국어의 중요한 특성을 충실히 반영하여 드라마 대사의 언어를 쓰되,

사회적으로 문제가 되는 차별 언어의 경우 더욱 신중하게 고려하여 언어 사용을 해야 할 것이다. 드라마의 언어는 시청자들이 이야기를 이해하는 단순한 수단이 아니라 한국의 언어문화를 담고, 전달하는 핵심적 문화콘텐츠기 때문이다.

2장_ **드라마의 통신 언어 사용과
그 효과**

1. 드라마와 통신 언어

   1990년대 초중반부터 쓰이기 시작한 인터넷 통신 언어는 2000년 전후로 빠르게 대중화되면서 지금은 거의 모든 한국어 사용자들이 알고 있거나 즐겨 쓰는 한국어의 새로운 한 요소가 되었다. 통신 언어가 처음 쓰이던 때에는 컴퓨터와 PC통신을 쉽게 접할 수 있는 대학생이나 젊은 직장인 등 일부 화자들 중심으로 온라인 통신 공간에서 제한적으로 사용되었다. 그러나 점차 사용자의 나이나 직업이 다양해졌으며, 통신 공간은 물론이고 텔레비전 등의 대중 매체에서도 쓰이고 있다. 청소년 등 일부 화자들은 일상 공간의 입말 사용에서도 다수의 통신 언어 표현을 자연스럽게 섞어 쓰는 상황이다.[1)]

텔레비전 프로그램 가운데 예능 자막에서 통신 언어가 많이 쓰인다. 기존의 언어와 다른 형식과 의미 때문에 통신 언어가 섞여 쓰인 자막은 시청자들에게 신선한 느낌과 새로운 재미를 더해 준다. 예능 자막에서 맛있는 양념 역할을 하던 통신 언어가 이제는 드라마 안에까지 진출하여 젊은 세대 등장인물의 성격이나 대화 상황의 특성을 드러내는 중요한 표현 요소 기능을 맡고 있기도 하다. 통신 언어가 일상어 입말에서 자연스럽게 쓰이는 상황에서 드라마 대상의 통신 언어는 인물들 발화의 사실성을 높이는 기능을 맡고 있다.

이 장에서는 드라마 대사에 쓰인 통신 언어의 모습을 살펴보고, 그것에 대해 시청자들은 어떤 생각을 하며, 통신 언어 사용이 드라마에 구체적으로 어떤 효과가 있는지를 생각해 보고자 한다.

2. 드라마 통신 언어의 쓰임

텔레비전 드라마에서 통신 언어가 어떻게 쓰이고 있는지를 몇 가지 유형의 드라마를 통해 살펴보기로 하겠다. 모든 드라마에서 통신 언어가 쓰이는 것은 아니며, 등장인물이 고등학생 등 청소년이거나 20대 직장인인 경우 특히 통신 언어 쓰임이 자주 나타나는 것으로 관찰된다. 다양한 드라마 유형 가운데 시청자들이 자주 접하는 '멜로 드라마', '학원 드라마', '직장 드라마', '퓨전 사극'의 네 가지 유형을 중심으로 통신 언어 쓰임 보기를 분석하겠다.

---

1) 인터넷 통신 언어의 전반적 쓰임과 흐름에 대해서는 이정복(2003가, 2009나, 2017가)를 참조할 수 있다.

(1) 멜로 드라마 속의 통신 언어 ①
　　대화 참여자: 지남철(사장), 조은산(경리)
　　대화 상황: 사장인 지남철과 신입 경리인 조은산이 서로 호감을
　　　　　　　갖고 있음
　　출처: <빨간 풍선> 4회 (TV조선, 2022~2023)

　　지남철: 너무 좋네요. 가끔 나와야겠어요. 남자 친구는 뭐 하는 사
　　　　　 람이에요?
　　조은산: 남친 없는데요.
　　지남철: 없어요?
　　조은산: 한 서너 명 거느려 보이죠? 남친 같은 거 안 만들어요. 시
　　　　　 시껄렁해서.
　　지남철: [웃는다]
　　조은산: 왜요?
　　지남철: 멋있어서.
　　조은산: 예?
　　지남철: 왜 그런지 은산 씨가 하는 건 다 멋있어. 이제 겨우 스물
　　　　　 여덟인데 진짜로 200살 같아.
　　조은산: 칭찬이죠?
　　지남철: [고개를 끄덕인다]
　　조은산: 헐, 말잇못.
　　지남철: [조은산을 쳐다본다]
　　조은산: 말을 잇지 못하겠다고요.
　　지남철: 우리 아들도 그런 말 잘 쓰던데. 쓥, 그, '웃프다'는 말은
　　　　　 나도 아는데.
　　조은산: 사장님이 좀 웃픈 편이죠.
　　지남철: 내가 정말 불쌍하게 생겼어요? 그날 포차에서.
　　조은산: 네.
　　지남철: 그런다고 바로 "네" 하냐? [같이 웃는다]

(1)의 보기는 2022년부터 시작된 TV조선의 멜로 드라마 〈빨간풍선〉에서 가져온 것이다. 작은 회사 사장인 지남철(이성재)과 신입사원인 경리 조은산(정유민)이 휴일에 야외에서 개인적으로 만나 대화를 나누는 장면이다. 지남철이 "왜 그런지 은산 씨가 하는 건 다 멋있어. 이제 겨우 스물여덟인데 진짜로 200살 같아"라고 말하자 조은산이 "헐, 말잇못"이라고 통신 언어를 사용해 대답했다. 나이가 더 많은 지남철이 무슨 뜻인지 이해를 하지 못하자 "말을 잇지 못하겠다고요"라고 '말잇못'의 뜻을 설명해 준다. 그러자 지남철도 '웃프다'라는 말을 아들에게 들어서 안다고 했다. 개성이 강한 20대 후반의 MZ세대 여성 사원과 40대 정도의 보수적인 남성 사장이 나누는 대화에서 통신 언어 '헐'과 '말잇못'이 자연스럽게 쓰였다. 회사에서는 위아래 관계지만 회사 밖의 비격식적 상황에서, 그것도 개인적 만남 과정에서 나온 것이기 때문에 크게 어색해 보이지 않는다. 20대 한국어 화자들이 일상어 말하기에서 유행하는 통신 언어를 자연스럽게 섞어 쓰는 정도로 이해할 수 있다.

이 대화 장면에 이어 지남철 사장은 집에서 아들로부터 '할많하않, 어쩔티비, 머선129' 등의 통신 언어를 배우는 모습이 나온다. 관심 있는 젊은 직원과의 관계 발전을 위해 노력하는 모습이다. '말잇못', '웃프다' 같은 통신 언어가 10대나 20대 한국어 화자들의 정체성을 드러내는 한 징표로 여겨지고, 이런 젊은 세대 화자들과 소통하려는 기성세대가 배우고 익숙해져야 할 문화 요소로서 인식되고 있음을 보여 준다.

(2) 멜로 드라마 속의 통신 언어 ②
    대화 참여자: 지남철(사장), 조은산(경리)
    대화 상황: 불륜 관계로 발전한 사장 지남철과 경리 조은산이 마

지막 이별 대화를 나눔
출처: <빨간 풍선> 20회 (TV조선, 2022~2023)

지남철: 잘 지냈어? 아픈 덴 없어? 여긴 어떻게 알고 왔어?
조은산: 이 부장, 사장님 안부 궁금하면 가끔 전화해 봤거든. 쫓겨났다며?
지남철: 아니야. 내 발로 나왔어. 나 안 쫓겨나. 나 그렇게 만만한 사람 아니야.
조은산: 미안해, 나 때문에.
지남철: 너 때문 아니야. 편하고 좋다. 그 어느 때보다. 진짜루. 오늘 너무 이쁘다. 완전. 말잇못.
조은산: 어쩔티비.
지남철: 너무 그렇지? 시골에 살면 별사람이라도 별수 없다. 이러고 살아야지.
조은산: 그래도 멋있어. 킹왕짱. 사장님한테 제일 이쁜 모습 보여주고 싶었어. 기억해 줘.
지남철: 가는구나? 드디어.
조은산: 사장님. 나 붙잡아. 사장님이 가지 말라 그러면 안 갈게.
지남철: 은산아, 이 세상 어디 가더라도...
조은산: 마지막 인사는 하지 마. 중꺾마.

복수의 불륜 이야기가 등장하면서 이른바 '막장 드라마'로 잘 알려진 <빨간풍선>에는 처음 4회에서 등장한 통신 언어가 20회 마무리 장면에서 더 본격적, 집중적으로 쓰였다. 불륜 관계로 발전한 지남철과 조은산은 이별 장면이라는 무겁고 슬픈 상황이지만 많은 통신 언어를 교대로 사용한다. 그것도 이번에는 조남철 사장이 먼저 '완전'과 '말잇못'을 썼다. 그러자 조은산도 '어쩔티비'로 화답한다. 이후 '킹왕짱'이 나왔고, 마지막에는 눈물을 흘리며 조은산이 '중꺾마'라는 최신의 파격

2장 드라마의 통신 언어 사용과 그 효과

적 표현까지 말로 내뱉었다.2)

 '중꺾마'는 '중요한 것은 꺾이지 않는 마음'이라는 긴 표현을 짧게 줄인 줄임말이다. 이 말은 ≪쿠키뉴스≫의 문대찬 기자가 2022년 10월 9일 뉴욕에서 LoL(리그 오브 레전드) 프로게이머 '데프트' 김혁규 선수와 인터뷰를 하고 올린 유튜브 영상 제목에 "중요한 것은 꺾이지 않는 마음"이라는 표현을 쓴 데서 출발했다. 누리꾼들은 이것을 '중꺾마'로 줄여 인터넷에서 쓰게 되었고, 이후 수능 응원 구호로도 쓰이고, 2022년 카타르 월드컵 예선 경기에서 이긴 후 한국 선수들이 태극기에 이 표현을 적어 국민들에게 보여 줌으로써 널리 알려졌다.3)

 새로운 통신 언어이자 인터넷 '밈'(meme)으로서 유행하자마자 드라마 대사에 '중꺾마'가 나온 셈이다. 이 때문에 나이 든 시청자들은 대사를 정확히 알지 못하는 일도 생겼을 것이다. 또 다수의 통신 언어를 쓴 것에 대해 시청자들의 반발과 항의가 강하게 나왔다. 특히 사귀던 남녀가 헤어지게 되는 무거운 장면에서 여러 통신 언어 표현을 쓰는 것이 어색하다는 반응이었다. 자세한 내용에 대해서는 다음 3절에서 살펴보기로 하겠다.

 두 번째로 살펴볼 드라마는 학원이 배경으로 나오는 드라마다. 고등학생들이 아주 자연스럽게 통신 언어를 섞어 쓰는 모습이 나온다.

(3) 학원 드라마 속의 통신 언어 ①
　　대화 참여자: 학생 1, 남해이, 장단지, 방수아
　　대화 상황: 고등학생들이 내신 시험 정답 처리와 관련해 정보를 나눔

---

2) 조은산은 다른 사람과의 대화에서도 '킹 받다', '쌍욕 시전' 등의 통신 언어를 쓰기도 했고, 다른 등장인물도 다수의 통신 언어를 사용했다.
3) 이준범 기자, <당신이 '중꺾마'에 대해 몰랐던 것>, 쿠키뉴스, 2022-12-11 기사 참조.

출처: <일타스캔들> 4회 (tvN, 2023)

학생 1: 야, 야, 야! 영어 25번 3번도 정답으로 해 준대. 쌤들끼리 합의 봤대.
남해이: 진짜?
학생 1: 어.
남해이: 그럼 복수 정답인 거야?
학생 1: 어.
장단지: 나 3번 찍었는데 개이득.
방수아: 그런 게 어딨어? 말도 안 돼.

　대화 (3)은 2023년 tvN에서 방송한 '로맨스 코미디'이자 학원 관련 드라마인 〈일타스캔들〉에서 가져온 것이다. 반찬가게 사장과 입시학원 강사의 사랑을 다룬 것이지만 주 배경이 입시학원이다 보니 대학 입시를 준비하는 고등학생들이 많이 나오는 드라마다. 10대 청소년들의 일상어 사용에서도 그렇듯이 이 드라마에서는 고등학생들의 대화에서 통신 언어 표현이 여럿 사용되었다.
　(3)의 대화에서는 통신 언어 '쌤'과 '개이득'이 쓰였다. '쌤'은 본래 경상 방언 형식이었는데 인터넷 공간에서 '선생님'의 줄임말로 인식되면서 지역과 관계없이 모든 청소년에게 퍼져 나갔다. '개이득'도 '큰 이익'이라는 뜻으로 청소년들이 즐겨 쓰는 통신 언어 새말이다. 장단지(류다인)가 "나 3번 찍었는데 개이득"이라고 말했는데, '개이득이야' 또는 '개이득이네'라고 하지 않고 서술어의 명사 부분만 남기고 모두 생략한 점도 눈에 띈다.

(4) 학원 드라마 속의 통신 언어 ②
대화 참여자: 이선재, 장단지, 서건후, 남해이
대화 상황: 코피를 흘리는 친구를 도와 줌
출처: <일타스캔들> 4회 (tvN, 2023)

이선재: 야, 남해이
장단지: 해이야, 괜찮아?
이선재: 괜찮아? 야, 뒤로 젖혀. 누구 휴지 있는 사람?
서건후: 야, 그러면 안 돼. 나와. [해이 고개를 숙이며] 목에서 피 맛 나면 바로 뱉어.
남해이: 어, 괜찮아.
장단지: 서건후 개설레.

대화 (4)에서는 장단지가 통신 언어 '개설레'를 사용했다. 앞의 '개이득'과 마찬가지로 '설레다'에 접두사 '개-'를 붙여 뜻을 강하게 표현한 것이 '개설레다'이다. 그 밖에도 이 드라마에서 청소년들이 쓴 통신 언어 표현에는 '개쩔다', '개싫다', '인정', '절다' 등이 더 있다. '쌤', '개이득', '개설레' 등의 통신 언어는 청소년인 등장인물들의 일상 언어 실태를 그대로 보여 주는 점에서 아주 자연스럽게 느껴진다. 통신 언어가 10대 청소년 주인공들의 행동 특성을 사실성 있게 묘사하는 효과적 수단으로 활용되었다.
등장인물들의 통신 언어 사용은 회사를 배경으로 한 직장 드라마에서도 쉽게 나타난다.

(5) 직장 드라마 속의 통신 언어 ①
대화 참여자: 스칼렛(차현, 바로 소셜 본부장), 알렉스(최정훈, 바로 마케팅 팀장)

대화 상황: 경쟁 회사 유니콘 직원 배타미가 바로에 나타났다는
      소식을 전함
출처: <검색어를 입력하세요 WWW> 2회 (tvN, 2019)

스칼렛: 왜 왔지? 대체 배타미가 바로에 올 일이 뭐가 있냔 말이
      야.
알렉스: 쉿, 목소리 낮추세요, 스칼렛. 도처에 널린 게 눈과 귀와
      유니콘이에요. 그리고 배타미, 유니콘에서 잘렸대요.
스칼렛: 그거는 어디 피셜인데요?
알렉스: 여기요, 도처에 널린 입에서 들었죠.
스칼렛: 잘렸는데 바로에... [숟가락을 떨어뜨린다] 나 왜 왔는지
      알 것 같아요.

 회사를 배경으로 하는 '오피스 드라마' <검색어를 입력하세요 WWW>는 2019년 tvN에서 방송한 것이다. 대문형 사이트(포털)를 운영하는 두 경쟁 회사 '유니콘'과 '바로'에서 성공하고 승리하려는 세 여자들의 이야기다.4) 인터넷 관련 회사이고 주인공들이 젊은 세대라서 통신 언어가 많이 쓰였다. (5)의 대화에서 "그거는 어디 피셜인데요?"의 '피셜'은 '뇌피셜'에서 역형성된 말이다. '뇌피셜'은 '뇌'와 '오피셜(official)'의 혼성어로 객관적인 근거가 없이 자신의 생각만을 근거로 한 추측이나 주장을 가리킨다. 관련 표현으로 '본인 피셜', '지인 피셜', '군대 동기 피셜', '신성록 피셜', '고춘자 선생님 피셜' 등이 쓰인다. '뇌피셜'에서 '피셜'이 독립적 의미 단위처럼 생각되면서 '지인 피셜' 등의 새로운 말들이 만들어지고, 마침내 (5)에서처럼 '어디 피셜'이라는 독특한 구성이 쓰였다. '어디 피셜'에서 '어디'가 관형어처럼 쓰여

---

4) 드라마 이름의 'WWW'는 '월드 와이드 웹(World Wide Web)'의 약자이면서 주인공 세 여자를 가리키는 중의적 뜻이 있다.

'피셜'을 꾸미고 있는데 정확히 풀이하면 '어디(에서 나온) 피셜' 정도의 구성이다. 여기서 '피셜'은 '주장'이나 '전언'의 뜻을 갖고 쓰였다.

(6) 직장 드라마 속의 통신 언어 ②
　　대화 참여자: 배타미(전 유니콘 서비스 본부장), 스칼렛(차현, 바로 소셜 본부장)
　　대화 상황: 유니콘에서 바로로 옮긴 배타미 팀장이 스칼렛에게 함께 일할 것을 요구함
　　출처: <검색어를 입력하세요 WWW> 2회 (tvN, 2019)

　　배타미: 나한테 영웅 심리에 젖지 말라고 했지? 영웅? 위인? 나 관심 없어. 내 지금 관심은 유니콘 제끼고 바로 1위 만드는 거야. 거기에 당신이 필요해. 그러니까 하자, 나랑.
　　스칼렛: 와, 진짜 머릿속에 이기는 거밖에 없구나?
　　배타미: 그거 하러 여기에 왔으니까. 내 방식 싫은 거 인정. 나 멋없는 거 인정. 앞으로 내가 하는 방식도 그렇게 멋있는 방식은 아닐 거야. 이기는 데에는 주로 멋없는 방식이 쓰이거든. 우아하고 멋있게 1등 할 수 있는 방식 알면 당신이 팀장해. 없으면 그냥 따라와. 싫어도 해. 이건 일이고 장사니까. 팀장은 나고 책임도 내가 져.
　　스칼렛: 진짜 책임질 수 있어?

(6)의 대화에서도 통신 언어가 쓰였다. 배타미가 "내 방식 싫은 거 인정. 나 멋없는 거 인정"이라고 했는데, '인정'이 인터넷 공간에서 많이 쓰는 통신 언어다. 한 사람이 "인정?" 하면 다른 사람이 "어 인정"이라고 대답하는 방식으로 잘 쓰인다. 또한 자음자로 줄여 '인정'을 'ㅇㅈ'으로 적는다. 이 대화에서는 혼자서 연속해 '인정'을 썼다. 이 등장인물이 통신 언어를 일상적으로 쓰는 화자가 아니라면 '내 방식 싫

은 거 인정해. 나 멋없는 거 인정해'나 '내 방식 싫은 거 인정한다. 나 멋없는 거 인정한다'로 말했을 것이다. 인터넷 관련 회사의 젊은 세대 화자라서 통신 언어를 쓴 것이 별로 눈에 띄지 않고 자연스럽다.

끝으로 살펴볼 드라마는 '퓨전 사극'이다. "두 가지 이상의 서로 다른 장르를 혼합하여 새롭게 만든 사극"(우리말샘)으로 풀이되는 퓨전 사극은 조선시대와 같은 과거를 배경으로 하면서 로맨스, 코미디, 활극, 스릴러 등 여러 장르를 혼합하여 만드는 것이 보통이다. 실제 역사적 사실을 바탕으로 허구를 더해 만든 보통의 사극 또는 정통 사극에서는 통신 언어 사용이 시대 배경에 맞지 않겠지만 작가가 완전히 지어낸 사극, 특히 퓨전 사극에서는 통신 언어가 재미와 신선함을 표현하기 위해 종종 쓰인다.

(7) 퓨전 사극에 쓰인 통신 언어
대화 참여자: 박수호(금위영 종사관), 이비찬(금위영 군관)
대화 상황: 밤에 복면을 쓰고 활극을 벌이는 여자 주인공 조여화를 생각하는 박수호를 이비찬이 놀림
출처: <밤에 피는 꽃> 3회 (MBC, 2024)

박수호: [비명을 지르며 잠에서 깨어난다] [칼을 휘두르며] 누구냐!
이비찬: [피하며] 아이, 씨, 접니다, 저, 나리.
박수호: 뭐냐, 기척도 없이
이비찬: [한숨 쉬며] 요즘 들어 대체 왜 그러십니까?
박수호: 귀신이 곡할 노릇이구나. 모두 같은 자일 리가 없는데, 전부 한 사람으로 보이다니.
이비찬: 전부 한 사람으로 보인다고요? 누가요?
박수호: 되었다, 나가 보거라.

이비찬: 혹 어디선가 본 듯도 하고 막 낯이 익고 그러십니까?
박수호: 너도 이런 이상한 경험을 한 적이 있느냐?
이비찬: 아이, 당연하죠. 소싯적에 그런 경험 안 해 본 사람이 몇이나 된다고. 나리의 모습은 지극히 정상입니다.
박수호: [한숨 쉰다]
이비찬: 어, 뭐, 책을 봐도, 일을 해도, 지금 꿈도 꾸신 거죠?
박수호: 어
이비찬: 이 세상 모든 사람들이 한 사람으로 보이는 거는 이는 필시 연모....
박수호: 닥쳐라!
이비찬: 이이, 우리 사이에 뭘 그렇게 부끄러워하십니까? 처음 느껴보는 감정이라 어색할 수 있죠. 그걸 보통 입덕부정이라 하니까요.
박수호: 입덕부정?
이비찬: '들 입', '클 덕'. '아닐 부', '정할 정'. 이미 커진 연모의 정을 부정한다는 뜻이지요.
박수호: [헛기침]
이비찬: 뉘 댁 규슈입니까? 제가 연모의 뻐꾸기를 좀 날려드려요?
박수호: [칼을 뽑으며] 이 자식이
이비찬: [도망간다]

 2024년의 MBC 드라마 〈밤에 피는 꽃〉은 웹툰 원작을 바탕으로 한 코믹, 액션 '퓨전 사극'으로 밤이 되면 담을 넘는 수절 과부 조여화(이하늬)의 '복면과부 이중생활'을 그린 것이다. (7)은 밤에 복면을 쓰고 활극을 벌이는 조여화를 두고 종사관 박수호(이종원)와 그의 수행 군관 이비찬(정용주)이 대화를 나누는 장면이다. 복면을 쓴 조여화와 몇 차례 마주친 박수호는 그가 여인임을 알고서 계속 생각하고 꿈까지 꾸게 되는데 이를 이비찬이 놀리며 연모의 시작이라고 지적했다. 또 다른 사람을 연모하는 것을 부끄러워하는 모습을 '입덕부정'(入德不定)이라고 말한다고 알려 준다. 바로 누리꾼들이 만들어 쓰는 통신 언어 표현이다.5)

여기서 '입덕'은 통신 언어 '덕후'와 관련된 말이다. '덕후'는 본래 일본말 '오타쿠'에서 출발한 것으로서 한국 사람들이 발음하기 쉽고 한국 한자어처럼 보이는 '오덕후'로 바뀌고, 다시 '덕후'로 줄여 쓴 것이다. "덕들도 이제 더이상 자기돌이 뭘하던 믿어주고 우쭈쭈해주던 옛날 순정덕들아님"처럼 '덕후'를 더 줄여 '덕'으로 쓰는 경우도 있다. 누리꾼들은 '오덕후'를 '오덕'으로 줄여 쓰기도 하며, '육덕', '칠덕', '십덕'처럼 파생어를 사용하여 특정 연예인이나 대상에 대한 집중, 집착의 정도성을 표현한다. 덕후로서 열심히 활동하는 것을 '덕질', '오덕질', '덕후질'이라고 하며, 연예인 등을 좋아하여 팬으로 활동하기 시작하는 것을 '입덕', 팬 활동을 그만두는 것을 '탈덕', 팬으로서 성공한 사람을 '성덕'이라고 말한다. 또 자신이 좋아하는 취미와 직업이 일치한다는 뜻으로 '덕업일치'(德業一致)라는 한자 성어도 만들어 쓰고 있다.

한편, 이 드라마에서는 6회의 '몯다흔 이야기'(에필로그, 후일담) 부분을 통해 또 다른 통신 언어 표현도 사용되었다. 바로 '낮져밤이'이다. 이 말은 '낮에는 지고 밤에는 이기다'의 뜻으로, 낮에는 상냥하고 부드럽게 잘 대해주다가 밤에는 거칠고 힘 있는 남자나 여자로 바뀌는 사람을 가리킨다. 반대말로 '낮이밤져'라는 말도 쓰이며, 모두 남녀 간의

---

5) 국립국어원에서 운영하는 인터넷 사전 ≪우리말샘≫에는 '입덕부정'은 없고 "자신이 어떤 분야나 사람을 좋아하기 시작했음을 부정하는 시기"의 뜻으로 '입덕 부정기'만 실려 있다. 누리꾼들이 쓴 '입덕 부정기'의 보기: "입덕부정기는 진짜 짧을수록 좋구나", "근데 협녹으로 연인되려면 청명이 입덕부정기 엄청 심할 거 같지", "완깐 좋아 입덕부정기 깬 날도 완깐이었", "입덕부정기 일때 티어게임 보고 입덕했는데 몇번을 봐도 질리지가 않어"

2장 드라마의 통신 언어 사용과 그 효과　61

낮과 밤 사이 힘 변화와 관련된다.6) 드라마에서는 '밤이낮저'로 표현되고, 다시 한자 성어 형식의 '夜異晝低(야이주저)'로 만들어졌다. 이 부분의 동영상 제목으로 '낮에는 조신하나, 밤에는 달라진다'를 붙였는데, 이는 주인공 조여화의 행동 특성을 한마디로 압축해 나타내는 말이다. 낮에는 수절과부로서 조신하게 행동하지만 밤에는 복면을 쓰고 집 위를 날아다니며 정의로운 행동을 하는 강한 무사로서의 이중성을 표현하는 말이 '밤이낮저'인 것이다.7)

시간적 배경이 조선시대인 사극이지만 역사적 사실과 관련 없이 재미있는 내용으로 지어내고, 등장인물의 행동이나 말투가 현대 시청자들이 거리감을 느끼지 않도록 만든 퓨전 사극이라서 제한적이지만 이러한 통신 언어를 쓸 수 있었다. '입덕부정', '밤이낮저'는 모두 4음절의 한자 성어 형식으로 표현되었는데, 이는 사극이라는 시간적 배경에 맞춘 결과다. 이런 표현을 듣고 통신 언어를 잘 아는 시청자들은 '사극에 통신 언어? 이거 재밌네' 하는 반응을 보이고, 그렇지 않은 사람들은 '그런 표현이 있었구나' 정도의 서로 다른 반응을 보였을 것이다. 인터넷 통신 언어가 모든 세대의 화자들에게 널리 퍼져 있는 상황에서, 조선시대 배경의 과거 이야기에 현대의 통신 언어를 섞어 씀으로써 시청자들에게 새로운 재미를 선사하는 효과가 뚜렷하게 느껴진다.

---

6) 2020년 tvN에서 방송된 퓨전 사극 <철인왕후>에서 '낮이밤져'가 쓰였다. '낮이밤저'로 적으면서 '낮에 이기고 밤에 저무는'의 뜻으로 풀이했다.
7) 종사관 박수호의 수행 군관인 이비찬은 밤에 복면을 쓰고 활극을 벌이는 조여화를 가리켜 '미담 님'이라고 말하는데, 이러한 호칭어 사용 또한 현대 통신 언어의 반영이다.

3. 드라마 통신 언어에 대한 반응

앞에서 살펴본 바와 같이 정도 차이는 있지만 적지 않은 드라마에서 통신 언어가 쓰이고 있다. 구체적으로 분석한 드라마 외에도 〈거침없이 하이킥〉(2006), 〈도깨비〉(2016), 〈빛나라 은수〉(2016), 〈그 해 우리는〉(2021), 〈스물다섯 스물하나〉(2022), 〈마스크걸〉(2023), 웹드라마 〈오피스워치〉(2017) 등에서도 여러 통신 언어 표현이 쓰였다. 드라마 등장인물이 말할 때 통신 언어를 쓴다는 것은 일반 화자들이 일상생활의 입말에서 통신 언어를 쓰는 것과 같으면서도 차이점이 보인다. 화자 스스로 통신 언어를 일상 입말에서 섞어 쓰면서 잘 의식하지 못하는 것과 달리 드라마 주인공들이 쓴 통신 언어는 직접적인 관찰 대상이 된다. 일상 입말에서 통신 언어를 쓰지 않는 화자들은 물론 통신 언어를 섞어서 말하는 사람들조차 드라마 등장인물의 통신 언어 사용이 어떤 경우에는 아주 어색하고 불편하게 생각될 수 있는 것이다.

2절에서 살펴본 드라마 가운데 〈빨간 풍선〉의 통신 언어 사용에 대해 누리꾼들의 의견이 많았는데, 구체적 보기를 통해 검토해 본다. 누리꾼들의 댓글 자료는 유튜브 영상 〈드라마에도 나온 중꺾마〉 (어쩔데프트, 2023-02-27), 〈마지막 인사를 하기 위해 이성재를 찾아간 정유민 TV CHOSUN 230226 방송 | [빨간풍선] 20회 | TV조선〉(TV조선, 2023-02-26)에서 수집한 것이다.[8]

---

8) https://www.youtube.com/watch?v=XTp-9Ns7Xmg
　https://www.youtube.com/watch?v=s9MLdyzsggQ

(8) 드라마 통신 언어에 대한 누리꾼들의 반응 ①
  가. 풀로 말하는것도 아니고 뭔 중 꺾 마 그대로 박아버리네 ㅋㅋ ㅋㅋㅋ (@use***)9)
  가-1. 기사로만 봤는데 대사가 중요한 건 꺾이지 않는 마음도 아니고 그냥 중꺾마 그 자체였을 줄이약ㅋㅋㅋㅋㅋㅋ (@sub***)
  나. 중꺾마 진짜 대사임?ㅋㅋㅋㅋㅋㅋㅋㅋㅋㅋㅋㅋㅋㅋㅋ 연상연하를 너무 강조하다보니 줄임말을 안어울리게 쓰네 ㅋㅋㅋㅋㅋ ㅋㅋㅋㅋ 젊은애들도 저런 진지한 상황에서는 안쓰던데 ㅋㅋ ㅋㅋ (@Ann***)
  다. 본방보고 ㅈㄴ 당황함 ㅋㅋㅋㅋ (@use***)
  다-1. ㅋㅋㅋㅋㅋㅋㅋㅋㅋㅋㅋㅋㅋㅋㅋㅋㅋㅋㅋㅋㅋ개뜬금없네ㅋㅋㅋㅋㅋㅋㅋㅋㅋㅋㅋㅋㅋㅋㅋㅋㅋ (@use***)
  다-2. 아.. 뭔가 이만큼 히트했구나 싶어서 좋긴 한데 너무 어이없어서 계속 생각나요.. 대사 흐름 자체도 너무 어이없음.. (@p4n***)
  다-3. 작가 미쳤냐곰ㅋㅋㅋㅋㅋㅋㅋㅋㅋㅋㅋ 콩트인줄 알았네 ㅋㅋㅋㅋ (@fin***)
  다-4. 제정신이 아니네 (@use***)

누리꾼들이 드라마 〈빨간 풍선〉에 대해 쓴 의견 댓글은 (8)과 같이 부정적 태도를 드러낸 것이 대다수였다. (8가, 가-1)의 누리꾼들은 '중꺾마'를 '중요한 것은 꺾이지 않는 마음'으로 풀어서 말하지 않고 줄임말을 그대로 드라마에서 썼다는 것이 놀랍다는 반응을 보였다. (8나)에

---

9) 이 책에서 제시하는 모든 보기는 누리꾼들의 언어 사용을 그대로 보여주는 차원에서 맞춤법, 띄어쓰기를 교정하지 않았음을 밝힌다. 또한 개인 정보 보호 차원에서 이용자 통신 이름의 앞 세 글자만 남기고 나머지는 별표 세 개로 처리한다.

서는 등장인물의 나이 차이를 강조하기 위해 줄임말을 썼는데 어울리지 않는다고 비판했다. 진지한 상황에서는 젊은 사람들도 통신 언어 줄임말을 쓰지 않기 때문이라고 했다. (8다~다-4) 누리꾼들은 이러한 통신 언어 사용이 당황스럽고, 뜬금없으며, 어이없어서 '작가가 미쳤다', '콩트인 줄 알았다'거나 '제정신 아니다'라고 하면서 강하게 부정적 평가를 내렸다.

(9) 드라마 통신 언어에 대한 누리꾼들의 반응 ②
    가. 어르신들 어리둥절 (@use***)
    가-1. ㅋㅋㅋㅋㅋ중장년층 타겟인 드라마에서 무슨 갑자기 중꺾마 ㅋㅋㅋㅋㅋㅋㅋㅋㅋㅋㅋㅋㅋ와 작가 뇌절 지못미 (@Sak***)
    나. 중꺾마 못알아들었당 ㅠㅠㅠ 뭔뜻이야 (@jji***)
    나-1. 중꺾마... 중요한건 꺾이는 마음이라네요 (@use***)
    나-2. 꺽이는 x 꺾이지 않는 마음 0 (@use***)
    나-3. 아 헐 중국말인줄 알고 하루종일 검색햇는데 (mjp***)

  (9가, 가-1)의 누리꾼들은 해당 드라마의 주 시청자인 중장년층에게 '중꺾마'를 쓴 것은 어울리지 않고, '어르신들 어리둥절했겠다'는 생각을 적었다. (9나~나-3)에서는 '중꺾마'의 뜻을 모르겠다고 하면서 뜻을 서로 묻고 답하는 모습이다. 그런데 (9나-1) 누리꾼이 그 뜻을 '중요한 건 꺾이는 마음'이라고 잘못 알려 주었고, (9나-2) 누리꾼이 바로잡아 주었다. (9나-3) 누리꾼은 '중꺾마'가 중국말인 줄 알았다고도 했다. 이처럼 나온 지 얼마 되지 않은 통신 언어 표현을 드라마 대사에서 쓰면서 새로운 통신 언어 표현을 빠르게 따라잡지 못한 시청자들이 그 뜻을 제대로 이해하지 못하는 일이 실제로 나타났음을 알 수 있다.

(10) 드라마 통신 언어에 대한 누리꾼들의 반응 ③
  가. ㅋㅋㅋㅋ 어그로 끄는건 성공했네 ㅋㅋㅋㅋ (@use***)
  나. 참신해서 졸라웃었다ㅋ (@yjd***)
  나-1. 걍 존나웃기노 ㅋㅋㅋㅋㅋㅋㅋㅋㅋㅋ (@Tal***)
  다. 웃어넘길일이 아니죠. 작가님도 반성하셔야하구요. 많은 시청자들이 보는 방송에서 그것도 예능도 아닌 드라마에서 저런 대사가 있는데, 안거르고 내보냈다구요? (@Vio***)

(10가~나-1)에서는 '중꺾마'의 사용으로 많은 시청자들의 관심을 끄는 데는 성공했고, 아주 참신하고 재미있다고 했다. 그러나 (10다) 누리꾼은 '중꺾마'와 같은 대사는 재미있다고 웃어넘길 일이 아니며, 작가가 반성해야 한다고 강하게 비판했다. 많은 시청자들이 보고 있는데 예능이 아닌 드라마에서 저런 대사가 걸러지지 않고 나온 것은 문제라고 했다. 재미를 주기 위해 웃기는 것이 주요 목적인 예능과 달리 드라마에서는 상황과 분위기에 맞는 언어 사용이 중요하다고 본 것이다. 대화 상황을 고려하지 못한 과도한 통신 언어 사용은 역효과를 불러오게 된다.

4. 드라마 통신 언어의 효과

앞에서 살펴본 것처럼 〈빨간 풍선〉에 나온 '중꺾마'라는 표현에 대해 댓글을 붙인 대부분의 누리꾼들은 그것이 드라마에 어울리지 않는다는 부정적 태도를 드러내었음이 확인된다. 그런데 여기서 한 가지 생각할 점은 '중꺾마'를 제외한 다른 통신 언어 표현에 대해서는 특별한 의견이 없었다는 점이다. 이 드라마에는 '헐, 대박, 완전, 어쩔티비, 말잇못' 등의 통신 언어가 쓰였고, 2절에서 분석한 〈일타스캔들〉이나

〈검색어를 입력하세요 WWW〉에도 많은 통신 언어가 쓰였지만 관련된 의견이 없다는 것은 10대나 20대 젊은 화자들의 언어로서 자연스럽게 인식되기 때문이다. 일상 공간에서 시대 및 언어 변화에 민감하고 선도적인 10대나 20대 화자들은 통신 언어를 그만큼 자연스럽게 섞어 쓰고 있다. 통신 언어가 인터넷 공간에서만 쓰이는 것이 아니라 일상어 안에 깊숙이 들어와 있는 것이다. 따라서 드라마 대사에서 통신 언어가 쓰이는 것은 바로 10대, 20대 화자들의 일상 언어 사용을 사실적으로 묘사하는 효과적 수단으로 필요하기 때문이다. 드라마에 등장하는 고등학생들의 통신 언어 사용은 전혀 낯설지 않고, 어색하지도 않다. 인터넷 관련 회사가 배경이라면 30대 정도의 등장인물들이 통신 언어를 써도 자연스럽게 보인다.

한편, 드라마의 통신 언어는 세대 차이를 드러내어 강조하는 수단으로 쓰이기도 한다. 〈빨간 풍선〉에서 20대와 40대 인물들 사이에서 세대 차이를 드러내는 단적인 상징 기호로 통신 언어가 쓰였다. 20대와 40대 남녀는 나이와 성별 차이뿐만 아니라 경리 직원과 사장, 당차고 적극적인 성격인 데 비해 의기소침하고 소극적인 성격의 차이가 있다. 40대 사장은 데릴사위로 장인이 차린 고철업체의 바지사장으로서 아무런 실제 권한이 없이 의기소침하게 지내는 인물이다. 그런데 당찬 MZ세대의 신입 경리 직원을 만나면서 "넌 나의 처음이야. 널 잃어버릴까 봐 겁이 나. 평생 장인어른한테 짓눌려, 남자도 잃어버리고 살았다. 넌 나의 청춘을 찾아준 사람이야"라고 말할 정도로 삶의 태도가 바뀌게 된다. 이 드라마에서 20대 여성 조은산의 통신 언어는 40대 남성 지남철과의 세대 및 성격 차이를 부각하는 장치면서 한편으로는 새로운 변화를 위한 시발점, 두 사람을 이어주는 연결고리의 역할을 한다. 낯설고 이해하기 어렵게 들리는 '어쩔티비', '말잇못'과 같은 표현이 상대방이 가진 새롭고 신선한 매력의 한 가지로 보이게 한 것이다. 지남철은 조은산에게 더 가까이 다가서기 위해 초등학생 아들로부터 통신 언어를 적극적으로 배우는 노력을 보여 주기도 했다. 통신 언어가 젊은 세대 화자들의 일상 언어를 사실적으로 드러내는 수단임과 동시에 나이 든 세대들이 청춘과 삶의 의욕을 회복하는 촉진제로 작용함을 알 수 있다.

드라마에 쓰인 통신 언어가 시대적 배경을 넘어 사극에서 신기함과 새로운 재미를 선사하는 효과를 갖기도 한다. 퓨전 사극 〈밤에 피는 꽃〉에서 사자성어 형식의 통신 언어 '입덕부정'과 '밤이낮져(夜異晝底)'가 쓰였는데, 시청자들은 당시에 그런 통신 언어가 쓰일 수 없음을 알면서도 신기하고 재밌게 느낀다. 사극을 보는 시청자들이 주인공들에게 감정이입을 하는 과정에서 현재의 통신 언어가 당시에도 쓰이는 모습을 보고 시간적, 심리적 거리감을 줄이면서 더 쉽게 동일시한다. 시청자들이 사극을 볼 때는 현재와 관련이 없는 먼 옛날이야기로 보는 것이 보통인데, 통신 언어의 사용은 그런 거리감을 크게 줄이는 데 도움이 된다.

지금까지 통신 언어가 드라마 대사에 쓰임으로써 어떤 효과를 가져오는지를 세 가지 관점에서 설명했다. 드라마의 통신 언어는 첫째, 10대나 20대 젊은 화자들의 일상 언어생활을 사실적으로 묘사함으로써 시대 및 언어 변화에 민감하고 선도적인 등장인물들의 특성을 드러내는 데 효과가 있다. 둘째, 젊은 주인공과 나이 많은 주인공 사이의 차이를 강조하면서 통신 언어는 나이 든 세대의 새로운 변화를 위한 시발점 및 두 세대를 이어주는 연결고리의 역할을 한다. 셋째, 시대적 배경을 넘어 퓨전 사극에서 신기함과 새로운 재미를 줄 뿐만 아니라 시청자들이 등장인물과의 시간적, 심리적 거리를 줄이면서 동일시하도록 하는 효과가 있다.

이처럼 드라마에서 통신 언어를 섞어 쓰는 것이 대부분은 극의 사실성을 높이고 등장인물의 특성을 드러내는 데 도움이 되지만 상황에 어울리지 않는 표현을 쓸 때는 몰입도를 떨어뜨리고 시청자들로부터 부정적 평가를 얻게 된다. '중꺾마'의 쓰임 분석에서 지적한 것처럼 상황에 맞지 않는 과도한 통신 언어 사용은 오히려 역효과가 날 수 있음을 지적한다.

3장_ 언론 기사에 쓰인 외래 고유명사 줄임말

1. 언론의 외래어, 외국어 남용

 '컴', '텔', '긱사', '셤니', '횐님', '개취', '길막', '가싫남', '갑툭튀', '많관부' 등 요즘 누리꾼들은 줄일 수 있는 모든 말들을 다 줄여 쓴다. 한마디로 '별다줄'의 시대다. 언어 사용에 드는 시간과 노력을 아낄 수 있고, 새로운 형식을 끼리끼리 어울려 쓰는 재미도 있기 때문이다. 물론 과거에도 긴 표현을 짧게 줄여 쓰는 일이 종종 있었고, 그것은 언어 사용의 본능에 가까웠다. 그러나 인터넷을 통해 빠르게 소통하는 21세기 인터넷 통신 언어의 시대에는 누구에게나 짧게, 재미있게 줄여 쓰는 것이 새로운 언어 사용의 큰 흐름이자 거부할 수 없는 보편적 문화가 되었다. 누리꾼들이 인터넷 공간에서 줄임말을 많이 만들어 쓰는 상황에서 정부 기관까지도 [그림 1]처럼 '사실은 이렇습니다'를 3음절로 줄여 '사이다'로 쓸 정도다.

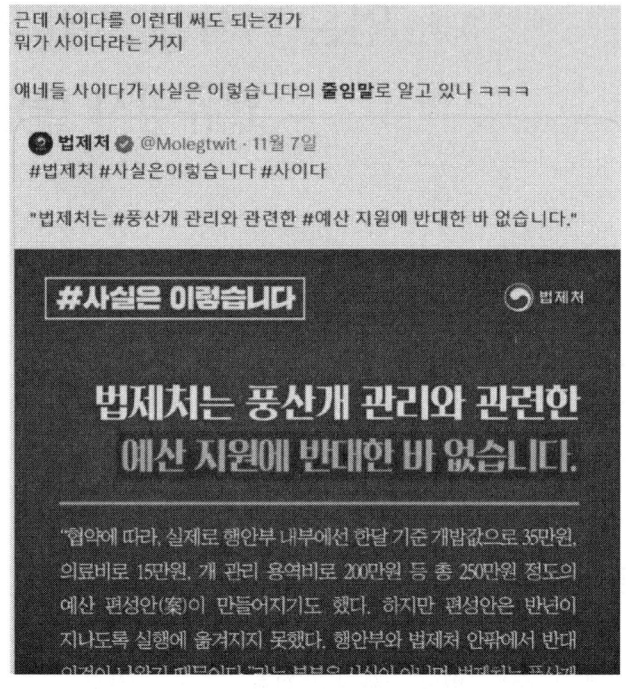

[그림 1] 정부 기관의 줄임말 '사이다' 사용 (@Jin***)

누리꾼들이 줄여 쓰는 이러한 말들은 처음에는 뜻이 무엇인지 짐작하기 쉽지 않지만 한번 그 뜻을 알고 나면 이후에는 쓰는 데 어려움이 없다. 줄임의 대상이 되는 요소가 일상에서 쓰는 한국어인 경우가 대부분이기 때문이다. 한글로 적혀 있어서 한국어 화자들 누구나 읽기도 쉽다. 그런데 정부 공문서나 언론 기사에서는 오래전부터 한국어 화자들이 뜻을 알기 어려운 로마자 줄임말을 많이 써 왔고, 다른 나라들과의 교류가 늘어나면서 최근에는 그 수와 양의 면에서 위험 수위에 이른 상황이다. 특히 로마자 줄임말을 한글이 아니라 로마자 그대로 적는 경우가 많아서 읽기와 이해의 어려움이 클 뿐만 아니라 외래어와 외국어 사용을 부추기는 부작용까지 보인다. 로마자 줄임말은 언론의 경제나 국제 관련 기사에서 특히 잘 쓰이는데, 'ECOWAS', 'FOMC', 'WSJ', 'ODA', 'CPI', 'ACL'과 같이 뜻을 쉽게 알기 어려운 줄임말이 기사 제목에서부터 아무런 뜻풀이 없이 쓰이고 있다. 한글로 적었더라도 이해가 쉽지 않은 '택소노미', '메디컬 테스트', '콜라보 이벤트', '롤 다이아 티어', '셧아웃' 등의 외래어, 외국말 표현도 눈에 띈다.

외래어 또는 외국말의 지나친 사용은 쉽고 정확하며 빠른 의사소통에 방해가 되고, 나아가 화자들 사이에서 갈등과 마음의 벽을 만드는 일이기도 하다. 쉽게 뜻을 알기 어려운 외래어, 외국말을 쓰게 되면 다수 화자들이 말이나 글을 정확하게 이해하기 어렵게 되고, 사전에서 뜻을 찾는 데 시간이 걸리며 때로는 사전에 나오지도 않는 외래어나 로마자 줄임말 때문에 소통에 더 많은 시간과 노력이 필요하게 된다. 자신이 잘 모르는 외래어나 외국말을 자유롭게 쓰는 사람들은 나와는 다른 부류의 잘난 사람들이라는 마음의 거리감이 생기고, 외국어 사용 능력을 기준으로 사람들의 상하 계층이 나뉘어 장기적으로 사회적 갈등의 한 요인으로 작용할 수도 있다.[1]

외래어, 외국말 사용의 문제는 정부 공문서, 언론 기사, 광고 등에서 두루 나타난다. 공문서를 직접 접하는 사람들은 생각보다 많지 않은 점에서 문제가 적다고 생각할 수도 있는데, 그 내용이 언론 기사를 통해 확산되는 일이 많아서 부정적 영향력은 무시할 수 없다. 공문서가 정부 기관의 누리집을 통해서 국민들에게 직접 전달되기도 하지만 언

---

* 이 장의 내용은 이정복(2023나)를 부분적으로 고친 것이다.
1) 이정복(2008나:46)은 한민족 언어 공동체 구성원들의 소통성을 높임으로써 언어적 계층 차이를 줄이고, 언어 민주화를 이루기 위해 외래어 순화가 필요함을 지적했다.

론 기사를 통해 많은 국민들에게 전달되는 일이 더 많기 때문이다. 공문서는 아니지만 각 기업에서 만들어 언론사에 제공하는 보도자료도 마찬가지다. 기업 보도자료에서 쓴 어려운 외래어, 외국말이 언론 기사를 통해 그대로 국민들에게 노출됨으로써 앞서 지적한 여러 가지 언어 생활의 문제를 일으킨다.

정부 기관이나 일반 기업 모두 언론을 통해 활동과 계획을 국민들에게 널리 알리고, 알려야 살아남는 현대 사회에서 결국 언론이 언어를 어떻게 사용하는지에 따라 국민들의 언어생활이 크게 좌우될 수 있는 것이다. 언론은 보도자료를 제공하는 각 기관의 언어를 단순히 전달하는 데서 나아가 스스로 언어 사용 기준을 마련하여 기사를 작성하고 있을 것인데, 현재 언론에서 외래어, 외국어를 사용하는 모습을 볼 때, 기본 방향이 쉽고 정확하며 빠른 소통과는 거리가 멀어 보인다. 한 번도 본 적이 없고, 따라서 무슨 뜻인지를 이해할 수 없는 외래어, 외국어 표현들이 언론 기사에 너무 많이 보인다. 특히 외래어, 외국어 표현을 로마자로 짧게 줄여 쓰는 일이 많은데 보통의 한국어 화자들로서는 사전을 찾는 등의 특별한 노력을 기울이지 않으면 뜻을 알기가 거의 불가능한 수준이다. 암호 같은 외래어, 외국어 줄임말의 남용으로 충실한 소통 자체가 안 되는 기사가 많으면 결국은 언론이 제 기능을 할 수 없고, 국민들의 알 권리가 침해를 받게 되며, 나아가 언어생활과 국가의 언어 정책에도 부정적 영향을 끼치게 된다.

이 장에서는 줄임말의 개념, 사용 동기, 형성 원리 등에 대한 기본적 이해를 바탕으로 '외래어/외국어 기반 고유명사'에 한정하여 언론 기사에서 쓰인 줄임말의 유형과 사용 방식을 살펴보고, '외래 고유명사' 줄임말 사용의 장단점을 파악해 보기로 하겠다.[2] 외래 고유명사 줄임

---

[2] 한국어에서 쓰이는 외래어 또는 외국어로 된 고유명사나 그것을 한국어로 번역한 고유명사를 합쳐 '외래어/외국어 기반 고유명사'로 이해

말을 본격적으로 다룬 선행 연구가 없는 상황에서, 이러한 분석을 통해 언론 기사에서 문제가 되는 외래 고유명사와 그 줄임말 사용의 문제를 줄이는 실용적 대책 마련에 도움을 줄 수 있을 것이다.

누리꾼들이 쓰는 줄임말 자료는 사회적 소통망 〈트위터〉(twitter.com)를 이용해 찾았고, 오래전부터 쓰인 한국어 일반 줄임말 자료는 사전이나 기존 연구 자료에서 참고한 것도 있다.3) 이 장 연구의 핵심 자료인 언론 기사에서 쓰이는 외래 고유명사의 줄임말 자료의 대부분은 2022년 10월부터 11월까지 〈다음〉 뉴스 찾기 기능을 통해 국제 관련 최근 보도 기사에서 수집했음을 밝힌다. 이 과정에서 '한글문화연대'가 만든 약 250여 개의 외래 고유명사 로마자 줄임말 목록을 참조했다. 이 목록은 최근 2년 반 동안 한국 정부 보도자료에서 자주 쓴 국내외 기구, 조직, 협약, 모임 등의 이름을 정리한 것으로 377개의 로마자 줄임말을 담고 있다.

2. 줄임말에 대한 기본적 이해

2.1 줄임말의 개념과 유형

줄임말은 '줄인말', '준말', '약어' 등으로도 불리는데 최근 연구들을 보면 '줄임말'이 정착되어 가는 상황이다. 이정복·양명희·박호관

하고, 이를 간단히 '외래 고유명사'로 줄여 쓰기로 한다. 여기서는 인명, 지명을 제외하고 외국의 기관이나 단체, 제도와 법, 나라 이름 등을 가리키는 고유명사에 관심의 초점을 둔다.

3) 트위터는 2022년에 일론 머스크(Elon Musk)가 인수한 후 2023년에 'X(엑스)'로 이름이 바뀌었으나 이용자들은 아직도 '트위터'라는 이름을 쓰고 있다. 이 책에서도 '트위터'를 그대로 쓰기로 하겠다.

(2006:30)에서는 '준말'에는 의식적으로 긴 말을 짧게 줄이는 화자의 의도나 적극성이 느껴지지 않는다고 하면서 "통신 언어 등에서 화자들이 경제적 동기나 오락적 동기를 갖고 의식적으로, 적극적으로 줄여 쓴 표현을 가리키는 말로 '줄임말'을 쓰도록 하겠다"고 했는데, '준말'에 비해 '줄임말'이 화자들의 의식적이고 적극적인 노력이라는 부가적 뜻을 드러내는 데 유리한 것은 분명하다. '준말'은 자동사 '줄다', '줄임말'은 타동사 '줄이다'를 바탕으로 만든 말이기 때문이다.

줄임말은 무엇을 짧게 줄이는지에 따라 크게 두 가지로 나뉜다. 한 단어의 형식 일부를 줄여 만들어 쓰는 줄임말이 있고, 구나 문장과 같은 통사적 형식을 줄여 만들어 쓰는 줄임말이 있다. 앞의 경우를 '단어 줄임말', 뒤의 경우를 '구절 줄임말'로 부를 수 있다. 두 유형 모두 긴 표현을 짧게 줄여 쓰는 말이라는 점에서 같다. 줄임말이란 곧 '본말보다 짧게 줄여 쓰는 말'을 가리킨다.

그런데 최형용(2003:211)에서는 줄임말을 '준말'과 구별하여 '형식적 감소'를 거쳐 본말과 다른 '독자적 의미'를 가진 '새로운 어휘적 단어'로 만들어진 것을 가리키는 것으로 좁게 정의했는데, 여기서는 의미보다는 형식에 초점을 맞추어 줄임말을 이해하고자 한다. 현재 한국어에서 만들어지는 많은 줄임말이나 이 장에서 집중적으로 다루는 외래 고유명사의 줄임말은 의미의 변화가 필수적이지 않고 형식을 짧게 줄여 쓰는 것이 더 중요하게 작용하기 때문이다. 특히 외래 고유명사의 줄임말은 본말과 의미가 완전히 같아야 한다는 것이 특징이기도 하다.

줄이는 방식 면에서는 '합쳐 줄이기', '잘라내기', '첫음절 모으기', '잘라 합치기' 방식의 줄임말이 있다. 손세모돌(2015)는 '두음절어 방식', '절단어 방식', '혼성어 방식'의 세 가지로 줄임말 유형을 나눈 바 있는데, 두음절어 방식은 첫음절 모으기, 절단어는 잘라내기, 혼성어는 잘라 합치기 방식의 줄임말에 해당한다.

이와 함께 '크크크/키키키'를 'ㅋㅋㅋ', '감사'를 'ㄱㅅ', '응'을 'ㅇㅇ', '인정'을 'ㅇㅈ'으로 적는 것처럼 누리꾼들이 어떤 표현의 첫 자음만 모아서 적는 '자음만으로 줄여 적기'(이정복 2017가:110) 방식도 일종의 줄임말로 볼 수 있다. 다만 'ㅇㅈ'을 '인정'으로 발음하든 '이응지읒'으로 발음하든 본말과 비교해 음절 수는 줄어들지 않고 대신 글쇠판에서 글자 입력 수를 줄이는 데 근본 목적이 있는 만큼 앞의 다른 줄임말 유형과는 크게 구별된다.4) 따라서 여기에서는 자음만으로 줄여 적기 방식에 대해서는 자세히 다루지 않기로 하겠다.

2.2 줄임말의 사용 동기

줄임말 사용의 동기로 김해연(2007:94-98)은 '경제성의 동기'와 '구별성의 동기'를 들었다. 경제성의 동기는 "가능한 한 짧은 표현으로 줄이도록 한다"(95쪽)라고 정의했다.5) 긴 표현을 짧게 줄임으로써 언어 사용의 효율성을 얻을 수 있기 때문에 화자들은 줄임말을 만들어 쓴다는 것이다. 그런데 본말을 짧게 줄이게 되면 '회복가능성'과 '모호성'의 문제가 나타나기 때문에 "서로 구별할 수 있을 때까지만 줄인다" 또는 "다른 단어와 구별할 수 있는, 대조관계를 이룰 수 있을 때까지만 줄여야 한다"(97쪽)는 구별성의 동기가 함께 작용한다고 보았다.6)

---

4) 'ㄱㅅㄲ'(개새끼), 'ㄱㅆㄹㄱ'(개쓰레기), 'ㅁㅊ'(미친), 'ㅂㅅ'(병신), 'ㅅㅂ/ㅆㅂ'(시발/씨발), 'ㅈㄴ'(좆나/존나)과 같은 비속어를 첫자음으로 적는 일이 많은데, 이런 경우는 글자 입력의 경제적 동기보다는 '자기 검열 금칙어'이거나 '금칙어 대응 전략'에서 나온 용법으로 보아야 한다(자기 검열 금칙어와 금칙어 대응 전략에 대해서는 이정복 (2008다)를 참조할 수 있다).
5) 김해연(2008:182)에서는 '경제성의 동기'를 "청자가 이해가 가능한 한 짧은 표현으로 줄이도록 한다"로 보완해 정의했다.

경제성의 동기와 구별성의 동기 가운데 줄임말 사용의 기본적 동기는 경제성의 동기이고, 구별성의 동기는 경제성 동기의 작용을 제어하는 2차적 동기다. 그런데 이정복(2002나, 2003가)에서 통신 언어 사용 동기를 '경제적 동기, 표현적 동기, 오락적 동기, 유대 강화 동기, 심리적 해방 동기'의 다섯 가지로 제시한 바 있는데, 이정복(2013가:48)에서는 줄임말의 형성과 사용은 이 가운데 경제적 동기, 오락적 동기, 유대 강화 동기가 함께 작용하는 것으로 보았다. 인터넷 공간의 누리꾼들뿐만 아니라 일상 공간의 언어 사용에서 일반 화자들 또한 이러한 동기에서 줄임말을 만들어 쓴다.

줄임말 사용의 오락적 동기는 줄임말을 통해 재미를 느끼고 나누려는 것이다. 누리꾼들은 '기숙사'를 '긱사', '탕수육'을 '탕슉'으로 줄여 씀으로써 일상어와 다른 형식을 통해 신선함과 재미를 느끼게 된다. '옥떨메'(옥상에서 떨어진 메주)라는 표현을 통해 그 뜻을 추리하는 과정에서 수수께끼를 푸는 듯한 희열을 느끼기도 한다. '더 러브'(the love)를 '더럽'으로 줄여 쓰면서 '순고한 사랑'을 '더럽다'라는 정반대의 뜻과 중의성을 일으키도록 함으로써 반전의 묘미와 웃음을 나눈다. 오락적 동기에서 '구별성의 동기'를 의도적으로 무시하면서 줄임말을 만들어 쓰는 경우다.

---

6) 양명희·박미은(2015:13)은 '호구 고객(님)'의 변형 줄임말 '호갱'이 '호객'으로 쓰이지 않는 것을 동음이의어 '호객(豪客)'의 '저지 현상(blocking)'의 결과로 보았는데, 구별성의 동기 때문에 이런 저지 현상이 나타나는 것으로 이해 가능하다.

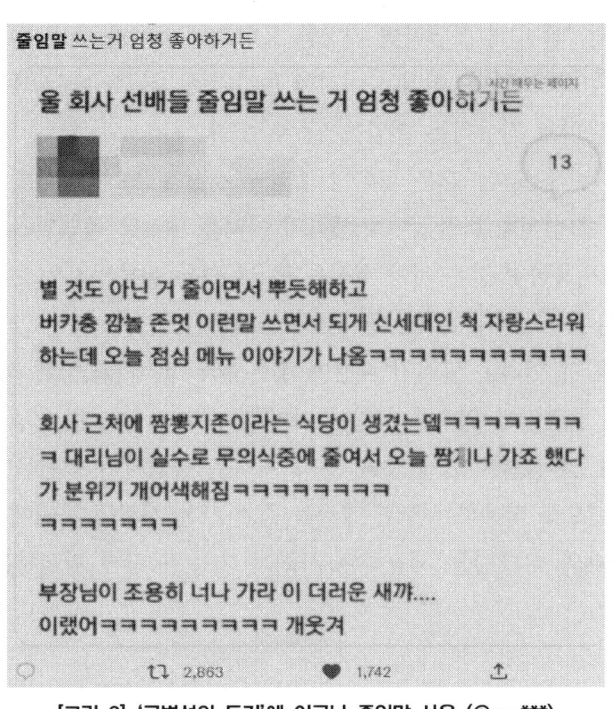

[그림 2] '구별성의 동기'에 어긋난 줄임말 사용 (@nxz***)

    이와 달리 [그림 2]의 '짬지'는 중국 음식점 '짬뽕지존'을 줄인 것인데, 듣는 사람은 그것을 '잠지'의 된소리 '짬지'를 연상하여 의미 충돌이 생긴 보기다. 경제적 동기에서 별다른 생각 없이 줄임말을 썼거나 아니면 재미를 위해 의도적으로 동음이의 관계를 활용해서 웃음을 주려고 했을 것이다. 그 결과는 상급자의 반감과 강한 공격으로 나타났고, 모두 당황하고 어색하게 느끼는 상황이 만들어졌다. 새로 쓴 줄임말이 구별성의 동기에서 벗어나면서 기존의 사용 제약이 강한 표현과 의미 충돌을 일으켰기 때문이다.[7] 그런데 젊은 세대 누리꾼들 사이에

---

7) 뒤에서 제시하는 [그림 3]의 '첫음절 모으기' 방식의 줄임말 '좋댓구'는 정부 기관에서 쓴 홍보용 줄임말인데 '좋아요+댓글+구독'을 줄인

서 줄임말 '짬지'가 쓰였다면 기발한 표현으로 웃음을 주며 별문제 없이 쓰였을 수도 있다. 어떻든 이러한 줄임말을 만들고 쓰는 과정이 말놀이의 하나로 작용하는 것임을 알 수 있다.

한편, 누리꾼들은 같은 형식의 줄임말 사용을 통해 유대를 강화한다. 특히 기성세대 화자들이 이해하기 어려운 새로운 줄임말을 끼리끼리 함께 사용하며 같은 언어 형식을 공유한다는 동류의식을 느끼게 된다. '금사빠', '넌씨눈', '별다줄' 같은 줄임말은 설명을 듣지 않으면 전혀 이해하기 어려운 말이기 때문에 젊은층의 '은어'(隱語)로 작용하는데, 이런 줄임말에 익숙하지 않은 나이 많은 화자들에게는 '넘사벽'의 표현으로 인식된다. 쉽게 뜻을 알기 어려운 줄임말이 집단을 나누는 분리 수단으로 작용하는 한편 그것을 즐겨 쓰는 사람들 사이에서는 끈끈한 연대와 유대감을 제공하는 사회적 기능을 함께 발휘하는 것이다.8)

2.3 줄임말의 형성 원리

줄임말을 만들어 내는 방식은 본래의 표현인 본말을 어떻게 줄이는가의 방법에 따라 크게 네 가지로 나뉜다. 가장 단순한 것은 둘 이상의 음절을 합쳐 줄임으로써 음절 수를 줄이는 '합쳐 줄이기' 방식이다. 본

것이다. 발음이 기존의 비속어와 비슷하여 누리꾼들로부터 많은 비웃음을 받았다. 새로운 줄임말을 만들면서 발음과 의미가 기존 표현과 충돌을 일으키는지를 충분히 고려하지 않은 결과다.

8) 박선옥(2017:116)에서는 '시아버지'의 줄임말 '샵쥐'를 '#G'로 적기도 하는데 이는 '시아버지'를 뜻하는 말이라는 것을 감추기 위해 은어처럼 사용하고자 하는 심리가 반영된 것일 수 있다고 해석했다. 그런데 신세대 누리꾼들이 쓰는 '샵쥐' 자체로도 이미 기성세대들에게는 뜻 모르는 은어임이 확실하다.

말의 일부를 잘라내어 줄임말을 만드는 '잘라내기' 방식도 있다. 합성어의 각 어기, 절이나 문장을 이루는 각 어절의 첫음절을 모아 줄임말을 만드는 '첫음절 모으기' 방식도 요즘 많이 쓰인다. 나머지 한 가지는 둘 이상의 요소를 각각 자르고 하나로 합쳐 줄임말로 만드는 '잘라 합치기' 방식의 줄임말이다. 표현에 따라서는 둘 이상이 동시에 작용한 경우도 있고, 또 기본적인 방식에서 약간 벗어난 다양한 하위 유형이 있음을 지적한다.

먼저 (1)의 보기를 통해 합쳐 줄이기 방식의 줄임말을 구체적으로 살펴보기로 한다. 합쳐 줄이기 방식은 오래전부터 입말 사용에서 자연스럽게 나타났던 것이며, 줄임말 형성의 가장 자연스럽고 기본적인 방식이다.

(1) '합쳐 줄이기' 줄임말
　가. 갠(개인), 넘(너무), 먄(미안), 샘(선생님), 셤(시험), 잼(재미), 글고(그리고), 긱사(기숙사), 드뎌(드디어), 몽실(미용실), 삼실(사무실), 샵쥐(시아버지), 설역(서울역), 셤니(시어머니), 열분(여러분), 탕슉(탕수육), 흰님(회원님)
　나. 갈(가을), 걔(그 애), 골(고을), 낼(내일), 담(다음), 맘(마음), 새(사이), 쌈(싸움), 애(아이), 우(우리), 그럼(그러면), 암말(아무 말), 어쩜(어쩌면)
　다. 몰다(모르다), 뺏다(빼앗다), 재섭다(재수 없다)
　라. 겜(게임), 럽(러브), 멜(메일), 라됴(라디오), 비됴(비디오), 유툽(유튜브)

'합쳐 줄이기'에 따른 줄임말 가운데 (1가)의 '갠', '샘', '셤', '긱사' 등은 누리꾼들이 즐겨 줄여 쓰는 말인데 일상어의 입말 발음을 반영한 경우가 많다.9) 형식적으로 음절 수가 줄어들며 서로 다른 음절의 요소가 하나로 합쳐져 줄임말이 만들어진 것이며, '축약어'로도 불린다. 합쳐 줄이기의 줄임말은 (1나)와 같이 오래전부터 쓰이며 사전에 이미 실려 있는 표현들도 많다. '걔'의 경우 한 단어가 아니라 구 형식이 축약된 것이다. (1다)와 같이 용언의 경우도 합쳐 줄이기 방식으로 줄임말이 다수 만들어지고, 최근에는 (1라)의 외래어도 이런 줄임말로 잘 쓰인다.

(2) '잘라내기' 줄임말
    가. 컴(컴퓨터), 텔(텔레비전), 티(티셔츠), 내비(내비게이션), 멜로(멜로드라마)
    가-1. 리모콘(리모트 컨트롤), 아파트(아파트먼트), 에어컨(에어컨디셔너)
    나. 텔(호텔/모텔), 톡(카카오톡), 폰(휴대폰)
    다. 말레이(말레이시아), 사우디(사우디아라비아), 우즈벡(우즈베키스탄), 우크라(우크라이나), 카자흐(카자흐스탄)
    라. 거스름(거스름돈), 보름(보름날), 고속철(고속철도), 구약(구약성서), 짤(짤방/짤림방지)

'잘라내기' 방식의 줄임말은 '절단어'라고도 하는데 외래어에서 많이 나타난다. (2가)에서 3음절의 '컴퓨터', 4음절의 '텔레비전'을 각각 1음절의 '컴', '텔'로 줄였다. 외래어의 첫음절을 잘라내어 만든 것인데 언어 경제성 면에서 줄임의 효과가 크게 나타난다. '내비게이션'의 경우 2음절 '내비'로 줄였다. 1음절 줄임말 '컴', '텔', '티'와 달리 '내'로 줄이면 기존의 다른 표현과 잘 구별이 되지 않기 때문에 2음절의 '내

---

9) 김선철(2011:118)은 통신 언어에서부터 생성된 특징적인 줄임말을 '통신 언어 준말'로, 입말에서 비롯되어 통신 언어에서도 쓰이는 줄임말을 '구어 준말'로 구분했는데, '셤, 쌤, 드뎌' 등은 입말에서 비롯되어 통신 언어에서도 잘 쓰이는 말로 보았다.

비'로 줄인 것이다. (2가-1)의 줄임말은 '콩글리시'로서 긴 영어 표현의 일부를 잘라버리는 방식으로 간결하게 만든 것이다(김해연 2007:89-94 참조). '컴', '텔'은 누리꾼들이 비교적 최근 인터넷 공간에서 쓰는 말이지만 '아파트', '에어컨' 등은 오래전에 만들어져서 한국어 사전에도 실려 있는 외래어다.

(2나)의 '텔'은 '호텔'이나 '모텔'의 일부를 잘라 줄인 말인데, 앞의 '텔레비전'의 줄임말과 동음이의어가 되었다. 맥락에 따라 의미가 구별되기 때문에 인터넷에서는 두 줄임말이 문제없이 쓰인다. '톡'은 쪽지 프로그램 이름인 '카카오톡'의 끝음절을 잘라내어 만든 줄임말이다. '카톡'에서 잘라낸 것으로 볼 수도 있다. '폰'은 '휴대폰'의 끝음절을 잘라내어 만든 것이다. '카카오톡'과 '휴대폰'에서 앞부분은 꾸미는 부분이고 의미 핵심은 '톡'과 '폰'에 있기 때문에 끝음절을 줄임말로 쓰는 것이 자연스럽다. (2다)는 나라 이름을 잘라내기 방식으로 줄여서 쓰는 보기다. 외국어로 된 나라 이름을 한글로 옮겨 적을 때 이처럼 긴 형식을 간단히 잘라내어 줄임말로 쓴다.

(2라)의 '거스름', '고속철'을 보면 고유어나 한자어에서도 수가 많지는 않지만 잘라내기 방식의 줄임말이 만들어져 쓰였음을 알 수 있다. 누리꾼들은 '짤방' 또는 '짤림방지'의 첫음절을 잘라내어 '짤'로 간단히 쓴다.

(3) '첫음절 모으기' 줄임말
　　가. 개취(개인 취향), 길막(길을 막음), 깜놀(깜짝 놀람), 밀당(밀고 당김), 불금(불타는 금요일), 먹방(먹는 방송), 웃참(웃음 참기), 임보(임시 보호), 엽떡(엽기 떡볶이), 가싶남(가지고 싶은 남자), 갑툭튀(갑자기 툭 튀어나옴), 금사빠(금방 사랑에 빠짐), 많관부(많은 관람 부탁), 번탈남(번식 탈락 남자), 별다줄(별걸 다 줄임), 세젤예(세상에서 제일 예쁨), 솔까말(솔직

히 까놓고 말해서), 우젤귀(우주에서 제일 귀여움), 자만추(자연스러운 만남 추구/자 보고 만남 추구/자장면에 만두 추가), 제곧내(제목이 곧 내용), 파파미(파도 파도 미담), 해품달(해를 품은 달), 복세편살(복잡한 세상 편하게 살기), 안물안궁(안 물어봤고 안 궁금함), 할많하않(할 말은 많지만 하지 않겠음)

나. 낄끼빠빠(낄 때 끼고 빠질 때 빠져야 함), 답정너(답은 정해져 있으니 너는 답만 하면 됨), 생숙(생활형 숙박 시설), 현체(현장 체험 학습)

다. 국련(국제연합), 노조(노동조합), 도공(도로공사), 안보리(안전보장이사회), 한은(한국은행)

다-1. 노찾사(노래를 찾는 사람들), 토토즐(토요일! 토요일은 즐거워), 난쏘공(난장이가 쏘아올린 작은 공)

다-2. 옥떨메(옥상에서 떨어진 메주), 특공대(특별히 공부도 못하는 게 대가리만 큼)

라. 관캐(관심 캐릭터), 버정(버스 정거장), 뜨아(뜨거운 아메리카노), 스압(스크롤 압박), 욕트(욕설 트윗), 인강(인터넷 강의), 자캐(자작 캐릭터), 치맥(치킨 맥주), 코노(코인 노래방), 트친(트위터 친구), 트친소(트위터 친구 소개), 팩폭(팩트 폭력), 페메(페이스북 메신저), 페친(페이스북 친구), 폭트(폭풍 트윗)

라-1. 뮤비(뮤직 비디오), 로코(로맨틱 코미디), 베프(베스트 프렌드), 사패/싸패(사이코패스/싸이코패스), 아바라(아이스 바닐라 라떼)

마. 엘베(엘리베이터)

'첫음절 모으기' 방식의 줄임말은 '첫음절 줄임말'로 부를 수 있으며, 흔히 '두음절어'라고 한다. 줄임말 가운데 가장 많은 수를 차지하는 유형이다. (3가)는 최근 누리꾼들이 줄여 쓰는 표현들이다. 2음절로 된 줄임말이 많지만 '금사빠', '우젤귀', '해품달' 등의 3음절 줄임말도 다수 쓰이고, '안물안궁'처럼 4음절로 된 것도 쓰인다.10) (3나)의 '낄끼빠빠'는 '낄 때 끼고 빠질 때 빠져야 함', '답정너'는 '답은 정해져 있으니 너는 답만 하면 됨'이라는 문장을 줄인 것인데 모든 어절의 첫음절을 모아 줄임말을 만든 것이 아닌 점에서 불규칙적이다. '생숙'의 경우도 '생활형 숙박 시설'을 줄인 말인데 첫음절 모으기로 정확히 줄임말을 만들면 '생숙시'가 되어야 하겠지만 '숙박 시설'을 한 의미 요소로 인식하여 2음절의 '생숙'을 쓴다.

이러한 첫음절 줄임말은 인터넷 통신 언어의 확산과 함께 크게 유행하고 있지만 오래전부터 한국어 줄임말의 한 부분을 차지해 왔다. (3다)의 '노조', '한은'과 같은 합성어의 줄임말이 널리 쓰였다. (3다-1)의 '노찾사', '토토즐', '난쏘공' 등 단체, 텔레비전 프로그램, 문학작품 이름의 줄임말, (3다-2)의 '옥떨메'처럼 말놀이를 위한 줄임말도 쓰인 지 오래다.

첫음절 줄임말은 (3라, 라-1)의 '스압', '트친', '페메', '뮤비', '아바라'와 같이 외래어가 포함되었거나 외래어만으로 이루어진 구를 줄인 표현도 많다. '페이스북'의 '페'나 '메신저'의 '메', '뮤직비디오'의 '뮤'와 '비'는 모두 한자어와 달리 그 자체로 뜻을 가진 한국어 형태소가 아님에도 줄임말 만들기에 전혀 문제가 되지 않는다.

---

10) 이러한 줄임말을 화자들이 어느 정도 이해하고 있는지는 차이가 있는데, '불금, 먹방, 훈남, 깜놀' 등이 모든 세대에서 높은 수용성을 보이는 것으로 나타났다(엄홍준 2021:128).

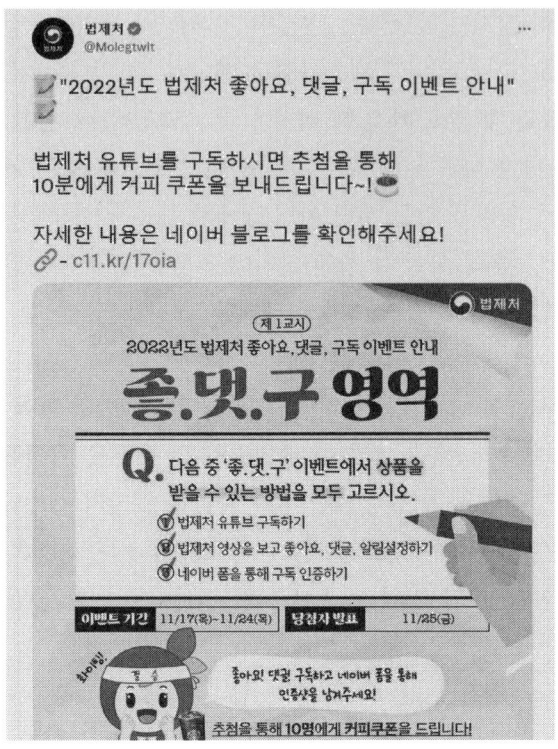

[그림 3] 첫음절 모으기 방식을 이용한 정부 기관의 줄임말 사용

　(3마)의 '엘베'는 '엘리베이터'의 첫음절 줄임말로 만들어진 것인데, 한국어 화자들이 '엘리베이터'를 '엘리+베이터' 구조의 합성어로 잘못 이해하여 각각의 첫음절을 모아 줄임말을 만든 것으로 해석된다. 영어 'elevator'는 어원적으로 정확히 분석하면 'e(밖으로)+lev(가볍게 하다)+ate(하다)+or(하는 것/사람)'의 구성이기 때문에 2, 3음절의 '엘리'와 '베이트'로 분석하는 것은 어원과 거리가 멀다. 오분석에 따른 줄임말이지만 '페메', '로코'를 만들 때와 같은 원리가 적용된 것이다.

(4) '잘라 합치기' 줄임말
　가. 라볶이(라면+떡볶이), 엄빠(엄마+아빠), 의느님(의사+하느님), 섹드립(섹스+애드립), 패드립(패륜+애드립), 섹무새(섹스+앵무새), 오래방(오락실+노래방), 트통령(트위터+대통령), 황사능(황사+방사능)
　나. 브로맨스(브라더+로맨스)
　다. 득템(득+아이템), 밥버거(밥+햄버거), 뼈그맨(뼈+개그맨)
　라. 거렁뱅이(거지+비렁뱅이), 깔뚝질(깔딱질+딸꾹질), 뜸닭(뜸부기+물닭), 칼제비(칼국수+수제비)

　'잘라 합치기' 방식의 줄임말은 두 단어의 일부를 잘라내어 하나로 합쳐 만들어 낸 것으로 '혼성어'라고 부르는 것이다. 두 요소의 일부가 합쳐질 때 특이한 점은 앞쪽 단어의 앞부분과 뒤쪽 단어의 뒷부분을 합쳐서 뒤쪽 단어의 음절 수와 같게 맞추는 경우가 일반적이라는 사실이다. 결과적으로 새로 만든 줄임말은 길이나 발음, 나아가 의미 면에서 뒤쪽 단어와 같거나 비슷해진다. 줄임말이 기존의 단어와 비슷해지기 때문에 발음과 기억에서 유리하다.
　(4가)의 '의느님', '패드립', '섹무새' 등은 최근 누리꾼들이 만들어 쓰는 줄임말이다. 이 보기는 각각 본말의 뒤쪽 요소와 길이가 같고 발음도 비슷해졌다. 이와 달리 (4나)의 '브로맨스'는 뒤쪽 요소(로맨스)보다 한 음절 길어졌다. (4다)의 '득템', '뼈그맨'은 앞쪽 단어가 1음절인 경우로 뒤쪽 단어의 잘라낸 부분과 그대로 합쳐 만든 줄임말이다. '득템'은 '브로맨스'와 반대로 본말의 뒤쪽 단어(아이템)보다 줄임말이 한 음절 짧아졌다. 통신 언어가 확산되기 전부터 잘라 합치기 방식의 줄임말이 쓰였음을 (4라)의 '거렁뱅이', '칼제비' 등을 통해 알 수 있는데 그 수는 얼마 되지 않는다.

3. 외래 고유명사 줄임말의 유형과 사용 방식

3.1 유형

앞의 2절에서 기술한 보통의 줄임말과 달리 외래 고유명사의 줄임말은 대부분 첫음절 모으기 방식과 비슷하게 만들어지기 때문에 형성 방식 면에서 유형을 나누는 것은 별 의미가 없다. 여기서는 어떤 글자 또는 언어를 이용한 것인지에 따라 외래 고유명사의 줄임말을 크게 두 가지 유형으로 나누기로 한다. 하나는 로마자 약자를 이용하는 것이고 다른 하나는 한국어를 이용하는 것이다. 앞을 '로마자 줄임말'로, 뒤를 '한국어 번역 줄임말'로 부르기로 한다. 두 가지를 함께 이용해 줄임말을 쓰는 경우도 있다. 먼저, 로마자 약자를 이용한 로마자 줄임말의 대표적인 보기를 들면 (5)와 같다.

(5) 외래 고유명사 줄임말의 유형: 로마자 줄임말 ①
  가. 중국 시진핑 국가주석의 장기집권 시대가 서막을 연 가운데 **유럽연합**(EU)이 기다렸다는 듯 중국을 '전면적 경쟁자'로 규정하자는 보고서를 내놨다. 오는 20일 룩셈부르크에서 열리는 EU 정상회의에서 새 대중 전략으로 채택될 가능성이 크다. (서울신문, 2022-10-18)
  가-1. **아랍에미리트연합**(UAE)은 17일 UAE 주재 EU 대표단을 소환해 보렐 대표의 발언에 대한 해명을 요구했다. UAE 외교부는 보렐 대표의 발언이 "부적절하고 차별적"이었다며 "전 세계적으로 무관용과 차별적인 풍토가 악화하는 데 기여한다"고 항의했다고 국영 WAM통신은 보도했다. (경향신문,

2022-10-18)

나. **세계보건기구**(WHO)는 완치자의 약 10~20%가 롱코비드 증상을 겪는 것으로 보고 있으나 아직 구체적인 원인도 불명확하고, 진단 기준조차 제대로 수립돼 있지 않다. (연합뉴스, 2022-10-18)

다. 일본 정부와 **일본은행**(BOJ)이 32년 만에 150엔선을 돌파한 엔·달러 환율 급등세를 진정시키기 위해 긴급 '심야 시장 개입'을 단행했다. … 당장 **일본은행**은 27~28일 열리는 통화정책회의에서도 '금리 동결' 메시지를 내놓을 것으로 관측된다. (서울경제, 2022-10-23)

라. 홍콩 **사우스차이나모닝포스트**(SCMP)는 20일 중국 고위 지도부 내에서 소수민족 대표성이 계속 약화되고 있다는 전문가들의 분석을 전했다. (경향신문, 2022-10-20)

마. 미국 백악관 **국가안보회의**(NSC)가 북한의 7차 핵실험 가능성을 언급하며 양국 간 전제조건 없는 대화 제안은 유지한다는 입장을 밝혔다. (중앙일보, 2022-10-25)

마-1. 국가안보실은 이날 오전 김성한 안보실장 주재로 긴급 **국가안전보장회의**(NSC) 상임위원회를 열어 이같이 밝혔다. (한국일보, 2022-10-14)

(5)의 'EU', 'UAE', 'WHO', 'BOJ', 'SCMP'는 모두 외래 고유명사의 줄임말을 로마자를 이용해 만들고 대부분은 로마자 그대로 적고 있는 것이다.[11] 모두 형성 원리 면에서 한국어 줄임말의 첫음절 모이기 방식과 비슷한 '첫글자 모으기' 방식으로 만들어졌으며, 이를 '두음절어'와 구별하여 '두문자어'로 부른다.[12] 이런 줄임말은 한국에서 만든

---

11) ≪한겨레≫에서는 로마자 줄임말을 한글로 적는 것을 기본적으로 하고 있어 'UAE' 같은 경우 '유에이이'라고 한글로 함께 적는다.
12) 단어의 첫 글자를 모아 만든 로마자 줄임말 두문자어는 누리꾼들이

것이 아니라 이미 외국의 해당 조직에서 쓰고 있는 것을 그대로 가져온 것이기 때문에 한국어 화자들 차원의 줄임말은 없는 셈이다.

모든 줄임말은 로마자로 되어 있지만 그것에 대응되는 고유명사 본말의 구성은 다양하다. '유럽연합'과 '아랍에미리트연합'은 외국어/외래어와 한국어가 결합된 것이고, '세계보건기구'와 '일본은행'은 한국어(한자어)로만 된 것이며, '사우스차이나모닝포스트'는 번역 없이 외국어를 한글로 적은 것이다. 이런 표현들은 본말이 한국어로 번역되어 쓰임에도 한국어 줄임말은 없는 경우가 대부분이고, 있어도 잘 쓰이지 않는 편이다. 예를 들어, 미국 백악관의 기구에 대한 한국어 번역어 '국가안보회의'가 있음에도 '안보회', '안보회의', '국안회' 등의 줄임말은 없고 미국에서 쓰는 로마자 줄임말 'NSC'를 한국어에서도 그대로 쓴다. 로마자 줄임말 'NSC'가 남용되다 보니 (5마-1)처럼 한국의 대통령 자문기관인 '국가안전보장회의'에도 로마자 줄임말 'NSC'를 괄호 안에 병기하는 불필요한 로마자 사용이 나타났다.

(6) 외래 고유명사 줄임말의 유형: 로마자 줄임말 ②

가. 지난 13일과 14일 **국제연합**(**유엔**) 회의에서 일본 대표단이 위안부 문제와 관련해 주고받은 질의응답을 전하는 보도들이다. (오마이뉴스, 2022-10-19)

가-1. 차이 총통은 대만과 독일이 인권 이념을 굳건하게 지지한다면서 대만이 비록 **국제연합**(UN)의 회원국은 아니지만 국제 인권 심사 메커니즘 등을 구축했으며 3차례의 국가 보고도 있었다고 설명했다. (연합뉴스, 2022-10-24)

가-2. 영국·프랑스·독일 3개국(E-3) **유엔**(UN) 대사가 러시아가 이란산 드론을 사용해 우크라이나를 공격했다는 혐의에 대해 조사를 촉구하자 이란이 반발에 나섰다고 22일(현지 시각) 주

쓰는 'ㄱㅅ', 'ㅇㅈ'과 같은 '자음만으로 줄여 적기' 방식과도 통한다.

요 외신이 보도했다. (아시아경제, 2022-10-22)
나. **동남아시아국가연합(아세안)** 정상회의가 막을 올렸다. (한겨레, 2022-11-10)
나-1. 한편 3개국 정상은 **동남아시아국가연합(ASEAN)** 관련 정상회의가 열리는 캄보디아와 주요 20개국·지역(G20) 정상회의를 개최하는 인도네시아를 방문할 예정이다. (전자신문, 2022-11-04)
나-2. 윤석열 대통령은 11일 4박6일 일정으로 **동남아시아국가연합(ASEAN·아세안)**, 주요 20개국(G20) 정상회의에 참석하기 위해 캄보디아 프놈펜과 인도네시아 발리를 차례로 방문한다. (뉴스1, 2022-11-11)

(6)은 로마자 줄임말을 로마자로도 한글로도 적되 오히려 한글로 적는 일이 많은 고유명사의 쓰임이다. (6가)의 '국제연합'은 로마자 줄임말 'UN'과 그것을 한글로 적은 '유엔'이 본말 'United Nations'이나 한국어 번역어 '국제연합'보다 더 자주 쓰인다. 본말에 비해 길이가 짧은 데다 한글로 적은 '유엔'이 다른 단어와 혼동할 여지가 전혀 없기 때문이다. '국제연합'(國際聯合)을 첫음절 모으기 방식으로 줄인 '국련'(國聯)이라는 줄임말은 한글 맞춤법 규정의 내용을 보기로 인용하는 경우 등 특수한 용법을 제외하면 최근 언론 기사에서 나타나지 않았다.13) 한국어 번역 줄임말 '국련' 대신 해외에서 두루 쓰이는 로마자 줄임말 'UN'이 한국어 사용에서도 정착된 결과다. 로마자 줄임말을 많이 쓴 결과 한국어 번역 용어와 그 줄임말이 밀려나 버린 일종의 '하극상' 상황이다.

---

13) '국련'은 '국제연합'과 관계없이 중국 기업 이름에서 '국련자동차', '국련수산', '국련증권'처럼 '국련'이 쓰이며, 요즘 한국 언론 기사에 자주 나타나고 있다.

(6나)의 '동남아국가연합'은 줄임말을 'ASEAN'으로 적기도 하고 '아세안'으로 적기도 하는데 역시 한글로 적는 일이 많다. '아세안'은 길이 면에서 한국어로 번역한 본말의 3분의 1밖에 되지 않으며, 로마자로 'ASEAN'이라고 5글자로 적은 것과 비교해도 언어 경제성이 높아서 더 자주 쓰이는 것이다.

(7) 외래 고유명사 줄임말의 유형: 한국어 번역 줄임말
　가. 도쿄전력이 **후쿠시마 제1원자력발전소**에서 발생하는 오염수를 희석한 물에서 키운 광어를 공개하며 오염수 방출에 문제가 없다고 적극 강조하고 있다. 18일 일본 닛케이신문 보도 등에 따르면 도쿄전력은 전날 **후쿠시마 제1원전** 부지 안에 광어 사육 시험장에 취재진을 초청해 수백 마리의 광어를 키우고 있는 모습을 공개했다. (뉴스1, 2022-10-18)
　나. 중국 의회인 **전국인민대표대회(전인대)**도 시진핑 중국 국가주석이 제19차 당대회 이후 국방, 군대, 통일전선, 외교 문제에 대해 일련의 새로운 사상과 사고 및 새로운 전략을 제시했다는 점에 주목했다. (뉴스1, 2022-10-23)
　나-1. 한편, 중국 정부는 제20차 **공산당 전국대표대회(당대회)** 기간인 18일 예정된 3분기 국내총생산(GDP) 성장률 발표를 돌연 연기했다. (서울신문, 2022-10-18)
　다. 이후 유엔 **안전보장이사회(안보리)**가 공개회의를 열고 북한 도발 문제를 놓고 머리를 맞댔지만 엇갈린 입장만 확인했다. 결국 **안보리**는 이날 성명 채택이나 추가 제대에 대한 공개 논의 없이 끝났다. (국민일보, 2022-11-05)

(7)의 보기에는 '후쿠시마 제1원전', '전인대', '당대회' 등 모두 한국어 또는 한글로 만들거나 표기한 줄임말이 쓰였다.14) 중국이나 일본의 고유명사들은 한자어로 된 것이 많아서 줄임말도 자연스럽게 한자어를

이용하게 된다. (7다)의 '안보리'는 유엔의 '안전보장이사회'를 줄인 말인데, 영어에서 들어온 본말을 한국어로 번역해서 쓰고 그 줄임말도 한국어로 쓰는 대표적 보기다. '안전보장이사회'에 대한 로마자 줄임말은 'UNSC'가 있지만 잘 쓰이지 않는다. 이와 같이 줄임말을 한국어 또는 한글로 적는 경우는 중국이나 일본의 고유명사가 다수를 차지하고, 서양의 고유명사는 수가 극히 적다.

(8) 외래 고유명사 줄임말의 유형: 병용형
　가. 11월 1~2일(이하 현지시간) 이틀 일정으로 열리는 미국 **연방준비제도(연준)**의 통화정책 결정기구인 연방공개시장위원회(FOMC)가 주식시장 흐름을 좌우할 전망이다. 이번 FOMC는 올해 말까지의 시장 흐름을 가를 변수로 간주되고 있다. (파이낸셜뉴스, 2022-10-30)
　가-1. 세계금융시장을 들쑤셨던 영국의 신임 총리로 '재무통'인 리시 수낵 영국 총리가 등판한 데 미국 **연방준비제도(Fed)**가 긴축 속도 조절에 나설 수 있을 것이란 'Fed 피벗(pivot·태세 전환)'에 대한 기대감이 번진 영향이다. (중앙일보, 2022-10-26)
　가-2. 미 **연방준비제도(Fed·연준)**가 다음 달까지 '4연속 자이언트 스텝(금리 0.75%포인트 인상)'으로 기준금리를 4%까지 끌어올리면 일본과 금리 격차가 더 벌어져 엔저에 다시 속도가 붙을 수밖에 없기 때문이다. (서울경제, 2022-10-23)
　나. 이밖에 경기도2청과 군(軍)부대가 함께 환경정화 활동을 벌이는 '1부대 1하천 생태 살리기' 행사에 동참하는데도 큰 관심을 보였고, **한미행협(SOFA)** 사건을 근절하기 위해 의정부지검과의 간담회도 정례화하는 등 눈에 띄는 한미 우호 협력 사례를

---

14) '후쿠시마 제1원전'은 '후쿠시마 1원전'으로 더 줄여도 의미 파악에 문제가 전혀 없다.

쌓은 것으로 평가됐다. (연합뉴스, 2010-06-21)
나-1. 그간 **한미행정협정**(SOFA) 규정 때문에 어렵다고 해명했지만, 시정할 근거가 있었다는 주장입니다. (MBN, 2022-10-20)
나-2. 또 주한 미군 측은 55보급창과 8부두 이전과 관련 **한미주둔군지위협정**(SOFA) 협의 채널을 통해 협의가 가능하지만, 미 국무부로부터 협상 권한을 먼저 넘겨 받는 것이 우선이라는 입장을 보였다고 국방부가 밝혔다. (국제신문, 2022-10-25)

(8)은 한국어 번역 줄임말과 로마자 줄임말을 함께 쓰고 있는 보기다. (8가)에서는 미국의 '연방준비제도'라는 기관의 줄임말로 '연준'을 썼고, (8가-1)에서는 'Fed'를 썼다. 특이하게도 (8가-2) 기사에서는 두 유형의 줄임말을 함께 적었다. '연방준비제도'를 첫음절 모으기 방식으로 줄이면 언어 구조적으로는 '연준제'가 될 것이지만 언론에서는 '연방+준비제도'로 분석하여 '연준'으로 간략히 줄여 쓰는 점이 눈에 띈다. 줄임말 만들기에서 구성 요소를 모두 충실히 반영하기보다는 경제성 동기에 더 초점을 둔 결과다.

(8나, 나-1)에서는 '한미행정협정'의 줄임말로 '한미행협'과 'SOFA'가 함께 쓰였다. 그런데 '한미행정협정'으로 쓰던 한국어 표현이 최근에는 '한미주둔군지위협정'으로 점차 바뀌어 쓰이는 상황이며, 약 10년 전에 일부 기사에서 쓰이던 한국어 번역 바탕의 줄임말 '한미행협'은 최근에는 나타나지 않는다. 이와 같이 외래 고유명사의 줄임말을 한국어와 로마자를 각각 이용하여 만들어 쓰는 경우도 수가 많지 않다.

(9) 나라 이름 고유명사의 줄임말
　가. "**미**, 중국 반도체 관련 '미국인 종사자' 규제범위 축소할 듯" (연합뉴스, 2022-11-01)

가-1. **미국** 정부가 인공지능(AI)·슈퍼컴퓨터 등 미래 산업·기술을 좌우할 반도체 분야를 조준하고 내놓은 중국 반도체업체 미국인 종사자에 대한 규제 범위를 축소할 것으로 보인다고 블룸버그 통신이 1일 보도했다. (연합뉴스, 2022-11-01)

가-2. **미** 행정부 고위 관계자에 따르면 쇼이구 장관이 오스틴 장관에게 전화를 걸면서 두 번째 전화통화가 이뤄진 것으로 알려졌다. (뉴시스, 2022-10-24)

나. 미·**불**·**독**·**영** 줄줄이 대만행…중국 군용기 무력시위 (연합뉴스TV, 2022-09-08)

나-1. [진격의 K-방산] 미·**러**·**프**·독 전통 무기 강국에 한국·스페인·인도 거센 도전 (중앙선데이, 2022-09-24)

나-2. 캐나다는 USMCA(NAFTA를 잇는 미·**멕**·**캐** 자유무역협정) 협약국으로 최근 미국이 발표한 인플레이션감축법(IRA)의 혜택을 가장 직접적으로 받게 되면서 글로벌 전기차 공급망의 핵심국가로 부상하고 있다. (뉴시스, 2022-09-18)

나-3. 한-**베** 수교 30주년 기념 포럼은 31일 호치민에 있는 뉴월드 사이공호텔에서 양국 정부 및 기업 관계자 100여명이 모인 가운데 진행된다. (아시아경제, 2022-10-30)

다. 러, 미·영·프·튀르키예 국방장관 연쇄 통화…**우크라戰** 해법 이견(종합) (뉴시스, 2202-10-24)

다-1. 러 방어·**우** 탈환 전투로 '제2 체르노빌' 우려되는 자포리자 원전 (한국일보, 2022-10-18)

다-2. '**미중갈등·러우전쟁**' 급변하는 세계…"외국인직접투자 낙관 어렵다" (머니투데이, 2022-09-15)

나라 이름을 나타내는 고유명사의 줄임말은 기사 제목에서 주로 쓰이는데, 1음절로 된 것이 대부분이다. 미국을 '미'로, 독일을 '독'으로 줄인 잘라내기 방식으로 줄임말이 만들어진다. 제목에서 미국을 나타내는 '미'가 자주 쓰이면서 (9가-2)처럼 기사 본문에서도 줄임말이 쓰이기도 한다. '영국, 중국, 호주'와 같이 한자어로 된 이름은 물론이고 '러시아, 프랑스, 멕시코, 베트남'과 같이 외국어 이름의 발음을 한글로 적은 경우에도 '러, 프, 멕, 베'처럼 첫 글자만 잘라내어 줄임말을 만들어 쓴다.

(9다)의 '우크라'는 '우크라이나'의 잘라내기 방식의 줄임말인데 다른 나라와 달리 3음절로 이루어졌다. (9다-1, 2)와 같이 러시아와 함께 언급되는 경우 1음절 '우'도 쓰이지만 3음절 '우크라'로 쓴 줄임말이 더 널리 쓰인다. '우'로 줄이면 우루과이, 우간다와 혼동을 일으킬 수 있기 때문이다. '말레이'(말레이시아), '사우디'(사우디아라비아), 아르헨(아르헨티나), '우즈벡'(우즈베키스탄) 등 3음절로 잘라낸 나라 이름 줄임말도 기사 제목에서 자주 쓰인다.

지금까지 3.1에서는 언론 기사에 쓰인 외래 고유명사 줄임말의 유형을 나누고, 보기를 살펴보았다. 한국어 화자들이 많이 쓰는 보통의 줄임말과 달리 외래 고유명사 줄임말은 형성 방식 면에서 잘라내기로 만든 나라 이름 줄임말을 제외한 나머지 대부분은 첫음절 모으기 또는 그와 비슷한 방식으로 만들어진다. 이 점을 고려하여 어떤 글자 또는 언어를 이용해 외래 고유명사 줄임말을 만들었는지에 따라 '로마자 줄임말'과 '한국어 번역 줄임말'로 유형을 나누었다. 로마자로 줄임말이 이미 만들어져 한국어에 들어온 것이 많아 한국어 번역 줄임말은 그 수가 얼마 되지 않는 것으로 나타났다. 로마자 줄임말이 잘 쓰이면서 한국어 번역어가 있어도 거의 쓰이지 않으며, 한국 정부의 기구 이름조차도 로마자 줄임말로 쓰는 현상이 확인되었다.

3.2 사용 방식

외래 고유명사와 그 줄임말을 언론 기사에서 어떤 방식으로 사용하는지에 대해 몇 가지로 유형으로 나누어 살펴보기로 한다.

(10) 외래 고유명사와 줄임말의 사용 방식: 본말(줄임말)
　가. 17일(현지시간) **파이낸셜타임스**(FT)에 따르면 EU 외교 담당 부서는 연례 보고서에서 "중국은 정치·경제 분야에서 미국·서방 국가들과 간극을 넓히고 있다. […] 한 EU 외교관은 FT에 "예전에는 중국과 '협력'에 조금 더 방점을 뒀지만 이제는 '경쟁'에 더 집중하려는 것"이라고 설명했다. (서울신문, 2022-10-18)
　가-1. **중국항공역학원**(CAAA)에 기체역학 시뮬레이션을 판매한 조나 테크놀로지, 메타콤 테크놀로지 등이 이 같은 경우다. 조나 테크놀로지는 중국 베이징에 본사를 둔 한 업체에 소프트웨어를 판매했지만 이 업체가 CAAA에 재판매하는 것을 알지는 못했다는 입장이다. (한국일보, 2022-10-18)
　나. **국제자동차연맹**(FIA) 모하메드 벤 슐라이엠 회장은 마테쉬츠가 "모터스포츠의 거물"이었다면서 애도를 표했다. (연합뉴스, 2022-10-23)
　나-1. 앤서니 파우치 **국립알레르기·전염병연구소**(NIAID) 소장이 17일(현지시간) 섣부르게 코로나19 팬데믹 종식을 선언해선 안 된다고 경고했다. (연합뉴스, 2022-10-18)

(10가, 가-1)은 외래 고유명사와 그 줄임말을 사용하는 전형적 방식이다. '파이낸셜타임스(FT)'와 같이 본말과 괄호 안의 줄임말을 함께

제시하고, 이어서 그 말이 다시 쓰일 때는 간단한 형식의 줄임말을 쓰는 방식이다. 그런데 (10나, 나-1)처럼 기사 안에서 같은 고유명사가 다시 나타나는 일이 없음에도 '국제자동차연맹(FIA)'처럼 외래 고유명사에 로마자 줄임말을 불필요하게 습관적으로 제시하는 경우도 많았다.

물론 기사에서 한 번만 나타나는 외래 고유명사에도 로마자 줄임말을 괄호에 넣어 밝히는 것은 그 고유명사의 본말에 대한 외국어 정보를 제시하는 것이라는 점에서는 나름대로 기능이 있기는 하다. 한국어로 번역한 외래 고유명사의 본말이 궁금한 사람은 로마자 줄임말이 있으면 외국어로 된 본말을 찾아보는 데 좀 더 유리할 수 있기 때문이다. 그러나 최근에 만들어진 것이 아닌 대다수 외래 고유명사는 한국어 사전이나 각종 백과사전에서 한국어로 찾아도 관련 정보가 충분히 실려 있어서 (10나, 나-1)과 같은 경우 굳이 로마자 줄임말을 밝힐 필요는 없다.

(11) 외래 고유명사와 줄임말의 사용 방식: 줄임말(본말)
  가. 북유럽의 스웨덴과 핀란드가 정상회담을 갖고 **나토**(북대서양조약기구) 가입 실현을 위해 철저히 공조하기로 뜻을 모았다. **나토**는 사무총장이 직접 튀르키예(타키)15)로 가서 레제프 타이이프 에르도안 대통령을 설득키로 한 가운데 스웨덴 총리가 동행하는 방안도 검토 중인 것으로 알려졌다. (세계일보, 2022-10-29)
  가-1. 해당 협력이 실현돼 발전된다면 중장기적으로 미국과 **나토**(NATO, 북대서양조약기구) 회원국들간 전술핵무기 공유와 같은 체계가 한미일, 혹은 한미일-호주 간에 추진될 가능성도 점쳐진다. (서울경제, 2022-10-30)

---

15) '타키'는 '터키'의 오타가 걸러지지 않고 그대로 노출된 것이다.

나. 이 관계자는 또 대 **아세안(동남아국가연합)** 정책의 중요성을 강조하면서 경제 및 통상 관계를 한층 더 격상시킬 필요가 있다고 강조했다. (연합뉴스, 2022-10-18)

다. 아이폰 등 충전 케이블을 USB-C로 모두 전환해야 한다는 **EU(유럽연합)**의 요청에 대해 애플이 '적극 수용하겠다'고 공개 선언했다. (머니투데이, 2022-10-26)

(11)의 보기는 줄임말을 기본 형식으로 제시하고 괄호 안에 본래 고유명사를 제시하는 방식의 쓰임이다. (11가)에서 '나토'가 기본으로 쓰이면서 다시 받을 때에도 이 말이 그대로 쓰였다. (11가-1)에서는 괄호 안에 줄임말 '나토'의 로마자 표기와 본래 고유명사가 함께 적혀 있다. 이런 쓰임에는 (11나, 다)의 '아세안'과 'EU'가 더 있는데, 한국어 사용자들에게 줄임말이 본말보다 비교적 더 널리 알려진 경우에 주로 나타나는 사용 방식이다.

(12) 외래 고유명사와 줄임말의 사용 방식: 줄임말 단독

가. 러시아의 흑해 곡물수출 협정 참여 중단 선언에도 **유엔**과 튀르키예, 우크라이나는 해당 협정에 따른 곡물 수출선 운영을 계속하기로 했다고 로이터 통신과 뉴욕타임스(NYT)가 30일(현지시간) 보도했다. (연합뉴스, 2022-10-31)

가-1. 소방청은 오는 31일부터 11월4일까지 중앙소방학교에서 국제구조대 대응 역량과 협력 체계 강화를 위해 UN 국제교육 과정을 운영한다고 28일 밝혔다. (뉴시스, 2022-10-28)

가-2. 유엔의 날 기념식은 6·25전쟁 참전 유엔군 전몰장병을 추모하고 자유와 평화수호라는 **유엔(UN)** 정신을 기리기 위해 매년 열린다. (연합뉴스, 2022-10-24)

나. 앞서 리즈 트러스 영국 총리는 지난 9월 CNN 인터뷰에서 대만이 스스로 방어할 수 있도록 동맹국과 협력할 것이라고 강조

했다. (한국일보, 2022-10-19)
　나-1. 도널드 트럼프 전 미국 대통령이 자신의 명예를 훼손했다며 3일 <시엔엔>(CNN) 방송을 상대로 4억7500만달러(약 6800억원)의 손해배상 소송을 냈다. 트럼프 전 대통령은 플로리다주 포트로더데일 연방지방법원에 낸 소장에서 <시엔엔>이 자신에 대해 "언제나 가증스럽고, 허위이며, 명예훼손적인 '인종주의자', '러시아의 종', 결국에는 '히틀러'라는 딱지"를 붙였다고 주장했다. (한겨레, 2022-10-04)

　로마자 줄임말이 널리 알려져 쓰이는 외래 고유명사의 경우에는 본말 제시 없이 줄임말 단독으로 쓰는 일이 많다. (12가~가-2)를 보면, '유엔' 또는 'UN'으로 줄임말을 쓰고, 드물지만 두 표기형을 합쳐 '유엔(UN)'으로 적기도 한다. 한국어 번역 본말인 '국제연합'의 쓰임은 점차 적어지고 로마자 줄임말 '유엔/UN'이 늘어난 결과를 반영하는 용법이다.
　(12나)에서 미국의 유명 케이블 방송인 'CNN'의 경우 거의 대부분 로마자 줄임말만 쓰인다. (12나-1)처럼 ≪한겨레≫에서는 로마자 줄임말을 쓰되 '시엔엔'으로 먼저 적고 괄호 안에 로마자로 적는다. 같은 기사에서 다시 쓸 때는 한글만으로 '시엔엔'으로 적기도 한다. 다만 (12가)의 '유엔'처럼 로마자 병기 없이 '시엔엔'을 단독으로 쓰는 일은 많지 않은데, '유엔'만큼은 덜 알려진 결과로 판단된다. 'CNN'은 영어 'Cable News Network'의 줄임말인데, 한국어에는 처음부터 'CNN'으로 들어온 결과 사실상 영어든 한국어 번역어든 본말이 존재하지도 않는 상황이다.

(13) 외래 고유명사와 줄임말의 사용 방식: 기사 제목에서의 줄임말
　가. Fed 인사들 "금리 인상 멈출 수 없어" …美 국채금리 최고치

(중앙일보, 2022-10-21)

가-1. 미국 **연방준비제도(Fed)**의 고강도 긴축이 내년까지 이어질 수 있다는 우려가 커지고 있다. (중앙일보, 2022-10-21)

나. '美 수출통제 직면' 中 반도체기업 YMTC "세계적으로 규정 준수" (연합뉴스, 2022-10-22)

나-1. 미국의 잠재적 수출 통제 대상으로 지정된 중국 메모리 반도체 생산업체 YMTC(**양쯔메모리테크놀로지**)가 세계적으로 규정을 준수하고 있다고 밝혔다. (연합뉴스, 2022-10-22)

다. "11월 FOMC 발표 당일 美증시 0.5~1% 하락 예상" (한국경제TV, 2022-11-01)

다-1. 미국 연방준비제도(Fed·연준)의 11월 **연방공개시장위원회(FOMC)** 정례회의가 하루 앞으로 다가온 가운데 글로벌 IB(투자은행) JP모간이 연준의 금리인상 정책에 따른 미국 증시 등락 시나리오를 발표해 화제다. (한국경제TV, 2022-11 -01)

라. 뉴욕증시, FOMC 앞두고 하락 (MBC, 2022-11-01)

라-1. 연준의 11월 FOMC를 앞두고, 금리인상에 대한 경계가 커지고 있는데요, 시장은 이번 주 FOMC에서 기준금리가 11월에 0.75%포인트 인상될 것으로 전망하고 있습니다. (MBC, 2022-11-01)

(13)의 보기는 기사 제목에서 외래 고유명사가 쓰이는 대표적인 방식을 보여 준다. 기사 제목은 지면이든 온라인이든 공간이 제한적이기 때문에 간결하게 압축적으로 적게 되고 따라서 줄임말을 쓰는 일이 흔하다. (13가~다-1)을 보면, 제목에서는 로마자로 줄임말 'Fed'를 제시하고 본문에서 '연방준비제도(Fed)'와 같이 본말을 함께 쓰는 방식이 흔함을 알 수 있다.16)

---

16) 첫음절 모으기 방식의 로마자 줄임말은 'UN', 'NYT', 'FOMC'처럼 모든 글자를 대문자로 적지만 'Federal Reserve System'에서 잘라내

(13라, 라-1)은 기사 제목과 본문 모두에서 영문 줄임말만 제시하고 있어 눈에 띈다. 특히 이 기사는 입말로도 보도된 방송 기사인데, 'FOMC'라는 말에 대한 본말 제시나 설명이 없어 미국 경제 제도에 대한 상당한 지식이 없는 일반인으로서는 무슨 뜻인지 전혀 알기 어렵다. 아나운서는 'FOMC'를 '에프오엠시'라고 읽고 넘어갔을 뿐이어서 이 외래어 줄임말의 정확한 뜻을 모르는 사람들에게는 큰 언어 장벽이 되었을 것으로 보인다.

한편, 기사 제목에서는 (13가, 나, 다)의 '美', (13나)의 '中'처럼 나라 이름을 1음절 한자어로 줄여 적는 일이 많다. 미국, 중국과 함께 '영국(英), 일본(日), 독일(獨), 불란서/프랑스(佛), 이태리/이탈리아(伊), 호주(濠), 인도(印)' 등이 1음절 한자 표기 줄임말로 기사 제목에서 잘 쓰인다. 공간 절약과 함께 눈에 쉽게 띌 수 있도록 하기 위한 이중의 목적에서 나온 표기다.

언론 기사에 나타난 외래 고유명사 줄임말의 사용 방식에서 보이는 중요 특징을 정리하면, 본말과 줄임말을 함께 제시하는 방식과 줄임말 단독으로 쓰는 방식이 있었다. 기사 본문에서 같은 표현이 반복되지 않는데도 본말에 로마자 줄임말을 습관적으로 병기하는 용법이 많았다. 로마자 줄임말의 습관적 병기는 고유명사의 본말에 대한 외국어 정보를 제시하는 기능이 있지만 로마자 남용의 문제도 보인다. 이런 특징은 일반 줄임말 사용에서는 보기 어려운 점이다. 기사 제목에서는 공간 제약 때문에 줄임말만 쓰고 본문에서 본말을 함께 쓰는 방식이 흔한 것으로 확인되었다.

기 방식으로 만든 줄임말 'Fed'는 첫 글자만 대문자로 적는다.

4. 줄임말 유형에 따른 사용 효과

　외래 고유명사는 전반적으로 길이가 긴 표현이 많아서 공간 제약이 있는 언론 보도에서는 줄임말을 필수적으로 쓰게 된다. 긴 표현을 계속해서 반복하는 것은 지면 제약이나 기사 길이의 제한에 불리할 뿐만 아니라 언어 경제성과도 거리가 있기 때문이다. 이러한 줄임말 사용은 언어 경제성 면에서 유리하다는 장점이 있지만 빠르고 정확한 의미 전달을 어렵게 하는 문제점도 있다. 이 장에서는 외래 고유명사 줄임말의 유형에 따른 사용 효과를 장점과 단점으로 나누어 파악해 보기로 하겠다.

(14) 로마자 줄임말 사용의 장점
　가. 백악관은 앞으로 배터리 원료 국내 생산 등 미국 전기차 미래 구축을 위해 인프라법, 반도체·과학법, **인플레이션 감축법(IRA)** 등에 근거해 1350억달러를 투입할 계획이라고도 밝혔다. 백악관은 IRA의 '광물 규정'과 관련, "미국과 동맹국의 광물·원료 사용을 지원하는 세액공제 조항을 통해 전기차를 더 저렴하게 만들 것"이라고 밝혔다. (경향신문, 2022-10-20)
　나. 북유럽의 스웨덴과 핀란드가 정상회담을 갖고 **나토(북대서양조약기구)** 가입 실현을 위해 철저히 공조하기로 뜻을 모았다. **나토**는 사무총장이 직접 튀르키예(타키)로 가서 레제프 타이이프 에르도안 대통령을 설득키로 한 가운데 스웨덴 총리가 동행하는 방안도 검토 중인 것으로 알려졌다. (세계일보, 2022-10-29)

(14가)의 '인플레이션 감축법'은 2022년 8월 바이든 미국 대통령이 서명한 법안으로 영어 이름은 'Inflation Reduction Act'이다. 한국에서 '인플레이션'은 외래어 그대로 쓰고 나머지 부분은 '감축법'으로 번역하여 외래어와 한자어를 합쳐 만든 8음절의 부분 번역어 '인플레이션 감축법'이 정부나 언론에서 널리 통용되고 있다. 이 표현의 줄임말은 미국에서 쓰는 로마자 줄임말 'IRA'로 쓰이며, 여덟 글자를 로마자 세 자로 크게 줄이는 언어 경제성의 효과가 있다. 로마자는 한글에 비해 글자 폭이 좁기 때문에 시각적으로 줄임 효과는 더 크게 느껴진다. 또한 한글 속에 글자 모양이 크게 다른 로마자 줄임말을 섞어 쓰게 되면 분명하게 눈에 띄는 '식별성' 효과도 추가로 나타난다. 이런 점에서 로마자 줄임말이 간결하고 분명하게 줄여 쓰는 효과가 큰 것은 확실하다.

(14나)의 '북대서양조약기구'는 줄임말로 'NATO' 또는 '나토'를 쓴다. 'North Atlantic Treaty Organization'의 첫글자 모으기 방식인 'NATO'를 로마자 그대로 적기도 하지만 한글로 '나토'로 쓰는 일이 많은데, 한글로 적어도 기존의 다른 표현과 의미 충돌을 일으키지 않기 때문이다. 'UN'을 '유엔'으로 적는 것처럼 로마자 줄임말을 영문자 이름을 이용하여 한글로 적는 일이 많은데,[17] 이와 달리 'NATO'는 5음절의 '엔에이티오'로 적지 않고 단어를 발음하는 것처럼 '나토'의 2음절로 적는다.[18] '북대서양조약기구'라는 8음절의 본말에 비해 줄임

---

[17] 'UN'을 영어 단어 식으로 읽어 1음절의 '언'으로 적으면 길이는 짧아 언어 경제성 면에서는 유리하지만 본말과의 관련성이 너무 약해져 의미 해석에 불리한 점에서 전혀 쓰이지 않는다. 물론 영어에서도 음절로 읽지 않기 때문에 한국어에서만 '언'으로 읽고 쓰기도 어렵다.

[18] 김해연(2008:173)에서는 글자 이름으로 읽는 'UN'과 같은 줄임말을 '두문자약어(initialism)', 음절로 읽는 'NATO'와 같은 줄임말을 '약성어(略成語, acronym)'로 구별했다.

말 '나토'는 4분의 1로 크게 짧아지는 점에서 이 또한 언어 경제성 효과가 크게 나타난다.

이와 함께 'IRA', 'NATO'라는 로마자 줄임말을 번역어와 함께 제시함으로써 '인플에이션 감축법', '북대서양조약기구'의 외국어 본말이 무엇인지 인터넷을 통해 정보를 좀 더 쉽게 찾아볼 수도 있다. 물론 한국어 번역 용어 그대로를 이용해서도 찾기가 충분히 가능한 상황이지만 로마자 줄임말을 이용하면 검색 범위가 해외 사이트까지 더 넓어지는 것은 사실이다. 로마자 줄임말을 함께 제시함으로써 외래 고유명사의 외국어 본래 표현이 무엇인지에 대한 다양한 접근과 이해가 가능하도록 하는 정보 제공 기능이 더 있는 것이다.

(15) 로마자 줄임말 사용의 단점
    가. "'농구전설' 매직 존슨, 사상 최고가로 NFL팀 매입 협상" (헤럴드경제, 2022-10-22)
    가-1. **미국 프로농구(NBA)**의 전설적인 선수 출신인 매직 존슨이 **미국프로풋볼(NFL)** 소속팀인 라스베이거스 레이더스를 세계 스포츠 업계 사상 최고액이 될 수 있는 가격으로 매입 협상을 하고 있다는 보도가 나왔다. (헤럴드경제, 2022-10-22)
    나. 대홍수 겪은 파키스탄, COP27서 선진국에 '피해보상 요구' 선봉 (연합뉴스, 2022-11-06)
    나-1. 올여름 대홍수로 큰 피해를 겪은 파키스탄이 6일(현지시간) **유엔기후변화협약 당사국회의(COP27)**에서 기후변화로 인한 피해 보상을 요구하는 데 앞장선다. (연합뉴스, 2022-11-06)
    다. 백악관 **과학기술정책실(OSTP)**은 '미국 내 가상자산의 기후 및 에너지 영향' 이란 제목의 보고서에서 비트코인 등 작업증명(PoW) 방식이 환경에 악영향을 준다며 "고에너지 집약적인 작업증명 방식을 금지해야 한다"는 뜻을 밝히기도 했다. (머니투데이, 2022-09-26)

로마자 줄임말 사용은 장점만 있는 것이 아니다. (15가)에는 로마자 줄임말 'NFL'이 기사 제목에 쓰인 것이 나오는데, 보통의 한국어 사용자들은 이 줄임말이 무엇을 가리키는지, 무슨 뜻인지 알기 어렵다. (15가-1)의 기사 본문에서 그 말이 '미국프로풋볼'의 줄임말임을 알게 된다. '미국프로농구'의 줄임말이 'NBA'라는 사실도 기사에 함께 나온다. (15나, 나-1)에서도 'COP27'이 '유엔기후변화협약 당사국회의'의 줄임말로 쓰였음을 알 수 있다. 이처럼 기사 제목에 한국어 번역어 없이 나오는 로마자 줄임말은 한국어 화자들이 정확한 의미를 알기 어려운 경우가 많다.

(15다)에는 미국 백악관의 부서 이름인 '과학기술정책실'[19]의 줄임말로 'OSTP'가 쓰였는데, 같은 기사에서 반복되어 나타나지도 않는 외래 고유명사에 굳이 낯선 로마자 줄임말을 붙일 필요가 있는지 의문이다. 절대다수의 한국어 사용자들은 'OSTP'를 본 적도 없고, 무슨 뜻인지도 모르며, 알고 싶어 하지도 않을 것이다. 그럼에도 기자가 미국 대통령실 한 부서 이름의 로마자 줄임말을 한국어 화자들에게 널리 알리고자 한 뜻은 무엇일까? 앞서 기술한 것처럼 한국어 번역 표현 '과학기술정책실'의 본래 영어 이름의 줄임말이 'OSTP'니 본말이 궁금한 사람은 사전을 찾아보라는 뜻에서 정보 전달 목적으로 로마자 줄임말을 괄호 안에 넣은 것으로 생각된다. 그러나 중요한 국제기구도 아닌 백안관의 한 부서 이름까지 본말을 찾아볼 필요성을 느낄 사람은 별로 없을 것이다. 오히려 이런 습관적인 로마자 줄임말 사용으로 한국어 사용자들에게 로마자 남용을 부추기는 부작용이 더 크게 느껴진다. 그것은 로마자를 읽기 어려운 사람들에게 언어 장벽으로 작용하며, 결과적으로 외국어 능력이 낮은 사람들과 높은 사람들을 나누는 계층 분리의 문제도 보인다.

---

19) 언론에 따라서는 '과학기술정책국'으로 번역해 쓰는 경우도 있다.

(16) 한국어 번역 줄임말 사용의 장점

가. 북한 탄도미사일 도발로 올 들어 9번째 **유엔 안전보장이사회**가 소집됐지만 상임이사국 중국과 러시아가 또 반대해 추가 대북 제재가 불투명해졌다. 4일(현지 시간) 미국 뉴욕 유엔본부에서 열린 **안보리** 긴급회의에서 상임이사국 미국 영국 과 이해당사국으로 참여한 한국 일본은 북한 도발을 한목소리로 규탄했다. (동아일보, 2022-11-06)

나. 한편, 중국 정부는 제20차 **공산당 전국대표대회(당대회)** 기간인 18일 예정된 3분기 국내총생산(GDP) 성장률 발표를 돌연 연기했다. [...] 중국 정부가 연일 시 주석의 치적을 홍보하는 등 '3연임' 띄우기에 박차를 가하는 국면에서 3분기 주요 경제 지표들이 기대치를 밑돌자 **당대회**에 찬물을 끼얹을 수 있다고 보고 '불편한 진실'을 덮어둔 것으로 해석된다. (서울신문, 2022-10-18)

(16가)에 쓰인 유엔의 핵심 기구의 하나인 '안전보장이사회'의 줄임말 '안보리'는 첫음절 모으기 방식으로 만들어진 것으로 현재 완전히 정착된 상태다. 사실 한국어 화자들은 본말 '안전보장이사회'의 영어 표현이 무엇인지, 로마자 줄임말이 무엇인지 잘 모르며 알고 싶어하지도 않는다.[20] 언론에서도 'UNSC'라는 로마자 줄임말을 아주 가끔 쓰기는 하지만 일반적이지는 않다. 한글을 아는 사람이라면 누구나 읽을 수 있고, 앞에 나오는 본말을 보면 세 구성 성분인 '안전', '보장', '이사회'가 일상어에서 자주 쓰이는 표현이기 때문에 줄임말이 무슨 뜻인지 알기도 쉽다. 줄임말이기 때문에 당연히 언어 경제성도 확보된다.

(16나)의 중국 '공산당 전국대표회의'의 줄임말 '당대회'는 한국에서

---

[20] 백과사전에는 유엔 안전보장이사회의 영어 표현이 'United Nations Security Council'로 나온다. 언론 기사에서는 아주 가끔 'UNSC'라는 로마자 줄임말을 괄호 안에 넣어 쓰는 모습이 확인되었다.

자주 쓰는 말은 아니지만 기사에 종종 나온다. 이 또한 한자어이고 '당'과 '대회'라는 구성 요소가 모두 한국의 일상어에서 자주 쓰이는 표현이라서 본말과 줄임말 모두 한국어 화자들에게 뜻이 전혀 어렵지 않게 전달된다. 한국 정당의 전체 당원 대회는 '당대회'가 아니라 '전당대회'를 쓰고, 줄여서 '전대'로 적는 점에서 '당대회'는 중국 공산당의 회의를 가리키는 뜻으로 고정되고 있는 상황이다.

(17) 한국어 번역 줄임말 사용의 단점

가. **주한미국상공회의소(AMCHAM)**가 정부 측에 2030년까지 재생에너지 비중을 30~35% 이상 확대해줄 것을 건의하는 공문을 보낸 것으로 확인됐다. 28일 김용민 더불어민주당 의원이 산업통상자원부로부터 제출받은 자료를 보면 8월 20일을 전후해 **주한미상의**는 산업통상자원부 장관에 '한국형 RE-100((100% 재생에너지 전환) 및 장기전력수급기본계획 관련 의견'이라는 공문을 보냈다. (경향신문, 2022-09-28)

가-1. 이정식-제임스 킴, **AMCHAM** 특별 오찬 참석 (뉴시스, 2022-10-18)

나. 제27차 **유엔기후변화협약 당사국총회(COP27·이하 기후변화총회)**가 이달 6일부터 18일까지 이집트 셰름 알 셰이크에서 개막된다. **기후변화총회**는 매년 세계 여러 나라가 어떻게 온실가스를 줄이고(감축), 변화된 환경에 어떻게 대응할지(적응) 등을 결정하는 자리다. (한겨레, 2022-11-02)

나-1. 72살의 기후 운동가가 기후 위기의 심각성을 세계에 알리기 위해 4개월 간 전기 자전거를 이용해 하루 평균 80㎞를 달려 이집트에서 열리는 **유엔 기후총회**에 참석했다. (한겨레, 2022-11-14)

다. 영국 <비비시>의 축구 해설자 게리 리네커는 "유감스럽다. 받아들일 수 없는 일이다. 나쁜 행동"이라고 지적했다. (한겨레, 2022-10-20)

(17가, 가-1)을 보면 '주한미국상공회의소'의 줄임말로 'AMCHAM'과 '주한미상의'가 함께 쓰였는데, 로마자 줄임말에 비해 한국어 번역 줄임말은 한글로 된 기사에서 한글로 적히기 때문에 눈에 잘 띄지 않는다. 곧 한국어 번역 줄임말은 시각적인 면에서 식별성이 상대적으로 약한 것이 사실이다.

그런데 (17나)의 ≪한겨레≫ 기사에서는 '유엔기후변화협약 당사국총회'라는 고유명사의 줄임말로 세계적으로 널리 쓰이는 로마자 줄임말 'COP27'과 한국어 번역 줄임말 '기후변화총회'를 함께 제시했다. 이후 반복할 때는 로마자 대신 한국어 번역 줄임말을 썼다. 결과적으로 시각적 차별성 면에서는 조금 손해를 보면서도 의미 전달은 더 쉽게 이루어졌다. 또 같은 신문의 다른 기사인 (17나-1)에서는 '기후변화총회'를 '기후총회'로 더 짧게 줄여 씀으로써 언어 경제성이 더욱 강화되었다.

≪한겨레≫ 신문은 해외 언론사 이름을 제시할 때 로마자로 적는 대신 (17다)처럼 '〈비비시〉'로 표시하는데, 한글로 '비비시'라고 적을 때 불리해지는 식별성을 높이기 위해 문장부호를 이용한 것이다. 만약 한글로 작성된 기사에서 한국어 번역 줄임말이 식별성이 약해서 아쉽다면 언론 매체 이름뿐만 아니라 일반 고유명사의 경우에도 이런 시각적 보완 조치를 하는 것을 적극 고려해 봄직하다.

이상에서 검토한 외래 고유명사의 로마자 줄임말은 '언어 경제성'과 '식별성'의 효과가 크고, 외래 고유명사의 본래 표현에 대한 정보를 추가로 제공하기 때문에 언론 기사에서 많이 쓰이는 것으로 판단된다. 2절에서 검토한 보통의 줄임말이 경제적 동기, 오락적 동기, 유대 강화 동기에서 쓰이는 것과 달리 언론 기사에서는 외래 고유명사의 로마자 줄임말 사용이 경제적 동기를 기본으로 하면서 추가로 식별성과 정보 제공 동기에 따라 이루어진다. 특히 누리꾼들은 줄임말을 은어와 같은 기능으로 씀으로써 유대를 강화하려 하는 데 비해 언론의 로마자 줄임말 사용은 본말에 대한 정보를 제공하려는 동기가 강하게 작용하는 것인 점에서 대조적이다. 로마자 줄임말을 씀으로써 나타나는 단점도 확인되었다. 소통 효과 면에서는 의미 전달이 불리해지고, 언어 규범 면에서는 로마자 남용을 부추기며, 외국어 능력에 따라 한국어 사용자들의 계층을 강제로 나누는 부작용이 있다.

외래 고유명사의 한국어 번역 줄임말은 수가 얼마 되지 않지만 한번 화자들에게 알려지고 익숙해지면 언어 경제성을 강하게 발휘하면서도 쉽게 뜻을 전달하는 것이 장점이다. 또 사용 과정에서 외래어/외국말 줄임말과는 달리 외국어 이해도에 따라 사회 계층이 나뉘고 서로 마음의 벽을 쌓는 문제가 없다. 외래 고유명사의 한국어 번역 줄임말이나 로마자 줄임말의 한글 표기는 로마자 줄임말에 비해 상대적으로 식별성이 약하다는 단점이 드러났다. 다만 문장부호를 적절히 활용하면 이러한 단점을 어느 정도 극복할 수 있음이 확인되었다.

5. 외래 고유명사의 한국어 줄임말 필요성

지금까지 줄임말의 개념과 사용 동기, 형성 원리 등에 대한 기본적 이해를 바탕으로 언론 기사에서 쓰이는 외래 고유명사 줄임말의 유형과 사용 방식을 살펴보고, 그 사용 효과를 장단점 면에서 파악해 보았다. 한국어 화자들이 즐겨 쓰는 보통의 줄임말은 경제적 동기, 오락적 동기, 유대 강화 동기에 따라서 쓰이는 것과 달리 언론의 외래 고유명사 줄임말은 경제적 동기와 식별성의 동기, 그리고 정보 제공 동기에서 잘 쓰이는 것으로 나타났다. 주로 첫음절 모아쓰기 방식으로 만들어지는 외래 고유명사 줄임말은 크게 로마자 줄임말과 한국어 번역 줄임말로 나뉘는데, 로마자로 줄임말이 이미 만들어져 한국어에 들어온 것이 많아 한국어 번역 줄임말은 그 수가 얼마 되지 않는다. 로마자 줄임말은 경제성과 식별성 면에서는 효과가 있으나 의미 전달이 어렵고 외래어/외국어 이해도에 따라 화자들의 사회 계층이 나누어지며, 그 결과로 사회 통합을 해칠 수 있는 문제까지 나타날 것으로 예상되었다. 이와 달리 한국어 번역 줄임말은 의미 전달이 쉽고 언어 접근성 문제를 일으키지 않는 장점이 있지만 식별성이 약하고, 아직은 그 수가 극히 적은 점이 문제였다.

한국어 줄임말에 비해 다수를 차지하는 외래 고유명사의 로마자 줄임말 사용에서 나타나는 문제를 풀기 위해서는 외래 고유명사를 처음 들여올 때부터 좋은 한국어 번역 용어와 그 줄임말을 함께 만들어 널리 알려야 한다. 지금까지는 정부나 언론에서 새로운 외래 고유명사를 가져와 쓸 때 한국어 번역 용어를 제시하면서 로마자 줄임말을 함께 써 왔고 한국어 번역 줄임말은 잘 만들어 쓰지 않았기 때문에 소통의 문제가 크게 나타난 것이다. 젊은 누리꾼들이 쓰는 '솔까말', '많관부', '답정너'와 같은 줄임말을 보면 그 자체로는 뜻을 쉽게 알기 어렵지만 본말과 함께 보면 이후에는 뜻을 기억하기 어렵지 않고 언어 경제성 면에서도 큰 효과를 누리게 된다. 외래 고유명사의 한국어 번역 줄임말도 일단 만들어 제시하면 처음에는 무슨 뜻인지 알기 어렵고 입에 잘 붙지 않아도 몇 번 쓰다 보면 곧 익숙해지게 될 것이다.

한국어 사용자들 사이에서 거의 정착된 번역 줄임말인 '(미) 연준'도 처음에는 도대체 무엇을 뜻하는지 알기 어려웠겠지만 지금은 대다수 언론에서 쓰고, 많은 사람들이 미국의 '연방준비제도'의 줄임말임을 잘 안다. 'FOMC'라는 암호 같은 로마자 줄임말을 쓰는 대신 '(미) 연공위' 또는 '(미) 공시위', 아니면 좀 더 길게 '시장위원회'를 '연방공개시장위원회'의 줄임말로 만들어 언론에서 꾸준히 쓴다면 이 또한 곧 정착될 수 있을 것이다. 미국 백악관의 '과학기술정책실' 또한 'OSTP'라고 줄임말을 쓸 것이 아니라 '(백악관) 과기실'로 쓰면 뜻도 쉽고 형식도 간결하다. 그러나 로마자 줄임말 'UN'과 '유엔'이 한국어 번역 용어인 '국제연합'과 그 줄임말 '국련'을 밀어내고 있는 것처럼 언론 기사에서 'FOMC'나 'OSTP'를 남용하다 보면 머지 않아 '연방공개시장위원회'와 '연준', '과학기술정책실'도 사라지고 말 것이다.

정부나 언론에서 수많은 외래 고유명사의 로마자 줄임말을 과도하게 쓰고 있는 것은 처음부터 한국어 번역 줄임말을 만들고자 하는 뜻과 노력이 없거나 부족했기 때문이다. 21세기 인터넷 언어문화 시대에 한국어 줄임말 형성의 방식이 한계가 없을 정도로 다양하고 자유로워진 것처럼 외래 고유명사의 한국어 줄임말 만들기도 어떤 한 가지 방식에 매이지 않고 여러 가능성을 두루 찾아 최선의 형식을 만들어 제시하는 노력부터 필요하다. 정부나 언론에서 소수의 담당자들이 그런 노력을 기울이면 정부의 문서나 언론 기사를 보는 대부분의 한국어 화자들은 더욱 쉽고 편하며, 평등한 한국어 생활을 누리고 즐길 수 있을 것이다.

4장_ 기사 댓글의 욕설 사용 실태와 한국 금기 문화

1. 인터넷 공간의 욕설 사용

　인터넷 공간에서 누리꾼들의 욕설 사용이 쉽게 관찰된다. 누리꾼들은 인터넷 카페, 블로그, 뉴스 댓글란 등의 공간을 통해 욕설을 사용함으로써 때로는 심리적 스트레스를 풀고, 때로는 특정 인물이나 기관을 공격하기도 한다. 10대나 20대의 젊은 누리꾼들은 욕설을 통해 잘 아는 사람들끼리 유대감을 확인하거나 재미를 얻는 일도 있다. 인터넷에서는 기성세대라고 불리는 30대 이상의 누리꾼들도 욕설 사용을 적지 않게 한다. 심지어 50대 이상의 나이 많은 누리꾼들도 쉽게 욕설을 사용한다. 인터넷 공간은 기본적으로 비대면 상황과 익명성 환경에서 대화가 이루어지기 때문에 일상 공간에서 마주 보고 대화할 때와 달리 사회적 억제가 약한 상황에서 욕설 사용이 더 쉽게 일어나는 것이 한 특징이다.

누리꾼들이 많이 쓰는 욕설에는 '개새끼, 개자식, 버러지'와 같이 사람을 동물이나 벌레에 비유하는 표현, '병신, 미친놈, 지랄'과 같이 장애나 질병과 관련된 표현, '씨발, 씹새끼, 좆같은' 등의 성 관련 표현, '쌍놈, 호로새끼, 쓰레기'와 같은 신분 및 품성을 비하하는 표현, '뒈져라, 나가죽어, 찢어죽여' 등 죽음을 강요하는 표현 등이 다양하게 쓰인다. 이런 욕설들은 정상적인 대화 상황에서 낯선 사람은 물론이고, 보통 정도의 친밀감을 느끼는 사람에게도 쓰기 어렵다. 관계 파탄을 감수하고서 남과 격렬하게 싸울 때나 쓸 수 있는 표현이다. 그만큼 일상적으로 이런 말들은 입 밖에 내서는 안 되는 것으로 인식되며, 그럼에도 욕설을 쓰게 되면 상대방에게 마음의 큰 충격을 주고 사회적 문제를 일으킬 수 있다. 욕설로 쓰이는 대부분의 표현이 그 사회의 금기와 관련되는 금기어이기 때문이다. 인터넷에서 누리꾼들이 쓰는 욕설은 인터넷 금기어인 금칙어이기도 하다.

이 장에서는 인터넷 뉴스 댓글의 욕설 쓰임을 분석 대상으로 하여 그 유형과 분포를 살펴보고, 그러한 욕설 사용 실태를 통하여 현대 한국 사회 금기 문화의 특징이 무엇인지 파악해 보는 것이 목적이다. 다음 2절에서 인터넷 욕설과 금기어, 금칙어의 관련성을 기술하고, 3절에서 인터넷 욕설의 유형과 사용 실태를 분석하기로 한다. 4절에서는 누리꾼들이 사용하는 욕설 금칙어의 쓰임을 바탕으로 현재 한국 사회 금기 문화의 특징이 무엇인지 구체적으로 밝혀 보기로 하겠다.

2. 인터넷 욕설과 금기어, 금칙어

'욕설'은 기본적으로 다른 사람의 인격을 무시하고 품성을 떨어뜨리며, 재앙이나 불행을 겪도록 빌면서 공격하고 조롱하는 표현으로 쓰인다. 욕설은 "상대방의 신분, 인성, 행동 성향, 신체 특징, 동작, 성상 등을 비하, 비난함으로써 상대방의 존중의 욕구를 모독하는 공격적인 언어 표현"(장경희 2010:414)이다. 또 욕설은 "논리라든가 이성에 매인 언어로는 더 이상 어쩔 수 없는 막다른 골목에서 분화(噴火)하는, 불 뿜는 언어다"(김열규 1997:10). "남을 저주하거나, 남을 미워하게 될 때, 또는 남을 욕되게 하려는 경우에 쓰는" 욕설은 "결국 공격적이거나 증오에 차 있을 수밖에 없으며, 특히 일부러 남의 자존심 등을 건드려 굴욕감을 느끼게 하거나 화를 유도하는 말"(전병철 2007:193)이다.

한국 사람들은 '개새끼', '버러지'라는 말을 씀으로써 상대방의 인격을 동물 차원의 하찮은 존재로 만들어 버린다. '병신'이나 '미친놈' 등 신체, 정신 장애 관련 표현으로 상대방이 '결함' 또는 '비정상' 상태라고 자극하는 동시에 그렇게 되도록 저주하는 마음을 표현한다. 성기를 가리키는 '씹', '좆'과 '씨팔', '빠구리' 등의 다양한 파생 표현들은 성과 관련된 사회적 금기를 깨트림으로써 상대방에게 수치심과 심리적 충격을 안겨 준다. '쌍놈', '창녀', '개쓰레기' 같은 말은 사람의 품성을 저속하게 떨어뜨리기 위해 적극 쓰는 욕설이다. '자살해라'나 '찢어죽여' 등 죽음과 관련된 욕설은 사람들이 모두 갖고 있는 강한 죽음 공포를 이용하여 겁을 주거나 죽음으로 내몰기 위한 압박 표현으로 작용한다. 이러한 욕설의 내용에 대해 전병철(2007:193)은 "그 시대에 가장 천시되고, 무시되고, 기피하는 하찮은 것들"이라고 평가한 바 있다.

욕설은 다른 사람을 모욕하고 공격하기 위한 수단이 되는 말이기 때문에 필연적으로 일상적 쓰임이 제한되는 금기어와 자연스럽게 연결될 수밖에 없다. 사회문화적으로 평소 써서는 안 되는 말로 규정된 금지 표현을 의도적으로 씀으로써 모욕감, 불쾌감을 강하게 불러일으키고 상대방을 심리적으로 자극하며 괴롭히는 욕설 행위에서 가장 선호되는 언어 재료가 바로 금기어인 것이다. 어느 사회, 어느 시대든 말을 해서는 안 되는 말, 곧 금기어가 있기 마련인데 그런 금기어가 욕설로 자주 쓰이고 효과 또한 강하게 나타난다. 한국어 욕설 표현의 다수는 바로 금기어에서 온 것이며, 화자들은 금기어를 욕설로 사용함으로써 상대방에게 더 큰 심리적 충격을 주고 마음의 평정심을 깨트리려고 시도한다.[1]

그런 점에서 욕설은 완곡어와 대비된다. 완곡어는 "금기하는 것을 어쩔 수 없이 표현해야 할 때 직접적인 방식 대신에 사용하는 것"(이갑남 2017:133)으로 "금기어가 원 형태로 그대로 실현되는 경우는 언중에게 거부감을 주기 때문에"(조향숙 2013:204) 금기어가 가진 뜻을 에둘러 표현하는 말이다. 완곡어는 금기어의 직접적 사용을 피하기 위하여 만들어 쓰는 대체 표현인 반면 욕설은 금기어를 망설임 없이 노골적, 직접적으로 사용하는 방식의 언어 표현이다.

인터넷 공간에서 한국 누리꾼들은 평소 일상어에서 쓰는 욕설을 그대로 쓰기도 하지만 여러 가지 동기에서 새로운 표현을 만들어 내거나 기존 표현을 바꾸어 쓰는 일이 많다. 네이버, 다음 등의 대규모 대문형(portal) 사이트에서는 '미성년자 보호, 품위 있는 언어 사용, 사회 질서 유지, 상업 광고 배제'와 같은 여러 가지 목적에서 각종 '금칙어'를 설정하여 운영하고 있는데(이정복 2008다:274), 누리꾼들은 금칙어

---

* 이 장의 내용은 이정복(2018나)를 부분적으로 고친 것이다.
1) 김종수(2000:260)은 욕설 자체가 특정한 의사소통 대상이나 상황과 관련하여 삼가지 않으면 안 되는 금기어에 해당한다고 보았다.

지정을 피해서 욕설을 쓰기 위해 다양한 방식으로 형식을 바꾸거나 새로운 표현을 만들어 낸다. 네이버의 경우 2018년 당시 뉴스 댓글에 약 7만 개의 금칙어를 설정, 적용하고 있는 것으로 알려졌다. 그 가운데 약 300개의 표현은 아예 입력 자체가 안 되도록 차단하고 있고,2) 나머지는 입력은 할 수 있지만 다른 누리꾼들에게 노출되지 않도록 'OOO'으로 바꾸어 표시하고 있다. 누리꾼들은 사이트에서 정해 둔 금칙어가 무엇인지를 정확히 알 수 없기 때문에 금칙어 제약을 넘어서기 위한 다양한 '금칙어 대응 전략'(이정복 2008:291)을 동원하게 된다. 그 결과 누리꾼들이 쓰는 욕설 또는 금칙어는 수가 급격히 늘어나게 되고, 그것에 대응해 사이트에서 설정하는 금칙어 수도 늘어나는 악순환 과정을 거치고 있다.

인터넷 운영자가 누리꾼들을 상대로 지정한 금칙어는 인터넷 공간의 현대 금기어에 해당한다. 전병철(2007:194)는 "인터넷 포털 등에서 사용할 수 없거나 미성년자에게는 사용이 제한된 단어들"이 '금칙어'라고 정의했다. 이정복(2008다:277)에서는 인터넷 금칙어를 "인터넷 통신에서 품위 있는 언어 사용, 청소년 보호, 사회 질서 유지 등의 목적에서 쓰기 또는 찾기를 제한한 언어 표현"으로 정의하고, "인터넷 통신 중심의 현대 사회에서 나타난 '21세기 새로운 금기 문화'라고 이름 붙일 수 있는 흥미로운 언어 현상"이라고 평가했다. 또한, 이정복(2008다:277-280)의 분석에 따르면, 인터넷 금칙어는 전통적인 금기어와 밀접한 관련이 있으면서도 몇 가지 면에서 차이가 있다. 금기어는 먼저 형식 면에서 낱말, 어구, 문장, 이야기 등의 여러 가지 크기의 구성으로 나타나는 반면 금칙어는 일부 구나 문장도 있지만 대부분 낱

---

2) 입력 자체를 금지하는 금칙어로는 '좆만한새끼, 개자지놈, 걸레자지, 십창자지놈, 십창보지년, 썹보쥐' 등이 있다. 대부분 성기나 성행위를 직설적으로 표현하는 말들이다.

말 형식으로 이루어진다. 내용 면에서 보면 금기어와 인터넷 금칙어가 비슷한 부분이 많은데, 금칙어의 경우 현대 사회에서 크게 문제가 되고 있는 정치·사회·경제적인 문제들이 일부 포함되어 있는 점에서 차이를 보인다. 내용 차이가 나는 것은 금칙어의 설정 배경이나 목적이 금기어보다 더 넓기 때문이다. 금기어가 주로 종교적, 윤리적, 심리적 차원에서 오랜 세월에 걸쳐 자연스럽게 형성된 것인 반면 금칙어는 정치적, 경제적, 사회적, 교육적인 차원에서 특정 기관이나 집단이 계획적으로 정한 것이다. 금기어의 사용은 강제성이 비교적 약하고 화자의 의지로 사용 여부를 결정할 수 있음에 비해 인터넷 금칙어는 강제성이 더 강하고, 금칙어로 일단 설정되면 화자의 의지와 관계없이 그대로의 형식으로는 사용하기가 어렵다.

"한 언어 공동체에서 사용하기를 꺼려하는 언어 표현"(박영준 2004:83)인 금기어는 말해서는 안 되는 말이므로 그것을 입 밖에 내는 순간 사회적 제재의 대상이 된다. 간단한 질책에서부터 심하게는 죽음에 이르기까지 강한 체벌을 받는 일도 있었다. 금기어를 말해서는 안 된다는 사회적 압박이 심할수록 사람들은 그것을 쓰기 위한 노력을 하게 되는데, 그 결과가 앞에서 적은 '완곡어' 또는 '완곡 표현'이다. 완곡어는 금기어를 직접 말하지 않고도 그 뜻을 에둘러 표현할 수 있는 대체 표현이다.3) 완곡어를 만들어 쓰는 것은 금기어를 말함으로써 받게 되는 위험과 제재를 스스로 피하기 위함인데, 인터넷 금칙어도 마찬가지로 같은 이유에서 여러 가지 변이형이 생겨난다. '금기어' 대응 전략의 결과가 '완곡어'라면 '금칙어' 대응 전략의 결과는 '금칙어의

---

3) 손현익(2016:64-65)에서는 '금기어'를 "심리적인 요인에 의해 특정 대상이나 행동을 표현하지 않도록 하는 표현 기제"로, '완곡어법'을 "금기의 심리를 에둘러 말하는 우회적(circumlocution) 표현 기제"로 보고, 금기 대상에는 '성, 죽음, 배설, 신체 기능, 종교적인 문제, 정치, 경외의 대상, 공포물 등'이 있다고 기술했다.

다양한 변이형'인 것이다. 각 사이트에서 설정한 금칙어를 넘어서기 위해 누리꾼들이 파생 변이형을 만들어 쓰면서 지금과 같이 몇 만 개의 금칙어가 생겼다. 한국 인터넷 공간에서 2003년에 처음으로 적용된, 당시 민간 조직이었던 정보통신윤리위원회의 금칙어가 700여 개에 지나지 않았고, 2005년 무렵의 네이버 금칙어로 알려진 자료도 약 2,000개 정도였음에 비해 현재는 그 수가 약 7만 개로 크게 늘어난 상황이다.4) 금칙어 사용을 막으려는 사이트 운영자와 그런 방어벽을 어떻게든 뚫어서 자신의 뜻을 강하고 분명하게 표현하고자 하는 누리꾼들 사이의 대결이 얼마나 치열한지 잘 보여 준다.

3. 인터넷 욕설의 유형과 사용 실태

한국 누리꾼들이 인터넷 뉴스 댓글에서 사용하는 '금칙어 욕설'에는 어떤 것이 있으며,5) 그것은 내용 면에서 어떠한 유형과 분포를 보여 주는지를 파악하기 위해 욕설 사용 실태를 자세히 살펴보고자 한다. 이를 위해 한국의 대표적인 대문형 사이트인 네이버의 뉴스 댓글 자료를 수집했다. 분석 대상 기사는 2018년 6월 11일에서 7월 2일까지 〈네이버 뉴스〉에 실린 주요 기사 가운데 댓글이 많이 달린 24편이다. 네이버에서 내용 영역별로 기사를 분류한 체계를 참조하고, 기사에 달린 댓글의 양을 고려하여 기사 영역을 '정치, 경제, 사회/생활/문화, 세계/IT/과학'의 네 범주로 크게 나누어 욕설 자료를 수집 및 분석하

---

4) 정보통신윤리위원회 및 네이버 선정 금칙어의 구체적 내용에 대해서는 이정복(2008다)에서 분석이 이루어졌다.

5) 분석 대상은 인터넷 금칙어 가운데 다수를 차지하는 욕설이며, 구체적으로 네이버에서 선정한 금칙어 목록에 들어 있는 욕설 표현들이다. 이를 '금칙어 욕설' 또는 넓게 보아 '인터넷 욕설'이라고 부르겠다.

고자 했다. <표 1>과 같이 분석 대상 기사를 선정했으며, 네이버사의 도움을 받아 전체 댓글 및 욕설이 쓰인 댓글 자료를 확보했다.

<표 1> 분석 기사 목록

구분	기사 제목	전체 댓글 수	욕설 댓글 수
정치	1. 홍준표, 당 대표직 사퇴…"모두가 제 잘못"(상보), 뉴시스, 2018-06-14	11,427	72
	2. 특검, '국정농단' 최순실 항소심서 징역 25년 구형(종합), 연합뉴스, 2018-06-15	1,146	16
	3. 文대통령 "남북러 3각협력, 철도연결이 추진 가능성 가장 커"(종합), 연합뉴스, 2018-06-22	3,333	41
	4. 복지부동 겨눈 文, 참을 만큼 참았다, 서울신문, 2018-07-02	3,851	49
	5. 文대통령 '업무 복귀'…수석·보좌관회의 주재, 파이낸셜뉴스, 2018-07-02	2,097	25
	6. 김문수, 文 감기에 "朴 세월호 7시간은 분 단위로 따지더니", 국민일보, 2018-07-02	8,517	210
경제	1. 금감원 "美 금리인상했다고 대출금리 과다하게 높이면 엄정 대처", 뉴시스, 2018-06-14	975	6
	2. 김동연 "고용동향 충격적…경제팀 모두의 책임", 아시아경제, 2018-06-15	7,457	71
	3. 쓸 돈이 없는 삶… 숙박·학원·빵집부터 쓰러지고 있다, 조선일보, 2018-06-22	8,380	67
	4. "삼성전자에 준 기술 통째 달라" 中, 177조 들고 반도체 사냥, 중앙일보, 2018-07-02	3,310	48
	5. '핑크택스'를 아십니까… "여성 커트 18000원 남성 12000원, 머리길이 때문?", 국민일보, 2018-07-01	5,122	70
	6. '저녁이 있는 삶' 여는 실험…'주 52시간제' 첫 출근날, JTBC, 2018-07-02	3,224	26
사회/생활/문화	1. [와글와글] '이재명 인터뷰 논란' 원래 이런 분?…네티즌 "보험사 전화 끊는 느낌", 한국경제, 2018-06-14	901	4
	2. 부산서 덤프트럭이 빌라 들이받아…운전	884	8

	자 부상·4가구 파손, 뉴시스, 2018-06-15		
	3. 정류장 쓰레기통 딜레마 … 없으면 쌓이고 있으면 악취 민원, 중앙일보, 2018-06-22	2,759	18
	4. 예멘 난민 품었다가 '부대끼는' 제주, 한겨레, 2018-07-02	6,377	57
	5. 하늘·땅·뱃길 끊겼다…서해·남해안 사흘간 최고 300㎜, 연합뉴스, 2018-07-02	874	15
	6. '니가 해라 설거지' 시비 끝에 흉기 꺼낸 제주 예멘 난민들…쌍방폭행, 세계일보, 2018-07-02	10,617	98
세계/ IT/ 과학	1. 백악관 '북미회담 기념주화'에 文대통령 이름도 들어가, 머니투데이, 2018-06-14	716	3
	2. "SKT 고객, 더 싼 요금제로 전환… 회사 이익 줄더라도 신뢰 얻을 것", 한국경제, 2018-06-21	507	2
	3. 中 10세대 투자 봇물 LCD 6달새 패널가격 20% 급락…내년이 더 암울, 조선비즈, 2018-06-22	215	3
	4. 색안경 시선 국제커플, 구경거리 아니거든요, 동아일보, 2018-07-02	815	7
	5. 전·후면 듀얼 디스플레이, 또 중국이 한 발 앞서나, 아시아경제, 2018-07-02	161	0
	6. 신음소리만 흘러나오는 음란 '흑방'…경찰 수사받는다, 중앙일보, 2018-07-02	405	4

위의 모든 기사에 달린 누리꾼들의 댓글 84,070개 가운데 금칙어로 설정된 욕설이 쓰인 댓글은 모두 920개로 나타났다.[6] 전체 댓글 대비 욕설 댓글은 1.09%로서 높은 편은 아니다.[7] 그런데 기사 영역에 따라서

---

[6] 기사 댓글 게시판 이용자들의 개인 정보를 보호하는 차원에서 어떤 성별과 나이의 누리꾼이 어떤 욕설을 사용했는지에 대한 화자 식별 자료는 제공할 수 없다는 네이버사의 판단에 따라 관련 자료를 구하지 못했고, 결과적으로 다양한 분석을 하지 못하여 아쉽다.

[7] 전체 댓글 가운데 네이버에서 약 7만 개의 금칙어 목록을 적용하여 욕설을 '○○○' 형식으로 바꾼 댓글이 920개인데, 댓글 가운데는 누리

욕설 댓글의 비율에서 상당한 차이가 보인다. 정치 기사에서는 욕설 댓글 비율이 1.36%(30,371개의 댓글 중 413개의 욕설 댓글)로 가장 높았다. 정치 기사에 대한 누리꾼들의 관심도가 가장 높고 반응 또한 가장 격렬함을 보여 준다. 경제 기사는 1.01% (28,468/288)로 욕설 댓글 비율이 전체의 평균에 가까웠고, 사회/생활/문화 기사는 0.89%(22,412/200)로 평균보다 조금 낮았다. 세계/IT/과학 기사는 0.67%(2,819/19)로 비율이 가장 낮았다. 기사 영역에 따른 욕설 댓글 비율이 뚜렷한 차이를 보여 준 것이다. 정치 기사에는 세계/IT/과학 기사에 비해 욕설 댓글이 2배 더 많이 달렸음이 확인된다.

〈표 2〉의 전체 댓글 사용자 분포와 비교할 때, 〈표 3〉의 금칙어로 설정된 욕설이 쓰인 댓글의 사용자 면에서 성별과 세대에 따른 차이가 나타났다. 〈표 2〉에서 기사를 읽고 댓글을 쓴 전체 누리꾼들의 성별 분포를 보면, 남성이 71.3%, 여성이 28.7%를 차지하였다. 남성 누리꾼들이 여성들보다 압도적으로 많다. 그 비율 차이는 2.48배에 이른다. 남성들이 전반적으로 뉴스를 읽고 기사에 대한 의견 댓글을 활발하게 달면서 사회 문제에 대한 관심 표출을 더 많이 하고 있음이 확인된다.

세대 면에서 보면, 40대 누리꾼들의 댓글 수가 31.9%로 가장 많았고, 그다음으로 30대가 30.5%를 차지하였다. 30~30대 누리꾼들이 작성한 댓글의 합이 62.4%에 이른다. 50대 이상 누리꾼들은 21.5%였고, 20대가 그다음으로 14.6%를 차지했다. 30대 이하와 40대 이상의 댓글 수가 비슷한 분포를 보여 준다. 인터넷 이용이 많은 20대의 경우 기사에 댓글을 붙이는 경우가 예상보다 적은 편이다.

꾼들이 금칙어를 피하기 위해 다양한 방식으로 글자를 변형하여 입력함으로써 금칙어 적용을 벗어난 경우도 많기 때문에 실제 욕설 댓글의 비율은 훨씬 더 높을 것임을 밝힌다.

<표 2> 기사 영역별 전체 댓글의 사용자 분포

구분	성별		세대별				
	남성	여성	10대	20대	30대	40대	50대 이상
정치	23,012	7,359	348	3,074	7,643	10,663	8,643
경제	22,214	6,254	425	5,060	8,563	8,605	5,815
사회/생활/문화	12,544	9,868	430	3,565	8,460	6,748	3,209
세계/IT/과학	2,197	622	58	607	969	794	391
합(개)	59,967	24,103	1,261	12,306	25,635	26,810	18,058
비율(%)	71.3	28.7	1.5	14.6	30.5	31.9	21.5

<표 3> 기사 영역별 욕설 댓글의 사용자 분포

구분	성별		세대별				
	남성	여성	10대	20대	30대	40대	50대 이상
정치	343	70	4	42	92	114	161
경제	242	46	8	63	79	66	72
사회/생활/문화	140	60	9	38	76	52	25
세계/IT/과학	15	4	1	4	7	4	3
합(개)	740	180	22	147	254	236	261
비율(%)	80.4	19.6	2.4	16.0	27.6	25.6	28.4

전체 댓글은 남성이 71.3%였지만 <표 3>에서 욕설 댓글은 80.4%를 차지하여 그 차이가 9.1% 포인트나 된다. 남성과 여성의 욕설 댓글 차이는 4.1배로서 남성들의 욕설 사용이 절대적으로 많음을 알 수 있다. 세대 면에서는 50대 이상 누리꾼들의 욕설 사용이 28.4%로 가장

많았고, 그 다음으로 30대가 27.6%, 40대가 25.6%를 차지했다. 10대 및 20대 누리꾼들이 쓴 욕설 댓글은 합쳐서 18.4%인데, 댓글 비율이 16.1%인 점을 고려하면 욕설 댓글 비율이 2.3% 높아졌다. 더 눈에 띄는 점은, 50대 이상 누리꾼들의 댓글 비중이 21.5%임에 비해 욕설 댓글 비중은 28.4%로서 그 차이가 6.9%에 이르는 사실이다. 이러한 결과를 보면, 뉴스 댓글에서 젊은 누리꾼들보다 50대 이상의 나이 많은 누리꾼들의 욕설 사용이 오히려 더 적극적임을 확인하게 된다.[8]

그런데 금칙어 욕설이 포함된 920개의 분석 대상 전체 댓글 가운데서 한 댓글에 서로 다른 형식의 욕설이 둘 이상 쓰인 경우를 따로 계산할 때 조사 대상 기사 댓글에 쓰인 욕설은 모두 973개다.[9] 이러한 욕설들은 의미 영역을 고려하여 몇 가지 내용 유형으로 나눌 수 있다. 선행 연구들에서 욕설의 유형을 나누는 방식이 다양한데, 여기서는 욕설 유형을 '성적 금기어, 신분 차별어, 신체·정신 결함어, 비인간적 비유어, 비속적 혼잣말'로 나눈 이정복·양명희·박호관(2016:83)의 분류를 참조하되 분석 자료의 내용과 특성을 고려하여 (1)과 같이 표현과 체계를 일부 수정했다.

(1) 누리꾼들이 쓴 욕설의 내용 유형
    가. 성기 및 성행위 욕설
    나. 장애 및 질병 욕설
    다. 죽음 욕설
    라. 신분 및 품성 욕설
    마. 기타 욕설

---

8) 50대 이상 누리꾼들의 욕설 사용이 더 적극적인 원인에 대해서는 뒤의 5절에서 해석해 보기로 한다.
9) 한 댓글에서 같은 형식이 둘 이상 쓰인 경우는 하나의 욕설이 쓰인 것으로 처리했다.

이러한 다섯 가지 유형에 대해 구체적인 욕설 형식과 대표적 쓰임 보기를 들기로 한다. 먼저, 다음 (2)는 성기 및 성행위와 관련된 욕설의 형식과 쓰임 보기다.

(2) 성기 및 성행위 욕설의 형식과 쓰임
  가. 보12지, ㅅㅣ발, 시발것, 시발년, 시발놈, 시발아, 씨발, 씨발놈, 씨벌새끼, 씨팔, 씹새끼, 씹창, 개씨발; 보.적.보, 피싸개
  나. 자지를 짤라, ㅈ대가리, ㅈ만한, 조까라, 조까튼새끼, 좃같은, 좃밥, 좃빠, 좃잡고, 존나, 좆; 자.적.자, 부랄발광, 부랄쉰내
  다. 구~~멍 동서, 똥꼬나 빨아라, 보빨남, 빠구리, 섹스하고 싶다, fuck
  라. 10ㅅㄲ야, 10새, 10새야, 10색.희, 10할노마, 18 놈, 18 새끼, 18것들, 18넘, 18색기, 18세끼, 띠발것, 빠아구리, ㅅㅣ발, ㅅ2ㅂ년, ㅅㅂ넘, ㅅㅂ것, ㅅㅂㄴ, ㅅㅂㄴㅇ, ㅅㅂ년, ㅅㅂ놈, ㅅㅂ놈아, ㅅㅂㄹㅁ, ㅅㅂ새끼, 쉽색, 쉽쉐, 쉽색이야, 시..발..럼, 시바것, 시바넘, 시바년, 시바르넘, 시바랄것, 시발늠, 시밸럼, 시버려나, 시벌 너마, 시벌것, 시볼롬, 시부럴, 시부럴, 시브럴것, 시빌년, 시빨새끼야, 시입세, 시입할넘, 시파련, 시팔놈, 십ㅅ기, 십새, 십새꺄, 십세키, 십시키, ㅆㅂ 놈, ㅆㅣ발아, 씨1발1놈, 씨2ㅂ년, ㅆㅂ 년, ㅆㅂ 년, ㅆㅂ것, ㅆㅂㄴ, ㅆㅂ넘, ㅆㅂㄹ, ㅆ발련, ㅆ새야, 쓰벌것, 쓰벌색(히), 쓰파놈, 씁새, 씨**뻴***늠, 씨.팔.련, 씨/발, 씨~~~발놈, 씨발넘, 씨발련, 씨발새, 씨발아, 씨밸럼, 씨뱅아, 씨벌넘아, 씨벌놈, 씨벌럼, 씨불, 씹 새, 씹새, 씹새야, 씹세, 씹세이, 씹쎄, 씹쒜, 씹ㅡ새, 씼흘썼끼, ㅈ같은새끼, ㅈ까라, ㅈ밥, 젖같은, 젖밥, 젖탱, 조까세요, 조오까라, 조오오옷, 존 같은, 존가튼, 존까고, 좀만아, 좃까, 좃갈, 좇같은, 피1싸1개, c발너마
  마. 에레이 시입할넘아!! 남자답게 끝까지.가야지..누가 디지던간

에..아가리개거품처물고 막씨부리야지..섭섭하구로..가지마!!
 마-1. 6.25 기념식 및 순국 선열에 대한 묵섬은 안하나? 빨리 들
  어 오라우~ 초청 날짜 조정해서 나가면 어떤 씹새가 뭐라 라
  데?
 마-2. 뭘만들어 저 이천만 북거지새12끼들이랑 왜엮이냐? 한민
  족? 존까고있네ㅋㅋ

 (2가)는 여성 성기와 관련된 욕설 표현으로 대부분 일상어에서 오래 전부터 쓰던 것이다. 다만 '보.적.보'와 '피싸개'는 누리꾼들이 최근 만들어 쓰는 새말인데, '보적보'는 '보지의 적은 보지'(여자의 적은 여자)라는 말을 줄인 것이고 '피싸개'는 '똥싸개'를 이용해 만든 유추 표현으로 '생리하는 여성'을 비하하는 말이다. 두 말 모두 남성 누리꾼들이 여성들을 공격할 때 쓴다. (2나)는 남성 성기와 관련된 욕설로 역시 대부분 오래된 표현들이다. '자적자'는 '보적보'에 대응시킨 표현으로 여성들이 남성들을 공격할 때 쓴다.
 (2다, 라)는 성행위에 관련된 표현들인데, '씹'이 들어간 말이 특히 많이 보인다. '좆'이 포함된 욕설도 다수 쓰였는데 '젖같은, 젖밥'과 같이 '좆'이 '젖'으로 모음이 바뀐 형식이 눈에 띈다.10) 전병용(2012:112)는 '좆'의 중성이 '줓'이나 '잦'으로는 나타나지 않고 'ㅓ' 계통으로 교체된다고 하면서 "최소한의 음상 변화를 통해 의미를 전달하면서 금기어 사용의 부담을 줄이는 효과"가 있다고 해석했다.11) 인터넷에서는 이런 표현 효과를 노리는 한편 운영자가 설정한 금칙어 입

---

10) '젖탱'은 '젖밥'과 달리 '젖통'을 다르게 적은 형식이다.
11) 언제나 그런 것은 아니고 인터넷에는 "운전 잦같이 하는 놈들 보면", "잦같이 군대에서 고참이라구 존나 뻐기구,또 잦같이 후임병생활 하던 넘들이 사회 나오니까", "이런 잦같은 클랜징폼"처럼 '좆'이 '잦' 또는 '잣'으로 표기되는 경우를 흔히 찾을 수 있다.

력 제한을 피하기 위해 여러 가지 변형 표기를 하고 있다.

(2라)의 다양한 표현들은 사이트 운영자들이 설정한 금칙어를 넘어서기 위해 누리꾼들이 금칙어 대응 전략에서 만들어 쓰는 변이형이다. '18놈', 'c발너마'는 숫자 및 로마자를 이용하여 변형한 것이고, '띠발것', '빠아구리', '좀만아', '쓰벌것', '시입할넘' 등은 자음이나 모음을 바꾸어 적은 것이다. 'ㅅㅂㄴㅇ', 'ㅅㅂㄹㅁ'는 첫소리 자음자로 적었고, 'ㅅ.ㅣ발', '씨/발', '씨~~~발놈', '씹 새'는 글자 사이에 기호나 빈 칸을 넣어 적음으로써 본래의 금칙어를 피하려 하는 형식이다. '씘흘쌦끼'처럼 본래의 표현을 알아보기 어려울 정도로 심하게 글자를 변형한 경우도 보인다. (2라)의 다양한 금칙어 변이형들을 보면 사이트 운영자와 누리꾼들이 금칙어라는 방패와 금칙어 변이형이라는 창을 통해 얼마나 열심히 머리싸움을 하고 있는지를 잘 알 수 있다.12)

(2마~마-2)를 보면, 이 유형의 욕설들이 구체적으로 어떤 맥락에서 쓰였는지를 알 수 있다. 기사에 나오는 정치인이나 연예인 등의 특정인을 대상으로 강하게 비판 또는 비난하는 내용의 댓글에서 욕설이 쓰였고, 댓글 문장의 종결어미 전체가 모두 해라체나 해체 등 넓은 의미의 '반말'로 나타난다.13) 비판 대상 인물에 대한 비난의 강도를 높이기

---

12) 누리꾼들이 쓰는 다양한 변이형들은 금칙어 대응 전략의 결과이면서 일부는 금기어를 직설적으로 쓰는 심리적 부담을 피하기 위한 자발적 동기에서 나온 것이기도 하다. 전병용(2012:110)은 이와 관련해 "아무리 상대를 비난하고 상처를 주기 위한 욕설이라도 가장 대표적인 금기어인 '성기'를 직접 언급하는 것은 부담이 될 수밖에 없다"고 하면서 통신 언어 이전부터 금기어를 직접 쓰는 부담을 덜기 위해 형태를 변화시켜 쓴 것으로 해석했다. 또 박재연(2017:184-185)는 '넌 씨발 눈치도 없냐'의 줄임말 욕설 '넌씨눈'은 "언어 형식의 일부를 감춤으로써 그 폭력성을 더욱 쉽게 은폐한다"고 해석했는데, 금칙어의 변이형 사용에는 이러한 동기가 함께 작용한다.

13) 안태형(2015:168)에 따르면, 네이버 기사에 붙은 악성 댓글 469개 가운데 반말로 작성된 것이 437개로 93%를 차지했다. 또 비속어가

위해 적극적, 공격적으로 욕설을 쓴 것이다.

(3) 장애 및 질병 욕설의 형식과 쓰임
   가. 병신, 병신아, 병신년, 병신놈, 병신새끼, 병신같은놈, 개병신, ㅄ인증; 등@신, 등신년, 등신새끼; 미친것아, 미친년, 미친놈, 미친새끼, 개또라이, 또라이새끼; 무뇌아새끼, 무뇌충
   나. ㅈㄹ발광, ㅈ랄, 개지랄; 염뱅
   다. 개도라이, 덩쉰, 덩신, 듕신, 등 쉬나, 등@신, 똘빡, 똘팔, ㅁ11ㅊ년, ㅁㅣㅊㅣㄴ ㄴㅗㅁ, ㅁㅊ년, ㅁㅊ놈, ㅁㅊㅅ끼, ㅁ친 놈, ㅁ친색기, 믜친놈, 미 친 넘, 미 친 놈, 미 친 놈, 미 친넘, 미.친.넘., 미.친.새끼, 미_친놈, 미0친놈, 미2친놈, 미ㅣ친ㅣ놈, 미ㅊ년, 미췬 새끼, 미췬넘, 미췬년, 미췬놈, 미칭넘, 미치ㄴ넘, 미치인놈, 미친 넘, 미친 놈, 미친 놈아, 미친 논, 미친 새끼, 미친 세퀴, 미친_놈, 미친~놈, 미친ㄴ, 미친넘, 미친노무시키, 미친논ㅁ, 미친논, 미친눔, 미친련, 미친ㅅㄲ, 미친새리, 미친새ㅡ끼, 미친새키, 미친색기, 미친색키, 미친세끼, 미친자슥, 미친nom, 미틴넘, ㅂㅅ아, ㅂㅅ같은놈, ㅂㅅ년, ㅂㅅ아, ㅂㅕㅇㅅㅣㄴ, ㅂㅕㅇ신, 뱅 신, 뱅신, 벼ㅇ신, 벼엉쉰, 벼엉신, 볍신, 병 신, 병,신, 병...신, 병..신, 병.신, 병//신, 병@신, 병~신, 병123신, 병1쉰, 병1신, 병쉔, 병쉰, 병ㅡ신, 병'신, 병sin, 병to the신, 봉딱, 봉신, 부웅신, 붕시나, 붕신아, 뷰 ㅇ신, 뷰1웅신아, 뷰우웅신, 뷰웅신, 븅 신, 븅 신아, 븅@신, 븅~신, 븅1신, 븅딱아, 븅ㅅ1ㄴ, 븅쉰, 븅신, 비영신, 비웅신, 비융신, 비응신, 비잉신, 빙~신, 빙1쉰, 빙쉔, 빙쉰, 빙쉰아, 빙신, 빙신들, 빙신새끼, 빙신시키, 빙신아, 빙신이, ㅈ럴, 피웅신
   라. 이 파란빨갱이시키들...좋단다 .. 승리했는줄알지?세금이나쳐

사용된 댓글 62개 가운데서 60개가 반말로 표현된 점에서 반말과 비속어 사용의 밀접한 관련성이 확인된다.

쓰지마라 븅신들 뭘알고 당가르기하나
라-1. 미친놈이네ㅋㅋ 이런 상똘이들이 모여서 보수하는거구나ㅋㅋㅋ
라-2. 개한민쿡 미친민국 망한민국 미개민국 병신민국 개또라이 민국

누리꾼들이 쓰는 금칙어 욕설에는 장애나 질병과 관련된 표현이 특히 많이 보인다. 사람들이 보편적으로 갖는 장애나 질병에 대한 공포, 한국 사회에 퍼져 있는 장애인에 대한 아주 강한 차별, 비하 의식이 함께 반영된 결과라고 하겠다. 가장 대표적으로 쓰이는 형식은 (3가)의 '병신' 또는 그 결합형이다. 정신 장애를 가리키는 '미친놈' 계열의 욕설도 많이 쓰이고 있으며, '생각이 짧다/없다'는 뜻으로 만들어 낸 새말 '무뇌충(無腦蟲)'도 흔히 쓰인다. 질병과 관련하여 (3나)의 '지랄' 또는 그 결합형이 많이 쓰이고, '염병'의 변이형 '염뱅'도 1회 쓰였다. (3다)의 변이형을 보면 '미친X'와 '병신'의 표기를 바꾼 것이 가장 많은 것으로 나타났다.

(4) 죽음 욕설의 형식과 쓰임

가. 갈기갈기 찢어 죽여, 찢어죽일
나. 뒈져라, 나가 뒈져라, 디졌으면 좋겠다, 나가죽어, 자결해, 자살해라, 한남 재기해, 할복해, 애미디진
다. 나가 디져, 나가 디져라, 나가뒈져, 다 뒈졌으면, 되져라, 두뒈져라, 뒈져버(려라), 뒈져야, 디저라, 디져, 애미뒈졌, 애미뒤진, 찌져죽여, 찢어죽여
라. 20 30 40 급식충수준 개돼지 들쥐들은 다 뒈졌으면 해.특히 한녀충들은 ㅋㅋ
라-1. 입만 죄송하다하지말고 활복해라.죄송하다고 끝낼 문제냐 ㅎㅎㅎㅎㅎㅎㅎㅋㅋㅋㅋㅋㅋㅋㅋㅋㅋ
라-2. 나가죽어 갱새야. 너때문에 4~5개는 건질판이 2개로 줄었

다. 진짜... 품격없고, 나댈때 안나댈때 모르는 너같은 정치인은 처음봤다. 다시는 정치판에 얼씬도 하지마라. 안철수도 같이 데리고 가~

죽음에 관련된 욕설도 다수 쓰였는데, (4가)는 다른 사람을 직접 죽이겠다는 협박의 뜻을 나타내는 표현이고 (4나)는 죽음을 요구하거나 부추기는 표현들이다. 사람들이 보편적으로 갖고 있는 죽음에 대한 원초적 공포를 이용한 욕설인 점이 공통적이다. 이 가운데 '애미디진'의 경우 누리꾼들이 최근 만들어 쓰는 표현인데, 욕설의 대상자가 아니라 그 어머니의 죽음을 내용으로 하는 점이 특이하다.

(5) 신분 및 품성 욕설의 형식과 쓰임
  가. 쌍놈, 개쌍놈, 쌍놈새끼, 쌍년; 갈보년, 걸레놈, 걸레새끼, 개걸레, 잡놈, 창녀, 창년, 창놈; 새끼; 쓰레기, 개쓰레기, 쓰레기 같은 놈, 쓰레기 새끼, 쓰레기놈; 버러지; 후레자식, 호로새끼, 호로잡것
  나. 개새끼, 개같은 놈, 개같은것, 개같은년, 개같은새.끼, 개놈자식, 개자식,
  다. 개새들, ㄱㅅㄲ, ㄱㅐ새끼, ㄱㅐ새끼, ㄱㅐ자슥, ㄱ개ㅅㅐ꺄, ㄱ개ㅅㅐ야, ㄱ개자슥, 개 놈, 개 ㅅㅐ 끼, 개 새 끼, 개새기, 개 새끼, 개 색히, 개 자 식, 개 자슥, 개..새끼, 개객끼, 개눔, 개늠, 개ㅅㅓ끼, 개새야, 개새키, 개색기야, 개색히, 개사끼, 개새ㄱ가, 개새꺄, 개-새-끼, 개샛햐, 개샤끼, 개세끼, 개세키, 개섹이, 개쉐끼, 개쉐키, 개습세끼, 개쎄끼, 개쯤끼, 개ㅗ새ㅗ끼, 개—자—슥, 개·시·키, 개자석, 개자슥, 개자아식, 개호로새ㄲ, 개seki, 계놈아, 게ㅅ끼, 계새기, 게쳑휘, 게시키야, 상노무시키, 색키, 샹늠, 쉐ㄲ, 슈레기, 쌍노무, 쌍노무, 쌍눔, 쓔뤠기, 쓰레기새끼, 쓰레기새키, 씨앙년, 창—녀, ㅎㄹ새키야,

호ㄹ새끼, 호로 자식, 호로자(석), ssyang년
라. 또라이새끼끝까지 정신못차리는구만나라가 통채로 넝어갔으면 일본으로 망명해야지죽을려고 남아있나? 개..새끼
라-1. 너의 하루는 1년이냐 버러지 문슬람새끼야
라-2. 이 쌍노무 영감탱이 갈거리에서 쳐맞아야 국민이 무섭지
라-3. 아이..진짜..좆표야..이럼 안되..너때문에 사람들이 우리나라 보수는 개쓰레기인지 알게 됐는데 쫌만 더해줘..TK하고 경북은 아직 모르잖아..

아직도 유교 문화 전통이 강한 현재의 한국 사회에서 사람의 신분이나 품성을 비하하고 공격하는 욕설이 많이 쓰이고 있다. (5가)의 '쌍놈', '쌍년' 등 신분제 체제의 하위 계급을 비하하여 가리키던 말이 지금도 욕설로 쓰이고, '갈보년', '걸레놈', '창녀' 등 성도덕이 문란한 사람이나 성매매 종사자를 가리키는 말도 심한 욕설로 쓰인다.14) 또 단순히 '새끼'라는 말 자체로도 인격 비하 욕설로 쓰인다. '쓰레기', '쓰레기놈'과 같이 대상자를 아무 쓸모없고 하찮은 존재로 표현하는 뜻의 욕설도 있고, 사람을 몇 차원 낮다고 보는 '하찮은' 동물에 비유하는 욕설 '버러지'도 있다.15) '후레자식' 등은 배운 데 없이 막되게 자라서 몹시 버릇없는 사람이라는 뜻으로 쓰는 욕설이다. 이 유형의 욕설 가운데는 (5나)와 같이 동물 '개'가 들어 간 '개새끼', '개자식' 등의 표현이 특히 많이 쓰인다. (5다)의 신분 및 품성 관련 욕설 변이형을 보면 '개'가 들어 간 말이 가장 많다.

---

14) '갈보년', '창녀' 등은 앞의 성기 및 성행위 욕설에 넣을 수도 있지만 성행위 자체를 주목하여 문제 삼는 것이 아니라 그것을 직업적으로 이용하거나 성적으로 문란하게 행동하는 것을 비난하는 욕설이기 때문에 이 범주에 넣었다.
15) 김종수(2000:262)는 독일어에서도 동물 이름을 이용한 욕설이 다수 사전에 실린 것으로 소개했다.

(6) 기타 욕설의 형식과 쓰임
  가. 빨갱이놈, 빨갱이새끼; 남좃선
  나. 좃선족, 좆선족
  다. 호구련
  다-1. ㅋㅋㅋㅋ새끼 나라가 넘어갔댄다ㅋㅋㅋㅋㅋ빨갱이새끼 마음같아서는 잡아다가 확 패고싶네
  다-2. 대통령 잘 뽑은 미국은 완전고용 일본도 완전고용~~남좃선은 실업자 득실~~반도체 조선 자동차도 중국에 다 뺏기고 현대차도 외국에 공장 20개 늘릴때 한국엔0~~삼성도 베트남 직원 올해 15000명~~/늘려 15만~~ㅋ ㅋ 문재인 조오오옷 빠는 것들 할말있냐????
  다-3. 왁싱샵이나 검색하고 기사 써라 기자야. 아랫쪽 남자 털많다고 비용 더 받는거 모르나. 호구련아.

기타 유형의 욕설로는 (6가)의 이념과 관련된 표현이 있다. '빨갱이'가 들어간 표현이 금칙어로 지정되었고, '남좃선'이라는 말은 북한에서 남한을 가리키는 '남조선'의 '조'를 '좃'으로 바꾸어 쓴 것으로 비속어 '좆'을 연상하게 하는 점 때문에 금칙어로 설정된 것으로 보인다. 같은 맥락에서 (6나)의 '좃선족', '좆선족'이 금칙어가 된 것이다. 남한 및 중국 동포를 비하하기 위해 누리꾼들이 이러한 변이형을 쓴다고 하겠다. (6다)의 '호구련'은 '호구+년'의 변이형으로 여성을 비하하는 표현인 점에서 금칙어가 되었다.

지금까지 살펴본 다섯 가지 유형의 금칙어 욕설들이 어떤 비율로 쓰였는지를 수치를 통해 분석해 보기로 하겠다. 각 유형별 쓰임 분포를 표로 정리하면 다음과 같다.

〈표 4〉 누리꾼들이 쓴 욕설의 유형별 분포

구분	성기/성행위	장애/질병	죽음	신분/품성	기타	합
쓰임 빈도	216	472	50	224	11	973회
비율	22.2	48.5	5.1	23.0	1.1	100%
대표형	씨발놈, 씹새끼	병신, 미친놈	뒈지다	개새끼, 버러지	빨갱이	

전체 욕설에서 장애 및 질병 관련 욕설이 가장 많이 쓰였고, 전체의 48.5%로 약 절반을 차지했다. 이어서 신분 및 품성 관련 욕설이 23%, 성기 및 성행위 관련 욕설이 22.2%로 비슷하게 쓰였다. 죽음 관련 욕설은 5.1%, 기타 욕설이 1.1%로 나타났다. 이러한 결과를 통해 누리꾼들이 기사 댓글에서 많이 쓰는 대표적 욕설 유형은 '장애/질병', '신분/품성', '성기/성행위'의 세 가지임을 알 수 있다.

개별 욕설 형식들의 쓰임 빈도를 통해 구체적으로 어떤 욕설들이 가장 많이 쓰였는지를 〈표 5〉로 정리해 본다.

〈표 5〉를 보면, 누리꾼들이 가장 많이 쓴 개별 욕설 형식은 장애인을 비하하는 '병신'과 그 결합형인 것으로 나타났다. 전체의 27.4%를 차지했다. 그 다음으로 정신 장애와 관련된 '미친'과 여성 성기 및 성행위를 가리키는 '씹'이 결합된 욕설이 많이 쓰였으며, 각각 15.2%를 차지했다. 사람의 품성을 동물에 빗댄 욕설인 '개' 결합형도 11.2%로 비교적 높은 빈도를 보여 주었다. 기타 상위 빈도 욕설로는 '좆' 및 그 결합형, '쓰레기'와 그 결합형 등이 있었고, 죽음과 관련된 욕설 '뒈지다' 형식의 쓰임도 상당히 많았다. 전체 상위 빈도 욕설 10개 가운데 장애 및 질병 관련 욕설이 '병신(**), 미친**, (개)지랄(**), (개)또라이(**)'의 4개로 가장 많은 점도 눈에 띈다.[16]

---

[16] 이선영(2015:76)에서 기존 욕설 관련 연구에 나오는 고빈도 비속어

〈표 5〉 대표적 욕설 형식의 쓰임 빈도

순위	욕설 형식	빈도(회)	비율(%)
1	병신(**)	267	27.4
2	미친**	148	15.2
3	씹**	148	15.2
4	개**	109	11.2
5	버러지	38	3.9
6	좆(**)	33	3.4
7	쓰레기(**)	31	3.2
8	뒈지다	25	2.6
9	(개)지랄(**)	19	2.0
10	(개)또라이(**)	13	1.3

분석 대상 기사의 내용 유형별로 댓글에서 어떤 욕설이 많이 쓰였는지를 정리하면 위의 〈표 6〉과 같다. 모든 유형의 기사에서 장애/질병 관련 욕설이 가장 많이 쓰였는데 특히 정치, 경제 기사에는 절반 이상의 욕설이 이 유형인 것으로 나타났다. 정치, 경제 기사에서는 성기/성행위 욕설이 두 번째로 많이 쓰였는데 신분/품성 욕설과 큰 차이가 없었다. 이와 달리 사회/생활/문화, 세계/IT/과학 기사에서는 장애/질병 욕설에 이어 신분/품성 욕설이 그 다음으로 많이 쓰였다. 성기/성행위 욕설보다 최대 14.3% 포인트 더 많이 쓰인 것으로 확인된다.

54개를 정리한 표를 보면 '병신', '씨발', '존나(좆나, 졸라)'가 가장 높은 빈도를 보인 것으로 나타났다. <표 5>의 10개 욕설 가운데 '버러지'를 제외한 나머지 9개가 모두 기존 연구의 고빈도 비속어에 들어 있다.

<표 6> 기사 내용 유형별 욕설 쓰임

구분	성기/성행위	장애/질병	죽음	신분/품성	기타	합
정치	92(21.0)	232(52.8)	22(5.0)	86(19.6)	7(1.6)	439(100%)
경제	66(21.9)	156(51.7)	18(6.0)	61(20.2)	1(0.3)	302(100%)
사회/생활/문화	54(25.6)	76(36.0)	8(3.8)	70(33.2)	3(1.4)	211(100%)
세계/IT/과학	4(19.0)	8(38.1)	2(9.5)	7(33.3)	0(0.0)	21(100%)
합	216(22.2)	472(48.5)	50(5.1)	224(23.0)	11(1.1)	973(100%)

누리꾼들은 정치, 경제 영역의 경성(硬性) 기사에 달린 댓글에서는 장애/질병, 성기/성행위 등에 관련된 강도가 심한 욕설을 많이 쓰고 사회, 문화, 세계, 과학 등의 연성(軟性) 기사에서는 장애/질병 욕설도 많이 썼지만 신분/품성에 관련된 강도가 약한 욕설을 상대적으로 더 많이 쓴 사실을 알 수 있다. 평균적으로 볼 때, 정치나 경제 기사에는 국민들의 삶과 직결된 중요하고 민감하며 관심도가 높은 문제가 보도되고, 고위 공무원이나 정치인, 기업인 등 유명인사들이 비판적 관점에서 언급되는 일이 많기 때문에 누리꾼들의 댓글 의견이 많이 달리고, 기사 내용이나 등장인물에 대한 강력한 비판과 공격적 언어 사용이 많다. 누리꾼들은 비판과 공격의 강도를 높이기 위해 비속성이 심한 욕설을 많이 쓴 것으로 해석된다. 이와 달리 사회, 문화, 과학 등의 기사에는 정치, 경제 기사에 비해 상대적으로 삶에서 덜 중요하거나 관심도가 낮은 문제가 다루어지기 때문에 전체 댓글 및 욕설 댓글 수가 극히 적고, 욕설 사용에서도 비속성이 약한 형식이 쓰이는 것으로 보인다.[17] <표 6>에서 정리한, 누리꾼들의 이러한 기사 유형별 욕설 사용

---
17) 문화, 사회 기사라 해도 인기 연예인이나 운동선수 등에 관련된 기사

에 대해 카이제곱 검증을 실시한 결과 카이제곱값 29.675, 자유도 12, 유의확률(양측검정) .003으로 기사 유형에 따른 욕설 사용 차이가 의미 있는 것으로 확인되었다.

4. 한국 사회 금기 문화의 특징

앞 절에서 누리꾼들이 뉴스 댓글에서 사용한 욕설의 쓰임을 〈표 4〉로 분석한 결과, '장애 및 질병 관련 욕설'이 48.5%로서 전체 욕설 사용량의 절반을 차지할 정도로 높은 비율을 보여 주었다. '병신', '미친놈'으로 대표되는 이 유형의 욕설이 인터넷 공간에서 실시간으로 많이 쓰이고 있다는 것은, 아직까지도 한국인들이 장애 및 장애인에 대한 강한 차별과 비하 의식을 갖고 있음을 보여 준다.[18] 이와 함께 누리꾼들이 장애나 질병에 대한 강한 공포와 수치심을 갖고 있음을 보여 주기도 한다. 장애를 두려워하고 부끄러운 모습으로 생각하며, 가능한 한 멀리하고 싶어하기 때문에 현실적 존재로서의 장애인을 무시하고 비난하는 것이다. 사회적 억제가 강하게 작용하는 일상적 상황에서는 장애인에 대한 강한 부정적 태도가 있더라도 장애와 관련된 표현의 사용을 스스로 금기시하고 자제하게 된다. 그러나 상대방을 공격하기 위한 상황에서는 관련 욕설을 의도적으로 사용함으로써 그러한 금기를 깨트리게 되는 것이다.

한국의 사전을 보면 장애인을 멸시하고 차별하는 수많은 차별 속담이 들어 있는데, 언중의 오랜 생활에서 자연스럽게 만들어진 속담에

의 경우 때때로 폭발적인 관심을 받기도 한다.
[18] '병신'이라는 표현은 장애 관련 표현들 가운데서 장애인에 대한 차별성이 가장 강한 말로 인식되고 있다(임영철·이길용 2008:41).

장애인을 차별하는 표현이 많다는 것은 한국 사회에서 역사적으로 장애인에 대한 차별 의식이 특히 강했음을 잘 보여 준다(이정복 2014가:16). 장애인을 가리키는 '곱사등이', '난쟁이', '앉은뱅이', '귀머거리' 등에 잘 붙는 '-이', '-쟁이', '-뱅이', '-어리' 등의 접미사는 본래 사람보다는 사물을 가리키는 말에 더 잘 붙고, 사람에 붙더라도 부정적인 뜻을 갖는 일이 대부분이다. 이러한 장애인 지시 표현은 구성 자체에서 장애인을 하찮은 사물처럼 생각하는 비장애인의 차별 의식을 강하게 담고 있다고 하겠다(이정복 2014가:251). 이렇듯 장애 및 장애인에 대한 부정적 태도가 강할수록 관련 표현은 금기어로 인식되고, 강한 욕설을 써야 하는 상황에서 그러한 금기어가 효과적인 수단처럼 잘 쓰이게 되었다.

이와 같이 한국인들이 장애인에 대한 강한 차별과 비하 의식을 갖게 된 것은 오래전부터 문화적으로 사람의 외모에서 반듯하고 완전함을 이상적으로 생각한 문화와 관련이 있다고 본다. 곧 공직 등을 위해 사람을 고를 때 쓰던 네 가지 기준인 '신언서판(身言書判)'이라는 가치관이 중요시되면서 장애인은 반듯하지 못하고 불완전한 대표적 존재로 치부되어 기본적으로 공직에서 배제되어 왔다. '신체, 말하기 능력, 문장력, 판단력'이라는 기준 가운데서도 신체의 조화와 완벽함을 제일의 가치로 여기는 강력한 외모 중심 문화에서 장애인은 설 자리가 없었고, 사람이지만 같은 사람으로 대접받지 못했다. 한국인들이 가진 신언서판의 문화가 아직까지도 장애인에 대한 차별로 이어지고, 외모지상주의라는 현재의 한국 사회 분위기를 만드는 데 직접적 영향을 끼쳤을 것으로 판단된다.

장애 및 질병 관련 욕설에 이어 '개새끼', '버러지'로 대표되는 '신분 및 품성 비하 욕설'도 23%로 많이 쓰였는데, 그 바탕에는 한국의 유교주의 신분 사회 전통이 굳게 자리 잡고 있다. '개', '버러지'와 같은 동물은 도덕이나 인륜을 전혀 모르는 하층 생물로 보았기 때문에 다른 사람을 이러한 동물에 비유한다는 것은 최고로 강한 욕설이 되어 왔다. 한국어 욕설 가운데 '개만도 못한 인간'이나 '짐승 같은 놈'은 사람과는 한 차원 낮은 존재로서 동물을 얼마나 무시했으며, 사람을 그러한 동물과 동일시하는 것이 얼마나 강한 모욕이 되는지를 잘 보여 준다.

이 유형의 욕설에는 동물 비유 표현 외에도 '쌍놈', '쌍년'이 많이 쓰이는데, 사람 사이의 예의 질서를 중시하고 인륜을 최고의 덕목으로 생각하던 유교 전통의 사회에서 대부분의 한국인들은 점잖은 양반이 되고 싶어했고, 높은 도덕성을 갖는 것을 삶의 목표로 삼았다. 그렇기 때문에 신분 체계의 아래에 속했던 '상놈/쌍놈'과 '상년/쌍년'은 예의와 도덕을 모르는 부류로서 양반들과는 별종의 '것'으로 여겨지고, 이런 표현들은 사회적 금기어로서 직접 대면하여 쓰게 될 경우 상대방에 대한 최고의 모욕으로 인식되었다. 금기어는 언어 사회에 지속적으로 작용하는 지속성을 갖고 있는 만큼(허재영 2001:199), 시대가 바뀌어 양반과 상민의 구별이 없는 현대 한국 사회에서 아직도 과거 신분제 사회의 금기어와 욕설이 그대로 이어지는 상황이다. 특히 잘 모르는 사람과 두루 소통하고 지식과 정보를 공유하는 것을 이상으로 삼는 인터넷 공간, 그 가운데서도 기사 정보를 바탕으로 누리꾼들이 사회의 다양한 문제에 대해 의견을 나누고 대화하기 위해 마련된 기사 댓글에서 신분과 품성을 비하하는 심한 욕설이 많이 쓰이는 점은 한국 사회 구성원들의 갈등이 심각한 수준임을 드러내 주는 것이라고 판단된다.

한편, '개새끼', '개자식', '개놈'처럼 동물 가운데서도 특히 '개' 결합형 욕설이 많이 쓰인 것은 한국인들의 개에 대한 이중적이면서 강한 부정적 태도 때문이다. 개는 한국인들에게 아주 친근하고 충실한 동물인 반면 성질과 행실이 나쁜 존재의 대명사로 통한다. 개를 부정적으로 보는 경우 개는 길러 준 주인을 물어 숨지게 하는 배은망덕의 동물인 동시에 길거리에서나 근친 간에 성행위를 하는 부도덕하고 수치스러운 동물로 인식된다. 개가 어느 사회, 어느 시대에서나 최고의 금기로 작용하는 '근친상간'을 상징하는 동물로 인식되는 점에서, '개새끼', '개만도 못한 놈' 등의 욕설은 다른 사람의 인격을 비하하고 도덕성을 부정하는 강력한 공격성을 발휘할 수밖에 없고, 이런 욕설은 '성기/성행위' 욕설과도 자연스럽게 연결되어 쓰인다.

'신분/품성' 욕설과 비슷한 빈도로 쓰인 '성기/성행위' 욕설(22.2%)의 대표 형식은 '씨발놈', '씹새끼' 등이다. '씨발놈'은 정확히 표현하면 근원적으로 '네 어미와 씹할 놈'의 뜻이고, 이를 줄여 쓰면 '니미 씹할 놈'이 된다.19) '씹새끼' 또한 '네 어미와 씹할 새끼', '니미 씹할 새끼'의 줄임 형식으로 이해할 수 있다. 일상어 사용에서는 '니미씹할(놈/새끼)' 또는 '니미씹'이라는 강도 높은 욕설이 흔히 쓰인다. 누리꾼이 쓴 욕설에 '니그미 시벌것'이란 표현이 있었는데, 요즘 청소년들이 많이 쓰는 욕설 '느그 엄마', '느금마'도 이러한 근친상간의 뜻을 함축하고 있다.20) 성기나 성행위 욕설이 강한 공격성을 띠게 된 것은 바로 어느 문화에서든 최고의 금기로 인식되는 근친상간을 직설적으로 표현하기 때문이다. 물론 유교 전통의 한국 사회에서 언제나 의식 아래에 두어

---

19) 비슷한 뜻의 욕설로 '제 어미 씹할 놈', '제미 씹할 놈'을 쓰고, 간단히 줄여 '제미'를 쓰기도 한다. ≪고려대 한국어대사전≫에서는 '제미'를 "남을 심하게 경멸하거나 몹시 못마땅할 때 욕으로 하는 말"로 풀이했다. '제기'와 '제기랄'도 본래 뜻이 근친상간과 관련되는 욕설이다. 오새내(2002:146)에서는 '네밀붙을, 네어미, 느그멈할, 니에미 씹이다, 지기미, 지미랄' 등 49개의 근친상간 관련 한국어 금기어를 제시하고 있다.

20) '느금마'(느그+엄마), '느개비'(느그+애비), '엄창'(엄마+창녀) 등 부모를 모욕하는 표현들이 인터넷에서 많이 쓰이는데 그것을 가리켜 '패드립'(패륜+애드립)이라고 부른다. '틀딱충'(틀니+딱딱거리는+충), '할매미'(할머니+매미)와 같은 표현을 통해 조부모를 모욕하는 경우도 있다.

야 했던 성을 구체적으로 언급하는 것 자체가 상대방에 대한 모욕, 공격이지만 한국어 누리꾼들은 최고 수준의 금기어를 의도적으로 사용함으로써 상대에 대한 공격력을 높이려 한다. 이러한 근친상간과 관련된 욕설은 중국어나 인도-유럽어 등 다른 언어에도 나타나는 '보편적인 욕설'(오새내 2002:146)이지만 한국어에서는 해당 욕설 수가 많고 사용도 쉽게 이루어지는 점에서 문화 간 차이에 주목할 필요가 있다.

누리꾼들의 기사 댓글 금칙어 욕설 사용을 통해 알 수 있는 한국 사회 금기 문화의 특징을 정리하면, 첫째, 장애에 대한 강력한 금기 문화가 있는 것으로 해석된다. 장애인에 대한 비하와 모욕 표현을 욕설로 많이 쓰는 것은 한국인들이 장애에 대한 심한 공포와 수치심, 그런 표현을 일상적으로 말하기 어려운 금기 문화를 갖고 있기 때문으로 보인다. 둘째, 신분 상승에 대한 욕구와 인륜을 중시하는 문화가 강하기 때문에 하층 계급이나 반인륜적 행위에 대한 금기 의식 또한 뚜렷한 것이라고 하겠다. 셋째, 성행위와 그것에 대해 말하는 것, 특히 근친상간에 대한 강한 금기 문화의 영향으로 성기나 성행위 관련 욕설이 높은 공격성을 띠며 쓰이고 있다.

5. 욕설 사용의 심층 분석 필요성

이 장에서는 인터넷 뉴스 댓글, 구체적으로 네이버 뉴스의 댓글에서 누리꾼들이 쓴 금칙어 욕설의 쓰임을 분석하고, 현재 한국 사회 금기 문화의 특징이 무엇인지 파악해 보고자 했다. 2절에서 인터넷 욕설과 금기어, 금칙어의 관련성을 기술했고, 3절에서 인터넷 욕설의 유형과 사용 실태를 분석해 보았다. 4절에서는 누리꾼들이 사용한 욕설 금칙어의 쓰임 분석을 바탕으로 한국 사회 금기 문화의 특징이 무엇인지를 해석 및 정리했다.

　이러한 과정을 통하여, 누리꾼들은 성기/성행위, 장애/질병, 죽음, 신분/품성 등의 여러 가지 유형의 욕설을 활발히 쓰고 있으며, 그 가운데 장애 및 질병 관련 욕설이 전체의 절반 가까이를 차지함을 확인할 수 있었다. 성별 면에서는 남성이 여성보다 4배 이상 욕설을 많이 썼고, 세대별로는 50대 이상의 나이 많은 누리꾼들의 욕설 사용이 가장 많았다. 개별 욕설 형식들의 쓰임을 살펴본 결과, '병신', '미친', '씹', '개', '버러지', '좆', '쓰레기', '뒈지다'의 단독 또는 그 결합형 욕설의 쓰임이 많았다. 누리꾼들의 욕설 사용은 정치, 경제, 사회/생활/문화, 세계/IT/과학의 기사 영역에 따라 분포 차이가 나타났다. 정치, 경제 기사의 댓글에는 장애/질병 욕설이 절반 이상 쓰였고, 이어서 성기/성행위 욕설이 많이 쓰였지만 사회/생활/문화, 세계/IT/과학 기사의 댓글에는 장애/질병 욕설과 함께 신분 및 품성 비하 욕설의 쓰임이 많았다. 또한 이러한 누리꾼들의 욕설 금칙어 사용을 통해 한국 사회 금기 문화의 특징을 세 가지로 정리했는데, 과거는 물론 지금도 장애 금기, 하층 계급 및 반인륜적 행위 금기, 성행위 및 근친상간 금기의 언어문화가 특히 강하다고 보았다.

　한국의 대표적인 대문형 사이트인 네이버의 뉴스 기사에 달린 의견 댓글에서 누리꾼들이 욕설을 얼마나 많이, 어떻게 쓰고 있는지를 인터넷 금칙어라는 시각에서 분석하고, 그 결과를 바탕으로 한국 사회 금기어 문화의 특징을 살펴본 이 장의 연구는 인터넷 언어문화의 구체적인 한 면을 깊이 있게 이해하는 데 도움이 될 것이다. 그런데 남성들의 욕설 사용이 여성들보다 많다는 점은 여러 사회언어학 연구 결과와 일치하지만 세대 면에서 가장 나이가 많은 집단에 속하는 50대 이상의 누리꾼들이 욕설 사용을 제일 활발히 하고 있는 사실은 이 장의 연구를 통하여 처음 확인한 점에서 의미가 있다.

기사 댓글 수로 볼 때, 30대에서 50대에 이르기까지 누리꾼들의 사회적 관심도와 참여도가 두루 높음을 알 수 있었는데, 그 가운데서도 50대 이상의 비속어 사용이 특히 많은 점은 무엇보다 먼저 이들의 생애 단계와 관련지어 해석할 수 있다. 50대 이상 누리꾼들은 직장에서 퇴직한 경우가 많기 때문에 규범을 지키고 점잖게 행동해야 한다는 사회적 압력에서 비교적 자유롭다. 곧 이들 누리꾼들은 사회 활동의 중심축을 이루고 있는 30대나 40대에 비해 더 이상 다른 사람들의 눈치를 보지 않고 욕설 사용을 자유롭게 한 것으로 해석된다.[21] 또 각종 여론조사 결과를 보면, 이들은 다른 세대에 비해 보수적 성향이 강한 생애 단계에 있기 때문에 개혁적인 문재인 정부의 적폐 청산 활동이나 북한과의 화해, 교류 활동에 대해 상대적으로 불만이 많을 수밖에 없고, 그 점도 50대 이상 누리꾼들의 적극적 욕설 사용과 관련이 있을 것이다. 정부와 사회에 대한 강한 불만과 사회적 탈억제 상태가 결합하여 인터넷 공간에서 나이 많은 누리꾼들의 공격적이고 적극적인 욕설 사용이 이루어졌다고 하겠다.

자료 분석에서 한 가지 아쉬운 점은, 누리꾼들의 성별이나 세대에 따라 구체적으로 어떤 욕설을 주로 썼는지, 욕설 사용의 성별, 세대별 차이가 어떤지 등에 대해서는 자세히 다루지 못한 것이다. 개인 정보 보호 차원에서 개별 욕설 댓글의 사용자 정보를 제공하기 어렵다는 네이버사의 판단에 따라 관련 자료를 구하지 못했기 때문이다. 욕설의 유형에 따른 성별 및 세대별 사용 정도를 좀 더 깊이 있게 파악할 수 있다면 금기 문화와 관련된 욕설이 어떤 사회언어학적 분포를 보이고

---

21) 이익섭(1994:143)은 사람들이 중년기가 지나면 비표준형 사용을 다시 많이 한다고 했다. 정년이 되어 사회활동이 줄어들고, 사회적 압력에서도 그만큼 벗어나게 되면 표준형의 사용이 줄어들고 대신 비표준형 사용이 늘어난다고 본 것이다. 50대 이상 누리꾼들의 높은 욕설 사용률도 이런 관점에서 해석할 수 있다.

있는지를 또 다른 각도에서 밝히고, 나아가 한국 금기 문화의 변화 방향에 대해서도 짐작해 볼 수 있을 것이다. 이 부분에 대해서는 다음 기회에 구체적으로 다룰 수 있기를 기대한다.

2부

사회적 소통망의 언어와 문화

5장 비판 정치 트윗글의 유형과 언어 사용 전략
6장 트위터 누리꾼들이 쓰는 영어 차용 복합어 새말
7장 트위터 누리꾼들의 의성의태어 사용과 성별 차이
8장 소셜 미디어에 대한 텍스트언어학적 접근

5장_ 비판 정치 트윗글의 유형과 언어 사용 전략

1. 트위터와 정치인

　대표적인 사회적 소통망의 하나인 〈트위터〉는 정치에 최적화되어 있다. 서비스를 처음 시작할 때 트위터는 누리꾼들이 140자의 짧은 메시지를 실시간으로 올림으로써 누구든 부담 없이 이용할 수 있도록 설계되었으며, 이용자들은 다른 누리꾼들에게 빠르게 자신의 메시지를 전달할 수 있었다.[1] 최근에는 입력할 수 있는 글자 수도 늘어났고, 게

＊ 이 장의 내용은 이정복(2021)을 부분적으로 고친 것이다.
1) 2018년 한국에서 사회적 소통망 가운데 트위터는 페이스북과 카카오스토리에 이어 사용률 3위를 차지했다(김윤화 2019:4). 그러나 트위터가 페이스북 등 다른 사회적 소통망에 비해 정치적 도구로서 활용성이 높은 이유는 '속보성, 즉각성, 상호작용성, 간편성'이 있기 때문

다가 기사, 사진, 동영상 등을 첨부하여 트윗글을 작성할 수 있기에 글자 수 제한의 한계를 넘어 자세한 내용을 길게 전달하는 것도 가능해졌다.

미국의 트럼프 전 대통령이 재임 기간에 트위터를 이용하여 지속적으로 대중 정치를 해 온 것처럼 한국의 유명 정치인들은 대부분 페이스북과 함께 트위터를 통해 자신을 알리고, 활동을 지지자들에게 실시간으로 공유하면서 적극적인 소통에 나서고 있다. 2021년 당시 문재인 대통령은 물론이고 장관, 국회의원 등 많은 정치인들이 트위터를 이용하고 있었다. 특히 차기 대통령 선거나 지방선거 출마를 계획하고 있는 정치인들의 트위터 활동이 아주 활발했다.

트위터가 한국에 본격적으로 알려진 2010년 무렵에는 일반 이용자들이 일상 이야기를 중심으로 친교적 기능에서 활용했으나 점차 광고와 정치 트윗글이 늘어나고 대선, 총선 등 대규모 정치 행사에 트위터가 핵심적 선전, 홍보 수단으로 활용되면서 정치에 관심이 적은 이용자들이 대거 탈퇴하거나 활동을 중단한 상황이다. 무거운 주제의 정치 관련 글들이 넘쳐 나는 상황에서 가벼운 일상 얘기를 주고받는 것이 눈치 보이고, 대량의 정치 트윗글들이 친교적 기능에 방해가 되기 때문일 것이다. 그럼에도 정치 지향적 누리꾼이나 정치인 이용자들은 지금도 트위터에서 정치적 내용의 트윗글, 곧 정치 트윗글을 열심히 올리며 서로 전달, 공유하는 모습을 보여 준다.

정치 트윗글은 정치인 등에 대한 칭찬과 지지의 내용을 담은 것도 많지만 싫어하는 정치인에 대한 강한 비난이나 비판적인 내용이 더 많고 어투도 공격적이어서 의견 대립과 충돌로 이어지기 쉽다. 이 때문에 트위터를 일상의 어려움이나 복잡한 일에서 잠시 벗어나 조용한 대화를 통해 다른 사람과의 좋은 관계를 유지하며 휴식 공간처럼 이용하으로 파악된다(이지은 외 2014:5-6).

던 일반 이용자들은 정치 중심적인 트위터의 변화를 불편하게 받아들였다. 그 결과 10여 년 후인 지금은 강한 정치적 지향성을 가진 트위터 이용자들이 중심에 서게 되었고, 올라오는 다수의 트윗글이 정치적 내용으로 작성된다. 물론 아직도 정치와 완전히 담을 쌓고 꿋꿋하게 일상생활 이야기를 트윗글로 올리는 누리꾼들도 보이지만 비율적으로는 극히 소수를 차지한다. 10년 사이에 한국어판 트위터가 광고와 정치 지배적 공간으로 바뀐 것이다.

정치 트윗글 가운데서 정치인을 비난하거나 비판하는 트윗글 텍스트를 분석 대상으로 하여 언어 사용 특성과 전략을 살펴보는 것이 이 장의 목적이다.2) 트위터 누리꾼들이 정치인을 비판, 비난하기 위해 어떤 언어 요소를 집중적으로 사용하며, 그 가운데서 동원하는 언어 사용 전략과 사회언어학적 배경이 무엇인지 분석하고자 한다.

여기서 분석, 인용하는 트윗글의 자료는 약 5천 명의 트위터 누리꾼을 구독하고 있는 지은이의 트위터 계정을 통하여 2021년 1월부터 3월 사이에 수집한 것이며, 그 가운데 사례 및 통계적 분석을 위한 기초 자료는 1월 9일부터 31일까지 매일 일정 분량을 균형 있게 수집했다. 정치 트윗글의 경우 트위터 이용자 사이에서 여러 단계를 거쳐 널리 전달, 확산되는 일이 많기 때문에 분석 대상이 된 트윗글의 작성자는 구독자 5천 명에 한정되지 않으며, 구독하지 않는 이용자가 더 많은 편이다. 수집한 기초 자료는 인용 트윗글을 제외하고 모두 480개의 트윗글인데, A4 용지로 127쪽이고, 59,270자 분량이다. 이를 바탕으로 비판적 정치 트윗글의 유형과 언어 사용 특징을 사례 중심으로 분석하

---

2) 트위터 언어를 대상으로 한 연구는 이정복(2011가), 허상희(2011)에서 본격적으로 시작되어 아직 많지는 않지만 계속 이어지고 있다. 트위터 언어 연구에 대한 최근 검토는 이정복(2019가)와 박동근(2020)에서 이루어졌다. 다만 비판적 내용의 정치 트윗글에 대한 분석은 아직 나온 것이 없다.

고, 트윗글 작성자들의 사회언어학적 배경을 찾기 위해 100명의 누리꾼을 대상으로 이들이 쓴 비판적 내용의 정치 트윗글 100개를 따로 모아서 통계적으로 분석했다.

2. 정치 트윗글의 유형

트위터에 올라오는 게시글은 뉴스, 홍보, 광고, 정치, 일상, 친교, 취미 등 여러 영역의 내용을 담고 있다. 이 가운데서 '정치' 영역의 트위터 게시글, 곧 '정치 트윗글'이란 기본적으로 대통령, 국회의원, 장차관, 자치 단체장 등 대표적 정치인과 관련된 게시글을 가리킨다. 이와 함께 범위를 넓히면 정부 기관, 정당, 그리고 공무원과 관련된 게시글도 정치 트윗글에 포함할 수 있다.

2021년 당시, 트위터는 2022년 초에 실시될 지방선거 및 대통령 선거와 관련해 정치인은 물론 지지자들의 활동이 아주 활발했다. 자신이 지지하는 정치인에 대해서는 긍정적인 내용으로 칭찬하는 트윗글이 많고, 반대하는 정치인에 대해서는 부정적인 내용으로 비판하거나 비난하는 트윗글이 많이 보인다. 누리꾼들이 올린 정치 트윗글을 내용면에서 긍정적인 것과 부정적인 것으로 크게 나눌 수 있는데, 이를 각각 '칭찬 정치 트윗글'과 '비판 정치 트윗글'로 이름 붙일 수 있다. 구체적 내용과 언어 사용이 어떻게 나타나는지 보기를 들면 다음과 같다.

(1) 긍정적 내용의 '칭찬 정치 트윗글'
　　가. 나이든 후에도 맑고 선하고 빛나는 눈빛을 가지는 것이 동안 외모보다 더 아름답고 멋있다는걸 우리 문재인 대통령님 눈빛을 보고 배운다. 마음과 생각을 수련하신 그 시간의 쌓음으로 만들어진 눈빛. 오늘 국민들 만나는 눈빛은 맑고 순수하고 따

뜻한 청년 눈빛이셨다! (@you***)
나. 백브리핑에서 느꼈던 '인간' 변성완 후보자만의 매력은 지역을 표로만 보는 닳은 정치인들에게서는 볼 수 없는 해당 지역에 대한 강한 자부심이었다. 그리고 그 자부심에 대한 자신감이 상당했다. 자부심은 부산에 대한 사랑에서 나오고 자신감은 준비되었음을 시사하는 부분이다. (@lee***)

(1)의 칭찬 정치 트윗글에는 긍정적 표현이 많이 쓰였다. (1가)는 문재인 대통령에 대한 트윗글로 '맑고 선하고 빛나는 눈빛, 아름답고 멋있다, 마음과 생각을 수련하다, 맑고 순수하고 따뜻하다, 청년 눈빛' 등 긍정적 의미를 드러내는 표현이 집중적으로 쓰였다. "우리 문재인 대통령님"이라고 하여 '우리'라는 1인칭 복수 대명사를 통해 지지자로서의 동질감과 친근감을 표현했고, 높임의 '직위+님' 형식을 사용하여 존경하는 마음을 드러냈다. "청년 눈빛이셨다"에서는 서술어에 주체 높임 '-시-'까지 써서 대상을 최고 수준으로 높인 점도 눈에 띈다. (1나)는 2021년 3월 당시 부산시장 보궐선거 출마를 준비 중인 변성완 전 부산 부시장에 대한 칭찬 트윗글이다. '매력, 강한 자부심, 자신감, 부산에 대한 사랑, 준비되었음'과 같이 시장 후보로서의 장점을 부각하는 긍정적 표현이 여럿 쓰였다.

(2) 부정적 내용의 '비판 정치 트윗글'
가. 하버드 교수의 위안부 관련 헛소리에 대해서 한국인도 아닌 외국인들이 질타는 하는데, 한국에서는 위안부 관련해서 헛소리를 하든지 말든지 박수치며 지지하는 머저리들이 너무 많다. 아직도 류석춘이 고개 들고 다니고, 나경원이 헛소리하고 다니는 것만 봐도 부끄럽다 진짜 (@iam***)
나. 경기대 학생들 기숙사 강탈하고 뭐 표창장? 병 주고 약 주냐?

본인 이미지 좋으라고 또 경기대 학생들 이용하며 가짜약인 표창장 주는 쇼 하는 거잖아 기숙사 강탈, 학생들 억압하고 그런 진실을 숨기고서 말야.. 이명박근혜 같은 여론 조작 지독하게 하네 진짜 너무한다 (@lwt***)

(2)는 비판 정치 트윗글인데, 칭찬 트윗글과 달리 두 보기에서 공통적으로 부정적, 공격적 표현이 많이 쓰였다. (2가)는 일본군 위안부 관련 트윗글로서 하버드대 교수와 류석춘 연세대 교수, 나경원 전 의원 등을 함께 비판하고 있다. '헛소리, 머저리, 부끄럽다'와 같은 부정적 뜻을 가진 표현을 이용하여 대상자에 대한 비판적 태도를 분명하게 드러냈다. (2나)는 이재명 전 경기 지사에 대한 트윗글로 '강탈, 병 주고 약 주다, 가짜약, 쇼, 억압하다, 진실을 숨기다, 여론 조작, 지독하게, 너무하다'와 같은 부정적 의미의 표현을 아주 많이 씀으로써 대상자에 대한 강한 비판적 태도를 분명히 드러냈다. 두 글에서 칭찬 트윗글과 달리 높임 형식은 전혀 쓰이지 않았다.

정치 트윗글의 두 내용 유형 가운데 이 장의 관심 대상인 비판 정치 트윗글의 텍스트 유형을 표현 방식의 면에서 몇 가지로 다시 나누면 '직설적 비난형', '사실 적시형', '소문 전달형', '의문 제기형', '비꼼형' 등이 있다.3) 이러한 유형은 수집한 자료를 대상으로 지은이가 질적 분

---

3) 시정곤(2020:120-122)는 트위터의 언어 유형을 소통 방식 면에서 'Single 유형, MentionTo 유형, Reply(RT) 유형, Information 유형'의 네 가지로 나눈 바 있는데, 비판 정치 트윗글의 경우 글을 구독자들에게 일방적으로 전송하는 'Single 유형'이 절대적으로 많다. 시정곤(2020)에서 다른 이용자에게 트윗글을 보내는 'MentionTo 유형'이 51%로 가장 높은 비율을 보인 점과 차이가 있다. 비판 정치 트윗글이 다른 이용자와의 대화로 작성되는 것이 아니라 구독자 다수를 향해 일종의 정치 선전 형식으로 보내지기 때문이며, 이런 점은 비판 정치 트윗글 텍스트의 한 특성으로 이해할 수 있다.

석을 통해 찾아낸 것이며, 추가적 자료 분석을 통해 다른 유형을 더 보 탤 수 있을 것이다. 또한 하나의 텍스트 안에 둘 이상의 유형이 함께 섞여 나타나는 일도 많다. 각 유형의 전형적 보기를 들어 언어 사용 특 징을 개략적으로 설명하기로 한다.

(3) '직설적 비난형'의 비판 정치 트윗글
 가. (@you***) 못생기고 말도 드럽게 못하는게 왜 토론에 나가? 시민들 눈버리고 귀버리고 짜증나게
 나. (@yun***) 타인의 업적이나 공적를 인정할 줄 모르고 자신들의 무식이나 무능, 부정과 약점도 인정할 줄 모르는 정신적불구자 집단이 문재인정권이고 더듬는 당이고 대깨문들이고 좌파집단이다.

(3)은 정치인 등을 직설적으로 비난하거나 질책하는 비판 트윗글이다. 비판 트윗글 가운데 가장 많이 나타나는 유형이다. (3가)에서는 텔레비전 토론 프로그램에 출연한 이재명 경기 지사를 비판한 것인데, '못생기다, 말을 못하다, 승리에 도취된'과 같이 부정적 표현을 많이 써서 텔레비전 출연을 못마땅하게 여기고 있음을 보여 준다. 이 지사의 출연이 시민들을 "눈 버리고 귀 버리고 짜증나게" 한다고 직설적으로 비난한다. (3나)는 문재인 정부와 지지자들을 비난한 트윗글로 '남의 업적을 인정할 줄 모른다', '자신들의 무식, 무능, 부정, 약점을 인정할 줄 모른다'고 하면서 '정신적 불구자'라는 장애 차별 표현으로 비난의 강도를 높였다. 여당인 더불어민주당을 '더듬는 당', 대통령 지지자들을 '대깨문'과 '좌파집단'으로 비하하고 조롱한 점도 눈에 띈다.

(4) '사실 적시형'의 비판 정치 트윗글

가. 모든 경기도민은 미래 재원까지 총동원한 10만원짜리 상품권을 받고 매년 1천4백억씩 14년간 현금으로 갚아야 합니다. (@ppn***)

나. 학살 독재시대 박정희, 전두환 군정을 넘어 이명박근혜 국정농락 정권 때도 한일 대립시에는 정쟁을 뛰어넘어 야당인 민주당도 일본을 비난하며 정부에 협력 했었습니다. 그러나 태극기 부대와 국짐당은 한일관계에 있어서 끝까지 아베 일본을 옹호할 뿐 단 한번도 한국의 편에 선 적이 없습니다. (@jjy***)

(4가)는 경기도가 전 도민에게 지급한 '재난기본소득'에 대한 트윗글로 약 1조 4천억 원의 지원금이 미래에 갚아야 할 빚이라는 점을 언급하며, 그 금액이 결국 도민들의 세금 부담이 될 것이라는 점을 비판적으로 적었다. 언어적인 면에서 부정적 표현이나 혐오 표현이 쓰인 것은 전혀 없이 사실만 적었으나 의미는 뚜렷하게 비판적이다.[4] (4나)에서는 보수 시위 단체인 '태극기 부대'와 국민의힘 당이 한일 관계에서 일본 편을 든다는 사실을 과거 정권의 태도와 비교하며 비판하고 있다. 두 게시글 모두 비판자 관점에서 비판 대상의 부정적 행동이나 사실을 그대로 드러내어 언급함으로써 공격적 언어 사용을 하지 않고서도 잘못되었다고 생각하는 문제를 차분하고 점잖게 널리 알리는 효과가 보인다. 이 유형의 비판 정치 트윗글은 수가 많은 편은 아니다.

---

4) 여기서의 '사실'이란 이용자가 '사실이라고 믿고' 제시한 것이라는 점에 주목한 표현으로 객관적 사실 또는 정확성과는 다르다는 점을 지적한다.

(5) '소문 전달형'의 비판 정치 트윗글
    가. 오죽하면 지인 분께서는 민주당에서는 이재명 빼고 다 대선후보 나와도 환영이라고 하시며 가장 MB스러운 인물이 민주당 유력 대선후보냐 고 하신다. (@New***)
    나. 맘카페 민심을 들었는데 그를 도른지사라 표현한단다. 다음 댓글과 달리 큰소리만 치고 하는 것 없는 이미지로 각인되어 있다고. (@har***)

  소문 전달형은 사실 적시형과 마찬가지로 자신의 언어로 비판 대상자를 직접 공격하는 대신 다른 사람의 입을 빌려 은근한 방식으로 비판하는 것이 가능하다. (5가)에서 작성자는 범죄 행위로 수감 중인 이명박 전 대통령과 가장 비슷한 성격의 인물이라고 보는 이재명 경기지사가 민주당의 유력 대선 후보인 점이 마음에 들지 않는다는 '지인'의 말을 전하고 있다. (5나)에서도 비판 대상자는 이 지사인데, 카페 여성 이용자들이 이 지사를 '도른지사'로 표현하며, 그가 큰소리만 치고 하는 것 없는 부정적 이미지라는 점을 전하고 있다. 이처럼 남의 말을 전하며 비판에 동참하면서도 반격이나 피고발 등을 당할 수 있는 본인 책임에서는 한 발짝 물러서는 전략을 쓴 것이 공통적이다.

(6) '의문 제기형'의 비판 정치 트윗글
    가. 근데 도지사는 금욜 업무와 무관하게 다른 지방에 참배 가고 그래도 되나요? 휴가 냈나?? 아니면 박근혜때 처럼 그가 있는 어느 곳이던 집무실인가?? (@gan***)
    가-1. 당정청의 기조에 위배되는 행위를 하는 경기 지사의 행보는 해당 행위인가 아닌가? 특히, 재난지원금 문제에 있어서 (@New***)
    나. 양정철은 법학 학사가 끝이고 참여정부 일한 이후에는 노무현

재단 말고는 다른 이렇다 할 특별한 경력이 없는데 어떻게 해서 문창과 교수가 되고 일본에 방문교수 가고 민주연구원 원장을 하더니 이제는 미국에서 연구원까지 될 수 있는 거지? 양정철 만의 그 대단한 전문성이 대체 뭘까? (@yij***)

(6가)는 이재명 전 경기 지사를 비판한 것으로 세 문장이 모두 의문문으로 되어 있다. 도지사가 근무 시간에 본연의 업무와 무관하게 다른 지역에 묘지 참배를 가도 되는지를 물었다. 혹시 휴가를 내고 갔는지도 묻고 있다. 경기도 행정 책임자인 도지사의 사적인 정치적 목적에서 이루어진 행위를 비판하고자 한 것인데, 의문형으로 적음으로써 문제 행위에 대한 판단을 직접 내리지 않고 마치 잘 몰라서 다른 누리꾼들에게 묻는 것처럼 적었다. 그렇지만 이것은 수사 의문문의 효과를 뚜렷하게 내고 있으며, 대상에 대한 비판적 태도가 분명히 드러나고 전달된다. (6가-1)에서도 이 지사의 행위가 '해당 행위'가 아닌지를 묻고 있는데, 해당 행위라고 둘러서 강조하는 효과가 파악된다. (6나)는 양정철 전 의원의 정치적 이력과 활동에 의문을 제기하며 어떤 전문성이 있는지를 묻고 있다. 이 게시글 또한 비판 대상자의 경력과 정치적 활동을 비판하려는 뜻을 의문문으로 적은 것이다. 이러한 의문 제기형의 트윗글도 직설적으로 비판하는 대신 에둘러서 비판 대상자에게 부정적 태도를 드러내는 방식의 비판 트윗글이라는 점에서는 차이가 없다.

(7) '비꼼형'의 비판 정치 트윗글
    가. 표창장만 아니라면 웬만하면 집행유예다. 참 좋은 법원이다. (@bmh***)
    나. 중앙일보 이에스더 기자 국가 백신정책을 흔들고 있는 불온 세력임이 틀림 없다.. 화려 하다 화려해. (@Col***)

(7)의 비꼼형 트윗글은 직설적으로 비판하는 대신 반어법 등을 이용하여 비꼬면서 은근하게 비판하는 유형이다. (7가)는 법원의 판결에서 형평성이 유지되지 않는다는 점을 비판하면서 "참 좋은 법원이다"라고 적었다. 실제로 말하려는 뜻은 '참 나쁜 법원'이지만 반어법으로 법원을 비꼬며 비판하고 있다. (7나)는 백신 정책 기사를 여러 차례 쓴 기자를 비판한 트윗글이다. 해당 기자가 백신 정책과 관련해 시기에 따라 모순적인 태도로 기사를 작성한 것을 두고 '불온 세력'이라고 단정하면서도 "화려하다 화려해"라고 하며 반어법을 써서 비꼬고 있다.

이러한 다섯 가지 비판 정치 트윗글의 유형 가운데 직설적 비난형이 가장 많이 나타나고 있으며, 사실 적시형, 소문 전달형, 의문 제기형, 비꼼형의 글은 비율적으로 적은 부분을 차지한다. 누리꾼 100명이 쓴 100개의 비판 정치 트윗글을 하위 유형별로 나누어 본 결과,[5] 직설적 비난형이 50개로 전체의 반을 차지했다. 그 다음으로는 의문 제기형이 19개, 사실 적시형이 18개로 비슷하게 나타났고, 비꼼형은 10개, 소문 전달형은 3개로 확인되었다. 직설적 비난형은 비속어, 부정적 평가어, 차별 표현 등의 강한 표현을 이용하여 비판 대상자의 문제점을 그대로 드러내어 공격하는 것인 반면 나머지 유형은 모두 간접적으로 또는 에둘러서 비판하는 것인 점에서 크게 차이가 난다. 격렬해지기 쉬운 비판 정치 트윗글의 특성상 강한 표현을 이용하여 공격적으로 비판하는 직설적 비난형이 큰 비중을 차지할 수밖에 없다.

---

[5] 통계적 분석을 위한 비판 정치 트윗글 100개를 어떻게 구성했는지에 대해서는 뒤의 4절에서 자세히 설명하겠다.

3. 비판 정치 트윗글의 언어 사용

비판 정치 트윗글의 유형인 '직설적 비난형, 사실 적시형, 소문 전달형, 의문 제기형, 비꼼형' 가운데서 직설적 비난형의 트윗글이 가장 큰 비중을 차지하는데, 이런 유형에서는 욕설이나 비속어 등의 부정적 표현과 혐오, 차별 표현이 쉽게, 많이 쓰인다. 비판 대상자의 능력, 인품, 도덕성, 행동 등의 면에서 가치를 떨어뜨리는 부정적 평가어가 잘 동원되며, 누리꾼 자신에게 돌아올 피해를 막기 위한 자기 방어 표현이나 희화화와 조롱을 위한 변형 표현을 쓰기도 한다.6) 다른 유형의 트윗글은 사실 적시나 의문 표시, 반어법 등의 방법으로 대상자를 간접적이고 온건하게 비판하는 것이기 때문에 부정적 표현이나 혐오 표현의 쓰임이 없거나 직설적 비난형에 비해 적은 편이다. 여기서는 비판 정치 트윗글, 특히 '직설적 비난형'을 중심으로 잘 쓰이는 언어 요소와 그 사용 전략을 분석하기로 한다.

(8) 욕설, 비속어 ①
    가. 이런 **미친놈**, 주둥이를 확 찢어불라! (@lim***)
    가-1. 도의회 회의록 저거 피가 훅 거꾸로 솟는 게 실시간으로 느껴지는데 도의회는 어떻게 버텨내고 있는 거냐. 질질 끌려만 갈 건가. 나는 살다살다 저래 **돈 새끼**는 처음이다. (@haj***)

---

6) 욕설과 비속어의 다수는 차별, 비하 표현으로도 쓰이며, 부정적 평가어의 대표적 요소이기도 하다. 따라서 비판 정치 트윗글의 언어 사용 특징을 다각도로 기술하기 위해 몇 가지로 나누어 사례를 제시하는 것일 뿐 이런 유형 자체가 엄격히 서로 구별되는 언어 요소가 아님을 밝힌다.

나. 사법 개혁 하라고 했더니 사법 개혁에는 관심 없고 의전에만 관심 있네. **개새끼**!!! (@son***)

나-1. 보편, 선별이 아니라, 당시의 상황에 맞게 지원을 하는 거라고 하시잖아 재명아 잘 들어 이 **개새**야 더 나대지 말고 (@ttp***)

다. 패널 홍기빈은 칼폴라니(정태인), 김호기는 이재명 성남 시장 시절 행복아카데미 강연, 기본소득 옹호론자. kbs 판 깔았군아. **씨벌럼**들. (@Mor***)

다-1. 메르스때 방역수준 "낙타 먹지마세요" **ㅆㅂ** (@BB_***)

라. 와 진짜 방송 **ㅈㄴ** 처나가네 (@gja***)

마. 퍽이나 **니미** 애초 지르고 못하게 된냥 빽기거나 뭐 안되는 사정이 생겼겠지 (@lal***)

바. 수꼴들은 정부 때리기에 미쳐 있고, 좌꼴들은 이재명 띄우기에 미쳐 있고.... 좌우가 단체로 **지랄**들이네... (@LJS***)

바-1. 먼저 질러놓고 대통령을 무척이나 관심하는 척 언플하고... 당게전투에서 대패하고 원팀이라고 나발불고 꼬리내리는척 지지율 올리레고 **질알하네**.. (@end***)

바-2. 기레기 새끼들 503때는 [형광등 100개 아우라] **이지랄** 하면서 사진 좋은거 올리더니 문프 사진은 죄다 표정 않좋은 사진만 기사에 실어 내보낸다. (@lee***)

사. 삼중수소가 여기저기서 검출? 이명박그네 정권시절부터 누출된거네 ... 그래서 문재인정부가 탈원전한건데 토왜국찜한 수원 **버러지**들이 오히려 문프를 법적으로 걸고 넘어진거? (@LU1***)

아. 정말 교묘히 중지 올린 저 기레기 새끼 **대가리** 깨버리고 싶네 ㅋㅋ (@jun***)

아-1. **대갈빡** 굴리는거하고... 왜 코로나로 한정하나? 공정하게 지난 4년간 부동산으로 재미본 문재인 서식지 및 문산당과 더불어민주당은 **빠져나가냐**? (@min***)

자. **골빈** 황교익아 포퓰리스트 이재명이가 어묵 처먹은 건 왜 그 입을 닫냐?! (@nic***)

비판 정치 트윗글에서 가장 많이 쓰이는 언어 요소는 욕설이나 비속어 사용이다. (8)을 보면 '미친놈/돈 새끼, 개새끼/개새야, 씨벌럼/ㅆㅂ, ㅈㄴ, 니미, 지랄/질알하네/이지랄, 버러지, 대가리/대갈팍, 골빈'이 쓰였다. 이러한 욕설이나 비속어를 통해 누리꾼들은 비판 대상자에 대한 강한 부정적 감정과 공격적 태도를 직설적으로 표현한다.7) 그럼으로써 대상자의 인품이나 도덕성 등의 가치를 떨어뜨리고자 하는 것이다.

(9) 욕설, 비속어 ②
  가. **조또비씨** 아나운서 **저새끼** 이낙연 대표님 대답을 한쪽으로 몰아갈려고 하네 대표님 바로바로 바로잡아주심 **얍샵하네 저새끼** (@sky***)
  나. 민주당 **개새끼들**아 9시 이후 영업제한 풀고 교회나 조려라 시발들아 집에 오면 9~10신데 식당 맨날 문닫아있고 편의점 도시락 처먹는것도 질려서 걍 굶는다 **좆같은 새끼들**아 (@ann***)

위 (9)의 보기를 보면 '조또비씨,8) 저새끼, 얍샵하네', '개새끼들, 시

---

7) 뉴스 댓글에서 이루어지는 누리꾼들의 욕설 및 비속어 사용 실태에 대한 최근 분석으로는 이정복(2018나), 이정복·박은하(2019)를 참조할 수 있는데, 누리꾼들이 쓴 욕설의 내용 유형으로 '성기 및 성행위 욕설, 장애 및 질병 욕설, 죽음 욕설, 신분 및 품성 욕설, 기타 욕설'의 다섯 가지로 나누어 논의했다.
8) '조또비씨'는 방송사 'JTBC'의 'JT' 부분을 발음이 비슷한 비속어 '좆도'를 이용해서 바꾸어 적은 비속어 표현이다. 'KBS'를 '케빙신', 'MBC'를 '엠빙신'으로 쓰는 것과 같은 방식이다.

발들, 좆같은 새끼들'과 같이 여러 개의 비속어가 한 트윗글에 집중적으로 쓰였다. 비판 대상자에 대한 극도의 부정적이고 공격적 태도가 압축적으로 잘 드러난다.

(10) 부정적 평가어 ①
    가. 지금 코로나때문에 촛불을 들수없다는게 안타깝네요 저 **개검**들과 도저히 납득할수없는 판사들을 탄핵하라고 촛불을 들어야하는데... (@pop*** → @pat***)
    가-1. **떡검**이 김학의를 가지고 정권을 칠 생각을 하는 거 보니까 털고 털어 나오는 게 없는 모양... (@LJS***)
    가-2. 표창장 위조 아닙니다. 하지않은 일 검찰이 주장했고 입증하지 못했으며 법원은 **검찰의 개**가 된것입니다. 이재용 지은 죄에 비해 판결이 가벼운 것입니다. **재벌의 개**가 된 법원입니다 (@nay***)
    가-3. 역시 판새들 답다....... **검새-판새** 양아치들에게는 엄청난범죄는 표창장뿐이야!! (@Two***)
    가-4. 따님 넘 불쌍 ㅠㅠ 온 가족이 **법비**들의 아가리에서 찢기는 거 너무 맘 아프다. ㅠ (@ene***)
    나. 안철수가 마스크도 안 쓴 걸 비판하는 **기레기**들이 없다. 대통령이나 정부 관계자가 그랬다면 저것들이 모른 척 했겠냐?? (@LJS***)
    나-1. 뉴스만 보는 정알못들. 점박이가 당연히(?) 차기라고 알고 있더라. 정말 예사일이 아님. **기더기**가 국가를 죽이는 중. (@huu***)
    다. 그 해결점 찾는 게 행정가가 할 역할인데, 방역 대책 내놓은 게 한번도 없고, 그저 "돈 풀어라" 외칠 줄밖에 모르는 **단세포**. (@FAT***)
    다-1. 이재명을 **얼굴마담**으로 세울려다가 그림 잘 안그려지면 다

른 얼굴마담으로 교체해서라도 갖고 싶겠지. (@Rew***)

다-2. 문재인이 북한 김정은도 아니고, 문재인 말한마디면 불법도 서슴치않는 **충견**들을 보면 전부 위조와 조작엔 일가견이 있는 넘들이다. 4.15총선도 부정선거란 의혹이 있던데.. 점점 의심이 간다. (@Hye***)

다-3. 야 기레기들아 현직 검찰총장도 공문서 위조한적이 있다메 김학의 성폭행을 봐준 개검들이 출국 금지 서류 하나 제대로 못한걸 왜 추미애 사단을 거론하는거니 **잡것**들아 (@thd***)

다-4. 뭐 대단히 많이 알고 하는 애긴줄 알았더니 실패한 결과만 가지고 하는 애기군. **꼬마야**! 세상엔 너같이 표리부동한 놈들만 있는게 아냐 권은희처럼 묵묵히 소신을 지키는 사람들도 많아! 꼬마가 퍽도 아는 척은.. (@che***)

다-5. 나경원에 따르면 국힘당 **애**들이 일으키는 성범죄는 일단 이중성의 영역이 아니란 소린데 이거 자폭 아니냐?ㅋㅋㅋㅋㅋㅋ (@pop***)

라. 윤석열 총장, 이게 다 **쇼**였나 (@jan***)

라-1. 확진자 경기도가 계속 1등이네 도지사는 tv에 나와 **헛소리** 작렬하며 방역엔 나몰라라 하는데... 대통후보 지지율 1등이라는 건 **허상**이라는 말씀 현명한 국민들이 잘 판단하시겠지 믿습니다~ (@Muz***)

라-2. 뭔 또 **개소리**니 세계적인 대재앙 이 되고있는 코로나 사태에서 대한민국 국민들을 세계 최고수준의 코로나 방역과 세계 최고 수준의 경제 성장률로 지키고 있는 문재인 정부와 민주당이 무슨 국민을 갈라놨다는겨 대구 신천지 코로나 사태도 해결한게 문재인 정부고만 (@thd***)

비판 대상자의 능력, 인품, 도덕성, 행동 등의 면에서 가치를 떨어뜨리는 부정적 평가어를 이용하여 비판 정치 트윗글을 쓰는 누리꾼이 많이 보인다. (10가~가-4)에서는 '개검, 떡검, 검찰/재벌의 개, 판새, 검새, 법비'가 쓰였는데 검찰, 법원, 판사, 검사, 법조인이라는 직업 집단을 비하, 비판하기 위해 쓰였다. (10가)의 '개검'은 '개 같은 검찰'이라는 뜻으로 검찰의 값어치를 동물 가운데서도 대표적 비하 대상이었던 '개' 수준으로 떨어뜨리는 표현이다. (10가-1)의 '떡검'은 '떡값+검찰' 또는 '떡(치는)+검찰'에서 만들어진 말이며, '윤석열+떡검/떡찰'이 합쳐져 "윤떡아, 제아무리 발관해도 기차는 달린다.."의 '윤떡'이 쓰이기도 한다. (10가-2)에서는 법원을 '검찰의 개', '재벌의 개'라고 하여 품격을 낮추고자 한다. (10가-3)의 '판새'와 '검새'는 '판사'와 '검사'를 변형하여 지능이 떨어지는 '새'에 비유함으로써 부정적 의미를 표현하는 말이다. (10가-4)의 '법비'(法匪)는 '법을 악용하여 사적인 이익을 취하는 무리'의 뜻으로 검사, 판사, 변호사 등 법조인을 모두 부정적으로 가리킨다.

(10나, 나-1)의 '기레기', '기더기'는 각각 '기자+쓰레기', '기자+구더기'에서 만들어진 혼성어로 기자를 부정적 의미를 가진 '쓰레기'와 '구더기'에 비유한 말이다.9) "기레기들도 외신 기자님들의 보도 방식을 보고 배워야..."라는 게시글을 보면 '기레기'와 '외신 기자님'이 함께 쓰였는데, 사실을 정확히 보도한다고 생각하는 외신 기자들에게 '님'을 붙여 가리킨 것과 달리 왜곡되게 보도한다고 생각하는 국내 기자들은 '기레기'로 비하해서 대비된다. 물론 누리꾼들은 기자나 정치인의 품격을 떨어뜨리기 위해 "돈받고 기사 써주는 쓰레기들", "박형준은 쓰레기 중 최강 쓰레기입니다", "김종인 개쓰레기"처럼 '쓰레기' 자체를 직접 쓰기도 한다.

(10다~다-5)에서는 비판 대상자들의 능력과 인품을 비하하는 '단세포, 얼굴마담, 충견, 잡것, 꼬마, 애'라는 부정적 의미의 명사를 썼다.

---

9) 누리꾼들은 '검찰+쓰레기'를 줄여서 '검레기'라는 말을 만들어 쓰기도 한다.

'충성스러운 개'를 뜻하는 '충견'을 사람에게 비유적으로 씀으로써 상대방의 품격을 동물 차원으로 낮추어 버린다. '잡것'은 잡되고 상스러운 사람을 욕하여 이르는 말로 역시 인품을 떨어뜨리기 위한 말이다. (10다-4)의 '꼬마'는 비교적 나이 어린 전직 국회의원을 덜 성숙하고 능력이 모자라는 유치한 사람이라고 비난하기 위해 쓴 말이다.

(10라~라-2)의 '쇼, 헛소리, 허상, 개소리'라는 부정적 의미의 명사가 비판 대상자의 행동이나 상태를 지시하는 데 쓰였다. '쇼'는 '꾸며낸 일', 곧 가짜 행위를 가리키며, 비판 대상 인물의 진정성을 의심하는 부정적 뜻으로 쓰였다. '헛소리'와 '개소리', '허상'도 그 자체가 본래부터 대상에 대한 부정적 평가 의미를 가진 말이다.

(11) 부정적 평가어 ②
   가. 최재형이나 윤석열이나 참 대단하다..대단해.... **얼굴이 저리 두꺼운것도** 장점이라면 장점이지... (@bum***)
   가-1. 이 자 외에도 민주당 안에 **골이 빈** 것들이 수두룩하다. '개급'인 김어준을 왜 당신이 나서서 지켜주나! (@nic***)
   나. 근데 등신같은 mbc는 왜 이재명을 그리 **빨아대냐**? 그런 안목도 없으면서 뭔 진짜 언론이 되겠다고...ㅉㅉ (@cds***)
   나-1. 아니 오전에 영선쓰 출마선언 영상 보고 쉰내는 찾아 볼 수 없이 깔끔하고 담백해서 너모 좋았는데 그새를 못참고 영춘이 저화상이 **조져놓는** 거시야 (@dld***)
   나-2. 법원 표창장에 4년에 법정구속 **때리더니** 폭주해서 기업인들, 성범죄자들 전부 집유나 무죄 **때리는중** (@ims***)
   나-3. 진중권이나 서민 같은 부류는 "악플 보다 두려운게 무관심이고 이 시대 관종은 곧 돈!"이란 걸 알기에 끊임없이 **배설을 하는거**. (@yoj***)

(11가, 가-1)에서는 '얼굴이 두껍다', '골이 비다'라는 부정적 의미의 관용구가 쓰였다. '얼굴이 두껍다'는 '언행이 뻔뻔하다'의 뜻이며, '골이 비다'는 앞의 '단세포'와 마찬가지로 '생각이 모자라다'의 뜻이다. (11나~나-3)의 '빨아대다, 조져 놓다, 때리다, 배설하다'는 부정적 의미를 전달하는 서술어다. '빨아대다'는 '아부하다', '조져 놓다'는 '망치다'의 뜻을 표현한다.10) '때리다'는 여기서 '판결을 내리다'의 뜻인데, 판사의 판결 내용이 폭력적이고 감정적이며 자의적이라는 느낌을 준다. '배설하다'는 겉으로 보아 '말하다' 또는 '주장하다'의 뜻으로 쓰였는데, 그것을 '대소변을 내보내는 행위'에 비유했다. 이러한 서술어 계열의 부정적 평가어는 비판 대상에 대한 부정적 태도를 더욱 강화하는 수단이 된다.

(12) 부정적 부사어

가. **오죽하면** 지인 분께서는 민주당에서는 이재명 빼고 다 대선후보 나와도 환영이라고 하시며 가장 MB스러운 인물이 민주당 유력 대선후보냐 고 하신다. (@New***)

나. 주민들한테서 뺏어 럭셔리하게 사유화한 굿모닝 하우스. 은밀하게 이재명이 허접한 친위대에 둘러싸여 대한민국을 **지멋대로** 들었다 놨다 가지고 노는 상상을 하곤 한다. 치가 떨린다. **싸그리** 척결해야 한다 (@San***)

나-1. 일부러 저러는 것 같아. 벌써 몇번째야? 사람들이 저 정도로 바보일리가 없잖아. 저들은 지금의 상황이 싫은거야. 문재인대통령님, 이낙연대표님과 함께 만들어 가는 깨끗하고 정의로운 세상이 부담되는 거지. 저들도 역시 구정물에서만 살 수

---

10) '조져 놓다'의 주어로 쓰인 '영춘이 저화상'의 '화상'(畫像)은 '어떤 사람을 마땅치 아니하게 여기어 낮잡아 이르는 말'로서 (10가~가-4)의 명사 형식 부정적 평가어와 기능이 같다.

있나봐. **싹 다** 들어 내야해. (@dh8***)
다. 재난지원금을 소비진작용이라 주장하는 것은 영세 자영업자들의 실상을 전혀 모르기 때문이다. 집합금지와 집합제한 업종엔 소비 진작 지원금이 소용 없다. 금지제한과 상관없이 잘 되고 있는 마트와 배달업종의 호황을 부추겨 코로나 양극화만 심화시킬 뿐이다. 경기도는 반정부질 **작작** 좀 해라. (@jin***)

(12)는 트위터 누리꾼들이 부정적 의미가 강한 부사어를 통해 정치인에 대한 비판을 강화하는 모습을 보여 준다. (12가)의 '오죽하면'은 정도가 심하거나 대단한 상황을 가리키는 일종의 '부정 극어'다. '오죽하면 그 착한 영수가 모진 말을 다 했을까'와 같이 정도가 심한 상황을 나타내는 문맥에서 잘 쓰인다. (12나)의 '지멋대로'는 '제멋대로'의 방언형인데, '제멋대로'는 '술에 취한 그는 제멋대로 계속 지껄였다', '그녀는 비상등을 켠 채 제멋대로 차를 몰았다'와 같이 대체로 부정적 의미 맥락에서 쓰인다. '싸그리'는 '깡그리'의 전남 방언으로 '하나도 남김이 없이'의 뜻이며, '도둑이 집안에서 값나가는 것을 깡그리 훔쳐갔다', '산불이 나는 바람에 뒷산에 있던 나무들이 깡그리 다 타 버렸다'와 같이 부정적 의미 맥락에서 잘 쓰인다. (12나-1)의 '싹 다'는 '싸그리'와 같은 뜻이다. (12다)의 '작작'은 정도가 지나친 행동을 말리며 적당히 하라고 할 때 쓰는 표현으로, 비판 대상자의 과한 행동에 대한 부정적 의미를 드러낼 때 쓴다.

(13) 차별, 비하 표현
가. 결국 **메갈**들이 정의당을 먹겠구나. 이게 다... 심상정의 업보다. (@onl***)
나. ㅋㅋㅋㅋ 철수야 아니 그래 틀릴 게 없어 코로나19를 20으로 쓰냐? 얼마나 관심이 없었으면 ㅋㅋㅋ 코로나 20이 뭐냐 **병신**

아 안가니만 못한 철수 ㅋㅋㅋㅋ (@Myl***)

나-1. 지겹네~ 전과4범이 보다 나갱원이 더 나쁘지 않냐고?! 욕하라고 ㅋㅋㅋㅋ 나갱원은 니같은 **빙신**들도 적폐라는 것을 알지만 전과4범 같은 적폐는 니같은 등신들이 모르기에 까는겁니다!!! (@moo***)

나-2. 와 무슨 기자 손가락 모양 씹은거까지 기사로 냈어? 진짜 트위터 눈팅 존나 하나봐 **붕신**들 소스가 트위터여 (@dry***)

나-3. 타인의 업적이나 공적를 인정할 줄 모르고 자신들의 무식이나 무능, 부정과 약점도 인정할 줄 모르는 **정신적불구자** 집단이 문재인정권이고 더듬는 당이고 대깨문들이고 좌파집단이다. (@yun***)

다. 야!!! 기본소득이래매! 신청이고 나발이고 줄거면 내 통장에 딱 꽂아놓든가 우리집 앞에 갖다놓든가. 어디서 **상놈새끼**가 신청을 해라마라. (@sjd***)

라. 민형배는 이낙연대표 뺨을 때린거네 형배야 그게 대통령 뺨을 때린거야 이런 **호로자식새끼** 어디서 배워먹은 배신자아이콘인가? 은혜를 원수로갚네 (@yuk***)

마. **일베충**이나 **문베충**이나 다를게 뭐냐? 세상사람 다아는데 너만 모르는거냐? (@qwe***)

마-1. **사면충** 이낙연 추종자가 이러면 너무 웃기지 않냐 ㅎㅎ (@Bl4***)

바. 이재명이 26일 여의도의 한 호텔에서 민주당 의원 30명이 공동 주최하는 경기도 기본소득 토론회에 참석한다는데 **30마리** 누구누군지 잘봐야지, (@son***)

(13가)의 '메갈'은 '메갈리아' 사이트 이용자를 가리키는 데서 나아가 급진적 여성주의 운동자들을 집단적으로 낮잡아 가리키는 여성 차별 표현으로 쓰인다. (13나~나-2)에는 장애인 차별 표현 '병신'과 그

5장 비판 정치 트윗글의 유형과 언어 사용 전략 **167**

변이형 '빙신', '븅신'이, (13나-3)에는 '정신적 불구자'라는 차별 표현이 쓰였다. 장애인을 차별하고 비하하는 표현인 '불구자'라는 말을 정치적 반대파를 공격하는 비판 게시글에 의도적으로 쓴 것이다. (13다)의 '상놈새끼'는 과거에 신분을 차별하던 표현으로, 공식적으로 양반과 평민이라는 구별이 없어진 지 100년이 넘었음에도 아직도 다른 사람을 공격하는 말로 쓰이고 있다. (13라)의 '호로자식'은 '호래자식'의 비표준어로 '호노자식(胡奴子息)'과 같은 뜻이며, '막되게 자라 교양이나 버릇이 없는 사람'을 가리키는 말로 '오랑캐'와 관련되는 점에서 일종의 민족 차별 표현이다.

(13마)의 '일베충'은 '일간베스트' 사이트를 이용하는 사람들을 벌레에 비유하여 비하하는 말이며, '문베충'은 문재인 대통령 지지자들을 비하하는 말로 '일베충'에 빗대어 만든 말이다. (13마-1)의 '사면충'은 구속된 두 전직 대통령의 사면을 주장한 이낙연 민주당 대표를 비하하기 위해 만들어 쓴 말이다. (13바)에서는 국회의원을 '30마리'라고 하여 동물에 비유했다. 사람에게 동물을 세는 단위인 '마리'를 쓴 것은 국회의원들의 인격을 동물 차원으로 낮추어 비하하려는 의도를 드러낸 것이다.[11]

다음 (14)의 보기는 정치인 등에 대한 비판적 게시글에서 실명을 그대로 쓰는 대신 이름이나 직위명을 변형하여 표현함으로써 대상자와 그 지지자들의 직접적 공격이나 법적 고발을 피하고 스스로를 방어하려는 의도에서 나온 용법이다. 이름 대신 별명으로 가리키거나 자음자로 적는 경우도 같다. 유명 정치인을 이름을 그대로 적어 공격하는 경

---

11) 이와 달리 요즘 동물을 아끼는 누리꾼들 사이에서는 "노란강아지 두 분", "오늘 산기슭에는 세분의 냥이가 기다리고있었다"처럼 동물에게 '마리' 대신 '분'을 붙이는 모습도 보인다. 반려동물 전성시대에 동물이 사람과 같은 대우를 받고 있는데, 이런 점에 대한 연구도 앞으로 필요해 보인다.

우에는 곧바로 명예훼손 고발 대상이 될 수 있지만 이름을 변형하여 적는 경우는 변명의 여지가 있는 점에서 누리꾼들은 이러한 표현을 의도적으로 쓰는 일이 많다.

(14) 자기 방어 표현 ①
   가. 오랫만에 보네. 찾아간 사람 저따위로 무시하고 문전박대 했던 저 다운점퍼놈의 팬클럽 회장이었던 **이죄명**. (@hur***)
   거-1. **이제명** 지랄맞은 놈이 거짓말을 서슴지 않는 이유가 친구비 뿌리면 팩트체크는 커녕 찬양 기사와 아닥하는 기레기들 속성을 간파하고 있어서지. (@mar***)
   가-2. 우리 대표님에게는 적대적인 패널만 붙이고, **찢지사**에게는 우호적인 패널만 붙임. 방송이 이러면 안됨. (@Tim***)
   가-3. 정상적인 경기도민들은 **조지사**에게 모멸감을 느낄 거다. 알량한 10만원 받고 정치인 홍보에 동원되는 느낌같은 거... (@Han***)
   가-4. 집단자살,임산부 배를 갈라,코로나 쓰나미가..등등 극단적 자극적 언어로 국민을 선동하는 싸페 **도른지사** (@G7k***)
   나. 원전 게이트가 **문죄인** 탄핵을 앞당길수 있겠다. 누가 너한테 북조선에 원전 건설을 지원하라고 하더냐? 원전 게이트를 특검하라! (@jhd***) ✔
   나-1. 김정은 "남북관계는 남한 태도에 달려있다" **문재앙** 왈 네 수령님 알겠습니다. 저번보다 더 갖다 바치겠습니다. (@hgs***)
   다. **윤떡**아, 제아무리 발관해도 기차는 달린다.. 썩은 칼 부여잡고 발광하던 너의 너의 업보다 (@lon***)
   다-1. 두 얼굴의 이수정 교수 이런 자가 예능에 나와 사람들 홀리고 **윤썩** 감찰위에 들어갔으니. 양심도 뭣도 없는 큰일낼 인물. 국짐에는 아무나 못 들어감. 이 정도는 돼야. 에라이 (@yi_***)

다-2. 리)김학의 얼굴까지 나온 놈 덮어놓고, 출국금지 시킨 것 수사한다는 검찰 놈들은 어디까지 뻔뻔하고 썩어 문드러진 **건희**? (@mar***)

다-3. <아줌마> 후두두두둑…이 소리는 **찰스**의 여성표 떨어지는 소리입니다. (@ang***)

다-4. 정권교체? **찮아찮아**ㅋㅋㅋㅋ 역대 최고정권을 교체해? 서울시장 3파전이면 넌 3위야! 초딩아! (@bob***)

다-5. **털보**가 이런 말도 했었구나…싸가지 보소 (@nad***)

라. ㅇㅈㅊ, ㅇㅎㅊ이 원흉이었단게 계속해서 나옴 (@PsW***)

자기 방어 표현 사용이 가장 많이 일어난 비판 대상 정치인은 이재명 도지사로, 현재 차기 대통령 지지율이 가장 높은 점 때문에 반대하는 누리꾼들의 관심과 비판이 많다. (14가~가-4)를 보면, 이름을 변형하여 '이죄명', '이제명'이라 하고, '도지사'를 변형하여 '찢지사, 조지사, 도른지사'로 적고 있다. 모두 부정적 의미를 표현하는 점이 공통적이다. 누리꾼들의 이 지사를 가리키는 또 다른 부정적 표현으로는 '(경기도) 붕어 대가리, (경기도) 악귀, 낙지(사), 바지사, (보확)찢, 삼백이, 실성사이다, 외각이, 외각지사, 이웁읍, 이점명, 이죄명, 이틀러, 전과4범/전4범, 점박이, 점지사' 등 아주 많다. 이 지사에 대한 트위터 누리꾼들의 부정적 태도가 그만큼 강한 사실을 보여 준다.

(14나, 나-1)에서는 문재인 대통령 이름을 '문죄인', '문재앙'으로 바꾸어 적었다. '재인' 대신 부정적 의미를 가진 '죄인'과 '재앙'을 씀으로써 대통령에 대한 부정적, 비판적 태도를 드러낸다. (14다, 다-1)의 '윤떡'과 '윤썩'은 윤석열 전 검찰총장을 가리킨다. '윤떡'은 '윤석열+떡검/떡찰'을 줄인 표현이고 '윤썩'은 '윤석(열)'의 '석'을 부정적 뜻을 가진 '썩다'의 '썩'으로 바꾼 것이다. 이밖에도 윤석열 씨를 가리키는 부정적 의미의 자기 방어 표현으로는 '윤춘장'과 '윤짜장'이 쓰인다.

(14다-2)의 '건희'는 윤 씨의 아내 김건희 씨를 가리키며, '거니'(←것이니)로 적어야 할 것을 김건희 씨를 떠올리도록 일부러 '건희'로 바꾸어 적은 것이다. (14다-3)의 '찰스'는 안철수 씨를 가리키며, '철수'를 변형한 말이고, (14다-4) '찮아찮아'의 '찮'은 '찰스'를 한 음절로 줄인 표현이다. (14다-5)의 '털보'는 언론인 김어준 씨의 별명이다. (14라)에서는 비판 대상 정치인을 'ㅇㅈㅊ'(양정철), 'ㅇㅎㅊ'(이해찬)으로 자음자로만 적었다. 이러한 이름의 변형 표현이나 별명 사용은 대상자에 대한 부정적 감정을 전달하는 한편 만일에 생길 수도 있는 법적 시비와 책임에서 벗어나기 위한 표현적 동기 및 방어적 동기가 함께 작용 결과다.

(15) 자기 방어 표현 ②
    가. 전국민 준다 했다가 선별이 우선이다 했다가... 내가 중도라도 진짜 개짜증날 것 같다. 팔랑귀 새끼. (@onl***)
    가-1. 하는 짓거리마다 천박하고 비열합니다. 내 눈에는 그냥 '개급'입니다_ (@nic***)
    가-2. 이번 계정에서는 고운말만 쓰자 결심했거든???? 근데............. ㅅㅂ ㅈㄴ 재수없어 주어 없음
    나. 지 마누라한텐 꼬박꼬박 OOO교수라고 부르는 새끼가 타인에겐 아줌마라고 부르냐? 지 가족 외엔 누구도 존중할줄 모르는 개싸가지 이기주의 졸부 새끼. (@com***)

(15)의 보기는 언어적 공격이나 법적 대응을 방어하기 위한 목적에서, 다른 사람을 비난 또는 비판할 때 비판 대상자가 주어인 경우 생략하거나 신분을 확인하기 어려운 표현으로 바꾸어 쓰는 용법이다. (15가)에서 "전국민 준다 했다가 선별이 우선이다 했다가"의 주어가 빠져 있다. (15가-1)의 두 문장에 쓰인 서술어 '하는, 천박하고, 비열합니다,

개급입니다'에 대응되는 주어는 나타나지 않았다. (15가-2)처럼 이런 경우를 누리꾼들은 '주어 없음'으로 표현하며 곤란한 상황을 피하기 위해 의도적으로 주어를 쓰지 않았음을 밝히기도 한다. (15나)에서는 '부르는', '부르냐'의 주어를 보통 명사 '새끼'로 표시했을 뿐 비판 대상자가 누구인지 구체적으로 이름을 밝히지 않았다. '개싸가지', '이기주의 졸부 새끼'라는 강한 비난 표현을 사용한 비판적 게시글이기에 일부러 대상자의 이름을 밝히지 않고 비속어 '새끼'로 대신 적은 것이다.

다음 (16)의 변형 표현은 (14), (15)의 자기 방어 표현과 사용 동기 면에서 밀접한 관련이 있으면서도 희화화, 조롱과 멸시의 부정적 의미를 더 표현하기 위해 본래의 형식을 바꾸어 적은 것인 점에서 차이가 있다.

(16) 희화화와 조롱을 위한 변형 표현
　가. 흠. 정부 정책에 반대하는 **색히**가 원팀을 강조하는 모습이 역겹지 않으면 그게 더 이상함. (@oon***)
　가-1. 이 지경을 만들어 놓고 뻔뻔하게 어딜 기어나가! 경기도 전 4범 후안무치한 **시키야**! (@yi_***)
　나. 김명수만 아니었으면 내 생활의 스트레스 90%가 해소됐다. ㄱㅅㄲ (@cle***)
　나-1. 동학개미들도 믿는게 있으니까 투자하지 ㄷㅅㅇ. 그래서 넌 남경필보다 못났다는 거. (@sup***)
　나-2. 어휴 시발.저 ㄴㄴㄷ 사진 보고 구역질 했네 (@hur***)
　나-3. 검찰이 조국전장관 추미애 박범계와 이용구차관 법무부 전현직 장차관과 내정자 까지 수사했었고 수사중이고 수사에 착수하고 있다 법무부 외청이 법무부 기능을 무력화 시키고 공직 기능을 무너뜨리고 있다 검찰은 언론이 문제삼지 않으니까 국민들을 웃습게보고 달밤애 칼춤을 추고있다 c8n들 (@cho***)

다. 작년에 10만원 올해도 또 준다면 10만원… 일년 12달로 나누면 월 8,300원 이걸로 "인간다운 삶" 운운하며 자기홍보에 열 올리는 꼴 보고 있으면 솔직히, 농락당하는 느낌 안드냐 **갱기도민**들아? (@Han***)

다-1. 전해철 장관님 국수본은 GH, **갱기도청**, **갱기도** 산하기관들이 증거인멸, 은닉 하기전에 압색 먼저 해주십시오! (@gab***)

라. 강기윤, 의원 재직하며 아들·부인 회사 만들고 '편법지원' 이것이 **국민의 짐**이다 철저히 조사해서 사회적 징벌로 100배 환수 조치 해야 한다. (@890***)

라-1. 일본은 하루 2만건 검사에 확진자 8000명 검사대비 40%… 한국은 하루 6만건 검사에 확진자 600명 검사대비 1%… 일본 따라 하자던 **국민의짐짝**들이 정권 잡았으면 우리도 일본 꼴!! (@jin***)

라-2. **국민의적** 김병욱 성폭행 의혹에는 왜, 노랑머리 김재련과 여성단체들은 말 한마디 없니? (@296***)

라-3. **국짐당** 서울 시장 후보는 총선 낙선한 실업자들의 구직 활동. (@Col***)

(16가, 가-1)에서는 비속어 '새끼'를 '색히', '시키'로 바꾸어 적었다. 이는 비속어를 명시적으로 씀으로써 사회적 비난을 받을 수 있다는 심리적 부담에서 벗어나려는 자기 검열의 결과이면서 비판 대상자의 법적 대응을 피하기 위한 것인데, 조롱의 의미를 더 강하게 전달한다.12) (16나~나-2)의 'ㄱㅅㄲ'은 '개새끼', 'ㄷㅅㅇ'은 '등신아', 'ㄴㄴㄷ'은 '년놈들'을 자음자로만 적은 것이고, (16나-3)의 'c8n'은 '씨팔놈'을 로마자와 숫자로 적은 것인데, 사용 동기는 앞의 보기와 같다. (16다, 다-1)에서는 '경기도, 경기도민, 경기도청'의 '경기'를 '갱기'로

---

12) 이러한 변형 표현은 금칙어 대응 전략과도 관련이 있다. 금칙어 대응 전략에 대해서는 이정복(2008다)에서 자세히 다루어졌다.

바꾸어 적었다. 비표준 발음에 바탕으로 둔 표기로 적음으로써 경기 지사에 대한 부정적 태도를 경기도 전체에 대한 조롱과 멸시의 태도로 표출하고 있다. (16라~라-3)에서는 '국민의힘' 당을 '국민의 짐', '국민의짐짝', '국민의적'으로 바꾸어 쓰고, 줄여서 '국짐당'으로 적기도 했다. '힘' 대신 발음이 비슷하고 부정적 뜻을 가진 '짐'과 그 파생형 '짐짝', 대체형 '적'으로 바꾸어 해당 정당에 대한 거리감과 부정적 태도를 강화하는 한편 희화화하면서 조롱하고 있다.

비판적 트위터 게시글의 가장 큰 언어 사용 특징 가운데 하나가 (17)과 같이 해라체, 해체 등 안높임말 사용과 이름을 가리킴말로 쓰는 것이다. 욕설 및 비속어 사용도 많지만 더 흔하게 나타나는 것이 청자 경어법의 높임말 대신 안높임말 사용이고, 직위 등의 추가적 가리킴말 형식 없이 이름만으로 가리키는 것이다. 대상자에 대한 비판적이고 부정적이며 공격적인 글에서 공손하게 표현하기가 쉽지 않기 때문이다.

(17) 안높임말과 이름 가리킴말 사용
    가. 탄핵당해도 **싸다** 너네는 뭐 **신이냐**? AI로 대체하든지 수단을 **강구해야한다** (@Kkm***)
    가-1. 사전 선거 운동 아니냐 중앙선관위 **뭐하냐**? 1조4천억으로 1인 10만원 지급한다에 이어 1박2일 호남 방문!! (@gan***)
    나. 아이쿠, 승진도 하셨어요? 미처 몰라뵙고... 콩알밭만한 데서 서로 감투도 물려받고, 몇명이니 된다고 총회도 하고 참 좋으시겠어요. 다시 질문 올립니다. 정치가 무슨 **게임이니**? (@Gar***)
    다. 수꼴들은 정부 때리기에 미쳐 있고, 좌꼴들은 **이재명** 띄우기에 미쳐 있고.... 좌우가 단체로 지랄들이네... (@LJS***)
    다-1. **이재명 지사님**, 경기지역화폐가 골목상권까지 골고루 갔습니까? 편의점과 하나로마트, 배달이 가능한 음식점에 집중적

으로 쓰여졌지요. (@dip***)
라. **최재형**이나 **윤석열**이나 참 대단하다..대단해.... 얼굴이 저리 두꺼운것도 장점이라면 장점이지... (@bum***)
라-1. 8년전부터 월성 원전에서 방사능 누출되고 오염 발생했다?? **감사원장 최재형** 감사하면서 그내용도 파악 안했다?? **검찰총장 윤석열** 월성 압색도 했는데 몰랐다?? (@com***)
마. **김영춘아 봤냐?** **김영춘** 년 한 번만 더 반정부짓 말을 씨부리기만 **해봐라**. 부산 민주당 정치인들은 이재명 같은 인간한테 줄서기 하지 말고, 문재인대통령님과 이낙연대표한테 고마운 줄 **알아라**! (@241***)

(17가, 가-1)을 보면, 종결어미가 모두 해라체로 되어 있다. (17가)에서 판사들을 향해 '너네'로 가리켰고 '싸다', '신이냐'의 해라체를 썼다. 다른 누리꾼을 향한 문장에서도 '강구해야 한다'로 해라체를 썼다. (17가-1)에서는 주어인 '중앙선관위'를 향해 '뭐하냐'라는 해라체 의문형을 썼다. (17나)에서는 정의당 류호정 의원에게 해요체와 하십시오체를 쓰면서 마지막 문장에서 정색하며 '게임이니?'라고 하여 해라체로 묻고 있다. 앞의 높임말 사용이 대상을 비꼬기 위해 동원되었고 청자 경어법 사용의 핵심은 오히려 마지막 문장임을 알 수 있다. 비판적 정치 게시글에서는 이처럼 해라체 등 안높임 대우가 대부분인 것으로 확인된다.

(17다)는 고위 공직자들을 직위형 가리킴말 대신 이름으로 가리킨 보기인데, '이재명 경기 지사'라는 직위형 가리킴말을 쓰지 않고 이름만 썼다. (17다-1)처럼 직위형 가리킴말을 쓰고 종결어미도 해요체와 하십시오체를 쓴 경우도 있지만 이는 아주 예외적인 쓰임이다. (17라)에서는 '최재형'과 '윤석열'로 직위 없이 이름만 쓰였다. (17라-1)의 '감사원장 최재형'과 '검찰총장 윤석열'은 보통의 경우라면 '최재형 감

사원장', '윤석열 검찰총장'이 자연스러운 직위형 가리킴말 사용 형식이다. (17마)를 보면 이어진 두 문장에서 이름 가리킴말, 해라체, 안높임의 대명사 '너'와 호격 조사 '아'를 함께 씀으로써 비판 대상자에 대한 공격과 비판 강도를 높이고 있다. 이러한 반말 및 이름 가리킴말 사용은 누리꾼들의 비판 대상자에 대한 부정적, 공격적 태도를 강하게 드러내는 중요한 표현 방식이다.13)

지금까지 분석한 직설적 비난형 정치 트윗글의 언어 사용은 '공격하기 동기'와 '방어하기 동기'의 두 가지에 따라 이루어지고 있는 것으로 정리된다. 욕설과 비속어, 부정적 평가어, 차별과 비하 표현, 안높임말과 이름 가리킴말 사용은 모두 비판 대상을 공격하기 위한 동기에서 쓰는 것이다. 이와 달리 자기 방어 표현과 변형 표현은 누리꾼 스스로를 불이익으로부터 방어하기 위한 동기에서 쓰는 것이다. 정치인을 강하게 직설적으로 비난하는 비판 정치 트윗글은 공격과 방어 동기에서 다양한 언어 요소를 동원하는 의도적이고 전략적인 언어 사용으로 이해할 수 있다.

4. 비판 정치 트윗글의 사회언어학적 배경

현재 트위터 이용자들은 실명을 드러내는 경우가 거의 없다. 트위터가 정치적 동기에 의한 선전과 싸움의 공간으로 활용되면서 공적 기관이나 정치인, 연예인 등 이름을 널리 알리는 것이 중요한 경우를 제외하고 정치 트윗글을 올리는 대다수 이용자들이 신분을 감추고 활동하

---

13) 비판 정치 트윗글에서 보이는 이런 용법은 앞의 보기 (1)에서 제시한 칭찬 정치 트윗글의 경우 '문재인 대통령님'과 같이 이름 뒤에 직위와 높임의 '-님'을 쓰는 한편 주체 높임의 '-시-'까지 써서 높여 대우한 것과 대조적이다.

게 된 것이다. 자신의 글 때문에 인터넷에서 집단적 공격을 당하고 명예훼손이나 모욕죄 등으로 고발을 당하여 실질적 피해를 입을 수도 있기 때문이다. 이런 상황에서 트위터 언어에 대한 다양한 각도의 사회언어학적 특징을 분석하는 것이 쉽지는 않지만 여기서는 비판 정치 트윗글을 올린 이용자의 성별 분포와 정치 트윗글이 비판하는 대상이 누구인지, 그것을 올리는 누리꾼들의 정치 성향이 무엇인지를 계량적으로 분석함으로써 분석 대상 언어 사용에 대한 배경 및 객관적 이해도를 높이도록 하겠다.

수집해 놓은 480개의 비판 정치 트윗글에서 100명의 누리꾼이 쓴 정치 트윗글 100개를 따로 모아서 작성자의 성별과 정치 성향, 비판 대상을 파악했다. 통계적 분석 대상으로 삼은 게시글 모둠은 앞서 밝힌 바와 같이 2021년 1월 9일부터 31일 사이에 수집한 것이다. 정치인이나 정당, 언론사에서 올린 게시글은 제외했고, 소수의 특정 누리꾼들이 과대 대표되지 않도록 하고 통계적 신뢰성을 확보하기 위해 성별이나 정치 성향에 대한 구별 없이 누리꾼 1인당 한 개의 게시글로 제한했다. 물론 대부분의 트위터 이용자들이 익명성을 유지하면서 활동하는 상황에서 트윗글 작성자의 프로필 사진, 소개글, 게시글 내용을 종합적으로 분석하여 작성 누리꾼의 성별 등을 파악한 것이기에 분석 결과가 100% 정확하지 않을 수 있다. 또한 통계 분석 자료를 100명의 누리꾼, 100개의 게시글로 한정한 것은 소수 누리꾼들의 과대 대표를 막는 한편 익명성이 높은 트위터 이용자들의 성별, 정치 성향 등 배경 정보를 분석하는 데 많은 시간이 걸리는 현실적 제약을 함께 고려한 결과다.

비판 정치 트윗글의 게시자 성별 분포를 파악한 결과, 남성이 69명이고 여성이 31명으로 남성이 여성보다 2배 이상 많은 것으로 나타났다.[14] 남성과 여성의 사회적 소통망 이용률 차이가 2.5% 포인트이고

5장 비판 정치 트윗글의 유형과 언어 사용 전략 177

(이정복 2017:28-29), 2018년 트위터 이용률 차이가 3.1% 포인트로 트위터 이용자들의 성별 분포 차이가 거의 없는 점(김윤화 2019:2-7)에서 비판 정치 트윗글 작성자의 이러한 성별 분포는 한국의 현실 정치에 대한 남성 누리꾼들의 관심도가 여성들에 비해 아주 높고, 특히 비판적 내용의 트윗글을 남성들이 훨씬 많이 올리는 사실을 보여 준다.15) 한국어 트위터에서 남성들이 여성들보다 정치 트윗글, 특히 비난형 정치 트윗글 작성을 주도하고 있음을 알 수 있다.

이번에는 비판 정치 트윗글이 누구를 비판의 대상으로 한 것인지를 살펴보았다. 그 결과는 〈표 1〉과 같다.

〈표 1〉 비판 정치 트윗글의 비판 대상

비판 대상	이재명	김명수/법원	언론	국민의힘	문재인/문빠	윤석열	기타	합
게시글 수	31	10	9	8	6	4	32	100개

14) 통계 분석 자료의 수집에서 처음부터 성별 균형을 맞추어 대량의 자료를 수집하고, 그 안에서 비판 정치 트윗글을 추출하여 작성자의 성별 분포를 파악하는 방법도 있지만 익명성을 바탕으로 이루어지는 트위터의 특성상 대량의 자료에서 성별 정보를 정확히 파악하기가 어려워 이런 방법은 현실적이지 않다. 따라서 여기에서는 반대 방향에서 누리꾼 100명이 작성한 100개의 분석 말뭉치를 만든 후 작성자의 성별 분포를 확인하는 방식으로 작업을 진행했음을 밝힌다.

15) 사회적 소통망에서 지역 차별 표현 사용자의 성별 분포는 남성 74.5%, 여성은 24.5%, 미상 1%로 나타나 남성 사용률이 훨씬 높았다(이정복 2013나:75). 이와 달리 '한다요체'의 사용에서는 남성 26%, 여성 74%(이정복 2011나:32), 의성의태어 사용은 남성 20.5%, 여성 79.5%로(이정복 2014다:68) 여성 사용률이 훨씬 높았다. 비판 정치 트윗글 작성자의 성별 분포는 차별 표현 사용자의 그것과 비슷한 수준인 것으로 확인된다. 모두 지은이의 트위터 계정을 이용하여 무작위로 자료를 모았음에도 연구 주제에 따라 누리꾼들의 성별 분포가 아주 다르게 나타난 사실이 눈에 띈다.

누리꾼들의 비판 대상으로서 가장 높은 비율을 보인 정치인은 이재명 경기 지사이며, 31%를 차지했다. 비판 정치 트윗글의 약 3분의 1이 이 지사를 대상으로 한 것이다. 앞서 사례 분석에서 살펴본 것처럼 이 지사가 차기 대통령 지지도에서 1위를 달리고 있는 만큼 관심도가 높고,16) 견제하려는 사람들이 많기 때문으로 판단된다. 특히 집중적인 자료 조사 시기인 2021년 1월 초 당시 민주당 이낙연 대표의 전직 대통령 사면론과 관련해 이 대표와 이재명 지사의 지지자들 겸 민주당 권리당원들의 심한 갈등이 있었고,17) 여당 소속 지방 자치 단체장인 이 지사가 코로나 19 방역 대책과 재난지원금 지급 범위 및 방법을 두고 정부와 계속 다른 목소리를 강하게 낸 것과도 관련이 있다. 문 대통령과 정부에 대한 지지 성향이 강한 트위터 누리꾼들이 반정부적 언행을 보여 준 이 지사를 견제하면서 강하게 비판한 결과라고 해석된다.

그 다음으로는 김명수 대법원장과 법원에 대한 비판이 10%를 차지했다. 법원의 각종 판결 결과에 대해 불만스럽게 생각하는 누리꾼들이 적지 않음이 확인된다. 신문, 방송, 기자 등의 언론을 비판 대상으로 한 정치 게시글이 9%를 차지했고, 국민의힘 당에 대한 비판 게시글이 8%로 나타났다. 문재인 대통령과 그 지지자를 비판하는 게시글이 6%, 윤석열 전 검찰청장을 비판하는 게시글이 4%로 나타났다. 기타 32%는 1개 또는 2개의 게시글에서 비판 대상이 된 경우를 모두 합친 것이다. 2회 비판 대상으로는 이낙연 전 대표, 이수정 교수, 검찰 등이 있

---

16) 분석 대상 자료 수집 시기와 달리 2021년 4월 말 이후에는 이재명 지사와 함께 윤석열 전 검찰총장의 지지율이 비슷하게 나타났고, 더불어 민주당의 대선 후보 경선이 진행 중인 7월에는 이 지사, 윤 전 검찰총장, 이낙연 전 대표의 지지율이 3강 체제를 이루고 있어서 시기에 따라 추가로 자료를 분석하면 <표 1>의 비판 정치 트윗글의 정치인별 비율이 다르게 나타날 수 있을 것이다.

17) <여 강성 지지층서 이낙연 '낙승'.. "이재명 내쫓아야" 95%>, 서울경제, 2021-01-10 기사 참조.

었고, 1회 비판 대상은 고민정, 김종인, 박근혜, 양정철, 원희룡, 이준석, 정청래, 조국, 최재성 씨 등이다.

다음으로 비판 정치 트윗글 작성자의 정치 성향을 분석해 보았다. 그 결과, 친여 성향의 누리꾼이 92%를 차지했고, 친야 성향과 중도 성향 누리꾼은 각 4%를 차지했다.18) 물론 이 비율은 절대 고정적인 것이 아니라 자료 수집 시기와 방법에 따라 변동이 충분히 있을 수 있다. 다만 누리꾼들의 정치 성향에 대한 편견이나 조작 없이 지은이의 트위터 계정을 통해 무작위로 수집한 분석 대상 자료에서는 정치 트윗글, 특히 비판적 내용의 게시글을 올리는 절대다수가 문재인 대통령과 더불어민주당을 지지하는 친여 성향의 누리꾼임이 확인되었다.19)

〈표 2〉 비판 정치 트윗글 작성자의 정치 성향

정치 성향	친여	친야	중도	합
작성자 수	92	4	4	100명

이상에서 분석한 비판 정치 트윗글 작성자의 성별, 비판 대상, 정치 성향을 종합해 생각하면, 친여 특히 친정부 성향의 남성 누리꾼이 이재명 경기 지사를 비판하는 게시글을 올린 경우가 가장 많을 것으로 예상되는데, 실제로 100명 가운데 이 조건에 해당되는 게시글 작성자가 19명으로 확인되었다. 친여 성향의 여성 누리꾼이 이 지사를 비판

---

18) 참고로, 이정복(2011다:11)에서 트위터 이용자들의 이명박 전 대통령에 대한 호칭어 사용을 분석하는 과정에서 확인한 누리꾼들의 정치 성향은 진보 60.5%, 보수 11.6%, 중도 27.9%로 나타났다.
19) 연구자가 구독하는 5,000여 명의 트위터 이용자 가운데는 보수와 진보, 친여와 친야 등 다양한 정치 성향이 모두 포함되어 있고, 트위터 언어 연구를 위한 목적에서 구축한 계정인 만큼 특별한 정치적 지향성을 갖고 구독자를 정한 것은 아님을 밝힌다.

하는 게시글은 12개였다. 이 지사에 대한 비판적 게시글 작성자는 모두 친여 성향인 것이다. 2021년 초 이 지사가 차기 대선 지지도에서 1위를 달렸으나 민주당 안에서는 당의 대선 후보가 되는 것은 절대 받아들이지 않겠다는 당원들이 많아서 지속적으로 탈당 압력을 받는 등 많은 비판과 공격의 대상이 되어 왔음을 트위터 누리꾼들의 언어 사용을 통해 잘 알 수 있다. 2021년 7월 현재, 민주당 대선 후보를 선출하는 경선 시기에 들어선 이후 유력 후보 진영 간에, 또 지지자들 사이에서 공격적 비판과 비난이 더 거세지고 있으며, 트위터 누리꾼들의 언어 사용도 격렬한 모습을 보여 준다. 앞으로 여당과 야당의 차기 대선 후보로 누가 선출되는지에 따라 대선 출마자들에 대한 비판 정치 트윗글의 수가 어떤 변동을 보여 줄지, 어떤 부정적 언어 요소를 더 많이 이용하여 비판 정치 트윗글이 작성될지가 흥미로운 분석 대상이 될 것이다.

5. 비판 정치 트윗글 연구의 과제

트위터는 익명성을 바탕으로 운영되기 때문에 정치인에 대한 누리꾼들의 비판 정치 트윗글, 특히 직설적 비난형 트윗글 작성이 더 쉽게 이루어지는 것이 사실이다. 실명제로 운영한다고 해도 정치 행위의 효과를 높이기 위해 비판 정치 트윗글 작성을 포기하지는 않겠지만 익명성 환경에서 누리꾼들은 욕설 등 비속어나 부정적 평가어, 차별 및 비하 표현의 사용을 부담 없이 하게 된다. 국가 최고 권력인 대통령을 뽑는 선거를 앞둔 현시점에서 트위터를 이용한 누리꾼들의 언어적 정치 행위는 정점에 이른 상황이며, 언어 사용도 그만큼 격해졌다. 지금까지의 분석을 통해, 트위터라는 높은 익명성을 바탕으로 한 소통 도구가 정치와 결합할 때 언어 사용에서 어떤 특징적인 모습이 새롭게 또는 폭발적으로 나타나고 있는지를 분명히 확인할 수 있었다.

주요 분석 결과를 보면, 정치 트윗글은 내용 면에서 긍정적 정치 트윗글과 부정적 정치 트윗글 또는 칭찬 정치 트윗글과 비판 정치 트윗글로 나눌 수 있었다. 비판 정치 트윗글은 다시 '직설적 비난형, 사실적시형, 소문 전달형, 의문 제기형, 비꼼형'의 다섯 가지로 나타났다. 직설적 비난형은 비속어 등의 강한 표현을 이용하여 비판 대상자의 문제점을 그대로 드러내어 공격하는 것인 반면 나머지 유형은 간접적으로 비판하는 것인 점에서 크게 차이가 있다. 격렬해지기 쉬운 비판 정치 트윗글의 특성상 대다수 게시글은 강한 표현을 이용하여 정치인을 공격적으로 비판하는 직설적 비난형이 많다.

비판 정치 트윗글 가운데서 직설적 비난형의 트윗글을 중심으로 언어 사용의 특징을 분석해 보니 욕설과 비속어, 부정적 평가어와 부사어, 차별 및 비하 표현, 각종 변형 표현, 안높임말과 이름 가리킴말 사용이 잘 쓰이는 것으로 확인되었다. 누리꾼들은 욕설, 부정적 평가어, 차별 표현 등 부정적이고 공격적인 표현을 통해 비판 대상자에 대한 부정적 감정을 강하게 표현하고 공격적 태도를 드러내며, 비판 대상자의 능력, 인품, 도덕성, 행동 등의 면에서 가치를 떨어뜨리고자 하는 전략을 보여 준다. 자기 방어 표현 및 희화화와 조롱을 위한 변형 표현 사용을 통해서 대상자와 그 지지자들의 공격이나 고발을 피하고 스스로를 방어하려는 의도가 파악되었다. 누리꾼들은 비판 대상자에 대한 부정적 태도에서 높임말 대신 안높임말을 사용하고, 직위 등의 추가적 가리킴말 형식 없이 이름만으로 가리키기도 했다. 정치인을 강하게 직설적으로 비난하는 비판 정치 트윗글은 '공격하기 동기'와 '방어하기 동기'의 두 가지에 따라 다양한 언어 요소를 동원하는 언어 사용으로 이해할 수 있다.

비판 정치 트윗글 작성자들의 사회언어학적 배경을 살펴본 결과, 게시자 성별 분포에서 남성 69명, 여성 31명으로 남성이 여성보다 2배 이상 많았다. 비판 대상으로서 가장 높은 비율을 보인 정치인은 이재명 경기 지사이며, 31%를 차지했다. 정치 성향 면에서는 친여 성향의 누리꾼이 92%로 나타났다. 이를 종합하면, 친여 또는 친정부 성향의 남성 누리꾼이 이재명 경기 지사를 비판하는 정치 트윗글을 올린 경우가 가장 많은 것으로 확인되었다. 여당과 야당에서 차기 대선 후보가 정해질 때까지는 이러한 비판 정치 트윗글이 지속적으로 늘어날 것이며, 부정적 표현의 사용도 더 많이 나타날 것으로 예상된다.

이 장의 연구는 '정치 트윗글', '비판 정치 트윗글'이라는 새로운 텍스트 갈래를 대상으로 유형과 언어 사용 및 사회언어학적 배경을 살펴본 첫 시도라는 점에서 의의가 있다. 정치 홍보와 선전이 기존의 신문, 방송, 전단지 중심에서 벗어나 트위터, 페이스북과 같은 사회적 소통망을 통해 더 활발하게 이루어지고 있는 상황에서 이 유형의 트윗글은 앞으로 더 늘어나고, 트위터 이용자들에게도 더 자주 노출될 것이다. 그만큼 비판 정치 트윗글의 언어와 내용이 일반 누리꾼들에게 끼치는 영향은 커지게 된다.

특히 대통령 선거와 지방선거가 다가올수록 그 정도는 더욱 심해질 것이다. 비판 정치 트윗글이라고 해서 꼭 욕설, 비속어, 부정적 평가어, 차별 표현 등 공격적이고 부정적인 표현을 이용해서 작성해야 할 필연성은 없다. 예의를 갖추어 자기 생각을 논리적으로 표현하거나 완곡하게 비판적 생각을 전달할 수도 있을 것이다. 한국 누리꾼들이 다른 언어 사용자에 비해 정치 트윗글에서 부정적 의미의 표현을 특히 많이 쓰는 것인지, 그 원인이 무엇인지에 대해 비교문화적 관점에서 탐구해 볼 필요가 있다. 또 이 텍스트에서 쓰이는 부정적 표현들이 다른 누리꾼들에게 어떤 영향을 주는지, 또 텍스트 자체의 전달과 수용에는 어떤 영향을 끼치는지에 대해서 추가적인 분석을 하는 것도 의미 있고, 비판 정치 트윗글의 하위 유형별 언어 사용 특성을 더 자세하게 파악하는 것도 가능한 후속 작업이다.

6장_ 트위터 누리꾼들이 쓰는 영어 차용 복합어 새말

1. 한국 사회 속의 영어와 외래어

영어가 전 세계를 지배하는 21세기에 한국어 및 한국 사회에서도 영어의 위세는 대단한 수준이다. 영어를 공용어로 쓰자는 움직임이 나온 지 오래되었고, 학생은 물론 온 국민이 영어 공부에 많은 시간과 돈을 투자하고 있다. 영어가 대학 입시와 취업은 물론이고 개인적 발전을 위한 중요한 도구로 인식된다. 이와 함께 상품 이름, 상호, 광고에서 영어 및 영어에서 들어온 외래어가 높은 빈도로 쓰이고, 새 정부 들어 마침내 '중소벤처기업부'라는 영어 차용 외래어가 들어간 부처 이름이 생겨나는 등 공공 분야에서까지 쓰임이 크게 늘었다. 예전에 '중앙공원(中央公園)'이라고 한자어로 표현하던 말이 이제는 '센트럴파크'

또는 'central park'로 바뀌어 쓰이고 있다. 대학의 행사를 알리는 문서에는 'Presidential Lecture Series 프로그램 안내', 'Fresher을 위한 학습워크숍'처럼 영어 단어가 로마자로 그대로 적혀 쓰인다. 또 한국어 어휘 체계에서 영어로부터 들어온 외래어와 차용어 비중이 올라가고 있으며, 한국어 화자들의 일상어 및 통신 언어 사용에서 영어와 영어 차용 표현이 높은 빈도로 자연스럽게 섞여 쓰이고 있다. 사회적 소통망(SNS)의 하나인 〈트위터〉에서 가져온 아래 예문들은 현재 한국어 화자들이 외래어와 외국어를 얼마나 많이, 일상적으로 쓰고 있는지를 잘 보여 준다.

디자이너 줄리앙 맥도날드가 영국 **맥도날드**와 **콜라보**로 만든 시그니쳐 햄버거 박스 패키지라는데...보석함같자나^^!!

콤파니가 방금 **파울**한거 (**파울** 안 받음) 본인이 봤다면서 accidental 이라고 바로 말하면서 별거 아니라고 바로 말하는데 **리플레이** 보니까 **콤파니** 민거 맞는데 ㅋㅋㅋㅋㅋㅋㅋㅋㅋㅋㅋㅋㅋㅋㅋㅋ ㅈㄴ 할말 없어짐

AI 자동화에도 인간의 정교하고 감성적 수완 필요한 **마이크로** 업무 인력 수요는 는다. **플랫폼** 기반 **온라인**으로 일과 적임자 이어주는 **휴먼 클라우드 버추얼기업** 속속 등장. 글로벌 **디지털 프롤레타리아** 시대로 간다.

이러한 한국 사회의 언어 상황을 고려하여 이 장에서는 사회적 소통망 트위터의 누리꾼들이 쓰고 있는 영어 차용 복합어 새말의 쓰임을 구조 및 의미 면에서 구체적으로 분석하고, 나아가 그러한 차용 표현 사용의 사회문화적 의의와 외래어, 외국어 사용에 대한 누리꾼들의 태

도를 파악해 보고자 한다. 누리꾼들은 '갑질마인드', '플텍계정', '웹소설'처럼 고유어(한자어 포함)와 영어 바탕의 외래어나 외국어가 합쳐진 복합어를 새로 만들어 쓰는 일이 많은데, 이런 표현들은 영어가 한국어에서 단순히 외래어로 쓰이는 단계를 넘어 고유어에 가까워진 한국어 단어를 형성하는 과정에 적극 참여하는 것이다. 최근에 크게 늘어나고 있는 영어 차용 복합어는 한국어 사용에서 영어가 외국어의 지위를 넘어 한국어 새말의 중요한 자원을 제공하는 바탕 언어로서의 역할을 맡고 있음을 보여 준다. 실제로 2012년과 2013년 새말 976개 가운데 외래어 또는 외국어가 포함된 새말은 모두 582개로 59.6%를 차지하는 것으로 나타났다(남길임·송현주·최준 2015:45). 한국어 역사에서 오랫동안 한자어가 그랬던 것처럼 이제는 영어 중심의 외래어가 한국어 어휘의 주요 구성 요소가 되고 있다.[1] 고유어와 한자어가 섞여 함께 쓰인 결과 점차 화자들의 의식에서 두 요소가 구별이 잘 안되는 것처럼, 영어 차용 복합어 새말의 수와 쓰임이 급격히 늘어나면서 영어가 한국어에서 한자어의 지위를 대신할 수도 있을 것이다. 이 장의 연구를 통하여 현재 한국 사회와 한국어에서 차지하는 영어의 지위와 위세가 어느 정도인지를 짐작하는 것이 가능하다.

여기서 제시하는 영어 차용 복합어 및 그것이 쓰인 문장은 2017년 8월부터 9월 사이에 지은이의 트위터 계정을 통해 수집한 것이다. 실시간 트위터 게시글이나 트위터 검색 기능을 통해 영어 차용 복합어

---

* 이 장의 내용은 이정복(2017다)를 부분적으로 고친 것이다.
1) 노명희(2006:39)에서도 "이제까지는 한자어가 조어력이 뛰어나 단어 형성의 언어재로 가장 많이 이용되어 왔으나 최근에는 한자어 못지 않게 신어에서 외래어의 사용이 급증한 것을 볼 수 있다"고 기술한 바 있다. 남길임·송현주·최준(2015:47)은 "한국어 신어가 생성될 때 외래어의 대부분은 '영어'이고, 이때 영어의 영향력은 막강한 것으로 보인다"고 분석했다.

자료를 수집하되 2017년에 작성된 게시글로 범위를 한정했다. 복합어 새말의 기준으로 국어사전에 실리지 않은 것을 조건으로 했는데, 그것을 구성하는 차용 표현은 사전에 실린 외래어나 차용어일 수도 있고 사전에 없는 외국어로서의 영어일 수도 있다.

2. 외래어 관련 선행 연구 및 용어 검토

이 장의 연구와 관련되는 선행 연구 가운데서 외래어가 기존 한국어 요소와 결합되어 혼종어를 이루는 현상에 대한 연구, 새말 및 혼성어에 대한 연구를 살펴보기로 한다. 먼저 이신형(2009), 손혜옥·이수미(2011)은 외래어가 기존 한국어 요소와 결합되어 혼종어를 이루는 현상에 대한 연구들이다.

이신형(2009)는 외래어 사용을 한국어 표현의 다양화라는 긍정적 측면에서 '한제' 외래어와 외래어 요소의 자생적 기능을 분석했다. 한제 외래어란 한국어 화자들이 기존 외래어나 외국어를 임의적으로 조합하여 만들어 쓰는 자생적 외래어를 가리키는데, '백미러, 엔진오일, 스킨십, 선팅, 아나듀서' 등의 예를 들었다. 과거에 한자어처럼 영어를 이용한 자주적 어휘 창조가 매우 생산적으로 이루어지고 있다고 보았다. 또 '배꼽티, 깜짝쇼, 핸섬하다, 터프하다, 아동틱, 시골틱' 등의 보기를 통해 외래어 요소가 혼종어를 만들고, 파생어의 어근으로 쓰이며, 어근 형성 접미사로 쓰이는 등 한국어 문법 체계 내부로 깊숙이 들어와 있다고 했다.

손혜옥·이수미(2011)은 '심플하다, 로맨틱하다, 스마트하다'와 같은 '영어+하다'류 외래어 형용사를 대상으로 한국어 안에서의 정착 양상을 살펴보았다. 이런 표현들이 기존 한국어 표현과 어떠한 유의 관계를 형성하면서 쓰이는지를 신문 기사에 쓰인 자료를 중심으로 분석했다. 그 결과 '다이내믹하다, 디테일하다, 리얼하다' 등은 기존 한국어 표현과 의미 차이가 거의 없는 유형이며, '그로테스크하다, 나이브하다, 스마트하다' 등은 기존 표현과 유의 관계를 맺고 있는 유형이고, '드레시하다, 섹시하다, 스포티하다' 등은 기존 표현과는 다른 의미를 갖는 유형이라고 기술했다. 이런 분석을 통해 이 연구는 외래어가 기존의 한국어 표현으로 채워지지 않는 독자적 의미 영역을 확보하고 있기 때문에 그것을 무조건 순화의 대상으로 보거나 기존어에 대한 잉여적 존재로 볼 수 없다는 생각을 강조하고 있다.

새말에 대한 연구가 많이 나와 있는데, 그 가운데서 이수진·김예니(2014)는 2013년에 나타난 신어를 대상으로 추출 방법론과 형태·의미론적 특성을 다루었다. 신문, 잡지, 방송, 인터넷 매체 등에서 쓰인 227개의 신어를 대상으로 조어법 면에서 분포를 제시했다. 대부분의 신어는 복합어로 형성되며, '접미 파생'이 가장 큰 비중을 차지했고 그 다음으로 '합성'과 '축약' 방식이 많았다고 보고했다. 원어에 따른 특성 면에서는 단일원어보다 복합원어, 곧 혼종어 비율이 높았고, 복합원어 가운데 한자어와 외래어가 결합된 유형이 가장 많았다. 눈에 띄는 점은 '고유어+외래어', '한자어+외래어', '고유어+한자어+외래어'와 같이 외래어가 포함된 복합어 새말이 36.8%를 차지한 것이다. 이는 2002년과 2003년의 경우 각각 24%, 19%인 것과 비교해서 크게 늘어난 수치임을 알 수 있다. 영어 등의 외래어가 한국어 새말의 형성에서 갈수록 중요해지고 있음을 뜻한다.

표시연(2017)은 혼종어에 대한 연구이면서 새말에 대한 연구다. 영어 요소와 한국어 요소가 합쳐진 새말을 형태론적 관점에서 분석하고 생성 원리를 파악하고자 했다. 새말을 크게 '파생', '결합', '단축'의 세 유형으로 나누고 '결합'의 경우 '합성'과 '혼성'이 포함되는 것으로 처리했다. 영어가 혼합된 분석 표현 388개 가운데 '혼성' 방식이 92개(23.71%)로 가장 많았고, '합성' 방식은 90개(23.19%)로 나타났다. 영어가 혼합된 새말 생성원리로는 '영어사용에 대한 용이성 및 현학적 심리의 원리', '언어의 경제적 원리에 부합하는 언중 선호의 원리', '끊임없는 모방과 창조에 의한 언어의 유희적 원리', '단어의 일부를 영어로 대체하여 돌림자로 신조어를 만드는 대치적 원리'를 들었다.

새말의 단어 형성 유형 가운데 '혼성어'에 대한 연구들이 늘어나고 있는데 이찬영(2016나), 곽유석(2017) 등이 특히 눈에 띈다. 이찬영(2016나)는 혼성어를 '두 단어 중 일부 또는 전체를 절단한 후 이들을 결합하여 만든 새로운 단어'로 정의하고, 혼성어 형성어의 절단과 결합 양상, 음절 수 유지 경향, 혼성어의 형성 요인을 분석했다. 다수의 혼성어가 후행 형성어의 음절 수를 유지하는데, 그것은 후행 형성어가 의미 및 분포의 핵이기 때문이라고 보았다. 이와 함께 혼성어 형성은 파생어와 합성어가 가지는 '의미 해석성', 절단어나 두음절어가 가지는 '언어 경제성'의 효과를 취하는 단어 형성 방식이며, 화자의 표현론적 동기를 충족시켜 주는 과정으로 해석했다.

곽유석(2017)은 '혼성어'의 개념과 범위, 형성 방식을 다루었다. '두 단어의 전체 혹은 일부를 이용하여 형성된 단어'를 '혼성어(blends)'라고 정의하고, 결합에 의해 형성된 혼성어와 대치에 의해 형성된 혼성어가 있다고 했다. '뇌+오피셜→뇌피셜'은 앞의 보기로, '역:역세권=포(켓몬 고):X X=포세권'은 뒤의 보기로 들었다. 또한 '두 단어 중 일부를 삭감하여 이들을 결합함으로써 새로운 단어를 형성하는 과정'을 '혼성'이라 정의하고, 혼성을 독자적인 조어 기제로 인정하고 있다. 혼성은 기존 체계에서는 나타나기 어려운 불규칙한 단어를 창조적으로 형성하는 것이며, 혼성으로 형성된 불규칙한 단어는 유추를 통해 규칙적 단어로 변화할 수 있다고 보았다.

이 장에서 쓰는 주요 용어로는 '외래어, 외국어, 차용어'와 '차용 표현'이 있다. '외래어'는 다른 언어에서 들어온 말로서 국어사전에 실림으로써 한국어의 어휘 체계에 편입된 단어들을 가리킨다. 이와 달리 '외국어'는 아직 외래어 단계에 이르지 못한 다른 언어의 비교적 낯선 표현을 뜻한다. '차용어'는 외래어 가운데 한국어에 완전히 동화되어 고유어처럼 바뀐 단어를 가리킨다. 차용어 가운데 외국어에서 온 말이라는 화자들의 의식이 전혀 없는 말을 '귀화어'라고 따로 나누기도 한다.2)

이러한 외래어, 외국어, 차용어를 모두 포괄하는 용어로 여기서는 '차용 표현'을 쓰기로 하겠다. 국어사전 등재 여부, 한국어에 동화된 정도, 화자들이 느끼는 낯섦 정도와 관계없이 외국어에서 들어온 말을 모두 가리키는 말로 쓰는 것이다. 따라서 '영어 차용 복합어'라고 하면 영어에서 빌려 쓰는 차용 표현이 포함된 복합어를 뜻한다. '영어 차용 복합어 새말'이란 영어 차용 표현이 포함된 복합어 가운데 아직 국어사전에 오르지 않은 새 단어를 가리킨다. 논리적으로 영어 차용 복합어 새말에는 '유머포텐샬', '기프트콘', '컵누들'처럼 둘 이상의 영어 차용 요소로만 결합된 복합어도 있지만 이 장의 연구에서는 이런 유형은 제외하고 영어 차용 표현과 고유어, 한자어 등 기존 한국어 요소가 결합한 '혼종어' 복합어만 다루기로 한다.

같은 차용 복합어라고 해도 영어 요소끼리 결합된 것은 화자들에게 아직도 외국어라는 느낌이 강한 반면 기존 한국어 요소와 영어 요소가 결합된 것은 좀 더 한국어에 가깝게 느껴지는 차이가 있다. 영어와 한국어 요소가 결합된 혼종 복합어는 외국어로서의 영어가 외래어 단계를 넘어 상당한 수준으로 '한국어화'가 진행된 것으로 평가할 만하다.

---

2) 외래어, 차용어, 귀화어의 자세한 개념에 대해서는 조남호(2014)를 참조할 수 있다.

곧 이런 표현은 영어가 혼종 과정을 통해 한국어에 깊이 뿌리를 내리고 있는 단계인 것이다. 영어 차용어가 한국어에 정착되는 단계를 'curve'를 통해 설명하면, 처음에는 외국어로서 로마자 그대로 'curve'로 적거나 한글로 '커브' 또는 '커부'라고 적는 단계를 거쳐 그것이 화자들에게 널리 쓰이고 익숙해지면 외래어로서 '커브'가 표준어로 사전에 오른다. 그다음 단계에서 고유어 '길'과 결합하여 복합어 '커브길'이 생겨 쓰인다. '커브길'은 지역이나 세대에 따라 '카부길', '가붓길' 등의 변이형이 나오면서 어원에서 점점 멀어지게 되고, 완전한 고유어처럼 느끼는 경우도 나타난다. 최근 인터넷 공간에서 누리꾼들은 외국어 단계의 아주 낯선 영어 요소를 외래어 단계를 거치지 않고 바로 한자어나 고유어 요소와 결합하여 혼종 복합어로 만들어 씀으로써 영어 차용어가 한국어에 더 빠르게, 더 깊게 뿌리를 내리는 데 앞장서고 있다. 이런 점들을 고려하여 영어 차용 복합어 새말 가운데 영어 요소와 기존 한국어 요소가 결합한 표현들에 관심의 초점을 모으기로 한 것이다.

3. 영어 차용 복합어 새말의 구조와 의미

3.1 영어 차용 복합어의 구조

영어 요소를 기존 한국어 요소와 결합하여 만든 복합어는 형태론적으로 네 가지 유형으로 나눌 수 있다. 영어 및 한국어 요소 모두가 어기인 '합성어', 두 요소 가운데 하나가 접사인 '파생어', 두 요소의 일부가 절단 후 결합된 '혼성어', 긴 단어나 구를 줄인 '줄임말'이 그것이다. 각 유형에는 어떤 표현들이 쓰이고 있는지 보기를 통해 살펴본다.

(1) 영어 차용 합성어의 쓰임
   가. 아 진차 넘 웃픈말이지만... 웬쉴히팬들 **자폭개그** 넘 웃겨.... 진차.....
   나. 문득 떠오른건데 발더빙을 하면 오히려 **초월더빙**이 되는걸까요
   나-1. 조로리 영화 더빙 애들에게도 욕 먹었다니 ㅋㅋㅋㅋㅋㅋㅋ ㅋㅋ얼마나 **발더빙**이였던거야 ㅋㅋㅋㅋ
   다. 헤엑 우리 이정도로 **랜선친구** 아니잔아요 너무 랜선에 충실한 거 아임니까; 빨랑 님이 오든지 내가 가든지 하자;;
   라. 왠지 청와대가 **이니굿즈**를 안 만들고 평창올림픽에 이니를 모델로 쓸것 같다... 평창 올림픽 홍보도 되고... 문빠도 좋고 인가?
   라-1. 내가 이프사를 바꾸고싶지만, 저**이니블루** 옷이 너무 대놓고 민주당원이라 안바꿈ㅋㅋㅋㅋ
   라-2. 이렇게 국민의 마음을 살뜰히 헤아리고 살펴주시니 그저 행복하고 감사할 따름입니다 ^-------^**이니피스**~

(1가)의 '자폭개그'는 '자폭(自爆)+개그(gag)'의 구성으로 한자어와 영어에서 차용한 외래어가 결합된 것이다. 남을 공격하려다가 오히려 자기에게 손해가 되는 발언을 가리킨다. (1나, 나-1)의 '초월더빙', '발더빙'은 각각 '초월(超越)+더빙(dubbing)', '발+더빙(dubbing)'의 합성어다. '초월더빙'은 더빙 수준이 아주 뛰어나다는 뜻이고, '발더빙'은 그 반대말이다. '발더빙'에서 '발'은 접두사처럼 쓰여 실력이 떨어지는 것을 가리키며, 관련 복합어로 '발연기', '발번역'이 있다. (1다)의 '랜선친구'는 '[랜(lan)+선(線)]+친구(親舊)'의 합성어다. 합성어 '랜선'이 먼저 만들어지고 이어서 거기에 '친구'가 결합된 말이다. 인터넷을 통해 알게 되고 친구 관계를 유지하는 사람을 뜻한다.

(1라)의 '이니굿즈'는 가장 최근에 만들어진 표현인데, 문재인 대통령의 이름이 적힌 청와대의 대통령 기념품을 가리킨다. '이니+굿즈

(goods)'의 구성에서 '이니'는 문재인 대통령 이름의 '인' 자에 접미사 '-이'를 더하고 소리대로 쓴 애칭이다. 고유명사에 외래어를 결합하여 새로운 합성어를 만들어 낸 점이 인상적이다. 이와 비슷한 영어 차용 합성어 새말로는 (1라-1, 2)의 '이니블루', '이니피스'가 있다. '이니+블루(blue)'는 문재인 대통령이 자주 입는 옷 색깔이나 민주당 상징 색으로 쓰이는 파란색을 가리킨다. '이니+피스(peace)'는 관련 표현 가운데서도 가장 최근에 만들어진 말인데 문재인 대통령 덕분에 마음의 평화를 느낀다는 뜻이다.3) '이니굿즈', '이니블루', '이니피스'는 문 대통령과 그 지지자를 지시하고 상호 결속을 이끄는 기능을 가진 점에서 통신 언어 사용의 '유대 강화 동기'에 따라 만들어진 새말로 볼 수 있다.4)

(2) 영어 차용 파생어의 쓰임 ①

가. 이 몸과 **맞팔로우**를 하는 조건은 신선한 토마토 한 개...가 아니라, 간단한 멘션이란다.

가-1. 디엠으로 **맞팔**해달라고 하지쫌 마세요; 님이 재밋음 내가 진작에 괄로햇셈

나. 딴 겜도 그렇고 일반노트 트릴 나오는게 진짜 젬병이라 **고레벨** 진입이 너무 힘드네.. 이건 기본기가 약해서 그런거 같은데

나-1. 소피 팀샤 **고렙도** 이씁니다.. 화이트캣 악세 제시하는분은 저거 다가져가셔도 돼..

다. 헉 그렇군요ㅠㅠㅠㅠㅠ **스토커짓** 하는 놈들은 다 주거버려야합니

---

3) '이니피스'는 영어 'inner peace(이너피스)'를 참조해 만든 유추 표현으로 볼 수도 있다. '이너' 자리에 발음이 비슷한 '이니'를 바꾸어 넣어 만들었다고 보는 것이다.

4) 통신 언어 사용 동기에는 경제적 동기, 표현적 동기, 오락적 동기, 유대 강화 동기, 심리적 해방 동기가 있다. 자세한 내용에 대해서는 이정복(2003가)의 2장을 참조하면 된다.

다 (극단적) 아도니스으으..(꼬오옥..)
라. 명절이라 **지방러**들 집 가고 여행 가는 사람도 있고 시간 안되는 사람이 대부분인데 그런 과제를 왜 준대요... 어이구 교수님 ㅠ
마. 안철수가 지금 **개오바질**을 하는 것은 반문의 선봉장으로 각인되겠다는 계산 때문.

 (2)는 영어를 차용해 만든 명사 파생어로서 (2가)의 '맞팔로우'는 고유어 접두사 '맞-'과 외래어 어근 '팔로우(follow)'5)가 결합된 말이다. 이 말은 다시 (2가-1)의 줄임말 '맞팔'로 잘 쓰인다. (2나)의 '고레벨'은 '고(高)-레벨(level)' 구성의 파생어며, 이는 다시 (2나-1)의 줄임말 '고렙'으로도 쓰인다. (2다)의 '스토커짓'은 '스토커(stalker)-짓'으로 분석되는 파생어로 외래어 어근에 고유어 접미사가 결합된 말이다. (2라)의 '지방러'는 '지방(地方)-러(〈-er)' 구성의 파생어다. '-러'는 '스토리텔러(storyteller)'와 같은 영어 단어의 끝음절 발음 '러'를 사람을 가리키는 한 단위의 접미사로 잘못 분석하여 한국어에서 새말을 만드는 파생 접미사로 활용하는 것이다. (2마)의 '개오바질'은 '개-[오바-질]'의 구성으로 '오바(over)-질'6)이 먼저 만들어진 후 의미를 강조하는 접두사 '개-'를 붙여 2차로 만든 파생어다.
 영어 차용 파생어에는 다음 (3)과 같이 외래어 어근에 고유어 파생접사 '-하다'를 붙여 동사나 형용사로 만든 표현들도 아주 많다.7)

---

5) 'follow'의 올바른 외래어 표기는 '폴로'지만 누리꾼들은 '팔로우'를 쓴다.
6) 'over'의 올바른 외래어 표기는 '오버'지만 누리꾼들은 '오바', '오바질'을 많이 쓰는 편이다.
7) 노명희(2009:15-16)에서는 '클리어하다', '스피디하다'와 같은 보기를 단일어의 '어근 형성'으로 보았으나 여기서는 이런 구성을 외래어 어근과 고유어 접사가 결합된 점에서 파생어로 다룬다.

(3) 영어 차용 파생어의 쓰임 ②
  가. 소속사면 소속사가 알아서 **케어하고** 피디엎따고 그래야지 머하는거지 진짜
  나. 쥬시 이새끼들은 레몬에 스티커도 안때고 **슬라이스하냐???** 세척하긴 한거냐
  다. IT취업및 창업강의 **드랍하고싶다**.... 전공교양이라 드랍도 못해... 아니 왜 정원이 40명인데 5분스피치를 준비하래...
  다-1. 엥진짜? 나 글구 3학점 교양 하나 **드롭해서** 시간표 꽤널널...
  라. **슬렌더해서** 까만 셔츠 입고 악세사리 잔뜩 끼우고 계단에서 이너바우어 하는 날카로운 스모키 화장한 미남이 슬리데린이 아니라면 대체 누가 슬리데린을 하겠어요
  마. 알바비 들어왔다ㅜㅜㅜㅜㅜ 사장님 만원단위로 주셔서 672500원인데 68만원주심 **개쿨해**

(3가~다)의 '케어하다', '슬라이스하다', '드랍하다/드롭하다'는 모두 동사로 파생된 것이고, (3라)의 '슬렌더하다'는 형용사로 파생된 것이다. 각각 '케어(care)', '슬라이스(slice)', '드랍/드롭(drop)', '슬렌더(slender)'에 파생 접사 '-하다'가 결합되었다. '케어(care)', '슬라이스(slice)', '드랍/드롭(drop)'은 모두 영어에서 명사와 동사로 쓰이는 것인데 한국어 차용 과정에서는 동사의 기능이 사라지고 명사나 어근으로 쓰인다. '슬렌더(slender)'는 영어에서 본래 형용사지만 역시 한국어에서는 형용사 기능을 잃고 어근으로서 접사와 결합되어 형용사가 된다. (3마)의 '개쿨하다'는 '쿨(cool)-하다'라는 혼종 파생어에 접두사 '개-'가 덧붙어 만들어진 형용사다.

(4) 영어 차용 혼성어의 쓰임

가. 와 만트래 진심 사람이 어떻게 만트를 하지 **트잉여**다 말도안된다;;

나. 요즘 기레기들의 패악질을 보면 친한 트친도 떨어져나갈것 같은 반인륜적인 **패드립**이 끓어오르는걸 무서운 힘으로 참는다

나-1. 마음놓고 **섹드립**칠수잇는 관계가 되려면 반모부터 해야할 거같다 그러므로 반모받아여

나-2. 작년에 503이 탄핵 위기에 몰렸을때 **개헌드립** 많이 나왔던 걸로 기억하는데 아베색히가 똑같은 패턴을 쓰네 ㅉㅉ

다. 탐라의 중심에서 ㅅㅅ를 외치는 사람을 **섹무새**라고 하는게 아니고 매미라고 불러야 하는거 안닌가.

다-1. 나는야 **섹스앵무새** 섹무새

라. 김명수 대법원장이 안초딩 고교 동문인게 그렇게 중허디 중한 관련 뉴스 탑이냐? **개이버** 새끼들 진짜!!!

라-1. 기레기와 **게이버** 다음 이 십새들 김광석으로 이명박 덮으려고 하는거 같아 존나 찝집함

라-2. 현재 5위, **네이년**이 작업 못하게 우리가 꾸준히 오늘 하루는 검색합시다

(4)의 보기는 누리꾼들이 '혼성' 방식에 의해 만들어 쓰는 복합어 새말이다. (4가)의 '트잉여'는 '트(위터)+잉여'의 구성으로 분석되는 혼성어이며, 사회적 소통망인 트위터에서 빈둥거리며 많은 시간을 보내는 사람을 뜻한다.[8] '트위터'에서 1음절로 절단된 '트'는 이미 '트통령'(트위터 대통령),[9] '트친'(트위터 친구), '트친소'(트위터 친구 소개), '트페

---

[8] 남길임·송현주·최준(2015:53)은 '잉여남', '잉여녀' 등의 '잉여'에 대해 "청년들 스스로가 자신을 경쟁에서 뒤처진 쓸모없는 존재라고 인식하여 자조하는 의미로 사용되고 있는 듯하다"고 했는데 '트잉여'의 '잉여' 뜻과는 차이가 있다. '트잉여'와 비슷한 말로 '트위터 (오)덕후' 도 많이 쓰인다.

미'(트위터 페미니스트) 등 많은 복합어 새말의 어근으로 쓰이고 있다. (4나)의 '패드립'은 '패(륜)+(애)드립' 구성의 혼성어로 윤리적으로 문제가 있는 발언을 가리킨다.10) '패드립'과 함께 혼성어 '패륜+(애)드립'도 잘 쓰이는데, '패륜드립'은 '패드립'에 비해 언어 경제성에서 불리하지만 의미 해석에서는 유리하다. (4나-1)의 '섹드립'은 '섹(스)+(애)드립'의 혼성어다. '패드립', '섹드립'이 구성 요소 모두에서 절단이 일어난 것과 달리 (4나-2)의 '개헌드립'은 '개헌+(애)드립' 구성의 혼성어다. '개헌드립'이 '개드립'으로 줄어들지 않는 것은 이미 다른 뜻의 '개-(애)드립' 구성이 있기 때문에 의미 충돌을 피하기 위해서다.11) (4다)의 '섹무새'는 '섹(스)+(앵)무새'의 혼성어로 트위터에서 성 관련 게시글을 앵무새처럼 반복해서 올리는 사람을 뜻한다. (4다-1)처럼 '섹무새'의 뜻을 알 수 있도록 '섹스앵무새'를 쓴 누리꾼이 있지만 이 말은 거의 쓰이지 않고 혼성어 '섹무새'만 주로 쓰인다.

(4라)의 '개이버'는 '개+(네)이버'의 혼성어로, 한국의 대표적 인터넷

---

9) '트통령'은 트위터에서 대통령과 같이 인기가 많고 영향력이 큰 이용자를 뜻한다. 이외수 씨에게 이 말을 써 왔는데, 최근에는 '트럼프 대통령'의 줄임말로 쓰기도 한다. 보기: 프로막말러 트통령,국회연설에 명대사 나왔으면 좋겠당ㅋㅅㅋ; / 트통령 서울공항 오다가 롯데탑이랑 사고나면 웃기고 슬프고 화나고 당혹스럽고 공포스럽고 좋을 거 같다..

10) '애드립'을 줄인 '드립' 자체가 이미 '국정원이 만든 드립을 사용한 과거가 까이는게 불편하면 그만큼 사고체계가 동화되어 있기 때문입니다.'에서와 같이 독립된 줄임말로 쓰이는 점에서 누리꾼들의 관점에서는 '패(륜)+드립' 구성으로 볼 가능성도 있다.

11) 김해연(2007:97)은 "과도한 생략은 회복가능성(recoverability)의 문제와 모호성(ambiguity)의 문제가 발생한다"고 하면서 "이를 피하기 위해서는 다른 단어와 구별할 수 있는, 대조관계를 이룰 수 있을 때까지만 줄여야 한다는 제약"을 제시하고, 이를 '구별성의 동기(motivation of distinctiveness)'라고 했다. '개헌드립'이 '개드립'으로 줄어들지 않는 것은 바로 이런 동기에 따른 것이다.

기업인 '네이버'에 대한 부정적, 비판적 태도를 드러내는 말이다. (4라-1)의 '게이버'는 '네이버' 1음절 모음의 영향으로 '개이버'가 변형된 표기다. 따라서 '게이버'를 'ㄱ(ㅐ)+(ㄴ)ㅔ이버'와 같이 음소 단위의 절단이 일어난 후 결합된 혼성어로 볼 수 있다. 이런 표현들과 비슷한 말로 (4라-2)의 '네이년'도 쓰인다. '네이(버)+년'의 혼성어인데, 비속어 표현 '네 이년'을 참조하여 만들어 낸 표현이다.

이러한 혼성어는 최근 만들어진 새말에서 비중이 높은 유형이다. 남길임·김덕호(2014:24)의 조사에 따르면, 2014년 새말의 조어법별 분포에서 혼성어가 26%로서 파생어 25.2%, 합성어 23%보다 더 높은 것으로 나타났다. 앞서 제시한 것처럼 파생과 합성의 일반적 조어법에 따른 새말도 많지만 혼성 방식에 따른 혼성어 새말이 가장 많은 것은 혼성 방식이 가진 여러 가지 장점이 있기 때문이다.12) 이와 관련하여 이찬영(2016나:23)에서는 혼성어가 '의미 해석성', '언어 경제성'과 함께 '단어성'까지 함께 갖는 "매우 효율적인 단어 형성 방식"이라고 보았다.

예를 들어 설명하면, (4가)의 '트잉여'는 합성 방식의 '트위터잉여' 또는 잘 쓰이지는 않지만 그것의 줄임말 '트잉'과 비교할 때 '트잉'보다는 의미 해석이 쉽고 '트위터잉여'에 비해서는 언어 경제성이 있다는 설명이다. '트잉여'는 '트위터잉여'와 '트잉'에 비해 단어로 받아들여지

---

12) '막(걸리)+(탁)배기', '잎(담배)+(엽)초', '뜸(부기)+(무)닭'과 같이 고유어나 한자어가 결합된 혼성어가 다수 있는데 이들을 『표준국어대사전』에서 '~의 잘못' 또는 '~의 방언'으로 풀이하고 있는 것에 대해 박용찬(2008:114)는 "우리말에서 혼성어를 언어유희, 곧 말장난의 하나에 지나지 않는 것으로 파악한 것"이라고 해석했다. 또 "그만큼 혼성을 우리말의 자연스러운 단어 형성 방식으로 보지 않았던 것"이라고 하면서 최근 들어 혼성어 새말이 크게 늘어난 상황을 고려하면 '혼성'을 새로운 단어 형성 방식으로 인정할 필요가 있음을 지적했다.

는 정도인 단어성도 높다고 본다. '트통령', '패드립', '개이버'와 같은 다수의 혼성어는 구성 요소 가운데 '후행 형성어'인 '대통령', '애드립', '네이버'와 음절 수가 같기 때문에 기억이나 의미 해석에서 유리하게 작용한다고 설명했다.13) 이선영(2007:187)은 이러한 혼성어가 "후행 성분이 그 원래 단어가 가졌던 독자적인 의미를 그대로 표현하면서" 단어로 만들어지기 때문에 '두음절어'에 비해 새말로 정착하는 경우가 많다고 보았다.

혼성어의 형성에서 한 가지 더 주목할 점은 형성어의 절단 과정에서 외래어의 내부 구조가 완전히 무시되는 사실이다. 노명희(2012)에서는 외래어가 한국어에 정착하는 과정에서 품사적 변화가 나타남을 기술했고, 이찬영(2016나:6)은 "외국어 단어가 외래어로서 한국어에 정착되면 대부분 원래의 내부 구조가 반영되지 않아 단일어로 인식됨"을 지적했다. 트위터 누리꾼들은 '트잉여'에서 '트위터'를 '트'로 절단했는데 이는 영어 'twitter'의 내부 구조와 전혀 관련이 없다. '트'에 대응되는 't'는 뜻을 가진 분절 요소가 아닌 것이다. '패드립'의 '드립'도 '애드립'에서 절단된 것이지만 'ad lib'의 의미 구조와 어긋난다. 한국어 화자들이 한글로 적힌 '트위터'와 '애드립'을 많이 쓰다 보니 원어의 의미 구조와는 관계없이 한글 음절 단위가 절단의 경계로 작용하게 된 것이다.

누리꾼들이 만들어 쓰는 새말에는 '줄임말'도 아주 많다. 이선영(2016:273)은 '줄임말'을 '약칭어'로 부르면서 "두 단어 이상으로 이루어진 말에서 각 성분의 일부를 줄여 만든 말"로 정의했다. '혼성어'와 비교하여 '약칭어'는 원말이 존재하고, 원 상태로 복귀가 가능하며, 의미가 투명하다고 보았다. 이호승(2014:68)은 "두음절어, 절단어 그리

---

13) 이찬영(2016가:62)의 조사에 따르면 기존 형성어의 음절 수를 유지한 혼성어의 비율이 80% 정도로 높다.

고 이들에 포함되지 않는 형태론적 축소형들을 포괄하는 상위개념"으로 '약어'라는 용어를 쓰면서 이를 '혼성어'와 같은 층위로 보았다.14) 여기서 쓰는 '줄임말'은 앞선 연구들에서 쓴 '약칭어'나 '약어'와 비슷한 개념이다. '절단어'와 '두음절어'를 포함하여 긴 단어나 구, 문장을 경제적 동기에 따라 짧게 줄여 쓰는 것이 줄임말인 것이다. 줄임말은 앞의 혼성어와 달리 줄이기 전의 본말이 함께 활발히 쓰이며, 본말과 줄임말의 의미 차이가 없다는 점이 중요한 특징이다.

(5) 영어 차용 줄임말의 쓰임
    가. 미친 인강 강제로 듣는데 **팩폭** 오진다
    가-1. **팩트폭력**이라는 거 좀 순화된 표현이 뭐가 있을까 싶었는데 사실적시에 의한 명예훼손이 있었음
    가-2. 의원님들 앉혀놓고 **팩트폭행** 하면 잼나겠다 ㅎㅎ
    나. 삐에로 사진 알티하기전에 생각한번만 해보세요 혹시 니 **트친** 중에 광대공포증 잇는사람이 잇는지
    나-1. 요즘 학교에서 제일재밌는거 복도가는 실친**트위터친구** 귀에 다대고 닉네임 속삭이기
    다. 새벽에 섹트,**폭트**,욕트 그리고 퍼블릭 트윗이 많을 때가 있습니다
    다-1. 아무말 심하네 평소에나 좀 쓰고 교류하지 왜 엄청 새벽시간에나 **폭풍트윗**이야ㅜㅜㅜㅜ
    라. 나 오늘 취해서 **취트**하면 폰 *11*세요라고 좀 말해주세요
    마. 언어 회로 망가졌다... 애들 미모가 내 비루한 각막에 담기엔

---

14) 김병건(2017)은 기존 연구의 혼성어와 두음절어를 '혼성어'로 묶어 한국어 조어법의 새로운 유형이라고 했다. 그러나 전형적 '혼성어'와 두음절어 등의 '줄임말'은 여러 가지 점에서 차이가 있기 때문에 구별하여 보는 것이 한국어 단어 형성법을 이해하는 데 더 도움이 된다고 본다.

너무 **고퀄**이야
마-1. 고딩때부터 함께 꿈을 키워왔던 제로님을 오랜만에 만났다... 너무나 **고퀄리티** 굿즈들을 왕창 선물받아버렸어
바. 제발 딱봐도 상디팬인 사람한테 직멘이나 다름없는 인용알티로 그렇게 남의 **최애캐** 욕하시면 존나 기분나빠요.
바-1, 한니발렉터박사 안소니홉킨스는 조커의 히스레저만큼 인생캐릭 나의 **최애캐릭터**
사. 이 계정은 본계도 아니며 **세컨**도 아니고 그냥 하고싶은 말 하려 만든 계정입니다 후후
사-1. 도대체 **세컨계**엔 뭘 써야 하는건가
사-2. 내가 씨발 **세컨계정**이 하나 더있었단게 실화냐ㅋㄱㅋㅋㄲ
사-3. 아니에요ㅠㅠㅠㅠㅠㅠㅠ그런게아니에요 제가 **세컨드계정** 뒷계로 쓸라구 트청돌린거였는데 자꾸 렉이 걸리더라구요

(5가)의 '팩폭'은 (5a-1, 2)의 합성어 새말 '팩트(fact)+폭력(暴力)' 또는 '팩트(fact)+폭행(暴行)'의 줄임말이다. 의미를 쉽게 전달하려는 누리꾼들은 4음절의 본말을 그대로 쓰며, 빠르고 효율적으로 언어를 쓰려는 누리꾼들은 줄임말 '팩폭'을 쓴다. (5나) '트친'은 (5나-1)의 합성어 '트위터(Twitter)+친구(親舊)'의 줄임말이고,15) (5다)의 '폭트'는 (5c-1)의 '폭풍(暴風)+트윗(tweet)'의 줄임말이다. (5다)에 함께 쓰인 '섹트'는 '섹스트윗', '욕트'는 '욕설트윗'의 줄임말이다. 이러한 줄임말들은 앞선 연구에서 '두음절어'로 부르던 것으로, 본말의 두 구성 요소

---

15) '트위터친구'와 같은 구성의 영어 차용 복합어 새말로는 '페이스북(Facebook)+친구'가 있고, 그 줄임말은 '페친'이다. 보기: 선생님이 학생얼굴이랑 이름을 외운다고요 막 페이스북친구도 거는데 제가 맘이 약해서 쌩을못까요 ㅠ / 이번 추석에 보름달이 보이는곳에 거주하시는 페친들께서는 자유당,바른당 해체등 적폐청산을 함께 빌어봅시다!

가 각각 첫음절로 줄어드는 규칙성을 보여 주는 점이 특징이다. (5라)의 '취트'는 '취해서 하는 트윗'의 줄임말이다. 일부 줄임말은 이처럼 여러 어절의 본말에서 불규칙하게 만들어지기도 한다.

　(5마)의 '고퀄'은 '고(高)-퀄러티(quality)'라는 파생어를 짧게 줄인 말이며, 본말 '고퀄러티'와 줄임말 '고퀄'이 비슷한 빈도로 함께 쓰인다. (5바)의 '최애캐'는 (5바-1)의 '최애(最愛)+캐릭터(character)'의 줄임말이다. 만화, 애니메이션 등에 나오는 가장 아끼는 주인공을 뜻한다. (5사)의 '세컨'은 (5사-1)의 '세컨계'를 줄인 말이고, '세컨계'는 (5사-2)의 '세컨계정'을 줄인 말이며, '세컨계정'은 (5사-3)의 '세컨드계정'을 줄인 말이다. '세컨드계정'이란 평소 쓰는 기본 계정 외에 다른 용도로 쓰기 위해 추가로 개설한 트위터 계정을 가리키며, '부계정/부계', '뒷계'라고도 한다. 계속 짧게 줄이다 보니 합성어의 뒷부분 '계정'은 완전히 떨어져 나가고 앞부분의 일부 '세컨'만 남아 본말의 전체 뜻을 유지하고 있다. 긴 형식이 여러 단계의 줄임말로 만들어지는 흥미로운 모습이다. 이러한 '고퀄'이나 '최애캐', '세컨, 세컨계'는 본말에서 뒷부분이 절단되어 떨어져 나간 '절단어' 형식의 줄임말들이다.

　한편, 이정복(2013가:47)에서는 사회적 소통망의 새말 형성에서 '줄임' 방식이 가장 생산적으로 활용된다고 했다. "다른 방식에 비해 절차가 간단할뿐더러 긴 내용을 짧은 형식으로 쉽게 줄일 수 있기 때문"에 누리꾼들이 잘 활용한다고 본 것이다. 이런 점에서 줄임말은 기본적으로 파생어나 합성어, 구와 문장을 짧게 줄임으로써 언어 경제성을 확보하려는 통신 언어 사용의 '경제적 동기'에서 나온 것으로 볼 수 있다. 이와 함께 기존에 없는 새로운 형식을 만들어 내어 은어(隱語)처럼 쓰면서 재미를 느끼는 '오락적 동기'도 줄임말 사용의 중요한 요인으로 작용한다. '섹트'와 같은 줄임말은 '섹스'라는 말을 직접 드러내지 않은 채 점잖게 표현할 수 있는 점에서 은어적 기능이 있고, '고퀄, 팩폭, 트친'과 같은 줄임말은 본말에 대한 지식이 있어야 이해할 수 있다. 이런 점에서 누리꾼들이 만들어 쓰는 줄임말은 인터넷에서 활동을 공유하는 누리꾼들끼리 어느 정도 비밀을 유지하면서 친목을 강화하기 위한 '유대 강화 동기'에서 나온 것으로 해석이 가능하다.

3.2 영어 차용 복합어의 의미

앞에서 살펴본 영어 차용 복합어 새말은 그것이 기존 한국어 표현과 어떠한 의미 대응 관계를 보이는지 관점에서 크게 두 가지 유형으로 나눌 수 있다. 새로운 차용 표현이 기존 한국어 표현에 없는 새로운 의미를 도입하는 경우와 기존 한국어 표현의 의미와 겹치는 경우가 그것이다.

(6) 기존 한국어 표현에 없는 새로운 의미 도입 ①
가. ㅅㅂ **웹소설** 키워드 맘에 들길래 봤더니 이건 씨발 여주가 남주를 잡고 사는게 아니라 여주의 우당탕탕 육아기 아님?
나. 팬카페에도 엽서나눔글 올리고 싶은데 뭔가 활동안하고 **눈팅**만해서 올리기 부끄럽다((<
다. 제일 웃겻 던 놈은 내 **프사** 고양이 엿을 대 프사 너야 ? ㅋㅋ 보냇 던 놈
다-1. 앙스타 **플사** 걸고 개소리좀하지만 애들아......... 그니까 자꾸 팬덤 이미지가 개가 되잖아........
라. 방치해둔 **자작캐릭터**가 잘나와서.... 올려봤습니다!
라-1. 뒷계에 설정본도있습니다. **관캐**나 **앤캐** 하실분도 환영합니다.
라-2. 꿈에서 **고록**받은건 뭘까여 겁나 설래써

(6)의 영어 차용 복합어들은 기존 한국어에 개념이 없던 새말이다. 컴퓨터와 인터넷이란 새로운 정보통신 기술을 바탕으로 소통하고 시간을 보내는 일이 늘어나면서 관련 대상이나 상황을 표현하는 인터넷 언어문화 영역의 새말들이 많이 만들어졌고, 그 다수는 영어에서 차용한 외래어가 들어 있는 것이다. (6가)의 '웹소설'은 '웹(web)+소설(小說)'의 합성어로 인터넷 공간에 올려서 읽도록 한 소설을 뜻한다. (6나)의 '눈팅'은 '눈+(채)팅'의 혼성어로 다른 사람의 글에 답을 하지 않고 읽기만 하는 행위를 가리킨다. 이 말이 처음 만들어진 1990년대에는 주로 대화방에서 말없이 읽기만 하는 행위를 뜻하는 것이었지만 지금은 게시판, 카페, 블로그, 사회적 소통망, 카카오톡 같은 메신저 등 인터넷 전반의 언어 사용에서 소통 없이 읽기만 하는 일방적 행위를 뜻하는 말로 쓰임이 넓어졌다. (6다)의 '프사'도 초기에는 사회적 소통망에서 자기소개를 위해 올리는 사진을 가리켰지만 지금은 블로그나 카카오톡 등 메신저 프로그램에서도 쓰이고 있다. '프사'는 '프(로필)+사(진)'의 줄임말이며, (6다-1)처럼 '플사'로도 줄여 쓴다.

  (6라)의 '자작캐릭터'는 '스스로 창작한 캐릭터'의 뜻으로 누리꾼 직접 만든 만화나 소설의 주인공을 뜻한다. 인터넷 카페, 블로그, 사회적 소통망을 이용하여 그림과 글을 통해 사람이나 동물 등의 주인공을 만들어 다른 사람이 만든 캐릭터와 역할극을 하며 교류하는 동호회 누리꾼들이 쓰는 새말이다. '자작캐릭터'는 '자캐'라는 줄임말로 더 잘 쓰이며, 관련 표현으로는 (6라-1, 2)의 '관캐'(관심캐릭터), '앤캐'(애인캐릭터), '고록'(고백로그) 등이 있다. 모두 인터넷을 바탕으로 한 새로운 문화 교류 활동에서 누리꾼들의 현실적 필요에 따라 만들어진 새로운 의미를 가진 새말들이다.

(7) 기존 한국어 표현에 없는 새로운 의미 도입 ②
　가. 두 **트친**님을 소개시켜 드렸는데 따님들 이름이 같다. 신기해라.
　나. 구글서칭 레알 무섭네.. 검색결과로 들어가보니 **플텍계정**이길래 저장된 페이지로 보니까 타래글까지 다 보여...
　다. 벌써 **실트** 1위입니다. 이 해시태그에 화력 집중해주세요!
　라. 와! 오늘 하루 종일 **답멘** 못 드린 멘션, 늦었지만 모두 **답멘션** 드렸다!!!!!
　마. zzzzㅋㅋㅋㅋㅋㅋㅋㅋㅋㅋㅋ나 누군지도 모르고 **블락하니까 맞블락**한거 존나 웃김
　바. 나 ㅇㅣㄱㅓ 어제 보고 **리트윗 ㅎㅏㄹ라** 그랬는데 다른 말 쓸 힘이 없어서 오늘 ㅎㅏㄹ라구 참음
　바-1. 탐라 사람들 추석에 돈 많이 받기를 바라며 다 돈 짤을 **알티하고** 있다

　　(7)의 영어 차용 복합어 표현들은 사회적 소통망 트위터 이용과 관련된 것으로 역시 기존 한국어에 없는 의미를 표현하는 말들이다. (7가~라)의 복합 명사 '트친, 플텍계정, 세컨계정, 실트, 답멘, 답멘션'과 (7마~바-1)의 파생 동사 '블락하다, 맞블락하다, 리트윗하다, 알티하다'가 모두 트위터 이용 과정에서 쓰게 되는 일종의 전문용어다. 그런데 본래 영어 기반의 트위터에서는 '트위터친구'나 '트친'을 쓰지 않고 '팔로워(follower)'라고 표현하는데 한국 누리꾼들이 의미 파악이 더 쉬운 '트위터친구'와 그 줄임말 '트친'을 만들어 쓰는 것이다.
　　구체적으로 (7나) '플텍계정'은 '플텍(←프로텍트 protect)+계정(計定)'의 합성어로 친구 관계의 이용자에게만 공개되는 비밀 계정을 가리킨다. (7다) '실트'는 '실시간(實時間) 트렌드(trend)'라는 트위터 용어의 줄임말이다. (7라)의 '답멘'은 '답(答)+멘션(mention)'의 줄임말로서 다른 이용자의 '멘션'에 답장으로 보내는 트윗글을 가리킨다. (7마)

의 '블락(block)-하다'16)는 다른 사람이 게시글을 읽지 못하도록 특정 계정의 접근을 차단하는 것이며, '맞블락하다'는 두 이용자가 서로 차단하는 것을 말한다. (7마, 마-1)의 '리트윗(retweet)하다'와 '알티(rt ←retweet)하다'는 다른 사람의 게시글(트윗)을 자신의 구독자들에게 전송하여 퍼트리는 것을 가리킨다. 이처럼 트위터라는 사회적 소통망을 한국어 화자들이 이용하면서 관련된 수많은 영어 차용 새말들이 한국어 안에 새롭게 만들어져 쓰이고 있는 것이다.

(8) 기존 한국어 표현에 없는 새로운 의미 도입 ③
  가. 조작질하고 **갑질마인드**를 가진 것들이 누가 더 쓰레기인가 싸우는건가?
  가-1. **슈퍼을**이면서 언제나 **슈퍼갑**의 걱정만하는 그런 사람들이 또 있겠지?
  나. 대학원 안기─ㄹ거에요!!!!나한테 **열정페이** 주면서 이것저그 ㅣㅅ 시킬 셈이지!!?!???!?!
  다. 나 예전에 내가 **트랜스남성** 인줄알앗잔아 ㅋㅋ 틱터 퀴어 뽕때문에 ㅋㅋ
  다-1. 일부 퀴어운동가들이 저런 사건의 가해자가 **트랜스여성**인척 하는 **시스남성**이 아니냐 하나본데, 알면 그 시스남성 같아보이는 놈들 좀 쫓아내라.

보기 (8) 표현들은 사회적으로 새롭게 형성된 개념과 관련된 영어 차용 복합어 새말로 한국어에 새로운 의미를 도입하고 있다. (8가)의 '갑질+마인드(mind)'는 '갑(甲)-질'이라는 파생어가 만들어진 후 그러한 행동을 하려는 마음의 태도를 가리키는 말로서 2차적으로 만들어

---

16) 'block'의 규범적 외래어 표기는 '블록'이지만 누리꾼들은 미국식 발음을 바탕으로 '블락'을 쓴다.

낸 합성어다. '갑질'이 우월적 지위에 있는 사람이 약자에게 부당하거나 무례하게 요구하고 행동하는 것을 뜻한다면 '갑질마인드'는 그러한 마음의 태도를 가리키는 말이다. (8나)의 '열정페이'는 '열정(熱情)+페이(pay)'의 합성어로 인턴이나 아르바이트생에게 일을 시키고 정당하게 돈을 지급하는 대신 일에 대한 열정 발휘 또는 경험의 기회로 삼으라고 강요하는 것을 뜻하는 말이다. 젊은이들에 대한 노동 착취를 고발하는 새말인데, 취업 경쟁이 심해지면서 구직자들을 거의 공짜로 부려 먹으려는 잘못된 한국의 노동 관행을 비판한다. '갑질'이나 '갑질마인드', '열정페이' 모두 기존의 한국어에 없었던 새로운 의미를 표현하는 것이다.

(8다, 다-1)의 '트랜스남성, 트랜스여성'은 성 소수자를 특정해 가리키는 새말이다. '트랜스남성'은 '트랜스(trans)+남성(男性)', '트랜스여성'은 '트랜스(trans)+여성(女性)'의 합성어로 볼 수도 있고, 각각 영어 'trans man', 'trans woman'의 번역 차용어로 볼 수도 있다. '트랜스남성'은 '남성 정체성을 가진 트랜스젠더', '트랜스여성'은 '여성 정체성을 가진 트랜스젠더'를 가리킨다. 또한 '시스남성'은 '시스젠더(cisgender)'를 바탕으로 만들어 낸 말로 자신의 성별과 성 정체성이 일치하는 남성을 가리킨다. 줄여서 '시스남'이라고 하며, 여성에 대해서는 '시스여성', '시스녀'가 쓰인다. 이와 같이 성 소수자나 성 정체성 관련 말들도 대부분 기존 한국어에 없던 것으로 새말을 통해 새로운 의미를 표현한다.

(9) 기존 한국어 표현의 의미와 겹침 ①
　　가. ㅎ헉 모르셧구나!!!! 예파타 이벤즈음에 나온 mv모드인데 전에 있던 3D모드보다 화질도 조아지구 이런저런 효과가 들어가서 뮤비가 좀더 **고퀄리티**로 보이는 모드예요!

가-1. ? 유튜브 1080p에서 최고품질로 뽑은 움짤보다 트위치 720p에서 **고품질**로 뽑은 움짤 화질이 더 좋은거 실화야?ㅠㅠ ㅠㅠㅠ 파일 크기땜에 올릴 수가 없다
나. 으...으아아... 아침에 파프리카 **슬라이스하다가** 엄청 귀여운걸 발견해버림..ㅠㅠ
나-1. 선드라이 토마토를 잘게 **썰어서** 같이 비벼주면 두 배로 맛있을 듯
나-2. 친구말대로 양파**잘라서** 버무리고 냅뒀더니 짠기 빠지고있어 나완전행복해짐
다. 김경호 몸매 존나 **슬렌더하고** 스키니진 잘어울리네
다-1. 조선 여자치고 키가 크고 **날씬한** 몸매, 갸름하고 가는 눈!
다-2. 대현이 몸 얄쌍하고 **호리호리한**거 너무 좋은 사람. 춤출때 너무 예뻐.

(9)는 차용 표현과 기존 한국어 표현의 의미가 겹치는 경우로, (9가)의 새말 '고퀄러티'는 만화, 게임, 동영상, 사진 등의 화질이나 줄거리 구성 수준이 아주 높음을 가리킬 때 주로 쓰이는데,17) 누리꾼들은 같은 맥락에서 같은 의미를 갖는 (9가-1)의 기존 한국어 표현 '고품질'도 흔히 쓴다. (9나)의 '슬라이스하다'는 '썰다' 또는 '자르다'와 의미가 같다. (9다)의 '슬렌더하다'는 (9다-1, 2)의 '날씬하다', '호리호리하다'와 의미가 겹친다. '고퀄러티', '슬라이스하다', '슬렌드하다' 등의 영어 차용 복합어 새말은 이미 한국어에 있는 표현과 의미가 같거나 겹치지만 외국어 사용을 통해 전문적이고 세련되며 신선한 느낌을 표현하려는 '표현적 동기'에서 만들어 낸 새말이다. 영어가 한국 사회에서 갖고 있는 위세적 기능에 주목하여 만들어 쓰는 말인 셈이다.

---

17) '고퀄러티'의 쓰임이 늘어나서 지금은 '고퀄러티 줄눈 시공', '고퀄러티 업무노트다', '고퀄러티 수입의류', '고퀄러티 더민주에 상대가 안 되네요'와 같이 다양한 의미 맥락에서 쓰이고 있다.

(10) 기존 한국어 표현의 의미와 겹침 ②
  가. **문프** 실컷 이용해먹고 뻔뻔하게 후원금 모집 트윗 하기만 해봐요 ㅋㅋㅋ
  가-1. 누가보면 우리나라 대통령 트럼픈줄 알겠다 네.이버 메인에 **문통** 관련기사는 거의 없고 이틀에 한번씩은 트럼프가 다 장악.
  나. 음... 이혜인 수녀님 시집, **이니굿즈**로 등극될 것 같네요.
  나-1. 혹시 저 컵 **문재인 대통령 기념품** 컵 아님? (이니 굿즈에 미쳐있다 -_-;)

 (10가)의 차용어 새말 '문프'는 기존의 한국어 표현인 (10가-1)의 '문통'과 지시 대상이 같다. 두 말 모두 문재인 대통령을 가리키며, 따라서 기본 의미가 서로 겹친다. 그런데 누리꾼들은 '문통'보다 '문프'를 더 많이 쓰고 있다. '문통(文統)'은 '박통(朴統), 전통(全統), 노통(盧統)'에 이어지는 말로서 한국어 화자라면 누구나 '문재인 대통령'의 줄임말임을 쉽게 알 수 있다. 이와 달리 '문프'는 '문재인 프레지던트(president)'의 줄임말로, 국어사전에도 실리지 않은 영어 단어 '프레지던트'의 첫 글자만 들어 있어 '문통'보다 의미 해석성이 크게 떨어진다. 누리꾼들이 익숙한 구조에 뜻이 쉬운 '문통' 대신 낯선 새말 '문프'를 더 즐겨 쓰는 것은 '박통', '전통'에서 느껴지는 부정적 의미를 피하려는 의도 때문이다. 곧, '박통'이나 '전통'에서 느껴지는 강한 독재자 이미지가 전염될 수 있는 '문통' 대신 '촛불민심'으로 뽑은 민주주의 대통령에게 '문프'라는 새 가리킴말을 씀으로써 부정적 평가를 받는 전임 대통령과 차별화하려는 지지자 누리꾼들의 정치적 목적의 언어 사용 전략이 파악된다.
 (10나)의 '이니굿즈'도 (10나-1)의 '문재인 대통령 기념품'과 지시 의미가 같다. '문재인 대통령 기념품'이 길어서 불편하다면 단순히 '대

통령 기념품'이라고 해도 된다. 그럼에도 누리꾼들은 문 대통령의 애칭 '이니'와 영어 차용어가 결합된 새말 '이니굿즈'를 만들어 더 활발히 쓰고 있다. 이 또한 '문프'와 마찬가지로 정치적 동기의 언어 사용 전략에 따라 만들어진 것으로 생각된다. '대통령 기념품'이라는 기존 표현이 가진 격식적이고 권위적이며, 수동적인 느낌에 비해 '이니굿즈'는 마치 유명 연예인들의 팬들이 구입하는 연예인 관련 기념품이나 애장용품처럼 친근하고 편안하면서도 열렬한 느낌을 준다. 본래 '굿즈(goods)'는 "연예인이나 스포츠 팬을 대상으로 디자인한 상품을 일컫는다. 셔츠나 가방, 머그컵, 인형, 식품, 가전제품 등 갖가지 상품의 형태로 기획·판매되며 머천다이즈(merchandise)라고도 부른다"(에듀월시사상식).18) 유명 정치인들을 연예인처럼 따르는 '팬덤 정치 문화'가 이미 선거 과정에서도 나타난 것처럼 대통령 기념품에 대한 지지자들의 열광적 태도가 '이니굿즈'라는 새말 복합어를 통해 잘 드러나고 있다.19)

4. 영어 차용 복합어 새말의 사회문화적 의의와 태도

앞 절에서 누리꾼들이 쓰는 영어를 차용한 복합어 새말들의 구조와 의미를 살펴보았다. 여기서는 먼저, 영어 차용 복합어 새말의 사용에서 보이는 특징 및 그것이 갖는 사회문화적 의의가 무엇인지에 대해 몇 가지로 나누어 생각해 보기로 하겠다.

첫째, 영어 차용 복합어 새말의 다수는 인터넷을 바탕으로 한 동호

---

18) http://100.daum.net/encyclopedia/view/201XXX1706093
19) 2017년 대통령 선거 과정에서 나타난 '팬덤 정치 문화'에 따른 누리꾼들의 호칭어 및 경어법 사용에 대해서는 이정복(2017나)를 참조할 수 있다.

회 등의 교류 활동 과정에서 누리꾼들의 필요에 따라 만들어진 표현이며, 영어 기반의 새로운 기술 문화가 한국어에 영어 차용어를 크게 늘이는 계기로 작용했다고 평가된다. 컴퓨터, 인터넷, 휴대폰 등의 정보 통신 기술을 중심으로 이루어진 오락과 소통 문화에서 쓰는 말은 그러한 기술의 근원 언어가 영어인 점에서 한국 누리꾼들 또한 영어 표현을 자연스럽게 접하는 일이 많고, 영어나 영어 차용 표현을 사용하는 것에 익숙하게 된다. 이런 상황에서 많은 누리꾼들은 인터넷 공간의 교류에서 필요한 새로운 의미를 표현할 때 영어 요소와 한국어 요소를 결합하는 것에 거부감이 별로 없는 것으로 보인다.

둘째, 영어가 가진 위세적 기능 때문에 한국 사회 자체의 현상이나 기존 한국어에 있는 말을 영어 차용어를 이용한 새말로 표현하는 경우도 있었다. '갑질마인드'와 '열정페이'와 같은 말이 그 보기인데, '갑질마인드'는 한국인들이 계약 관계를 권력 관계처럼 잘못 인식하고 행동하는 부정적 현상을, '열정페이'는 한국 자본주의 문화가 가진 정의롭지 못한 착취 관행을 비판하는 말이다. 이러한 사회 현상을 가리키는 의미와 표현이 한국어에 없어서 새말을 만들더라도 영어 차용어를 굳이 이용해야 할 필연성은 없다. '갑질마인드'를 '갑질자세'나 '갑질태도'로 만들어도 의미 전달에 어려움이 없어 보인다. '열정페이' 또한 '열정임금'이나 '무임금 착취' 정도로 표현할 수 있다. 그럼에도 '갑질마인드', '열정페이'가 만들어져 쓰이는 것은 한국어 화자들에게 영어가 갖는 위세적 기능이 작용한 결과로 보인다.

더욱이 누리꾼들이 '고품질'을 '고퀄러티'로, '썰다'나 '자르다'를 '슬라이스하다'로 표현하는 것은 한국 사회에서 영어 사용의 위세적 동기가 극대화된 결과로 볼 있다. 앞서 살펴본 것처럼 이런 차용어 새말들은 기존 한국어 표현과 의미 차이가 거의 없다. 같거나 비슷한 뜻을 전달할 수 있음에도 기존 표현 대신 영어 등에서 들어온 외래어를 쓰면 더 눈에 띄고 멋져 보이며, 고급스럽게 생각된다는 한국 누리꾼들의 의식적, 무의식적 가치 판단과 언어 태도가 영어 차용어 새말 만들기에 작용한 것이다.

셋째, 기존 한국어 표현이 있는 경우라도 정치적 동기에 따라 영어 차용 새말을 전략적으로 만들어 쓰는 모습이 확인되었다. '문프'와 '이니굿즈'의 경우 문재인 대통령을 전임 대통령과 차별화하는 한편 지지자들의 유대 강화를 꾀하기 위해 영어 차용 복합어로 만든 새말이다. 대통령 별명을 애칭 '이니'로 쓰고, '프레지던트', '굿즈' 등 외국어가 들어간 복합어를 만들어 써도 누리꾼들의 반응이 아주 긍정적이다. 나라를 대표하는 대통령과 관련해서 외국어가 섞인 표현을 쓴다고 비판하는 사람은 찾기 어렵다. 그만큼 한국 사회, 특히 인터넷 공간에서 영어 등 외국어, 외래어를 대하는 한국어 화자들의 태도가 이미 열려 있다는 뜻으로 이해하는 것이 가능하다.

넷째, 영어 차용어 복합어 새말의 쓰임을 통신 언어 사용 동기 면에서 볼 때 경제적 동기, 표현적 동기, 오락적 동기, 유대 강화 동기가 두루 작용한 것으로 판단된다. 새말 복합어 가운데 구성 요소의 형식이 절단되는 혼성어와 줄임말이 특히 많은데, 이는 필연적으로 길어질 수밖에 없는 복합어의 길이를 크게 줄임으로써 언어 경제성을 확보하기 위한 누리꾼들의 노력 결과다. 누리꾼들은 같은 의미의 한국어 표현이 있음에도 전문적이고 세련되며 신선한 느낌을 표현하려는 표현적 동기에서 낯선 외국어나 외래어를 섞어 만든 복합어 새말을 적극적으로 쓰고 있었다. '고퀄', '팩폭' 등 의미 해석이 쉬운 본말을 짧게 줄인 말은 은어처럼 쓰면서 재미를 느끼는 점에서 줄임 방식의 복합어 새말 사용에는 오락적 동기도 작용한다. '문프', '이니굿즈'는 문재인 대통령 지지자들 사이에서 유대 강화를 위해 만들어 쓰는 새말이고, '트친, 플텍 계정, 실트, 폭트', '블락하다, 알티하다, 팔로우하다'와 같은 트위터 이용 관련 표현들은 트위터 누리꾼들의 유대 강화에 기여하는 말들이다. '관캐, 앤캐, 고록' 같은 말은 그림이나 글 창작 동호회 회원들 사이에서 은어처럼 쓰이며 같은 취미를 가진 누리꾼들이라는 자부심을 심어 준다. 이와 같이 새말의 다수는 인터넷 동호회나 특정 커뮤니티 사이트에서 회원들의 공감도를 높이고 서로 간의 유대를 강화하기 위해 만들어 낸 것이 많은 것이 사실이다.

이러한 영어 차용 복합어 사용에 대해 누리꾼들은 어떤 생각을 하고 있는지와 관련해 누리꾼들의 태도를 살펴보고자 한다. 영어 차용 복합어 새말에 대한 직접적 태도 표출과 함께 외국어나 외래어 사용과 관련하여 자신의 전반적 태도와 의견을 드러낸 게시글을 다수 찾을 수 있었다. 아래에서 제시하는 누리꾼들의 게시글은 트위터 검색창에서 '외래어, 외국어'를 넣어 찾은 것들이다.

(11) 외래어, 외국어 사용에 대한 누리꾼들의 긍정적 태도
  가. 물론 우리나라 고유의 말을 오래 간직하면 좋겠지만 외래어 외국어를 쓴다고 우리나라의 정체성이 없어지거나 이상해지는건 절대 아님 그리고 기술이 점점 발달하고 지구촌이 이미 현실이 된 사회에서 색깔은 섞여서 하나가 되는게 당연한거다 (@Lim***)
  나. "사회관계망서비스"가 뭐야~ 이젠 'SNS'를 외국어 아닌 외래어로 취급해도 되겠구만, 굳이 저 어렵고 와닿지도 않는 단어를 쓰네. (@Jom***)
  나-1. 폼난다, 간지난다, swag. 이런 느낌은 외래어,외국어로 표현하는 게 꽤 당연해 보인다. (@aut***)
  다. 단체 이름조차 순우리말이 아닌 국립국어원이 뭘 자꾸 순화한다고 그러는지. 외래어는 외래어대로 외국어는 외국어대로 그냥 쓰자고. 사람들이 안 쓰는 말은 차츰 사장되겠지. 멀쩡히 쓰

는 말 쓰지 말라고 윽박지르지 좀 마. (@b___***)
다-1. 국립 국어원 참... ㅋㅋㅋㅋㅋㅋㅋㅋ 너무 한글로 바꾸는 데 집착하는듯요. 이미 정착된 외국어는 외래어로 걍 분류해서 쓰면 되는 걸... (@_He***)
다-2. 가끔씩 이렇게 말다듬기를 하는게 필요한가 싶을때가 있다. 물론 콩글리쉬는 좀 고쳐야겠지만 일반적으로 쓰는 외국어, 외래어를 꼭 존재하지도 않는 한국어를 만들어야할 당위성이 있는건가 (@eye***)

　(11)의 누리꾼들은 외국어나 외래어 사용에 긍정적 태도를 보이면서 국립국어원의 외래어 다듬기 활동에 반대하는 모습을 보여 준다. (11가) 누리꾼은 기술이 발달하고 지구촌이 현실이 된 상황에서 외래어나 외국어를 쓰지 않을 수 없음을 말하고 있다. (11나, 나-1) 누리꾼들은 구체적 표현을 통해 외래어, 외국어 사용을 긍정적 시각에서 보았다. 'SNS'라는 표현은 이제 외래어가 되었으니 굳이 '사회관계망서비스'로 순화해서 쓸 필요가 없다고 했고, '폼난다, 간지난다, swag' 같은 말은 외래어, 외국어 그대로 쓰는 것이 당연하다고 했다. (11다~다-2) 누리꾼들은 국립국어원에서 외래어, 외국어를 고유어나 한자어 중심으로 바꾸는 말 다듬기 활동을 펼치는 것에 대해 "멀쩡히 쓰는 말 쓰지 말라고 윽박지르지 좀 마"라고 하면서 강하게 비판한다. 이미 쓰임이 많고 정착된 외래어나 외국어는 굳이 순화하지 말고 그대로 둘 것을 요구한 것이다.

　이처럼 트위터 누리꾼들 가운데는 외래어나 외국어의 필요성과 현실적 쓰임을 인정하면서 국가 기관의 말 다듬기 활동에 강한 반감을 드러낸 사람들이 적지 않았다. 그러나 한국어 화자들이 외래어, 외국어 사용을 갈수록 많이 하고 있으며, 그것이 문제라고 비판하는 누리꾼들이 훨씬 더 많은 것으로 나타났다.

(12) 외래어, 외국어 사용에 대한 누리꾼들의 부정적 태도 ①

가. 결론은 한국말이 외국어, 외래어에 잠식 당하고 있다는 거죠. 예를 들어 조선업을 하는 사람 왈 중국어는 거의 모든 조선용어가 중국말로 돼있다더군요. 반면 한국말은 외국어 외래어를 빼면 조사, 어미만 남을거라고. 악당이 버젓이 있는데 왜 빌런을.. (@jos***)

나. 우리말을 배우는 사람이 '번지도약'을 해봤다고 해서 첨엔 못 알아들었다가.. 순간 알아듣고 웃음이 터져버렸다 bungee jumping. 외래어도 우리말로 바꿔써보는 외국인과 우리말도 외국어와 혼합하면 그럴듯할 것 같아 바꿔 쓰는 한국사람이 대조된다 (@a_b***)

다. 방송에 나온 사람이 외국어 외래어를 섞어서 말을 한다 국민은 궁금하여 사전을 찾는다 영어사전 불어사전 중국어사전 등의 사전을 찾는다 하지 않아도 될 시간 낭비와 하지 않아도 될 공부를 하게 된다 이렇게 세월이 흐르면 얼마나 불편한 세상이 될까 (@173***)

라. 외국어 외래어 없이 옷 소개하는 쇼핑몰 있으면 가보고싶다 (@HQ_***)

라-1. 외국어 외래어 회사명 상표명에 1000%증세해라. 그럼 정화된다. 주민"센터" 고안한 놈과 적용한 놈 모두 처형해라! 이 따구로 살면서 10월 9일이면 되지도 않는 헛소리에, 극구 알뽕쓰 도데 운운... (@jeh***)

마. 얄팍한거 급하게 감추기 위해서는 외국어 남발만큼 쉬운게 없죠ㅋㅋㅋ 왜냠 그들은 소통이 아니라 걍 닥치고 나의 이 멋있음을 봐줘!!!가 목적이기 때문은 아닐까 생각해봅니다.... (@hit***)

바. 요즘따라 외래어 외국어 사용이 왜 이렇게 많을까 마음이 아프다 예전에는 당연히 우리말로 쓰던 것들마저도 영어 단어로 대체될 때 특히...ㅠㅠ (@dil***)

(12가) 누리꾼은 한국어가 외국어, 외래어에 잠식당하고 있다고 했고, (12나) 누리꾼은 우리말과 외국어를 섞어 쓰는 사람을 비판하고 있다. (12다) 누리꾼은 방송에서 외국어와 외래어를 많이 써서 국민들이 사전을 찾아야 하는 시간 낭비를 하고 있다고 했고, (12라, 라-1)의 누리꾼들은 쇼핑몰이나 회사명, 상표명 등에서 외국어와 외래어가 남용되고 있음을 지적했다. (12마) 누리꾼은 외국어를 남발하는 사람들이 얄팍한 지적 수준을 감추고 멋있게 보이기 위해 그런 행동을 한다고 하여 눈에 띈다. 그러한 지나친 외국어 사용이 소통에 방해가 됨을 말하고 있다. (12바) 누리꾼은 '마음이 아프다'고 할 정도로 외래어, 외국어 사용이 늘어난 현실을 부정적으로 보고 있다.

(13) 외래어, 외국어 사용에 대한 누리꾼들의 부정적 태도 ②
　　가. 외래어들이 유독 뜻도 제대로 이해하지 못하고 유행처럼 따라 쓰는 사람들이 많은거같음. 크리피하다.. 트리거워닝.. 어브노멀...etc 외국어라서 있어보인다고 생각하는걸까.. 저 외국어를 한국말로 매치 할 수 있는 편이 문장력있다고 생각하는데 (@ff1***)
　　나. 제발 팩트니, 오더같은 외국어(외래어)를 쓰지 마라. 노소도 다 알아들을 수 있는 말로 해야 되지 않겠는가! (@iou***)
　　나-1. 청와대 공무원들 중에 아직도 일베유저가 있나? "이것이 팩트입니다" 라니... 팩트라는 외국어(외래어로 봐야 하나?;;)에 거부감과 반감이 더 심해지고 있어... (@shi***)
　　다. pc하다 크리피하다 이런 것들이야말로 외래어 외국어 남발이라고 생각한다 (@ede***)
　　라. HYOB @HYOB__ 3월 26일 '~ 워딩' 이라는 말 요즘 자주 보인다. '~한 뜻', '의미' 같은 말 두고 왜 굳이 워딩이란 말을 쓰지.. 있어보이나? 외래어랑 외국어는 다르다고 생각하는데.
　　마. 아니 플레어 진 이란 말 정말 이해 안 되는게 그냥 주름진 이

라고 쓰면 되잖아 아님 처음부터 플레어 스타일의 이런 식으로 둘다 외국어 쓰던가 ㅋㅋㅋ 아 스타일은 외래어인가? 여튼... 왜 굳이 저렇게 쓰는지 진짜 이해 안된다 (@Eso***)
바. 꼭 힙하다는 말을 써야되는지도 의문 충즈분히 한그로 나타낼 수잇는말을 외국어로 남발하는거 진짜 별로다.. 외래어는 어쩔 수없다쳐도 한글에 굳이 난 저 센텐스가 맘에들어. 도대체 왜 이렇게 말하는거야.. 교포도 아니면서 (@maf***)

　(13)의 누리꾼들은 쓰는 것이 문제라고 생각되는 외래어, 외국어 표현을 구체적으로 지적한 점이 공통적이다. (13가) 누리꾼은 '크리피하다, 트리거워닝, 어브노멀'을 사람들이 '있어 보이기 위해' 뜻도 제대로 이해하지 못하고 쓴다고 했고, (13나) 누리꾼은 '팩트, 오더'를 쓰지 말라고 강조했다. 특히 (13나-1) 누리꾼은 지난해 박근혜 정부의 청와대 공무원들이 홈페이지에 외국어를 넣어 "이것은 팩트입니다"라고 쓴 것 때문에 거부감과 반감이 더 심해지고 있다고 비판했다. (13다) 누리꾼은 'pc하다, 크리피하다'를, (13라) 누리꾼은 '워딩' 사용을 비판했다. (13마) 누리꾼은 '플레어지다'라는 표현을, (13바) 누리꾼은 '힙하다'와 '센텐스'를 쓰는 것이 진짜 이해되지 않는다고 했다.

(14) 외래어, 외국어 사용에 대한 누리꾼들의 부정적 태도 ③
가. 음... 요점에서 벗어난 얘기라 소심하게 하는 건데... 요즘 트위터에 외국어 사용이 너무 느는 것 같다. 물론 해외 트위터에서 바로 넘어오는 인터넷 용어라든가 아직 대체할 우리말이 없는 외래어는 그렇게 쓰는 게 당연한 거지만 (@zja***)
나. 약간... 외국어의 외래어화 사실 잘 모르겠음... 일본어에 정말 온갖것들을 죄다 영어 써서 부르는 것도 생각나고... 그야 드립으로썬 트윗할 때 재미있긴 한데 가끔 너무 온갖단어가 외국

어(의 한글음독)라 암호같을 때 있음ㅋㅋㅋㅋ (@818***)
다. 트위터에 이런거 때문에 은은하게 스트레스받는데... 미국에서 일주일전에 귀국하는 내친구랑 대화하는데도 쓰는 빈도가 아주 낮은 단어말고는 영어단어도 거의 안쓰고 혹 말하다가 너무 단어가 기억 안날때나 영어단어를 말하는데..틔터에서 오만 단어를 다 알게됨 (@swh***)
다-1. 물론 집단이라는게 특성이 있으니 유행어도 있는거고 사이트나 커뮤니티별로 은어가 생기는 건 당연한데, 트터에서는 뜻을 모르고 그냥 쓰거나 딱히 안써도 되는 말들... ex)디그니티, 플랫...을 남발한다. 그리고 그걸 당연히 알아야한다고 생각함. (@swh***)

(14)의 보기는 트위터 공간에서 외래어나 외국어 사용이 특히 많다는 점을 비판적으로 지적한 글들이다. (14가) 누리꾼은 요즘 트위터에서 외국어 사용이 너무 많이 늘어났다고 지적하고 있다. 외국에서 들어온 인터넷 관련 표현이나 대체할 한국어 표현이 없는 경우에는 당연히 외국어를 쓰더라도 그렇지 않은 경우에서까지 외국어를 쓰는 것이 지나친 수준이라고 비판했다. (14나) 누리꾼은 트위터에서의 외국어 사용이 재미있기도 하지만 결과적으로 글이 암호 같아서 이해에 어려움이 있음을 암시했다. (14다, 다-1)의 누리꾼은 트위터에서 수많은 영어 단어를 뜻도 제대로 모른 채 쓰고 있는 점을 문제점으로 지적하였다. 이와 같이 누리꾼들이 외국어나 외래어의 과도한 사용에 대해 부정적 태도를 보이는 경우가 긍정적 태도를 보이는 경우보다 더 많은 것으로 확인되었다.

5. 영어 차용 복합어의 미래

　이 장에서는 트위터 누리꾼들의 언어 자료를 통하여 영어 차용 복합어 새말의 구조와 의미, 그것의 사회문화적 의의를 파악하고, 외래어나 외국어 사용에 대한 누리꾼들의 태도를 분석해 보았다. 구조 면에서 합성어, 파생어, 혼성어, 줄임말 형식의 많은 새말들이 쓰이고 있으며, 특히 혼성어와 줄임말이 아주 생산적인 것으로 나타났다. 오래 전 한자어가 한국어 어휘에 대량으로 들어온 것처럼 요즘은 영어 차용 새말들이 한국어 새말 만들기에서 대세를 차지하고 있다. 이들 차용어 새말들은 기존 한국어 표현에 없는 새로운 의미를 표현하는 것도 있지만 일부는 기존 표현과 다른 부가적 의미를 나타내기 위해 전략적으로 만들어 쓰는 것도 있었다. 영어 차용 복합어는 사회문화적으로 몇 가지 뚜렷한 의의를 갖는 것으로 분석되었다. 이러한 영어 차용 표현을 포함한 외래어, 외국어 사용과 관련하여 누리꾼들은 일부 긍정적 태도를 보이는 경우도 있었지만 전반적으로는 부정적 태도를 갖는 경우가 더 많이 보였다.
　앞에서 소개, 분석한 복합어 새말들은 아직 사전에 실리지 않은 임시어 또는 유행어에 해당한다. 일부 표현은 만들어진 지 오래되었고, 인터넷 공간에서는 물론이고 일상어에서도 널리 쓰이고 있지만 일부는 아주 최근에 만들어져 동호회 회원들 사이에서 은어처럼 쓰이는 것도 있다. 그런데 영어 차용 복합어 표현은 고유어나 한자어와 같은 기존 한국어 요소와 단단히 결합된 복합 형식인 점에서 단독형의 영어 차용 표현에 비해 한국어 화자들에게 외국어나 외래어라는 인식이 약하다. 따라서 어떤 말들은 앞으로 쓰임이 점점 늘어나면서 한국어 어휘 체계에 자리를 잡고 깊이 뿌리를 내릴 가능성이 높은 편이다. 국어사전에 이미 실려 있는 '종이컵, 샤프심, 핑크색, 헬기', '스마트하다, 섹시하다, 쿨하다, 드라이하다'와 같은 말들도 영어 차용 요소와 한국어 요소가 하나로 긴밀히 결합됨으로써 다른 외국어 요소에 비해 더 빠르게 한국어 어휘 체계에 편입되었다고 하겠다. 한국 사회에서 외래어, 외국어 사용이 지나치다고 강하게 비판하는 사람들도 '샤프심'이나 '헬기'를 쓴다고 문제 삼지는 않는 시대다. 이런 점을 고려하면 영어 차용 복합어 새말 가운데 적지 않은 표현들이 머지않아 사전에 실림으로써 공식적인 한국어로 인정받을 가능성이 높다는 판단이다.

그러나 앞의 4절에서 확인한 바와 같이 외래어, 외국어나 외래어 사용에 대한 누리꾼들의 전반적 태도가 부정적인 점을 생각하면 영어 차용 표현의 미래가 그렇게 밝지 않을 가능성도 있다. 다른 누리꾼들의 부정적 태도와는 관계없이 외래어와 외국어, 그것과 한국어 요소를 결합한 혼종어로서의 복합어를 열심히 쓰는 누리꾼이 많은 것은 분명하지만 그런 말들의 다수는 제한된 맥락과 극소수의 한정된 사용자 집단 안에서 유행하고 있는 점은 영어 차용 복합어 새말의 정착에 불리한 요인이다. 같은 인터넷 공간에도 영어와 영어 차용 표현을 전혀 거리낌 없이, 때로는 외국어 실력을 과시하며 열심히 쓰는 누리꾼들이 있는 반면 그것을 비판적으로 보면서 "내 시간줄에는 변태가 아닌 사람이 없는 거 같아.", "오늘 무슨 날인가요. 시간줄에 맞있는 음식이 잔뜩이네.", "내가 이 시간줄의 힐링 요정이다아아아!!!!!"처럼 트위터 용어 '타임라인(timeline)'을 '시간줄'로 바꾸어 쓰는 누리꾼들도 많다. 인터넷 공간의 기술적, 사회문화적 특성 때문에 영어 차용 새말들이 크게 늘어나고 자연스럽게 쓰일수록 모어에 대한 유달리 강한 애착과 방어적 본능을 갖고 있는 한국어 화자들의 '우리말 지키기' 노력이 늘어나는 상황이다. 여기서 살펴본 영어 차용 복합어 새말, 그리고 더 많이 만들어질 그런 표현들이 한국어에서 어떤 지위를 차지할지, 과연 한자어의 자리를 빼앗을 수 있을지 앞으로 계속해서 자세히 추적, 분석할 필요가 있음을 강조한다.

7장_ 트위터 누리꾼들의 의성의태어 사용과 성별 차이

1. 인터넷 공간의 의성의태어

 이 장에서는 〈트위터〉, 〈페이스북〉 등 사회적 소통망(SNS)에서 쓰이는 '의성의태어'1)의 새로운 쓰임을 분석 및 기술하고, 누리꾼들의 성별에 따라 어떤 쓰임 차이가 있는지를 사회언어학적 관점에서 밝히는 것이 목적이다. 통신 언어 사용에서는 얼굴을 마주하지 않고 글말

---
* 이 장의 내용은 이정복(2014다)를 부분적으로 고친 것이다.
1) '의성의태어'는 의성어와 의태어를 묶어 가리키는 상위어로 쓰는 것이다. 박동근(2008나:14)는 의성의태어를 '흉내말'로 부르고, 그 개념을 "자연계의 소리를 그와 유사한 음성으로 모방하여 관습화된 '소리흉내말'과, 소리 이외의 모양이나 상태를 특정한 음운으로 모방했거나, 모방했다고 인식되는 '모양흉내말'을 두루 일컫는 국어의 특수한 낱말군"으로 정의했다.

로 대화를 나누는 비대면, 익명성의 환경 때문에 대화 참여자들은 표정이나 목소리 등을 제대로 전달할 수 없다. 이런 상황을 보완하기 위해 누리꾼들은 '꾸벅', '굽실굽실/굽신굽신', '헉/헐', '에휴/에효', '오옷/오올/오옹', '아싸', '블링블링', '토닥토닥', '크크', '히히히' 등 다양한 의성의태어를 적극 사용한다. 이런 표현을 통하여 언어 사용의 생동감을 높이고, 재미를 더하며, 동질감과 친밀감을 느끼고자 한다.

그런데 누리꾼들의 의성의태어를 보면 남녀 구별 없이 모두 즐겨 쓰는 것이 있는가 하면 남성 또는 여성들이 특히 선호하는 표현도 있는 것으로 생각된다. 예를 들어, '꾸벅'이나 '헉' 등이 남녀 모두 쓰는 것이라면 '히히히', '어멋/어맛', '샤방샤방' 등은 여성이,[2] '하하하', '움하하하', '하악하악' 등은 남성들이 더 즐겨 쓰는 것처럼 보인다.[3] 자세한 분석을 통해 확인해야 하겠지만, 일상어 사용에서도 의성의태어가 성별과 관련이 있는 것과 같이 통신 공간에서도 마찬가지 현상이 나타난다. 전반적으로 여성들은 애교 있는 느낌을 전달하려고 노력하는 데 비해 남성들은 크고 거친 모습을 의성의태어 사용을 통해 전달하려는 차이가 파악된다. 또한 의성의태어 사용의 정도에서도 성별 차이가 나타날 것으로 예측된다. 의성의태어가 수식어적 성분이며, 표현의 생생함과 충실성을 높여 주는 효과적 장치인 점에서 언어 사용을 충실히 하려는 여성들의 사용률이 더 높을 것이라는 점이 예비적 분석 결과이다. 이러한 의성의태어 사용의 성별 분포를 분명하게 파악하고, 그러한 차이가 어떤 요인과 관련이 있으며, 통신 언어 사용에서 어떤 효과를 드러내고 있는지를 살펴봄으로써 이 장의 연구는 통신 언어 및 한국어 의성의태어 사용에 대한 심층 이해와 지식 확충에 도움이 될

---

2) 여성 트위터 이용자의 '어멋/어맛' 사용 보기: 어멋!!! 명수오빠 하이스쿨 우현오빠 성규오빠 / 어맛? 내갤러리에도 언니 사진이...ㅎ
3) 남성 트위터 이용자의 '하하하' 사용 보기: 모든 데이타가 들어있는 엑셀파일이 날아갔다. 하하하하하... 하하하하하하하... 하하하하하...

것이다.

통신 언어 의성의태어의 쓰임을 다루는 이 연구의 분석 자료, 분석 관점 및 방법을 간략하게 제시하면 다음과 같다.

    가. 분석 대상 자료: 트위터, 페이스북 등 사회적 소통망(SNS)의 통신 언어
    나. 주요 분석 관점: 누리꾼들의 성별에 따라 의성의태어가 어떤 분포를 보이며, 그것의 사용 효과가 무엇인가?
    다. 자료 분석 방법: 수집한 자료를 의성의태어의 유형별로 분류하고, 쓰임을 분석한다. 의성의태어의 쓰임이 어떤 기능과 효과를 갖고 있는지를 2차적으로 해석한다. 주요 보기를 중심으로 사례 분석하고, 대표적 표현을 중심으로 그 구체적 차이를 통계적으로 검증한다.

1990년대 후반 이후 인터넷 통신 언어에 대한 연구는 많이 이루어졌고, 지금도 활발히 연구되고 있지만 세부적인 언어 현상과 그것의 사회언어학적 분포를 자세히 파악하는 미시적 연구는 아직 많지 않다. 특히 통신 언어 의성의태어와 관련된 본격적인 선행 연구는 거의 없는 편이다.[4] 다만, 이정복(2003가, 2009나), 박철주(2010) 등 통신 언어를 다룬 저서나 오은영(2000), 박동근(2003) 등의 논문에서 부분적으로 의성의태어가 다루어졌다. 박철주(2010)에서는 한 장에서 의성의태어를 집중적으로 다루었으나 만화 자료를 이용했기 때문에 일반 누리꾼들이 쓰는 통신 언어와 거리가 먼 것이 많다. 박진영·심혜령(2012)는 모바일 환경에서 이루어지는 의성의태어 교육에 대해 논의했지만

---

[4] 통신 언어에 대한 연구가 그렇게 활발하지 못한 것은 그것에 대한 학자들의 인식과 태도와 관련이 깊다. 이에 대해서는 이정복(2005, 2007가)를 참조하면 된다. 일상어 의성의태어에 대한 종합적 연구는 채완(2003), 박동근(2008나) 등을 참조할 수 있다.

자료는 일상어에 머물렀다.

이처럼 통신 언어 의성의태어에 대한 연구가 거의 없을 뿐만 아니라 그 쓰임에 대한 성별 분석이나 기능에 대한 구체적 관심과 연구는 아직 전혀 나오지 않았다. 이 장을 통하여 인터넷 공간에서 이루어지는 통신 언어 사용의 성별 차이를 깊이 있게 이해하고, 한국어 의성의태어의 기능과 사용 효과를 파악함으로써 통신 언어 및 한국어에 대한 이해를 심화시킬 수 있는 점에서 연구의 필요성이 높다.

다음 2절에서는 통신 언어 의성의태어의 유형을 '일상어와 통신 공간에서 두루 쓰이는 것'과 '통신 언어로 활발히 쓰이는 것'으로 크게 둘로 나누어 쓰임을 살펴보고, 통신 언어 의성의태어의 쓰임 특징을 몇 가지로 정리한다. 3절에서는 대표적인 의성의태어 사례를 통하여 사용에서 관찰되는 성별 차이를 사회언어학적 관점에서 통계적으로 분석하고, 차이점에 대해 해석하기로 하겠다.

2. 통신 언어 의성의태어의 유형과 특징

통신 언어에서 쓰이는 의성의태어 하나하나를 그것의 출처, 곧 처음 어디서 만들어져 쓰이기 시작한 것인지를 분명하게 밝히기는 어렵지만 일상어와 통신 언어 어느 쪽에서 좀 더 활발히 쓰이는지에 따라 대체로 '일상어와 통신 공간에서 두루 쓰이는 것'과 '통신 언어로 활발히 쓰이는 것'으로 나눌 수 있다. 각 유형에는 구체적으로 어떤 의성의태어들이 있는지, 어떤 의미 기능으로 쓰이고 있으며, 형식 및 용법의 특징이 무엇인지 분석해 보기로 한다.

2.1 일상어와 통신 공간에서 두루 쓰이는 것

2.1.1 의성어

통신 언어 의성어 가운데 일상어에서 쓰이던 것이 사회적 소통망에서도 그대로 쓰이면서 의미 기능의 차이가 없는 것이 많다. 의성어의 몇 가지 예를 보면 (1)과 같다.

(1) 일상어와 통신 공간에서 두루 쓰임: 의미 기능 차이 없음
    가. 여름밤 조개구이 **냠냠** 더위사냥맛 냉커피 **냠냠**
    나. 계단으로 가고 있는데 위에서 자꾸 **쿵쿵**거리는 소리가 나요
    다. 뽀뽀도 **쪽쪽** 할 것 이다ㅏㅏ!!!

'냠냠', '쿵쿵', '쪽쪽'은 일상어에서 이미 쓰이던 것으로 통신 언어에서도 그 의미가 동일하게 쓰인다. '냠냠'은 "주로 어린아이가 음식을 맛있게 먹는 소리를 나타내는 말"[5])이며, (1가)의 보기 또한 음식을 맛있게 먹는다는 뜻으로 쓰였다. '쿵쿵'은 "크고 무거운 물건이 잇따라 거세게 바닥에 떨어지거나 무엇에 부딪쳐 나는 소리를 나타내는 말"로서 (1나)에서도 같은 의미이다. '쪽쪽'은 "적은 양의 액체나 물체 따위를 입으로 자꾸 세게 빨거나 핥는 소리를 나타내는 말"이며, 입술을 소리 나게 빨며 뽀뽀한다는 뜻이 (1다)에서 보인다.

일상어에서 들어와 통신 공간에서 쓰이는 의성어 가운데는 (2)와 같

---

5) 특별한 표시가 없는 사전 뜻풀이는 고려대 민족문화연구원에서 2009년에 펴낸 ≪고려대 한국어대사전≫에서 가져온 것이다.

이 의미 기능이 확대되어 나타나는 경우도 있다.

(2) 일상어와 통신 공간에서 두루 쓰임: 의미 기능 확대
    가. 대~~~~~~~박.... 배에서 **꼬르륵** 대는 소리들려요??ㅋㅋㅋㅋ
    가-1. 나뭇가지를 주워 그걸 꾹꾹 누르자 **꼬르륵** 가라앉았다 떠올랐다를 반복했다.
    가-2. 잠수타고싶다 **꼬르륵**.. 일을 너무 벌려놨오
    가-3. 아, 도저히 졸려서 안되겠어요. 전 이만 **꼬르륵**. 다들 굿나잇요.
    나. 소에게 아부지는 **워 워**를 연신 하신다
    나-1. **워**~~ 과연 조금일까요....
    나-2. 누가 글케 미운짓을 해??더운데..승질내지 말고..**워워**~ㅎ
    다. 얼굴빨게지고 계속 기침ㅋㅋㅋㅋ **쿨럭 쿠울럭**
    다-1. 에잉~ 오빠가 무슨 까칠이에요. 저라면 또 모를까...**쿨럭**~>.<
    라. 아연아 오빠 어깨 **토닥토닥**해줘 어깨아프다
    라-1. 씩씩하던 내님이 언제이렇게 울보가되었을까! (**토닥토닥**)
    라-2. (**토닥토닥**) 힘내요 분명 여행갈 수 있어요...!! (*´･ω･`)//
         ∩･ﾟ°･｡

(2가, 가-1)의 '꼬르륵'은 일상어 의미인 "배가 고프거나 속이 거북하거나 할 때 뱃속이 끓는 소리를 나타내는 말", "물속에서 기체의 작은 방울이 물위로 솟아오를 때 나는 소리를 나타내는 말"이다. 이와 달리 (2가-2)에서는 인터넷 이용자들이 쓰는 '잠수하다', '잠수타다'의 뜻이다. 바쁜 일 등으로 게시판에 접속하지 않거나 접속하더라도 글을 잠시 읽고 나가 버리는 행위를 가리킨다. (2가-3)은 트위터에서 대화 도중에 벗어나는 행위를 가리킨다. 대화방에서 나갈 때 쓰는 '휘리릭'과 비슷한 의미 기능을 갖는다. (2나)의 '워'는 "말이나 소를 멈추게 하거나 진정하도록 달랠 때 내는 말"이다. (2나-1)의 통신 언어 '워'와 (2

나-2)의 반복형 '워워'는 사람의 행동을 진정시키거나 상대방의 말을 부정하는 기능으로 쓰인다. (2다)의 '쿨럭', '쿠울럭'은 "가슴 깊은 곳에서 나오는 거칠고 큰 기침 소리를 나타내는 말"이다. 이와 달리 (2다-1)과 같은 '쿨럭'은 민망하거나 어색한 상황에서 헛기침을 하는 뜻으로 쓰인다. (2라)의 '토닥토닥'은 "조금 단단한 물체를 잇따라 조금 힘있게 두드리는 소리를 나타내는 말"이다.6) 그러나 통신 언어로서 (2라-1, 2) 등의 '토닥토닥'은 위로나 격려의 뜻을 표현하는 경우가 더 많다.

통신 공간에서 쓰이는 의성어 가운데는 형식의 변이가 심한 표현들이 있다. 일상어 형식이 쓰이면서도 재미나 의미 강조 등의 목적에서 누리꾼들이 형식을 조금씩 바꾸어 쓰는 것이다.

(3) 일상어와 통신 공간에서 두루 쓰임: 형식이 변형됨
   가. 비가 **주룩주룩** 내리면 몸이 **주룩주룩** 흘러내리는 것 같아.
   가-1. 쥐오디 노래 첨듣는데 눈물 **주룩주룩**..찌바
   가-2. 후유증은 없는데 눈물이 **주르륵** 하고 흘러서 놀랐다ㅠㅠㅠㅠㅠㅠ
   나. 랜만에 배경화면 바꿨다@'-'@ **헤헤** 이뿌당
   나-1. 언니.노란 리본덕분에...**헤헷**..
   나-2. 다들 **우헤헤** 거리길래 ㅋㅋㅋㅋ 뭔가 했는데 나도 **우헤헤**
   나-3. 내 싸인 **우헤헤헤헤** :) 써먹을때가 없다는게 함정 ㅋㅋㅋㅋㅋ
   다. **흑흑** 내가 그렇게 보였다늬.. 아니라그 ㅠㅠㅠㅠㅠㅠㅠ
   다-1. 나도 멘션 받아보고싶다... **흙흙**
   다-2. **흙흙흙**... 슬프니까 자야지... 엉엉 .... 존 오후 보내세용!!!

---

6) ≪표준국어대사전≫에서는 "잘 울리지 않는 물체를 잇따라 가볍게 두드리는 소리. 또는 그 모양"으로 풀이했다. '토닥토닥'이 의성어면서 의태어도 된다는 뜻이다. 이처럼 특정 표현은 의성어와 의태어로 모두 쓰이지만 편의상 더 기본적인 범주로 생각되는 자리에서 설명한다.

:):):W:):):)
다-3. 53분동안 나혼자예요..**흙흙모래모래자갈자갈**

일상어에서 쓰이는 (3가)의 '주룩주룩'은 (3가-1)처럼 '주륵주륵'으로 변형되어 더 많이 쓰인다. '주륵'은 (3가-2)의 '주르륵'이 줄어든 형태로 볼 수도 있는데, 누리꾼들은 '주룩주룩'과 '주르륵주르륵'을 뒤섞어 '주륵주륵'으로 쓴다. (3나)의 웃음소리 '헤헤'도 자음이 보태진 (3나-1)의 '헤헷'이나 모음이 보태진 (3나-2)의 '우헤헤'로 잘 쓰인다. 웃음소리를 길게 표시하기 위해 (3나-3)처럼 '헤'를 여러 번 반복하여 쓰는 일이 많다. (3다)의 '흑흑'은 (3다-1)처럼 받침을 바꾸어 '흙흙'으로 재미있게 쓰며, 의미 강조를 위해 음절수를 늘려 (3다-2)의 '흙흙흙'으로 적기도 한다. (3다-3)처럼 '흙흙' 뒤에 비슷한 관련 물질인 '모래'와 '자갈'을 덧붙여 재미있게 표현한 오락적 동기의 유희적 용법이 종종 나타난다.[7]

2.1.2 의태어

앞의 의성어와 마찬가지로 일상어에서 쓰이던 의태어가 통신 공간에서도 많이 쓰이고 있다. 다음 (4)는 의미 기능 차이가 없는 통신 언어 의태어 보기이다.

---

[7] 이런 용법은 청소년들이 비속어로 재미있게 쓰는 '바보멍청이 해삼 멍게 말미잘'과 비슷한 동기에서 나온 구성이다.

(4) 일상어와 통신 공간에서 두루 쓰임: 의미 기능 차이가 없음
　가. 모리야마엉덩이 만지고싶다 **더듬더듬**..
　나. 코팩하고나서 코 **매끈매끈**한 그 느낌 넘 조아
　다. 준형이도 밥 많이 먹고 살 **포동포동** 찌거라-

(4가)의 '더듬더듬'은 일상어나 통신 언어에서 모두 "무엇을 찾거나 알아보기 위해 손으로 이리저리 자꾸 만져 보는 모양을 나타내는 말"의 뜻을 갖는다. (4나)의 '매끈매끈'도 일상어의 뜻과 마찬가지로 "거친 데가 없어 저절로 밀려 나갈 정도로 부드럽고 윤이 나는 모양을 나타내는 말"이다. (4다)의 '포동포동' 또한 "살이 꽤 통통하게 찌고 보드라운 모양을 나타내는 말"이라는 의미로 일상어와 차이가 없다.

(5) 일상어와 통신 공간에서 두루 쓰임: 의미 기능 확대
　가. 인기 많은 사람한테 90도로 **꾸벅** 인사하라나 뭐라나... 아놔!!!
　가-1. 그동안 잘 구독했습니다. **꾸벅**.
　가-2. 번거로우시겠지만 다시한번 맞팔 부탁합니다!(**꾸벅꾸벅**
　나. 이거 막 밑이 막 심하게 **오글오글** 울퉁불퉁했었는데
　나-1. 내가걔랑왜사겼는지부터 걔가 준 편지내용도 **오글오글**ㅋㅋㅋㅋㅋㅋ

일상어의 의미와 다르게 쓰이는 통신 언어 의태어로는 (5가-1)의 '꾸벅'이 대표적이다. '꾸벅'은 일상어에서 "머리나 몸을 빠르게 많이 숙였다가 드는 모양을 나타내는 말"로 쓰인다. 전형적으로 (5가)와 같이 인사하는 동작을 나타내는 것이다. 그러나 (5가-1)의 '꾸벅'은 단순한 인사가 아니라 '감사하다'라는 뜻을 전달하며, 인터넷에서는 이런 용법이 지배적으로 나타난다. 본래 머리를 숙이는 인사 동작이 감사를 표현하는 한 방법이기는 하지만, 통신 공간에서는 '꾸벅'이 단순 인사 동작이 아니라 바로 '감사하다'의 뜻을 전달하는 효과적 표현으로 집중

적인 쓰임을 보이는 점에서 부분적 의미 확대가 일어났다.8) '꾸벅'은 (5가-2)처럼 '감사하다', '부탁하다'의 뜻을 가지면서 반복되어 '꾸벅꾸벅'으로도 나타난다. 다만, 일상어와 마찬가지로 대부분의 반복형 '꾸벅꾸벅'은 "아이고 졸려... 꾸벅꾸벅"에서와 같이 '졸다'의 뜻으로 쓰인다.

(5나)의 '오글오글'은 일상어와 마찬가지로 "여러 군데가 안쪽으로 오목하게 휘어지거나 주름이 많이 있는 모양을 나타내는 말"로 쓰였다. 이 의미의 '오글오글'은 사물의 물리적 변화에 주목한 의태어이다. 이와 달리 누리꾼들이 즐겨 쓰는 (5나-1)의 '오글오글'은 '어색하다' 또는 '쑥스럽다'의 부자연스러운 감정을 드러내는 의태어다. 어색하고 부자연스러워 몸이 가만히 있지 못하는 상태를 사물의 물리적 변화에 비유한 것이다.

(6) 일상어와 통신 공간에서 두루 쓰이는 의태어: 형식이 변형됨
　가. 선생님, 글쟁이에게 충고 한마디 해주세요 (**굽실굽실**)
　가-1. 구룡마을 인근 김치찌개집 한 번만 더 알려주세요 굽신굽신
　나. 엄마 옆에서 왔다갔다 하는데 조심조심 보는중 **덜덜**
　나-1. 캡쳐하는데 윤호가 너무 예뻐서 심장이 **덜덜덜** *･･.｡.:*･'(*°▽°*)'･*:.｡.:*
　나-2. 뭐하지.. 시장가기엔 밖이 너무 더워ㄷㄷㄷ

일상어와 통신 공간에서 두루 쓰이는 의태어 가운데 형식의 변형이 일어난 경우로는 (6)의 '굽실굽실', '덜덜'이 대표적이다. 통신 공간에서 일상어 형식 '굽실굽실'도 여전히 쓰이고 있지만 (6가-1)의 '굽신굽

---

8) 물론 통신 공간에서도 "어..어어.. 안녕하세요(꾸벅) .... 운동하는중인가요?"처럼 인사 표현으로 쓰이거나 "자주 못와서 죄송합니다.(꾸벅)"에서와 같이 '죄송하다'의 의미로도 쓰인다.

신'이 더 자주 쓰인다.9) '굽신'의 '신'을 '몸'(身)의 뜻으로 해석한 결과로 보인다. (6나)의 '덜덜'은 (6나-1)처럼 강조하기 위해 음절수가 늘어난다. 이러한 표현들은 경제적 동기와 오락적 동기에서 (6나-2)처럼 자음자로 적기 방식(ㄷㄷㄷ)으로 변형되기도 한다.

2.2 통신 언어로 활발히 쓰이는 것

누리꾼들이 통신 언어 사용 과정에서 새롭게 만들어 쓰거나 외부에서 들여온 것 가운데 통신 언어로 특히 활발히 쓰이는 의성의태어도 적지 않다. 이런 표현 가운데는 일반 누리꾼들이 만들어 낸 것도 있고 작가, 만화가 등 전문가가 만들어 퍼트린 것도 있다. 또 신문, 방송 등의 대중 매체에서 쓰이던 것이 유입되어 통신 공간에서 활발히 쓰이면서 새로 만들어진 것처럼 보이는 것도 있다. 이들의 정확한 기원과 출처를 엄격히 구별하고 확인하기는 사실상 어렵지만 통신 언어 의성의태어로 특히 활발히 쓰이는 점을 고려하여 2.1에서 살펴본 표현들과 구분하여 다룬다. 의성어와 의태어로 나누어 대표적 보기를 통해 의미 기능을 설명하기로 하겠다.

---

9) 일상어에서도 '굽신굽신', '굽신거리다'가 흔히 쓰이는데, ≪표준국어대사전≫에서는 '굽실굽실', '굽실거리다'의 잘못된 형식으로 풀이하고 있다. 이와 달리 최근 나온 ≪고려대 한국어대사전≫에서는 언어 현실을 적극 반영하여 '굽신굽신'과 '굽신거리다'를 각각 '굽실굽실', '굽실거리다'와 같은 말로 처리했다.

2.2.1 의성어

누리꾼들이 통신 공간에서 만들어 쓰거나 외부에서 들여와 활발히 쓰는 통신 언어 의성어는 대부분 글말로 진행되는 인터넷 공간의 대화에서 부족하기 쉬운 감정 전달력을 높이기 위한 표현적 동기에 따른 것이다. 기호를 통해 감정이나 표정 등을 쉽고 빠르게 전달하는 그림글자(이모티콘)와 마찬가지로 통신 언어로서의 의성어도 감정이나 표정의 효과적이고 생동감 있는 전달이라는 역할을 기본적으로 맡고 있다. 의성어는 주로 감정 표현을 위해 쓰이는데, 인터넷에서 활발히 쓰는 의성어를 '긍정적 감정 표현', '부정적 감정 표현'의 의성어로 크게 나누고, 기타 동작 표현 의성어 유형을 추가해서 살펴본다.

(7) 통신 언어로 활발히 쓰임: 긍정적 감정 표현
    가. **아싸** 잘하면 오늘 야근 안한다!!
    나. **오올** 오빠 옷빨좀 받는듯?
    다. **크크크** 방금 배달하러 온다는 전화를 받았습니다..!
    다-1. **캬캬캬** 무슨 소방훈련한데나 뭐래나 케케케
    다-2. **커뮤뛰고싶다...ㅋㅋㅋ** 농약같은커뮤 끊을수가없어
    라. **푸헤헤~~** 사실인데요..
    라-1. 난 역시 항상 호의가 흘러 넘치는 호구야. **푸하하하**
    마. 주차장 골목에서 댄스워킹 작렬! **품**. 자랑스러워유 선배님~
    마-1. 차콜이랑 연소언니랑 설거지당번 걸림 **푸풉** ㅇㅂㅇ
    바. 심창민 처진 어깨 좋아 **하악하악**
    바-1. 소리키고 **하앍하앍** 다 들리는데 여유있게 본다
    바-2. 서브언니 **하악하악** ///ㅇㅅㅇ///

바-3. ㅎㅇㅎㅇ언ㄴ니짱예쁘다^♥^

    (7)의 의성어는 긍정적인 감정이나 심리를 표현하기 위해 쓰는 말들이다. (7가) '아싸'의 경우 통신 공간에서 형성되었다고 보기는 어렵지만 누리꾼들이 많이 쓰고 있는 대표적인 긍정적 의미의 감탄사다.10) (7나)의 '오올'은 '오!'라는 감탄의 의미와 함께 사태를 긍정적으로 파악하는 기능이 있다. (7다~다-2)의 '크크크', '캬캬캬' 등의 웃음소리는 긍정적 감정을 드러내는 일이 많지만 가끔 부정적 느낌을 나타내는 기능으로도 쓰인다. 모음을 빼고 'ㅋㅋㅋ'로 적는 경우가 더 흔하다. '흐흐흐', '히히히', 'ㅎㅎㅎ'도 비슷하게 쓰인다. (7라, 라-1)의 '푸헤헤', '푸하하하'는 크고 허풍스럽게 웃는 소리를 나타내며, 긍정적 감정 표현 기능이 있다. '품'과 '푸품'은 웃음소리를 참으면서 내는 소리를 묘사하며, 비웃음과 비판의 의미도 있지만11) "찹쌀떡 먹는 이현지씨 몰래찍엇지롱 품'-' 재미쩌"와 같이 우습거나 재미있는 장면에서 많이 쓰이는 점에서 사태에 대한 화자의 태도가 긍정적이라는 해석도 가능하다. (7바~바-2)의 '하악하악/하앍하앍/하악하악'은 아주 기쁘거나 흥분된 상태의 거친 숨소리를 나타내며, 역시 좋아하는 상황 또는 좋은 감정 상태를 표현하는 의성어다. (7바-3)처럼 'ㅎㅇㅎㅇ'으로 줄여 쓰기도 한다.

---

10) ≪고려대 한국어대사전≫에는 '아싸'를 "뜻밖에 기쁜 일이 생겼거나 원하는 일을 이루었을 때 내는 말"로 감탄사의 하나로 실었다.
11) '품'이 비판과 비웃음의 맥락에서 쓰인 보기는 다음과 같다.
    "정치평론가라는 것들의 경력을 보시면 품....."
    "위에는 폼이라도 나누만 아래는 무슨 북한 인민들같다.품!"

(8) 통신 언어로 활발히 쓰임: 부정적 감정 표현
　가. 너아니면 안되겠더라. **에휴** 내팔자야.
　가-1. **에효**..걱정이네여ㅠㅠ그냥 스포츠일뿐인데 왜이렇게 열을 내는지..
　나. **허걱** 이게뭐죠 내 심장아 진정해 너 뛰라고 부르는거아냐
　나-1. **허거걱** 왤케 울학겨에 고딩이 많지?라고생각했는데 고딩시험....
　나-2. **허거덩** 점수 벌써나오는구나 언제시험봤는데?
　다. **헐** 갑자기 비내려서 아빠가 급히 옥상으류 올르가셨다..
　다-1. **헐랭** 다시 고개 돌아보니 달 사라졌어....... 정말 예뻤는데.
　다-2. **헐**. 1인 시위에 견찰짜식들이 12명이나 에워싸고 있군요. 강력범죄도 아닌데 **헐**~하네요.
　라. 내성적따위가지고 정시는 무리니까 **흐규흐규**
　라-1. 저오늘너무못생겨서ㅠㅜ못뵌게아쉽지만ㅠㅜ**흐규흐규**ㅠㅠ

　새로운 통신 언어 의성어 가운데 부정적 감정을 표현하는 것도 많이 쓰인다. (8가, 가-1)의 '에휴', '에효'는 걱정이나 한탄하는 상황에서 한숨을 크게 내쉬는 부정적 감정 표현이다. (8나)의 '허걱'은 크게 놀라거나 당황스러울 때 내는 감탄사로, 형태와 의미에서 일상어의 '헉'과 관련이 있기는 하지만 (8나-1, 2)의 '허거걱', '허거덩' 등의 변이형이 생겨 함께 쓰이면서 누리꾼들 사이에서 새로운 의성어 표현으로 더 강하게 인식된다. (8다, 다-1)의 '헐', '헐랭'도 뜻은 '허걱'과 비슷하지만 놀람의 정도가 약하고 조금 황당하거나 어이없을 때 주로 쓰인다. (8다-2)처럼 짜증나거나 실망감을 드러낼 때도 잘 쓰는 부정적 의미의 감탄사다.12) (8라)의 '흐규흐규'는 일상어 '흑흑'과 관련성이 있으며, 기

---

12) '헐'은 일부 긍정적 맥락에서도 쓰인다. "헐 너무좋아요ㅠㅠㅠㅠㅠㅠㅠㅠ", "헐...멋있넹...고마워유...ㅎ.ㅎ", "헐 짱 좋다....! 오늘 밤이 기대된당" 등이 그 보기이다. 일상어에서 부정적 의미 영역에서 잘 쓰

쁨이나 슬픔을 나타낸다. 그림 글자 'ㅠㅠ'와 비슷한 뜻을 갖기 때문에 '흐규흐규'와 'ㅠㅠ'가 함께 쓰이는 일이 쉽게 관찰된다.

(9) 통신 언어로 활발히 쓰임: 동작 표현
    가. 나 원래 귀엽다니까 **뿌잉뿌잉**. ;D
    나. 혼자 쫄래쫄래 와 쭈뼛쭈뼛 앉아 **추릅추릅** 먹을 만 하다.
    나-1. 히히 추천 감사합니다 ㅇㅠㅇ 침 **츄릅츄릅**
    나-2. 너도 사귀는 친구 **추릅추릅** 해주고 싶지?
    나-3. 투루타 스카미 아월 페로티의 파스타 먹고 싶어 **츄릅 츄르릅**

보기 (9)의 의성어들은 동작과 관련된 새말들이다. (9가)의 '뿌잉뿌잉'은 귀여운 손동작을 하면서 동시에 이 소리를 말로 표현하는 것이다. 동작과 함께 소리를 내는 것이 필수적이기 때문에 의태어면서 의성어로 보는 것이 가능하다. (9나, 나-1)의 '추릅추릅/츄릅츄릅'은 침을 삼키거나 음식을 맛있게 빨아먹는 소리를 나타내며,13) (9나-2)처럼 키스 등의 상황을 묘사하는 성적 맥락에서도 쓰인다. (9나-3)에서는 '츄릅' 또는 '츄르릅' 형식으로도 변형되어 쓰였다.

    이던 부사 '너무'가 긍정적 영역으로 확대되어 쓰이는 것처럼 인터넷 공간에서 의성의태어들이 고유의 의미 영역을 벗어나 폭넓게 쓰이는 결과이다.
13) '추릅추릅'은 "적은 양의 액체나 국수 따위를 야단스럽게 빨아들이는 소리. 또는 그 모양"을 나타내는 '후르르'를 바탕으로 만들어 냈을 가능성이 있다.

2.2.2 의태어

인터넷 통신 공간에서 활발히 쓰는 통신 언어 의태어의 경우도 의성어와 마찬가지로 누리꾼들의 태도, 상태 또는 그것과 관련된 감정을 쉽고 효과적으로 표현하기 위한 목적에서 쓰인다. '긍정적 상태 표현', '부정적 상태 표현', '(기타) 동작 표현'의 의태어로 나누어 쓰임을 살펴본다.

(10) 통신 언어로 활발히 쓰임: 긍정적 상태 표현
    가. 소야는 저녁먹고 **배불배불**하며 잔다. 하 평화롭구나.
    나. 오늘 웰케 트친분들 플사가 다 **블링블링**하지(행복사)
    다. **뽀샤시**하게 보정되서 찍히는 카메라 갖고싶다.
    다-1. 덕분에 열도 내려가고 얼굴도 **뽀사시** 해졌음.
    라. 전 천안인데 지금 날씨 **샤방샤방**해여 굿
    마. 지금 너무 화가 나고 놀라서 팔다리가 **후덜덜** 떨린다.
    마-1. 여송연 한대 피면 간지가 **후들들**이던데...
    마-2. 옛날에는 그냥 쓸 데 없는 집꾸미기 시스템이었는데 **ㅎㄷㄷ** 하네 재미있겠다

통신 공간에서 활발히 쓰는 의태어 가운데 긍정적 상태를 표현하는 말의 쓰임을 (10)에서 제시했다. (10가)의 '배불배불'은 '배부르다'의 어간을 반복하여 의태어처럼 만들었다. 배부르게 먹은 후 부른 배를 만지며 만족스러워 하는 긍정적 상태를 뜻한다. (10나)의 '블링블링'은 '화려하게 차려입은'의 뜻인 영어 'bling-bling'을 한글로 적은 것으로 '화려하다' 또는 '반짝반짝'에 가까운 뜻으로 쓰인다. (10다, 라)의 '뽀

샤시/뽀사시', '샤방샤방'은 비슷한 긍정적 맥락에서 쓰인다. '뽀샤시'는 주로 얼굴이 하얗고 고운 상태를 일컫는다. '뽀얗다', '뽀샵'(포토샵) 등과 관련성이 있을 것으로 생각된다. '샤방샤방'은 눈부시게 예쁘고 아름다운 상태를 가리킨다. (10마~마-2)의 '후덜덜/후들들'은 놀랍거나 무서울 정도의 상태나 수준을 가리키며, 상대방의 그런 대단한 수준을 인정하고 칭찬할 때 주로 쓰인다. 일상어 '후들후들'과 '덜덜'을 이용해서 '후덜덜'을 만들어 낸 것으로 보인다.14)

(11) 통신 언어로 활발히 쓰이는 의태어: 부정적 상태 표현
    가. 먀오가 너 무릎에 앉아야지 ㅋㅋㅋ **부끄부끄**
    나. 엄마에게 당뇨가 찾아왔어요 ㅜ.ㅜ
    나-1. 너무 아프고 슬픈 드라큘라...ㅠ_ㅠ
    나-2. 흐잉.. 깜빡하구 집에 와쯔여ㅜㅜ
    나-3. 2번이나봐요?ㅋㅋㅋ난한번도못봤는데...ㅠㅠ
    다. 건어물이 살 안찌리라는 건 그냥 환상이었군요 OTL
    다-1. 논문 검색해서 읽다보면 꼭 발견되는 오타. 내 논문 오타는 어쩔.. orz

(11가)의 '부끄부끄'는 부끄러워하는 모습을 나타내는 새로운 의태어다. '부끄럽다'의 어간 일부인 '부끄'를 반복하여 만들었다. (11나, 나-1)의 'ㅜ.ㅜ', 'ㅠ_ㅠ' 등은 눈물을 흘리는 모양을 묘사하는 그림 글자로 '슬픔'의 뜻을 나타내는 의태어의 일종이다. 가운데 요소를 줄여서 단순히 'ㅜㅜ'나 'ㅠㅠ'로 간단히 적는 경우가 더 많다. (11다, 다-1)의 'OTL', 'orz'는 무릎을 꿇고 엎드려 있는 사람 모습을 로마자를

---

14) '후들후들'에서 '후들들'이 만들어지고, 다시 모음을 바꾸어 '후덜덜'로 쓰는 것으로 해석할 수도 있다. 이 경우는 일상어의 변이형으로 이해하는 것이 가능하다.

이용해 그대로 묘사한 그림 글자로 '좌절'의 뜻을 갖는다.

(12) 통신 언어로 활발히 쓰임: 동작 표현
   가. 맞아욬ㅋㅋㅋㅋㅋ발가락까지도 **깨물깨물** 허벅지 안까지 깨물깨물
   나. 난 언니 말투 좋은데..그보다 스트레스 많이 받는구나 싶어서 **보듬보듬** 해주고싶다..
   다. 흑 너도 아프지마..ㅠㅠㅠㅠㅠㅠㅠㅠㅠㅠ언능 나아라 **부둥부둥!!!!**
   라. 이런 칭찬 매우 조아요~~ 감솨합니다ㅎㅎ **수줍수줍**
   마. **쓰담쓰담**해주고 싶어여ㅠㅠㅠ통수 넘 기엽...ㅠㅠㅠㅠ
   바. 오전중에 해 놓을 일이 있어서 **휘리릭**..

  (12)의 통신 언어 표현들은 동작과 관련된 새로운 의태어들이다. (12가~다)의 '깨물깨물'은 '깨물다'의 어간, '보듬보듬'은 '보듬다'의 어간을 반복하여 만들었고, '부둥부둥'은 '부둥켜안다'의 어간 일부를 반복해 만들었다. '부둥부둥'은 살찌고 부드러운 모양을 나타내는 일상어 부사와는 관련이 없다. (12라)의 '수줍수줍'은 형용사 '수줍다'의 어간을 반복하여 만든 의태어로, 수줍어하는 행동을 나타내는 동사 '수줍어하다'와 비슷한 의미를 갖는다. '나는 지금 수줍어하고 있어'라고 문장으로 적어야 할 것을 '수줍수줍' 한 단어로 압축해서 빠르게 표현하는 통신 언어 의성의태어의 간결함과 경제성이 느껴진다. (12마)의 '쓰담쓰담'은 '쓰다듬다'의 어간을 압축, 반복하여 만들어 낸 의태어다. (12바)의 '휘리릭'은 날갯짓을 하며 날아가는 모습을 표현한 말로 대화방이나 게시판 등에서 나가는 것을 가리킨다. 이 말의 경우 1990년대 컴퓨터 통신망(PC 통신) 시대부터 쓰이던 오래된 표현이다.

2.3 통신 언어 의성의태어의 특징

앞의 두 절에서 살펴본 통신 언어 의성의태어의 쓰임에서 보이는 주요 특징 몇 가지를 명확하게 정리해 보기로 하겠다.

첫째, 통신 언어 의성의태어 가운데 '헐, 허걱, 에효, 뿌잉뿌잉, 추릅추릅, 샤방샤방' 등은 인터넷에서 특히 활발히 쓰이는 표현들이다. 누리꾼들은 다양한 의미 맥락에 적절한 의성의태어를 새롭게 만들어 내거나 수용하여 적극 사용함으로써 통신 공간에서의 소통을 빠르고 생생하며 재미있게 하고, 결과적으로 한국어 사용의 표현력을 높이고 있다.

둘째, 일상어의 용언 어간을 이용하여 반복형 의태어를 생산적으로 만들어 쓴다. '깨물깨물, 보듬보듬, 부끄부끄, 쓰담쓰담'은 모두 기존의 용언을 변형하여 만든 새로운 통신 언어 의태어다.15) 이런 표현들은 기존의 동사나 형용사를 이용해서 동작이나 상태를 현장감 있게 묘사하고 간략하게 전달하는 기능이 있다. 한국어의 표현력을 높이는 긍정적 효과가 느껴지며, 통신 언어 사용의 경제성에도 도움이 된다.

셋째, 통신 언어 의성의태어를 경제적 동기 및 오락적 동기 등에 따라 자음만으로 간단히 적는 경우가 있다. 'ㅋㅋㅋ, ㅎㅎㅎ, ㅎㄷㄷ' 등이 그 보기다. 'ㅋㅋㅋ'는 '크크크', '키키키', '케케케', '컥컥컥' 등의 다양한 소리를 간단히 줄인 것이다. 사용자의 특성이나 대화 참여자의 관계, 수신자의 해석에 따라 다양한 읽기가 가능하다. 사용자 면에서는 의성의태어를 빠르게 적을 수 있고, 수신자 면에서는 일상적 표기와

---

15) 이런 방식의 파생은 일상어에서 이미 쓰이던 의성의태어에도 관찰된다. '더듬다'와 '더듬더듬', '부풀다'와 '부풀부풀'의 관계가 그 보기이다.

다른 데서 재미를 느낄 수 있다.

넷째, 누리꾼들은 느낌과 의미를 강조하기 위해 의성의태어의 일부 또는 전체를 반복적으로 늘여서 사용한다. 긍정의 뜻을 갖는 의성어 '오옹'을 '오오오옹'과 같이 적음으로써 뜻을 시각적 방법으로 더 쉽게 강조하게 된다. '후들들'을 강조하기 위해 '후들들들들'로 적고, [그림 1]처럼 '엉엉'을 수없이 많이 반복해서 적기도 한다. 느낌 또는 의미를 강조하기 위해 시각적으로 의성의태어의 길이를 늘임으로써 효과적으로 표현하는 것이다.

[그림 1] 뜻을 강조하기 위한 '엉엉'의 반복적 사용

다섯째, 통신 언어 의성의태어는 기존 일상어의 의미로 쓰이면서도 의미 확대를 겪는 경우가 많다. '꼬르륵'은 일상어에서 물속의 공기가 빠져나오며 내는 소리지만 누리꾼들은 '잠수하다', '게시판이나 대화방을 나가다'의 뜻으로 더 자주 쓴다. 오목하게 휘거나 주름이 많은 모양을 가리키는 '오글오글'이 통신 언어에서는 '어색하다' 또는 '쑥스럽다'의 뜻으로 쓰인다. 전달하려는 뜻을 구체적인 물리적 현상에 담아 비유적으로 표현함으로써 전달력을 높이고 생동감을 준다.

여섯째, 통신 언어 의성의태어는 문장 안에서 서술어, 부사어 등으로 쓰이기도 하지만 문장의 앞 또는 뒤에서 독립적으로 쓰이는 경우가 더 많다. "(쓰담쓰담) 뭘 해줘야 내가 너를 예뻐하고있다는걸 알까 ?", "그래 내가 너무했나보군. (토닥토닥)"처럼 쓰인다. 마치 문장 뒤에 '*_*', '^ㅇ^', 'ㅁㅅㅁ' 등 그림 글자를 덧붙여 감정을 빠르게 전달하듯 의성의태어가 그림 글자와 같은 자리에서 비슷한 기능을 맡는 것이다. 특히 다른 문장 성분과 독립적으로 쓰이기 때문에 형식이 간결하고 시각적으로 돋보이는 효과가 있다. 일상어 의성의태어가 대부분 문장 안에서 문장 성분의 하나로 쓰이는 것과 비교할 때 이런 점은 통신 언어 의성의태어의 독특한 쓰임으로 해석할 수 있다.

3. 의성의태어 사용의 성별 차이 분석

이 절에서는 앞에서 살펴본 통신 언어 의성의태어들이 쓰임에서 어떠한 성별 관련성을 갖는지를 사회언어학적 관점에서 통계적 방법으로 뚜렷하게 분석하고자 한다.16) 누리꾼들이 많이 쓰는 의성의태어 가운

---

16) 의성의태어 사용에 대한 통계 분석에서 나이, 직업, 계층 등의 다양한 변수를 고려하지 않고 성별 요인만 적용한 것에 대한 설명이 필요하다. 이러한 변수를 종합적으로 적용하여 분석하면 더 많은 결과를 낼 수 있겠지만 여기에서는 연구 규모 및 자료의 특성을 고려하여 관심의 초점을 성별 요인에 한정한 것이다. 익명 이용자들의 언어인 분석 자료 특성상 신원 확인이 힘든 편인데, 트윗글 내용을 통해 성별 파악은 상대적으로 쉽지만 나이, 직업, 계층 등의 요인 파악은 현실적으로 거의 어렵다. 또한 의성의태어가 남녀 모두 나이든 세대보다는 젊은 세대에서 많이 쓰일 것으로 예상되는데, 자료 수집 과정에서 특정 성별에 특정 세대가 편중되도록 의도적으로 표집한 것이 아니기 때문에 분석 결과를 순수한 성별 차이로 해석하는 데 문제가 없다. 다만, 익명성이 다소 약한 페이스북의 언어 자료를 대상으로

데 '토닥토닥, 꾸벅, 하악하악, 샤방샤방'의 쓰임을 분석 대상으로 정했다. '토닥토닥'은 일상어와 통신 공간에서 두루 쓰이는 의성어, '꾸벅'은 일상어와 통신 공간에서 두루 쓰이는 의태어로, '하악하악'은 통신 언어로 활발히 쓰이는 의성어, '샤방샤방'은 통신 언어로 활발히 쓰이는 의태어로 선정했다. 이 가운데 '꾸벅'과 '하악하악'은 남성 친화적 표현으로, '토닥토닥'과 '샤방샤방'은 여성 친화적 표현인 것으로 가정하고, 구체적 쓰임 실태와 성별 차이를 파악하고자 했다.

　분석 자료는 최신 통신 언어 쓰임 실태를 살펴본다는 의도에서 2014년 7월, 8월에 사용된 트위터 게시글로 한정했다. 트위터 검색 기능을 이용하여 각 표현이 쓰인 트윗글을 항목당 100개씩 수집하여 작성자의 성별을 조사했다.17) 작성자의 개인 정보나 트윗글의 내용을 참조하여 성별을 확인했으며, '봇' 계정18)을 통해 게시글을 올린 경우

　　할 때는 나이에 따른 분석도 가능해 보이며, 이에 대해서는 이후의 과제로 넘긴다.
17) 의성의태어 4개로 통계 분석을 진행한 것과 관련하여 사례 수가 적고, 따라서 신뢰성이 약해 보인다는 생각을 할 수도 있다. 그러나 대표적 의성의태어 4개의 성별 차이를 분석하기 위해서도 단어별 각 100개씩 모두 400개의 트윗글을 선정하고, 작성자 400명의 성별을 파악해야 하며, 그 과정에서 많은 시간과 노력이 걸린 현실적 어려움 때문에 수를 더 늘리기가 쉽지 않았다. 트위터의 특성상 대부분의 이용자들이 성별을 밝히지 않기 때문에 익명 이용자들이 쓴 여러 트윗글 내용을 하나하나 조사해서 의성의태어 사용자의 성별을 파악하는 작업은 현 조건에서도 결코 만만하지 않은 것이다. 또한 아래의 분석 결과를 보면 알 수 있듯이, 모든 경우 일관되게 성별 차이가 크게, 뚜렷하게 나타나고 있기 때문에 통계 분석 대상이 4개라고 해서 성별 차이를 해석하는 데 문제가 있다는 생각은 언어 사실과 거리가 있는 기우임을 지적한다.
18) '봇'(bot) 계정이란 프로그램을 통하여 특정 시각이나 시간 간격에 따라 주기적으로 트윗을 자동으로 올리는 계정을 말한다. 유명 역사 인물, 인기 연예인, 만화 주인공 등의 말, 행동, 생각을 올리는 식으로 운영된다. 따라서 봇 계정의 경우 운영자의 성별과 언어 사용 특

나 작성자의 게시글 자료 부족으로 성별 파악이 불가능 경우는 제외했다. 또한 신뢰도를 높이기 위해 동일 계정의 자료는 최대 2개로 제한하였다. 각 표현의 쓰임에서 보이는 성별 차이를 순서대로 확인하기로 하겠다.

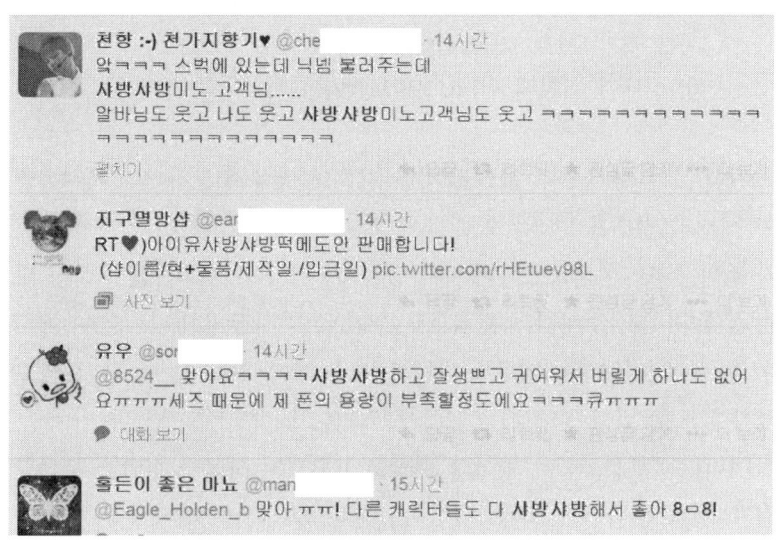

[그림 2] 트위터 자료 검색 화면

가. 토닥토닥

일상어와 통신 공간에서 두루 쓰이는 의성어 '토닥토닥'의 쓰임을 분석하기 위해 수집한 자료는 다음과 같은 용법을 보인다.

성의 관련성이 낮을 가능성이 있기 때문에 분석 대상에서 제외했다.

(13) '토닥토닥'의 쓰임 유형

 가. 토닥토닥... ㅠㅠ
 가-1. ㅇ..울지마(토닥토닥)안보면 되지~
 나. 울먹울먹ㅜㅠ토닥토닥 해주고싶다
 다. ㅋㅋㅋㅋ그래 토닥토닥하지 뭐
 다-1. (웃으며 손등 토닥토닥) 나는 무슨소원 빌까.....
 다-2. 우리 서로 토닥토닥●
 라. …내가 미안해‥하고 토닥토닥이는 희연이와 훌쩍이는 심혁이

위의 모든 보기에서 '토닥토닥'은 다른 사람을 위로하거나 격려하면서 신체의 일부를 반복적으로 두드리는 소리를 가리키는 점에서 의미가 같다. 다만 형식적으로 차이가 있는데 (13가, 가-1)과 같이 문장 또는 문장의 특정 성분과 독립적으로 쓰인 것이 가장 많았다. (13나)에서는 동사 '하다'의 목적어로 나타났고, (13다~다-2)에서는 동사 '토닥토닥하다'로 쓰였다. (13라)의 '토닥토닥이다'도 동사로 쓰였다.

이러한 '토닥토닥'이 들어간 트윗글 100개의 사용자 성별을 분석한 결과, 남성 누리꾼은 20명, 여성 누리꾼은 80명으로 나타났다. 여성들의 사용률이 4배나 높다.

나. 꾸벅

일상어와 통신 공간에서 두루 쓰이는 의태어 '꾸벅'의 쓰임을 분석하기 위해 수집한 자료는 다음과 같은 용법을 보인다.

(14) '꾸벅'의 쓰임 유형

 가. 카루타오빠 다시한번 잘부탁드립니다 (꾸벅)

가-1. 일년에 1p씩 쓸게요 500년후에 봬요 (꾸벅
가-2. 죄송합니다..(꾸벅
나. 여자는 꾸벅 인사를 하고 초코를 들고 갔다.
다. 도와주신다면 감사히 받겠습니다. (가볍게 꾸벅하고는 작게)
다-1. 그란치오 손잡았다가 흠칫하곤 손때며 꾸벅
라. 그를따라 고개를 꾸벅거리며 인사를한다
라-1. 계속 꾸벅이며 정중히 사과한다.
마. 어라 팔로워가 언제 590이지..감사합니다...꾸벅꾸벅

'꾸벅'의 의미는 크게 두 가지로 쓰이는데, 하나는 '졸다'의 뜻이고 다른 하나는 '인사하다'의 뜻이다. 통신 공간에서 누리꾼들은 주로 '인사하다'를 '꾸벅'의 기본 의미로, '감사하다'를 확대된 의미로 쓴다. 이 점을 고려하여 여기서는 '졸다'의 뜻으로 쓰인 것을 제외하고, '인사하다'의 뜻을 갖는 자료를 분석 대상으로 삼는다.

(14가~가-2)는 '꾸벅'이 단독형으로 쓰인 것이며 '인사하다'의 공통 의미를 갖는다. 머리를 숙였다 드는 동작을 통해 반가움과 존경을 표시하거나 감사, 부탁, 사죄 등의 다른 의미를 전달한다. (14나)는 '꾸벅'이 부사어로 쓰인 것이고, (14다, 다-1)은 동사 '꾸벅하다'로 쓰인 것이다. 낮은 빈도지만 (14라, 라-1)의 동사 '꾸벅거리다', '꾸벅이다' 형식의 쓰임도 보인다. (14마)의 '꾸벅꾸벅'도 '인사하다'의 뜻인데, 앞서 설명한 바와 같이 일상어와 마찬가지로 인터넷에서도 중복형은 대부분 '졸다'의 의미로 쓰이는 것이 특징이다.

'꾸벅'이 들어간 트윗글 100개의 사용자 성별 분포를 분석한 결과, 남성 누리꾼은 24명, 여성 누리꾼은 76명으로 나타났다. 이 역시 여성 사용자 비율이 3배 이상 높다.

다. 하악하악

통신 언어로 활발히 쓰이는 의성어 '하악하악'의 쓰임을 분석하기 위해 수집한 자료는 다음과 같은 용법을 보인다.

(15) '하악하악'의 쓰임 유형
　　가. 하악하악8ㅁ8(가빠른 숨 손에넣고 말겟서요... 반드시..!!!
　　가-1. 저도 해다뽀 진짜 조아해..하악하악...
　　가-2. 아침부터 미친듯이뛰어서 그런지 죽을거같다 하악하악
　　나. 하악하악 좋은 얼굴..!
　　다. 이때 사슴목을 하고 있던 초인이 ㅠㅠㅠ 하악하악했어요
　　다-1. 근데 정말 단테님 허벅지가 하악하악한가요?
　　다-2. 단테님 허벅지 하악하악?
　　라. 오타쿠가 다 방에서 최애캐 하악하악거리는줄 압니까!?
　　라-1. 님들 저 여자좋아해요 여자보면 하악하악대요

'하악하악'은 좋거나 흥분된 상황에서 내는 거친 숨소리를 나타내는 말로, 주로 문장에서 독립되어 쓰이며, (15가-1)처럼 '좋아하다'의 뜻이나 그것을 강조하는 맥락에서 잘 쓰인다. (15가-2)에서는 힘든 상황을 나타내는 뜻으로도 쓰였다. (15나)의 '하악하악'은 부사어 기능을 갖는다. (15다~다-2)에서는 동사 또는 형용사 '하악하악하다'의 쓰임을 볼 수 있다. (15다-1, 2)의 '하악하악하다'는 형용사로서 주어에 따라 뜻이 달라지며, 여기서는 '(허벅지가) 굵다/섹시하다'의 뜻으로 쓰였다. (15라, 라-1)과 같이 '하악하악거리다', '하악하악대다'의 쓰임도 관찰된다. 모두 어떤 대상에 성적인 관심을 드러낸다는 뜻으로 쓰인다.

'하악하악'이 들어간 트윗글 100개의 사용자 성별 분포를 분석한 결과, 남성 누리꾼은 22명, 여성 누리꾼은 78명으로 나타났다. 앞의 말들과 비슷하게 성별 차이가 큰 것으로 확인되었다.

라. 샤방샤방

만화에서 만들어져 통신 공간에서 널리 쓰이는 의태어 '샤방샤방'의 쓰임을 분석하기 위해 수집한 자료는 다음과 같은 용법을 보인다.

(16) '샤방샤방'의 쓰임 유형
    가. 이쁘다........샤방샤방
    가-1. 어! 이태민이다! 샤방샤방
    가-2. 다들 이쁘고 샤방샤방한 소년들만 좋아해-!!!!(울뛰)
    나. 샤방샤방 프릴인데 이름이 곱창이야....
    나-1. 의상도 화이트라 더 샤방샤방 빛남요☆★★★☆
    다. 평속 25로 샤방샤방다니다가 도로뚫리면 빡시게 타고 ㅋㅋㅋ

'샤방샤방'은 예쁘고 아름다운 상태를 가리키는 의태어인데, (16가, 가-1)과 같이 단독형으로도 쓰이지만 (16가-2)처럼 '샤방샤방하다'의 형식 비율이 더 높다. (16나)에서 '샤방샤방'은 관형어로, (16나-1)에서는 부사어로 쓰였다. (16다)의 '샤방샤방'은 다른 쓰임과 달리 '빡시게'와 대조되어 '여유 있다', '쉽다'의 특별한 뜻으로 쓰였다.

'샤방샤방'이 들어간 트윗글 100개의 사용자 성별 분포를 분석한 결과, 남성 누리꾼은 16명, 여성 누리꾼은 84명으로 나타났다. 분석 대상 표현 가운데 성별 차이가 가장 컸다.

이상의 분석 결과를 표로 정리하여 나타내면 다음과 같다.

〈표 1〉 의성의태어의 사용자 성별 분포

구분	남성	여성	합
토닥토닥	20	80	100
꾸벅	24	76	100
하악하악	22	78	100
샤방샤방	16	84	100
합계(비율)	82명(20.5%)	318명(79.5%)	400명(100%)

사용자 성별 차이가 가장 큰 것은 '샤방샤방'으로 여성 사용자가 남성보다 5.3배나 많았다. 그 다음은 '토닥토닥'으로 4배, '하악하악'은 3.5배로 나타났다. 성별 차이가 가장 작은 표현은 '꾸벅'이며, 이 경우도 여성 사용자의 비율이 남성보다 3.2배나 높았다. 전체적으로 분석 대상 의성의태어 4개의 평균 사용률은 남성이 20.5%, 여성이 79.5%로서 여성이 남성보다 약 4배 높은 사용률을 보여 주었다. 이러한 결과를 그림으로 분명하게 보면 다음과 같다.

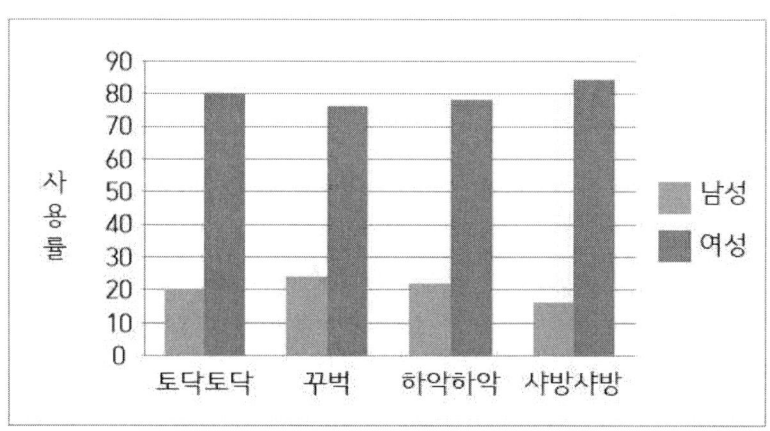

[그림 3] 의성의태어의 사용자 성별 분포

[그림 3]을 보면 여성들의 의성의태어 사용률이 남성에 비해 절대적으로 높고, 의성의태어에 따라서도 미세한 차이가 나타난다. 그 의미를 몇 가지로 나누어 분석해 본다.

첫째, 여성들의 의성의태어 사용률이 남성들에 비해 크게 높은 것은 분석 대상 표현에서 일관되게 나타났는데, 무엇보다 이는 여성들이 통신 공간에서 의성의태어 등의 감각적 수단을 이용하여 더 효과적으로 충실하게 의미를 표현하려고 노력한 결과로 보인다. 남성들은 통신 공간에서 비속어나 소리나는 대로 적기 등의 비규범적 언어 사용을 여성들보다 더 많이 함으로써 심리적 해방 동기에 충실한 편이다.[19] 이와 달리 여성들은 표현의 생생함과 충실성에 도움이 되는 의성의태어 사용을 많이 함으로써 효과적 소통이 되도록 노력한다고 해석할 수 있다.

둘째, 분석 대상 의성의태어 가운데서 여성들은 '샤방샤방'을 '꾸벅'과 '하악하악'에 비해 더 많이 사용했는데, 이는 여성들이 의성의태어 가운데서 미적 표현 사용에 더 적극적임을 보여 준다. 여성들이 일상생활에서처럼 통신 공간에서도 아름다움, 예쁨, 화사함 등의 외적, 미적 가치에 더 적극적으로 주목하고 있는 결과로 해석된다.

셋째, 성적 맥락에서 잘 쓰이는 '하악하악'의 경우 남성 친화적 표현으로 가정했지만 정확한 자료 분석 결과 이 또한 여성 사용률이 남성들보다 3.5배나 높았다. 이는 여성들의 남성 '아이돌' 연예인 등에 대한 높은 관심에서 나온 결과이다. 특히 남성 트위터 이용자들의 여성 연예인에 대한 관심 표명이 많지 않은 데 비해 여성들은 가수, 배우 등 인기 연예인에 대한 글들이 상대적으로 더 많다. "재환이오빠의 애굣살이 되고싶다 하악하악", "준수오빠 허리돌리는데 하악하악+_+", "오늘 오빠얌 옷 예쁘다~~ 하악하악~"처럼 연예인들의 외모, 동작, 옷 등

---

19) 이러한 통신 언어 사용에서 나타나는 성별 차이에 대해서는 이정복 (2003가:289-290) 참조.

에 대해 좋아하는 감정을 '하악하악'을 통해 솔직하게 표현하는 글들이 많다.20)

4. 통신 언어 의성의태어 연구의 의의

이 장에서는 트위터, 페이스북 등 사회적 소통망(SNS)에서 쓰이는 의성의태어의 새로운 쓰임을 분석·보고하고, 사회언어학적 관점에서 누리꾼들의 성별에 따라 사용상의 어떤 차이점이 있는지를 밝히고자 하였다. 2절에서 통신 언어 의성의태어의 유형을 '일상어와 통신 공간에서 두루 쓰이는 것'과 '통신 언어로 활발히 쓰이는 것'으로 나누어 살펴보고, 통신 언어 의성의태어의 쓰임 특징을 정리했다. 3절에서는 누리꾼들이 즐겨 쓰는 대표적 의성의태어인 '토닥토닥, 꾸벅, 하악하악, 샤방샤방'을 대상으로 쓰임의 성별 차이를 통계적으로 분석하고, 차이점에 대해 해석해 보았다. 중요한 분석 결과를 정리하기로 한다.

일상어와 통신 공간에서 두루 쓰이는 의성어 '냠냠, 꼬르륵, 헤헷', 의태어 '더듬더듬, 오글오글, 덜덜' 등의 쓰임을 구체적 사례를 통하여 살펴보았다. 이 표현들은 일상어의 뜻이 그대로 유지되는 경우도 있지만 다른 의미로 확대되거나 형식이 바뀌어 쓰이는 경우가 많다. 통신 공간에서 누리꾼들이 새롭게 만들어 쓰거나 받아들여 활발히 쓰는 의성의태어도 적지 않다. 의성어로는 '아싸, 하악하악, 허걱, 뿌잉뿌잉' 등이 있고, 의태어로는 '뽀샤시, 후덜덜, 부끄부끄, 수줍수줍' 등이 있

---

20) 분석 자료를 보면, 남성 연예인에 대해 성적 호감을 더 직설적으로 드러내고, 나아가 자신의 신체 일부 사진을 찍어 올리는 여성 이용자들도 적지 않다. 이들은 주로 신분을 드러내지 않고 글을 올리기 위해 이른바 '부계정'(副計定) 또는 '세컨계정'(second 計定)을 활용한다.

다. 의성어는 주로 감정 표현, 의태어는 상태 표현으로 쓰였고, 표기상의 변형이 많이 나타났다.

통신 언어 의성의태어의 쓰임에서 보이는 주요 특징을 몇 가지 찾아내었다. 첫째, 통신 언어 의성의태어 가운데 '헐, 허걱, 에효, 뿌잉뿌잉, 추릅추릅' 등은 인터넷에서 특히 활발히 쓰이는 표현이다. 둘째, '깨물깨물, 보듬보듬'과 같이 일상어의 용언 어간을 이용하여 반복형 의태어를 생산적으로 만들어 쓴다. 셋째, 통신 언어 의성의태어를 경제적 동기, 오락적 동기 등에 따라 'ㅋㅋㅋ, ㅎㅎㅎ'처럼 자음자만으로 간단히 적는 경우가 있다. 넷째, 누리꾼들은 느낌과 의미를 강조하기 위해 '오오오옹'과 같이 의성의태어의 일부 또는 전체를 반복적으로 늘여서 사용한다. 다섯째, 통신 언어 의성의태어는 기존 일상어의 의미와 함께 의미 확대를 겪는 경우가 많다. 여섯째, 통신 언어 의성의태어는 문장 안에서 부사어 등으로 쓰이기도 하지만 문장의 앞 또는 뒤에서 독립적으로 쓰이는 경우가 더 많다.

대표적 의성의태어 4개의 사용에서 보이는 성별 차이를 분석한 결과, 차이가 가장 큰 것은 '샤방샤방'으로 여성 사용자가 남성보다 5.3배나 많았다. 그 다음은 '토닥토닥'으로 4배, '하악하악'은 3.5배로 나타났다. 전체적으로 의성의태어의 평균 사용률은 남성이 20.5%, 여성이 79.5%로서 여성이 약 4배 높다. 이러한 결과와 관련하여 몇 가지 점을 해석할 수 있었다. 첫째, 여성들은 통신 공간에서 의성의태어 등의 감각적 수단을 이용하여 효과적으로, 충실하게 표현하려고 노력한다. 둘째, 여성들은 의성의태어 가운데서도 미적, 외적 가치 표현 사용에 더 적극적이다. 셋째, 여성들은 의성의태어 사용을 통해 남성 '아이돌' 연예인 등에 대한 높은 관심을 표현한다.

이상의 연구 결과는 다음과 같은 점에서 의의가 있다. 첫째, 통신 언어 의성의태어에 대한 체계적 분석을 통하여 통신 언어의 구체적 한 현상의 쓰임을 학계에 새로 보고함으로써 한국어 연구의 폭을 넓히는 데 기여할 수 있다. 둘째, 통신 언어 의성의태어 사용 실태를 본격적으로 기술하고, 성별 분포 및 사용 효과를 파악함으로써 의성의태어에 대한 깊은 이해를 도모하고, 통신 언어 연구의 영역을 확장하는 의미가 있다. 이 장의 연구를 바탕으로 의성의태어에 대한 새로운 각도의 여러 가지 후속 연구들이 이어지길 바란다.

# 8장_ 소셜 미디어에 대한 텍스트언어학적 접근

1. 소셜 미디어와 통신 언어

　인터넷이 사람들의 삶을 지배하는 21세기는 달리 말하면 '인터넷 통신 언어'의 시대이자 '소셜 미디어'의 시대이기도 하다. 실시간 인터넷 기반의 첨단 정보 매체로 서로 연결된 사람들은 끊임없이 읽고 쓰고, 보고 들으며 소통한다. 그 결과, 일상어와 여러 가지 면에서 차이가 있는 통신 언어가 대량으로 만들어져 효과적으로 쓰이면서 재미를 준다. 소셜 미디어로 연결된 사람들은 이전에 경험하지 못한 방식의 사회적 교류를 손쉽게 해 나간다. 소셜 미디어는 좁은 공동체의 범위를 넘어 전혀 알지 못했던, 멀리 떨어져 있는 사람들을 만나게 해 주고 익명성과 비대면성 환경에서 일정한 거리를 유지하며 사회적 만남을 가능하

게 도와준다. 인터넷과 정보통신 매체가 언어와 사회적 관계에 혁명적 변화를 이끌어 왔다.

통신 언어는 기존 일상어의 입말과 글말에 이어 나온 제3의 언어라고 불린다. 글로 적힌 입말을 핵심 구성 요소로 하는 통신 언어는 입말과 글말의 성격을 함께 가지면서 사용 환경과 사용자의 동기 등에 따른 구체적 특성을 보여 준다. 통신 언어는 단순히 일상어의 한 변이가 아니라 그 자체로서의 의의가 있는 언어의 새로운 존재 양식인 것이다. 지금까지의 통신 언어에 대한 연구는 바로 그러한 새로운 존재 양식으로서의 통신 언어가 형식이나 용법 면에서 기존 일상어의 입말 또는 글말과 어떻게 다른지에 주로 초점을 맞추어 진행되었다.[1]

그런데 초기의 통신 언어 사용 환경은 인터넷 게시판, 대화방, 전자편지와 같은 비교적 단순한 유형이었지만 소셜 미디어가 등장하면서 트위터, 페이스북, 인스타그램, 카카오스토리, 밴드 등의 사회적 소통망(SNS)은 통신 언어 사용과 소통 방식을 더욱 다양하게 만들었다. 게시판이나 대화방, 전자편지도 기존 일상어 사용 영역에서는 없었던 새로운 것이지만 사회적 소통망은 하나하나가 새로운 텍스트 사용 환경을 제공하는 것인 점에서 주목된다. 이러한 개별적인 사회적 소통망들은 소통 목적이나 방식에 따른 독특하면서도 다양한 텍스트 사용 환경을 제공한다. 소셜 미디어의 사용으로 누리꾼들은 수많은 'SNS 텍스트'(박선우 2017:150) 또는 '인터넷 텍스트'를 만들어 냄으로써 언어생활을 풍요롭게 만들고 있다.

이 장에서는 다양한 텍스트 사용 환경과 인터넷 텍스트를 제공하고 있는 소셜 미디어의 개념과 유형을 간략히 소개한 후, 학술지 ≪텍스트

---

* 이 장의 내용은 이정복(2018가)를 부분적으로 고친 것이다.
1) 지금까지의 통신 언어에 대한 연구 검토는 이정복(2003가, 2009나)에서 이루어졌다. 통신 언어 연구의 과제에 대해서는 이정복(2012가, 2014나)를 참조할 수 있다.

언어학≫에 실린 논문들을 대상으로 '인터넷 텍스트'나 통신 언어, 소셜 미디어에 대한 텍스트언어학적 관점의 기존 연구를 검토해 보기로 하겠다.2) 그것을 바탕으로, 앞으로 소셜 미디어에 대한 텍스트언어학적 연구를 활성화하기 위한 과제와 전망을 제시함으로써 논의를 마무리할 것이다. 이러한 과정을 통해 인터넷, 특히 소셜 미디어가 사람들의 삶에서 중요한 자리를 차지하는 시대에 텍스트언어학 연구에서도 통신 언어나 소셜 미디어를 통한 언어 사용에 좀 더 많은 관심과 구체적 연구가 필요함을 강조하고자 한다. 그렇게 할 때 텍스트언어학 연구는 언어 형식 및 구조에 집중했던 데서 벗어나 연구 범위를 크게 확장하는 효과를 거둘 수 있다.

2. 소셜 미디어의 개념과 유형3)

'소셜 미디어(social media)'의 개념 정의는 여러 가지가 있다. 주로 언론학 연구에서 나왔는데, 설진아(2009:36)은 "측정 가능한 퍼블리싱 기술(scalable publishing techniques)을 이용해 창출된 사회적 상호작용을 통해 주장이나 의견을 쉽게 전파하도록 고안된 미디어"로 정의했다. 또 설진아(2011:14)에서는 기존 정의를 조금 수정하여

---

2) 소셜 미디어 텍스트는 인터넷 텍스트의 일부이고, 소셜 미디어의 언어는 곧 통신 언어의 일부이며, 소셜 미디어가 본격적으로 등장한 것은 인터넷의 역사에서 비교적 최근이다. 이런 점을 고려하여 여기서는 소셜 미디어의 언어나 구조를 다룬 연구뿐만 아니라 인터넷 텍스트 또는 통신 언어와 관련된 연구들을 함께 살펴보고자 한다.
3) 이 절의 내용은 텍스트언어학 전공자들에게 소셜 미디어의 유형과 특징을 소개하기 위해 사회적 소통망(SNS)의 언어문화를 전반적으로 다룬 이정복(2017가)의 1장에서 발췌하여 부분적으로 수정, 보완한 것임을 밝힌다.

"사람들이 정보와 경험, 생각을 공유하기 위해 사용하는 플랫폼으로서 주로 온라인 도구와 모바일 도구를 활용하는 미디어"로 보았다. 김대호(2012:1)은 "개개인의 주관적인 생각 또는 경험을 바탕으로 한 정보를 공유하고 재가공하는 등 '참여, 소통, 공유'를 기반으로 하는 뉴미디어"로 풀이했다.

⟨표 1⟩ 소셜 미디어의 유형 (한국인터넷진흥원 2010, 김대호 2012:3에서 재인용)

구분	내용
블로그	Web(웹)+Log(일기)의 합성어로 네티즌이 웹에 기록하는 일기나 일지를 의미하며, 매일 1만 5,000개 이상이 생성되고 있고 전 세계적으로 그 수가 1,700만 개에 달함
소셜 네트워크	자신만의 온라인 사이트를 구축하여 콘텐츠를 만들고 친구들과의 연결을 통해 콘텐츠와 커뮤니케이션을 공유하는 것으로, 가장 잘 알려진 소셜 네트워크의 예로는 6억 명 이상의 회원을 보유한 페이스북과 트위터 등이 있음
콘텐츠 커뮤니티	특정한 종류의 콘텐츠를 만들고 공유하는 커뮤니티로, 가장 인기 있는 콘텐츠 커뮤니티로는 Flicker(사진), YouTube(동영상) 등이 있음
위키피디아	웹사이트에서 콘텐츠를 추가하고 정보를 편집하여 공동의 문서나 데이터베이스처럼 운영되고 있으며, 대표적인 서비스로 약 350만 개 이상의 영어 문서를 가지고 있는 온라인 백과사전 위키피디아를 들 수 있음
팟캐스트	방송(Broadcasting)과 아이팟(iPod)의 합성어로, 인터넷에서 사용자들이 새로운 오디오 파일(주로 MP3)을 통해 인터넷 라디오방송을 하는 것

한국인터넷진흥원(2010)은 소셜 미디어의 유형을 ⟨표 1⟩과 같이 '블로그, 소셜 네트워크, 콘텐츠 커뮤니티, 위키피디아, 팟캐스트'의 5가지로 나누었다. 그 가운데 '소셜 네트워크'가 SNS, 곧 사회적 소통망을 가리킨다. 블로그 등의 초기 소셜 미디어는 '개방, 참여, 공유'의 정

신을 강조하는 '웹 2.0' 기술을 바탕으로 한 것이며, 최근 들어 이용자의 요구나 특성을 고려하여 친구와 정보를 추천하고 구매 정보를 제공하는 맞춤형 서비스가 이루어지는 트위터, 페이스북, 카카오스토리 등의 사회적 소통망은 '웹 3.0' 기술의 결과다.

이러한 소셜 미디어 가운데 통신 언어 면에서 가장 중요하게 다루어지고 있는 것은 사회적 소통망이다. 사회적 소통망에 대한 정의가 많은데, ≪위키백과≫의 '소셜 네트워크 서비스' 항을 보면 "사용자 간의 자유로운 의사소통과 정보 공유, 그리고 인맥 확대 등을 통해 사회적 관계를 생성하고 강화시켜주는 온라인 플랫폼을 의미한다"고 기술했다. 인터넷 공간의 정보 공유와 소통이 사회적 관계를 배경으로 하는 것이 특징임을 강조한 것이다. 사회적 소통망에서의 여러 가지 언어적 활동을 통해 누리꾼들은 사회적 관계를 확대하고 강화하는 효과를 얻을 수 있다고 하겠다. 김유정(2013:11)에서는 사회적 소통망에 대해 "인터넷을 통한 사회적 관계를 형성하는 커뮤니티이며 개인의 정체성을 바탕으로 한 이용자 중심으로 수평적으로 뻗어나가는 네트워크"라고 풀이했다. 이 정의를 정리해서 이해하면, '개인적 정체성을 바탕으로 사회적 관계를 형성하는 수평적 커뮤니티'라는 뜻으로 사회적 소통망을 보고 있다고 하겠다.

현재 한국 누리꾼들이 많이 이용하는 대표적 사회적 소통망에는 '페이스북(facebook.com), 트위터(twitter.com), 밴드(band.us), 카카오스토리(story.kakao.com), 인스타그램(www.instagram.com)' 등이 있다.[4] 페이스북은 2004년 2월에, 트위터는 2006년 7월에 미국에서 시작된

---

4) 이와 함께 '메신저' 기능이 핵심인 카카오톡도 '단톡방'이라는 공간을 만들어 단체 대화를 통해 사회적 관계를 형성하면서 소통해 나갈 수 있는 점에서 사회적 소통망의 하나로 보기도 한다. 그렇지만 트위터, 페이스북 등의 전형적 SNS와는 소통 방식이나 구조 면에서 여러 가지 차이가 있다.

SNS이다. 두 서비스의 한국인 이용자가 본격적으로 늘어난 것은 한국에서 스마트폰이 대중화되던 2009년 하반기다. 인스타그램은 2010년에 역시 미국에서 서비스가 시작되었고, 2012년 4월 페이스북에 인수되었다. 한국에서 가장 먼저 서비스가 된 사회적 소통망은 1999년에 나온 '아이러브스쿨'과 '싸이월드'가 있는데 원조 SNS의 지위를 누렸으나 현재는 이용자 감소, 관심 부족 상태로서 페이스북 등에 완전히 주도권을 잃었다. 네이버 밴드와 카카오스토리는 한국에서 2012년에 출시된 사회적 소통망이다.

이러한 SNS 가운데 네이버 밴드, 카카오스토리가 일상에서 이미 알고 있는 관계의 누리꾼들이 인터넷이라는 매체를 빌려 소통하는 폐쇄성이 강한 매체라고 한다면 페이스북, 트위터, 인스타그램은 잘 모르는 사람들과 새롭게 인터넷에서 만나기가 쉬운 개방성이 강한 매체다.5) 카카오스토리 등에서는 연결된 '친구'들끼리 일상 소식을 글이나 사진을 통해 주고받으며, 관심이 있는 뉴스나 도움이 될 만한 각종 정보를 서로 전달하기도 한다. 이와 달리 트위터 이용자들의 다수는 정치, 경제, 국제관계, 연예 등의 사회적 관심이 높은 뉴스나 정보를 공유하고, 사회 및 정치 문제와 관련된 생각이나 주장을 글로 적어 널리 알리거나 토론하고자 애쓴다. 인스타그램의 경우 트위터와 달리 사진, 동영상을 중심으로 소통하기 때문에 시각 자료에 대한 짧은 설명글과 댓글이 있기는 해도 다른 SNS에 비해 평균적으로 언어를 통한 교류는 약한 편이다.

---

5) 사회적 소통망의 폐쇄성과 개방성 차이는 '친구 관계' 면에서 뚜렷한 차이를 보여 준다. 홍삼열·오재철(2012:75)에서 한국인 332명을 대상으로 한 조사에 따르면 폐쇄형인 카카오스토리는 '친구'가 100명 이하인 이용자가 74.1%를 차지했고 개방형인 트위터와 페이스북의 경우 1,000명 이상인 이용자가 각각 36.1%, 33.7%로 나타났다. 카카오스토리는 '친구'가 1,000명 이상인 경우는 전혀 없었다.

사회적 소통망은 신문, 잡지, 방송 등 기존의 대중 매체와는 여러 가지 차이가 있다. 가장 주목할 점은 기존 매체가 소수 전문가들이 생산한 지식과 정보를 대중들에게 일방적으로 전달하는 반면 인터넷, 특히 사회적 소통망은 대중이 곧 생산자 겸 소비자 역할을 하며 양방향의 수평적 소통을 빠르게 주도해 나가는 매체라는 사실이다. 사회적 소통망에서는 전문가의 권위가 약화되는 대신 권력이 분산되어 있으며, 대중이 '집단 지성'으로서 매체를 가꾸고 이끌어 간다. 일반 대중 매체와 사회적 소통망의 이러한 차이를 한국정보산업연합회 조사연구팀(2006)에서는 〈표 2〉와 같이 정리했다.

〈표 2〉 SNS의 커뮤니케이션 패러다임 (김성식·배진아 2014:101에서 재인용)

구분	일반 미디어	SNS
콘텐츠 특성	미디어의 콘텐츠	콘텐츠의 플랫폼으로서의 미디어
수용자 특성	대중 또는 정보 소비자	정보의 생산 소비자(프로슈머)
지식생산 방식	소수 전문가	사용자의 집단 지성
권력 관계	중앙 집권형	분산형(네크워크형)
커뮤니케이션 형태	일방적, 수직적	쌍방향, 수평적
관계 확립 방식	필요시 관계 확립	유비쿼터스적 관계 확립
대표 사례	신문, 라디오, TV 등	유튜브, 트위터, 페이스북

사회적 소통망의 이러한 긍정적 특성 때문에 수많은 누리꾼들이 SNS를 활발히 이용하고 있으며, 일부는 SNS에 빠졌다고 할 정도로 열광적 상태를 보인다. 사회적 소통망은 기존 매체와 비교하여 이용 환경 면에서도 차이가 두드러진다. 신문 등의 매체는 정보 생산에서 전달 및 수용 과정에 비교적 시간이 많이 걸리지만 사회적 소통망은 언제 어디서든 '실시간 소통'이 가능하다. 그것은 일차적으로 시공간의

제약이 없고 빠르게 정보를 전할 수 있는 인터넷의 특성 때문이기도 하지만 스마트폰 등의 휴대 인터넷 기기 발달 덕분이기도 하다.

〈표 3〉 페이스북과 트위터의 언어 사용 기능

언어 기능	페이스북	트위터
읽기	뉴스피드	타임라인
	검색하기	검색하기
쓰기	담벼락/타임라인	트윗하기
	댓글 달기	답글 쓰기
대화	메시지	쪽지
	채팅하기	

한국 누리꾼들이 많이 이용하는 두 가지 대표적인 사회적 소통망 가운데서 성격이 유사하면서도 차이가 있는 페이스북과 트위터를 대상으로 기능과 소통 구조를 파악해 보겠다. 먼저 〈표 3〉은 두 사회적 소통망의 언어 사용 기능을 대비한 것이다. 누리꾼들이 사회적 소통망에서 읽기와 쓰기 등의 언어 사용 활동을 어떻게 하고 있는지를 보여 준다.

두 가지 사회적 소통망 글쓰기에서 가장 눈에 띄는 차이점은 게시글 크기 제한에 있다. 페이스북은 게시글 크기에 제한이 없는 반면 트위터의 경우 한국어 기준 140자, 영어 기준 280자로 제한이 있다. 게시글 크기의 차이 때문에 두 서비스 이용자들의 글쓰기 방식이나 언어 사용 면에서 차이를 보인다. 페이스북 이용자들 가운데는 정치적 견해나 개인 경험, 생각 등을 비교적 자세히, 길게 작성하는 사람들이 종종 있다. 광고성 게시글을 자세히 쓰기에도 페이스북 이용이 효과적이다. 이와 달리 트위터에서는 게시글 크기가 140자로 제한되어 있어 이용자들이 짧은 글을 심리적 부담 없이 쓰기에 적절하다. 트위터 게시글이 140자로 제한된 것은 문자 메시지를 통해 게시글을 쓸 수 있도록 하기 위한 것이며, 게시글 크기가 이처럼 작게 제한되어 있는 점에서 트위터를 '마이크로 블로그(microblog)'라고 부른다. 트위터 누리꾼들은 전달하려는 내용을 최대한 압축하여 표현해야 하기 때문에 핵심 내용 중심으로 짧게 쓰게 된다.6) 긴 글을 꼭 써야 할 때는 짧은 글에 번호를 달아 연속으로 게시글을 올리거나 블로그 등에 저장한 내용을 인터넷 주소로 연결시키기도 한다. 일부 트위터 이용자들이 게시글 크기 제한에 불만을 나타내고, 트위터 운영자 쪽에서도 이용자 수의 정체, 수익성 악화 등이 발생하자 2016년에 게시글 크기 제한을 없애려고 시도했으나 이용자들의 반발로 여전히 게시글 크기 제한이 유지되고 있다.7) 다만 사진, 동영상, 인용 트윗의 경우 글자 수 제한에서 제외하고 다양한 미디어 첨부를 허용함으로써 140자 글자 수 제한의 문제를 피해가고 있다.

그런데 최근 페이스북과 트위터 등 SNS의 소통 구조는 처음 출발할 때와 다르게 서로 아주 닮아 있다. 서비스 간 경쟁이 치열해지면서 이용자의 반응이 좋거나 편리한 기능을 추가하면서 상대방 SNS의 장점을 적극 수용한 결과다. 페이스북은 전화번호나 전자편지 주소에 있는 사람뿐만 아니라 '친구의 친구'까지 적극 새 친구로 추천하여 이용자들의 친구 수를 늘리는 한편 '팔로우'라는 트위터의 개념을 도입하여 친구 관계가 아니어도 일방적 읽기가 가능하도록 하여 친구 수 5,000명

---

6) 칸다 토시아키 지음/김정환 옮김(2010:92)에서는 "간결하게 핵심만 정리된 트윗이 블로그에 쓴 1,000자가 넘는 장문보다 머리에 쏙 들어오는 이유도 전달하고자 하는 핵심이 트윗에 응축되어 담겨 있기 때문일 것"이라고 보았다.

7) 2017년 11월에 한국어, 중국어, 일본어를 제외한 나머지 언어에서 글자 수를 280자로 늘렸다. 한국어 등에서 140자 제한이 유지된 이유는 영어 등 서양어에 비해 140자로도 밀도 있는 글쓰기기 가능하기 때문이라고 밝혔다(트위터 글자 수 제한 140자서 280자로, 국민일보 2017-11-08).

제한을 사실상 풀어 버렸다. 트위터의 경우에도 사진이나 동영상 등 이미지 자료를 쉽게 올릴 수 있도록 조치했고, 인용 트윗 등은 글자 수 제한에서 아예 제외함으로써 트윗 크기의 한계에 불편함을 느끼는 이용자들을 위해 배려하는 모습이다. 이러한 노력에도 페이스북과 트위터가 가진 소통 구조상의 근본적 차이는 아직도 분명하게 존재한다. 어느 정도 익명성을 유지하면서 새소식, 의견, 느낌 등을 담은 짧은 글을 수시로 편하게 올릴 수 있는 마이크로 블로그인 트위터, 사진이나 동영상과 함께 자신의 일상이나 생각을 차분히 글로 정리해서 올림으로써 일상의 지인들과 공감해 나가는 페이스북은 각각 독자적인 인터넷 소통 도구로서 가치를 꾸준히 이어갈 것이다.[8]

3. 소셜 미디어에 대한 텍스트언어학적 연구 검토

이 절에서는 인터넷 텍스트나 통신 언어, 통신 언어 사용을 위한 특정 환경을 제공하는 소셜 미디어와 관련해 이루어진 지금까지의 텍스트언어학적 연구를 대상으로 주요 연구 내용과 경향을 살펴보기로 하겠다. 한국텍스트언어학회에서 발행하는 학술지 《텍스트언어학》에 실린 관련 주제의 연구 논문 21편을 몇 가지 내용 유형별로 나누어 제시한다.

먼저 2000년대 초반부터 인터넷 사용이 대중화되고 인터넷에서의 언어 사용이 늘어나면서 인터넷 텍스트의 특성을 다룬 연구들이 몇 편

---

[8] 트위터와 페이스북 모두 누리꾼들이 기사, 사진, 동영상 등을 인용, 전달, 공유함으로써 상호 소통을 풍부하게 해 나가는 공통점이 있다. 정현선(2013:92)에서는 이런 점들에 주목하여 SNS를 "다양한 방식으로 다른 텍스트, 플랫폼, 미디어를 연결하는 글쓰기가 이야기를 촉발하는 확장된 소통 공간"으로 보았다.

나왔다. 인터넷 텍스트의 여러 가지 특징이 있지만 그 가운데 가장 변별적 특징으로 '하이퍼텍스트'라는 것을 들었는데, 김혜정(2002)와 김요한(2004), 비교적 최근의 조국현(2009)가 그 보기다. 김혜정(2002)와 김요한(2004)는 일상어 텍스트와 비교할 때 '마디'와 '연결', '비선형성'을 제일 중요한 차이점으로 갖는 인터넷 텍스트를 '하이퍼텍스트'라는 개념에서 전반적 특성을 살펴본 개설적 연구이고, 조국현(2009)는 인터넷 신문의 구조적 특성을 집중적으로 다룬 것이다.

김혜정(2002)는 하이퍼텍스트의 특성을 일상어 문어 텍스트와의 비교를 통해 밝히고자 했다. 하이퍼텍스트를 '컴퓨터와 인터넷, 그리고 웹을 매체 혹은 채널로 하여 교환되는 메시지'로 정의한 후 그것은 문어 텍스트와 마찬가지로 '간텍스트성'을 가지며, 하이퍼텍스트 구조는 하나의 사건 혹은 화자와 관련되어 있으면서도 상이한 '초구조'를 가진 텍스트의 다양한 종류들이 하나의 카테고리(사이트)를 형성하면서 묶인 전방위적 구조라고 설명했다. 이 연구는 이른 시기에 인터넷 텍스트의 특성을 텍스트언어학계에 소개한 점에서 의미가 있다.

김요한(2004)에서는 디지털 시대와 멀티미디어 시대에는 텍스트 생산과 소비 조건이 바뀌고 텍스트 개념이 확장된다고 하면서 하이퍼텍스트의 개념과 구조적 특성을 살펴보았다. 구체적으로 하이퍼텍스트를 "사용자의 선택에 따라 관계된 문서로 옮겨갈 수 있도록 조직화된 시스템", "전자적인 형태를 띠는 텍스트로, 관련된 텍스트를 지시하는 텍스트로 구성되어 있으며, 전자적 링크를 통해 서로 연결된 텍스트"로 정의했다. 하이퍼텍스트의 구조적 특성에 대해서는 '교차성과 가변성, 비선형성, 리좀, 상호텍스트성과 상호작용성' 면에서 설명했다. 인터넷 텍스트의 구조에 대한 이해에 도움이 된 연구다.

조국현(2009)는 온라인 신문을 대상으로 하이퍼텍스트 종류를 확인하고, 온라인 신문의 특성을 찾아보았다. 온라인 신문의 특성으로 첫째, 온라인 신문이 독자의 참여를 촉진하기 위한 공간을 많이 제공하며, 그에 따라 다양한 형태의 독자 참여적·주도적 하이퍼텍스트 종류가 나타난다는 것이다. 둘째, 독자들이 쌍방향적 의사소통을 통해 정보 공유, 의견 교환 및 토론, 정서적 만족감, 재미와 오락 추구 등의 목적을 추구한다고 했다. 셋째, 온라인 신문의 하이퍼텍스트들은 언어 중심적 성격을 벗어나 문자 외 음성, 그림, 사진, 그래픽, 동영상, 음향 등의 융합 기호를 이용함으로써 이용자의 다층적 욕구에 부응한다고 설명했다. 인터넷 텍스트로서의 온라인 신문이 인쇄 신문과 비교하여 어떤 특성이 있는지를 여러 방향에서 분석한 점이 눈에 띈다.

분석 대상 21편의 다수 연구에서는 인터넷 텍스트의 구체적 유형을 찾아서 개념을 정의하고 언어적, 텍스트언어학적 특성을 분석했다. 이정복(2002가)와 국남(2016)은 '전자편지 텍스트', 조국현(2007)과 양명희(2011)은 '댓글 텍스트', 김해연(2009)와 박지윤(2011)은 '인터넷 기사 텍스트', 송경숙(2002, 2004)는 '인터넷 대화 텍스트', Ryoo, Mi-Lim(2005)는 '인터넷 유머 텍스트'를 연구 대상으로 한 것이다. 조국현(2008, 2011)은 '팬 커뮤니티 텍스트', 조원형(2011)은 '인터넷 백과사전 텍스트'를 분석한 것인데, 세 연구는 인터넷 공간에만 존재하는 독특한 유형의 텍스트를 연구 대상으로 삼았다. 또한 정혜녕·남윤주(2017)은 인터넷 구매와 관련되는 '리뷰' 텍스트의 신뢰도 문제를 다룬 것이다. 이러한 연구들은 새로운 의사소통 수단이자 언어 사용 환경인 인터넷 매체에서 만들어지거나 변형된 새로운 텍스트 유형을 찾아서 체계화한 연구인 점에서 의의가 있으며, 결과적으로 텍스트언어학 연구의 범위를 크게 확장한 노력이 인정된다.

이정복(2002가)는 전자편지 텍스트의 구조와 기능을 분석한 것으로, 전자편지는 일반 편지와 다른 구조 때문에 제목 붙이기, 본문 다음의 보내는 사람 이름 적기 면에서 다양한 용법 변이가 있고, 그것은 세대별로 차이를 보이는 점을 보고했다. 편지 본문을 관심 있게 읽도록 하기 위해 제목을 전략적으로 이용하는 일도 관찰되었다. 전자편지의 기능을 '안부 묻기, 마음 나타내기, 정보 전하기, 자료/행위 구하기, 즐거움 나누기' 등 다섯 가지로 나누어 세대별 분포 차이를 밝히고자 했다. 비교적 이른 시기에, 통신 언어에 대한 학계의 관심이 높지 않은 상황에서 '편지' 텍스트가 인터넷 공간의 특성을 반영하여 구조와 기능이 어떻게 바뀌는지에 주목한 연구로서 이정복(2002나), 허상희(2012) 등 다수의 관련 연구들이 이어졌다.

국남(2016)은 회사 간 '공적 이메일 텍스트' 150편을 대상으로 구조와 기능, 언어 표현의 특징을 분석했다. 분석 결과, 대부분의 공적 이메일은 '본문 도입'과 '본문 마무리'를 필수 요소로 갖추고 있으며, 이메일 텍스트의 주기능 면에서 '접촉 기능'과 '선언 기능'은 없고 '호소 기능, 제보 기능, 책무 기능'이 나타나는 점을 확인하였다. 전자 편지 텍스트라고 해도 사적 편지인지 공적 편지인지에 따라 구조와 기능이 다를 수 있음을 알려 준 연구다.

조국현(2007)은 인터넷 댓글의 일반적 성질을 살펴본 후 미디어 환경에 따라 기사 댓글, 게시판 댓글, 일반 댓글로 구분하여 댓글의 유형학적 특성을 밝히고자 했다. 기사 댓글은 사실 판단형과 감정 발산형이 있고, 토론 댓글은 설득 설복형, 일반 댓글은 탐구 평가형에 해당하는 것으로 정리했다. 인터넷 댓글은 한 가지 텍스트 기능으로 귀결될 수 없는, 다기능적 성격의 텍스트에 해당한다는 점을 지적한 것이 눈에 띈다. 댓글에는 제보 기능뿐만 아니라 호소 기능, 접촉 기능, 자기 표현 기능 등이 골고루 나타나기 때문이라는 것이다.

양명희(2011)은 다음(www.daum.net) 사이트의 '아고라' 자유 토론 댓글을 텍스트언어학적 관점에서 살펴본 것이다. 토론 댓글을 "인터넷상에서 이용자가 토론을 목적으로 게시한 토론글(또는 이에 대한 댓글)에 대해 자신의 의견을 표현하는 글"로 정의하고, 언어적 특징 면에서 '상대경어법, 의문문, 청유형과 명령형 어미 사용'을 분석했으며, 텍스트언어학적 특징과 상호작용성을 다루었다. 토론 댓글은 다소 무질서한 토론이 전개되거나 게시글에 대해 찬, 반 의견을 표출하는 의견의 반응적 상호작용성이 두드러지는 등 현실 공간 토론과는 다른 양상이 나타나는 것으로 보고했다.

소셜 미디어를 이용해 누리꾼들이 실시간으로 기사나 토론 게시글에 댓글을 붙이고 공유함으로써 그러한 댓글의 사회적, 정치적 영향력이 높아지는 점을 고려할 때 댓글의 기능에 대한 조국현(2007), 양명희(2011)과 같은 텍스트언어학적 연구가 앞으로 많이 나올 필요가 있다. 결과적으로 언어 형식과 구조에 대한 관심을 넘어 텍스트언어학이 사회적 맥락 속의 의미 기능에 대한 분석으로 범위를 확장하는 데 도움이 되리라고 본다.

김해연(2009)는 인터넷 신문의 기사 제목을 텍스트언어학적, 사회언어학적 관점에서 분석했다. 인터넷 신문의 기사 제목 가운데 지면 기사 제목과 큰 차이가 있는 '의도적으로 변형, 왜곡된 제목'을 분석한 결과 '정보제한형의 미완성 형태 제목, 의문 형태의 제목 제시, 대명사를 사용한 제목, 연예/스포츠계 등 인물들의 가십성 언행 보도 제목' 등이 있다고 했다. 이러한 기사 제목 변형은 상업적 동기에 의해 독자들의 호기심을 자극하고 흥미를 유도하여 조회수를 올리려는 전략과 관련된다고 보았다. 보도 매체 간의 경쟁이 치열해지면서 기사 제목이 내용을 간결하게 효과적으로 드러내기보다는 호기심을 자극하여 누리꾼들이 기사를 많이 읽도록 유도하는 방식으로 바뀌고 있는 점을 구체적으로 지적했다.

박지윤(2011)은 인터넷 뉴스 텍스트를 대상으로 독자가 어떻게 비판적으로 이해하고 있는지에 대해서 하버마스의 의사소통 행위 이론 관점에서 뉴스의 비판적 이해 과정을 제시했다. 뉴스는 '체계'로, '댓글'은 시민들이 체계의 식민지화를 막기 위한 노력이자 '공론장'으로 활용한다는 전제에서 뉴스와 댓글의 상호 작용성을 분석했고, 이를 통해 독자들이 텍스트 내적 세계와 외적 세계를 활용하여 텍스트를 비판적으로 이해한다고 보았다. 인터넷 시대에 독자들이 기사를 읽는 활동이 더 적극적이고 비판적으로 이루어지고 있음을 보고한 연구라고 하겠다.

송경숙(2002)에서는 인터넷 대화 자료를 대상으로 하여 '프레임(frame)'[9] 분석을 시도했다. '프레임'이란 무엇이 일어나고 있는지에 대한 대화 참여자의 판단력인데, 구체적으로 '생략, 반복, 철회, 부정, 추론, 해석' 등이 있는 것으로 기술했다. 또한 '겹치기식 병렬적 프레임', '말하기 프레임과 글쓰기 프레임', '시간화 프레임과 공간화 프레임' 등 상호작용적 프레임과 프레임 전환을 분석함으로써 특정 프레임의 선택은 사이버 공간에서 의사소통 단절을 최소화하고자 하는 등의 다양한 목적을 이루기 위한 담화전략임을 지적하고 있다.

송경숙(2004)는 인터넷 채팅을 중심으로 한 컴퓨터 매개 담화에 나타나는 구성된 대화의 유형과 기능을 고프만(E. Goffman)의 '참여 프레임워크' 관점에서 분석했다. 구성된 대화의 7가지 유형은 '내적언어 대화, 추측 대화, 청자 대화, 요약 대화, 예시 대화, 페이드인 대화, 합창 대화'가 있는 것으로 제시했으며, 그 가운데 추측 대화, 요약 대화, 예시 대화, 페이드인 대화가 면대면 대화보다 사이버 공간에서 좀 더 빈번하게 구성되는 것으로 나타났다.

Ryoo, Mi-Lim(2005)는 한국어와 영어 '조크' 인터넷 사이트에 나타난 76개의 성 조크 담화를 '사회정치적', 사회언어학적 관점에서 분

---

9) 원문에는 'frame'이 모두 '프래임'으로 나와 있지만 외래어 표기법에 맞게 고쳐 제시한다.

석한 것이다. 자료 분석 결과, 영어권 사회에 비해 한국 사회에서 여성들이 남성들보다 자주 유머의 대상이 되고 있으며, 이는 남성들이 여전히 사회적 지위의 우위를 차지하고 있는 사실을 보여 주는 것으로 해석했다. 이와 함께 여성을 대상으로 한 유머에서 여성의 성적 특성이 간접적으로 표현되는 반면 남성을 대상으로 한 유머에서는 직접적으로 표현되는 차이가 나타나는 것으로 보고하고 있다. 인터넷 유머 텍스트를 대상으로 성별 지위 면에서 문화 간 차이가 있는지를 분석한 의의가 있는데, 관심을 확장하여 일상어 유머와 인터넷 유머가 텍스트 구성 면에서 어떤 차이가 있는지를 함께 다루었으면 더 좋았을 것이다. 이정복(2015가)에서 지적한 것처럼 인터넷 유머 텍스트는 글자와 함께 이미지가 중요한 작용을 하는 복합 양식 텍스트의 특성을 갖기 때문이다.

조국현(2008)은 온라인 팬 커뮤니티의 담론 분석에 필요한 이론적 논의를 한 후 '디워 영구아트'라는 팬 카페를 대상으로 게시글에 담긴 옹호 담론을 분석했다. 옹호 담론은 다시 호감 담론과 반박 담론으로 나누어 분석했는데, 열성 팬들이 옹호 담론을 통해 마니아 수준의 집요함과 문화 권력에 대한 도전 의식을 보여 주었으나 일반 대중의 공감을 두루 얻어낼 만큼 설득력 있는 문화실천적 담론을 형성하는 데는 성공하지 못한 것으로 해석했다.

조국현(2011)은 '정치인 팬 커뮤니티'의 하나인 '박사모'를 대상으로 팬 커뮤니티의 정체성을 드러내는 어떤 텍스트들이 생산되고 수용되는지를 살펴봄으로써 정치인 팬 커뮤니티의 커뮤니케이션 양상과 특성을 다루었다. '박사모'의 경우 정치 결사체적 속성 때문에 배타적 성격이 두드러지며, 추종 인물에 대한 애정과 충성을 표현하고 안티 세력에 대항하는 수준을 크게 벗어나지 못한다고 평가했다.

조원형(2011)은 '협업적 집단지성'이 나타나는 인터넷 백과사전인

≪위키백과≫의 '박정희' 문서 자료를 중심으로 '서로 다른 사용자의 상호 협력', '중립성 시비와 관련된 텍스트 상황성', '하이퍼텍스트 관계', '응집성 산출 전략' 면에서 텍스트성을 비판적으로 검토했다. 그 결과, 서로 다른 사용자들이 기존 문서의 응집성을 고려하지 않고 견해를 덧붙임으로써 글 구조에 불균형이 생기고 용인성과 정보성이 약화된 경우가 나타났다고 했다. 또 글의 중립성이 저해되고 백과사전에 걸맞는 상황성을 갖추지 못하게 되는 경우도 있었던 것으로 분석했다.

이러한 팬 커뮤니티나 인터넷 백과사전은 인터넷 이용이 일상화됨으로써 새롭게 등장한 언어 사용 영역이자 새 유형의 텍스트 등장을 뜻한다. 이러한 관련 연구들은 인터넷이라는 매체가 언어 사용의 범위와 기능을 얼마나 다양하게 만들어 주는지를 분명하게 보여 준 것으로 평가된다.

정혜녕·남윤주(2017)은 호텔 '리뷰 텍스트'를 구성하는 조작 변인들에 따라 리뷰 텍스트의 신뢰도가 어떻게 달라지는지를 대학생 18명을 대상으로 실험을 통해 확인하고자 했다. 실험 결과, 리뷰 대상과 관련성이 큰 정보가 이미지로 제시될 때 텍스트와 이미지를 더 적극적으로 통합하려고 시도한다고 했다. 또한 제품에 대한 리뷰 텍스트의 경우 긍정적 혹은 부정적 정보만을 제시하기보다는 긍정적 정보와 부정적 정보를 함께 제시해야 리뷰에 대한 신뢰도가 높아짐을 확인하고 있다. 특히 이 연구는 리뷰 텍스트 읽기 과정에서 나타나는 피험자들의 안구 운동을 측정하면서 리뷰 텍스트에 대한 평점 및 신뢰도를 매기도록 한 방법을 쓴 것으로 텍스트언어학 연구 방법 면에서 새로움이 있다.

SNS 사용이 급격하게 늘어나면서 사회적 소통망의 텍스트를 수집하여 본격적으로 분석한 연구들도 나오고 있다. 최화니(2012)는 트위터 언어 자료를, 최명원·김선영·김지혜·이애경(2012), 김가연(2017)은 카카오톡 언어 자료를 연구 대상으로 삼았다.[10] 전체 통신 언어 연구에서 이와 같은 소셜 미디어 텍스트를 대상으로 한 것은 아직 일부일 뿐이다.

최화니(2012)에서는 트위터 누리꾼들이 쓴 담화 표지 '막이래'의 언어 특징과 담화 기능을 분석했다. '막이래'의 담화 기능을 '화자 관련 기능'과 '청자 관련 기능', '담화 관련 기능'으로 나누었고, 화자 관련 기능에는 '상황 회피 기능', '자조적 태도 표현 기능'이 있으며 청자 관련 기능에는 '긍정 및 부정 약화 기능', '요구 약화 기능'이 있는 것으로 파악했다. 담화 관련 기능으로는 '발화 마무리 기능'이 있다고 보았다. '막이래'는 선행 발화를 완곡하게 표현함으로써 화자가 발화 책임에서 한 발 벗어나게 하는데 이를 '타자화'라는 관점에서 설명한 점이 눈에 띈다.

최명원·김선영·김지혜·이애경(2012)는 SNS 메신저 '카카오톡'의 20대 초반 대학생들의 언어 자료를 대상으로 카카오톡 대화의 언어적 특징을 분석했다. 카카오톡이 구어체 대화를 문자 형식으로 전송함으로써 입말과 글말의 중간 형태를 띠는 카카오톡 대화에서는 입말의 속도를 회복하기 위해 다양한 형태의 문법파괴와 초성만으로 음절 표기가 이루어지고, 음절의 과도한 축약형 등이 쓰인다고 보고했다. 또한 '준입말'의 형태 때문에 의성어나 의태어, 이모티콘이 자주 쓰이는 것으로 나타났다. 언어 현상에 대한 구체적 분석을 통해 카카오톡 대화가 소리 나는 대로 적기, 문장 끝 첨사 결합, 모음 교체, 명사형 문장 종결 등의 특징이 있음을 통계적으로 제시했다.

---

10) 카카오톡 언어 사용은 일상에서 잘 아는 소수의 사람들과 비공개적으로 이루어지는 경우가 많기 때문에 다수의 누리꾼들과 공개적으로 대화를 나누는 일이 많은 페이스북, 트위터 등의 전형적인 소셜 미디어를 이용한 언어 사용과 여러 가지 면에서 차이를 보여 준다. 소셜 미디어에 따라 언어 사용이 어떻게 다른지에 대한 연구도 많이 나올 필요가 있겠다.

이 연구는 카카오톡 언어를 다룬 것이 거의 없는 상황에서 후속 연구를 이끌어 내는 효과가 있으며, 카카오톡 언어 텍스트의 특성을 상세히 분석해 낸 것으로 평가된다. 다만, 카카오톡 대화의 언어적 특징으로 기술한 내용들이 대부분 기존의 통신 언어 연구에서도 지적된 것인데, 앞서 나온 통신 언어 연구 결과와 구별되는, '카카오톡'이라는 소통 매체의 특성을 반영한 특수한 언어 현상이나 사용의 특징을 더 밝혀내었다면 좋았을 것이다.

김가연(2017)은 20~30대 화자들의 카카오톡 언어 자료에 나오는 명사형 어미 '-(으)ㅁ'의 쓰임 양상을 살펴보고, 사용 맥락 및 화자들의 의도, 기능을 분석했다. 모국어 화자의 '-(으)ㅁ' 사용률이 전체 대화의 7.6%로 높았고 외국인 한국어 학습자의 경우는 0.5%로 차이가 있었는데, 외국인에 대한 문법 교육에서 '-(으)ㅁ'의 '서사'와 '단언'이라는 종결어미로서의 의미 기능을 교육할 필요가 있음을 강조했다.

기타 유형의 연구로는 종이 인쇄물과 SNS라는 매체에 따른 이해력 차이를 다룬 최명원·홍성완(2016)과 대량의 데이터에서 적정 텍스트를 추출하기 위한 방법론을 연구한 남길임·송현주·이수진(2014)가 있다. 앞서 검토한 정혜녕·남윤주(2017)도 연구 방법 면에서 새로운 유형의 텍스트언어학 연구로 볼 수 있겠다.

최명원·홍성완(2016)은 종이 인쇄물과 SNS라는 두 가지 매체를 통해서 전달되는 학습내용이 학생들의 이해력 차이를 가져오는지를 비교했다. 고등학생, 대학생, 외국인 유학생을 대상으로 네 가지 텍스트를 통해 읽기 및 기억 실험을 진행한 결과 SNS보다 종이 인쇄물로 정보를 제공받았을 때 읽기 수행 결과가 높은 것으로 나타났다. 디지털 매체가 종이 인쇄물에 비해 깊이 있는 정보 처리 과정에 방해 요소로 작용하며, 종이 인쇄물을 통한 지식정보의 획득이 SNS를 통한 것보다 유용하다는 결론을 내렸다.

남길임·송현주·이수진(2014)는 온라인에 공개된 '학교폭력' 경험자 텍스트를 대상으로 핵심어 분석과 의미 부류를 변수로 하여 학교폭력 경험자 텍스트를 추출하는 과정을 소개한 것이다. 실시간으로 생성되는 대량의 인터넷 데이터에서 특정한 내용의 적정 텍스트를 추출하기 위한 언어학적 분석의 중요성을 논의하고, '빅데이터' 분석에서 텍스트의 특성과 한국어의 유형론적 특성을 고려한 분석이 더욱 유의미한 결과를 도출할 수 있음을 보여 주고자 했다. 이 연구는 텍스트언어학이 사회적 문제 해결에 도움이 되는 등 실용적 학문으로서의 역할도 할 수 있음을 보여 준다.

4. 소셜 미디어 시대의 텍스트언어학 연구 과제

앞에서 인터넷 텍스트, 통신 언어, 소셜 미디어와 관련된 지금까지의 텍스트언어학적 연구들을 검토하여 연구 경향을 파악하고, 핵심 내용을 요약하는 한편 연구 의의 또는 한계를 찾아보았다. 그 결과, 관련 연구들은 인터넷 시대에 새롭게 등장한 인터넷 텍스트의 전반적 특성을 밝히거나, 인터넷 텍스트의 여러 가지 유형들을 찾아 개념을 정의하고 언어 사용 특징을 분석했으며, 사회적 소통망 언어에 대한 본격적 관심을 갖는 등 주제, 연구 대상, 연구 방법 면에서 영역 확장과 새로움이 있는 것으로 나타났다. 그러나 몇 가지 문제점도 확인된다. 앞으로 소셜 미디어, 특히 사회적 소통망 시대에 텍스트언어학 연구에서 관심을 갖고 접근해야 할 몇 가지 과제를 생각해 보기로 한다.

첫째, 기본적으로 인터넷 텍스트와 통신 언어에 대한 텍스트언어학적 관심이 더 필요하다. 관련 연구가 가장 먼저 발표된 2002년부터 지난해 2017년까지 16년 동안 ≪텍스트언어학≫에 실린 연구는 모두

21편에 지나지 않는다. 1년에 겨우 1.3편의 논문이 나온 셈이며, 전반적으로 연구 활동이 부족한 것으로 나타났다. 물론 다른 학회지에 실린 비슷한 주제의 텍스트언어학적 연구도 있을 수 있겠지만 그 수가 얼마 되지 않는다. 언어 사용의 주도권이 입말과 글말을 넘어 통신 언어로 넘어가고 있고, 개별 화자들의 일상적 언어 사용도 인터넷 공간 또는 인터넷 매체를 통한 것이 더 큰 부분을 차지하는 상황에서 아직도 인터넷 텍스트에 대한 학계 차원의 본격적 관심이 나오지 않았다고 판단된다.

[그림 1] 트위터의 '대나무숲' 텍스트

둘째, 새로운 인터넷 텍스트의 발굴을 통해 텍스트언어학 연구를 확대해 나가야 한다. 인터넷 공간이나 매체에는 다양한 인터넷 텍스트가 존재함에도 실제 다루어진 텍스트 종류는 손에 꼽을 수 있을 정도다. 전자편지, 댓글, 인터넷 대화, 인터넷 기사 텍스트에 대한 연구가 일부 나왔는데, 아직 다루어지지 않은 수많은 다른 유형의 인터넷 텍스트가 존재한다. 일상어를 대상으로 한 텍스트언어학 연구에서 나온 것보다 오히려 인터넷 텍스트 종류는 더 다양할 수 있지만 지금까지 연구된 인터넷 텍스트는 대표적인 몇 가지 유형에 지나지 않는 것이다.

사실, 인터넷은 언어학의 면에서 신천지고 노다지라 할 만한 세상을 열어 주었다.11) 많은 사람들이 인터넷에 접속하여 실시간으로, 일상적으로 읽고 쓰며 소통하는 시대다. 카페, 블로그, 사회적 소통망마다 제각기 소통 구조와 방식이 다르다. 인터넷에서 언어를 쓰는 것은 같지만 텍스트 면에서는 차이가 있는 수많은 유형의 구조와 양식이 존재하는 것이다. 단순히는 통신 언어 사용 영역에 따라 게시글 텍스트, 대화 텍스트, 전자편지 텍스트와 같이 인터넷 텍스트 갈래를 나눌 수 있겠지만 게시글 텍스트라고 하더라도 운영자 게시글과 일반 이용자 게시글이 다르고, 블로그 게시글과 카페 게시글, 페이스북 게시글과 트위터 게시글이 다르다. 전자편지 텍스트 안에도 이메일 텍스트와 메신저 텍스트가 구조나 언어 면에서 같을 수 없다. 페이스북이나 트위터라고 해도 그 안에는 구조 및 내용 면에서 차이가 있는 많은 텍스트 종류가 나타나고 있다. '#유머, #대나무숲,12) #일기, #문재인, #건강정보, #적폐청산, #고양이, #댕댕이'와 같이 해시태그(#)로 구별되는 게시글들은 그 자체로 하나의 인터넷 텍스트 종류가 되는 것이다. 텍스트언어학적 관점에서 인터넷 텍스트에 대한 지속적 발굴과 확정을 통해 인터넷 텍스트 갈래를 체계화하고 구체적 특성에 대한 연구를 진행할 필요가 있다. 그럼으로써 인터넷 시대에 다양하고 복잡해진 언어 사용

---

11) 조국현(2009:113)은 "텍스트종류 연구의 입장에서 보자면, 다양한 의사소통 형식을 가진 복합적인 미디어 산출물인 하이퍼텍스트의 등장은 연구 대상의 외연 확대를 의미한다"고 하여 인터넷 매체 시대에 텍스트언어학 연구가 확대되어야 함을 지적했다.
12) [그림 1]과 같은 '대나무숲' 텍스트를 기능적 관점에서 '산호(山呼)' 및 '민요(참요)'와 비교한 연구로는 곽은희(2016)이 있다.

및 기능의 역동성을 깊이 있게 이해하는 것이 가능하다.

셋째, 복합 양식 텍스트에 대한 관심과 본격적 연구가 필요하다. 소셜 미디어를 통한 소통은 글자만으로 이루어지는 경우가 오히려 드물고 대신 사진, 그림, 동영상, 소리와 글자가 결합된 복합 양식 텍스트를 통한 방식이 더 일반적이다. 글자 중심의 텍스트라고 해도 기존의 글자와 함께 누리꾼들이 만들어 낸 그림 글자, 곧 이모티콘이나 이모지를 섞어 쓰는 것이 기본이 되었다. 글자와 다른 미디어 양식의 결합이 필수적 상황이 된 소셜 미디어를 통한 소통에 대한 연구에서는 누리꾼들이 이러한 복합 양식 텍스트를 통해 어떻게 효과적으로 소통하고 있으며, 재미를 누리고 유대를 강화하고 있는지를 구체적으로 탐구하는 것이 중요한 과제가 되었다.

복합 양식 텍스트의 구체적인 한 보기를 들면 유머 텍스트의 경우인데, 인터넷에서는 글자만으로 구성된 유머 텍스트도 있지만 그림이나 동영상 등 이미지가 필수로 들어가고 그것이 중심이 되는 텍스트가 훨씬 더 흔하다. 이정복(2015가, 2017가:167-171)에서는 이런 점을 고려하여 인터넷 말놀이, 곧 인터넷 유머 텍스트를 '언어 단독형'과 '언어-이미지 복합형'으로 나눈 바 있다. [그림 2]는 언어 텍스트와 이미지가 적절히 결합되어 웃음을 자아내는 언어-이미지 복합형 말놀이에 해당한다. 이처럼 그림과 같은 시각 텍스트를 글자와 함께 섞어 쉽게 활용할 수 있는 인터넷에서 신세대 누리꾼들은 더 간결하면서도 효과가 강한 유머 텍스트를 생산하고 있다. 인터넷 공간에서는 유머 텍스트 외에도 대화나 토론 등에서 이미지 등을 이용하여 화자의 의미 전달을 효과적으로 하고 있는 만큼 다양한 텍스트를 대상으로 이런 면을 연구하면 인터넷 시대의 달라진 언어 사용 방식에 대한 이해를 더 충실히 할 수 있다.[13]

---

13) 김성도(2002:46-47)은 "디지털 혁명은 픽토그램과 상형문자에 기

[그림 2] 글과 그림이 결합된 '언어-이미지 복합형' 유머 텍스트 (@mai***)

넷째, 인터넷의 빅데이터에 대한 관심과 본격적 연구가 필요하다.14) 대량의 언어 자료에서 특정한 내용의 글들을 자동으로 뽑을 수 있는 방법을 다룬 연구(남길임·송현주·이수진 2014)가 이미 나왔고, 신문 텍스트 말뭉치를 대상으로 특정 어휘들의 분포를 분석한 연구(김혜영·강범모 2013)도 나왔지만 아직 수가 적고 실험적 연구에 가깝다. 전통적으로 텍스트언어학은 작은 크기의 텍스트에 대한 미시적 분석을 위주로 연구를 진행해 왔기 때문에 대량의 자료를 통해 언어적 특성을 통계적, 객관적으로 다루는 것에는 별 관심을 두지 못했다. 그렇지만 대량의 자료를 컴퓨터를 이용해 분석하면 소량의 자료를 수작업으로

초한 도상적 커뮤니케이션의 부흥"이라고 평가하면서 디지털 언어에서 시각 언어가 급부상한 이유는 시각 요소가 더 큰 정보량을 운반하고 정보 처리 차원에서 더 효율적이라고 해석했다.

14) 빅데이터를 인문학에서 어떻게 활용할 수 있는지에 대해서는 에레즈 에이든·장바티스트 미셸 지음/김재중 옮김(2015)를 참조할 수 있다.

분석할 때에 비해 더 분명하게 텍스트의 언어 특성을 신뢰도 높게 살펴보는 데 크게 도움이 될 것이다. 특히 텍스트 종류에 따른 언어 특성과 차이를 밝히는 과정에서 이러한 빅데이터 분석 방법을 효과적으로 적용하는 것이 가능하다.

다섯째, 텍스트의 사회적 의미를 탐구하는 연구를 통해 텍스트언어학의 울타리를 넓힐 수 있다. 텍스트언어학은 출발부터 단어나 문장 단위의 문법 연구를 보완하기 위한 목적을 우선적으로 가졌기 때문에 연구 방법이나 목적이 언어 형식 및 구조에서 멀리 벗어나지를 못했다.15) 텍스트가 가진 사회적 의미나 사회적 맥락 속의 텍스트 형성에 대한 관심은 처음부터 나오기 어려웠고, 결과적으로 텍스트언어학이 형식 언어학의 한계를 그대로 갖게 되었다. 언어 형식이나 구조는 그 자체가 목적이 아니라 의미 표현과 전달, 소통을 위한 수단이고, 의미는 언어가 쓰이는 상황과 맥락에서 바뀌고 확정되는 것인 만큼 텍스트언어학이 언어 형식과 구조에서 멈추는 것은 한계이자 분명한 손실이다. 지금도 신문 기사를 대상으로 비판적 담화분석 관점에서 텍스트의 의미를 탐구한 연구들이 ≪텍스트언어학≫에 실리고 있지만(김해연 2011, 박지윤 2011, 구나경 2012 등) 다양한 인터넷 텍스트를 대상으로 한 사회적 맥락 속의 의미 연구도 앞으로 많이 나오길 기대한다.

---

15) 이런 점에 대해 박용익(2017:36)에서는 "텍스트언어학의 연구 목적은 대부분 텍스트 자체의 언어 형태적 구조와 명제 내용적 의미구조를 탐구하는 데 집중하고 있다", "기존 텍스트언어학의 연구 대상은 언어 구조로서의 텍스트 그 자체이고 연구 목적은 언어학의 범위를 벗어나지 못한다"고 지적하면서 '인문 텍스트언어학'이 필요함을 주장했다.

3부

동영상 미디어의 언어와 문화

9장 방탄소년단 유튜브 동영상의 한국어 댓글
10장 케이팝 노랫말 언어에 대한 누리꾼들의 태도
11장 유튜브 동영상 언어의 연구 현황과 과제

9장_ 방탄소년단 유튜브 동영상의 한국어 댓글

1. 유튜브와 한류 문화

〈유튜브〉와 같은 동영상 공유 사이트는 전 세계인을 한 자리에 끌어모으는 역할을 하고, 그 안에서 다양한 언어를 쓰는 이용자들은 영상 콘텐츠를 함께 보며 댓글을 통해 대화를 나누고 소통한다. 인터넷 미디어가 시간과 공간의 제약을 뛰어넘어 세계인들이 공유와 소통 활동을 쉽고 편하게 할 수 있도록 돕고 있는 것이다.1) 다양한 나라의 누리

---

* 이 장의 내용은 이정복(2022나)를 부분적으로 고친 것이다.
1) 동영상을 매개로 수많은 누리꾼들의 만남과 대화가 일어나는 점 때문에 유튜브와 같은 동영상 공유 사이트는 영상 공유 기능과 함께 사회적 소통망(SNS)의 기능을 갖는다. 이와 관련해 손지훈·박한우(2021: 2722)는 "유튜브 내에서의 뮤직비디오는 이전의 지상파나 케이블 TV

꾼들이 이용하는 유튜브 영상의 댓글 게시판에서 기본적인 소통은 영어로 이루어지는데, 한류 문화와 관련된 영상에서는 영어와 함께 한국어와 한글이 자주 쓰인다. 유튜브는 한류 문화가 세계적으로 널리 알려지는 데 큰 역할을 하며, 나아가 가요나 드라마 등 인기 한류 콘텐츠를 담은 영상은 댓글을 통해 한국어와 한글이 다른 문화권의 다른 언어 사용자들에게 널리 퍼져 나가는 수단이 되고 있다.[2]

그런데 이정복(2019나:133-134)는 현대 이전까지 한국어가 중부 방언, 경상 방언, 전라 방언, 평안 방언, 함경 방언, 제주 방언의 6대 방언으로 이루어져 있었으나 지금은 중국, 일본, 독립국가연합, 미국 등 해외 동포들의 한국어가 새로운 지역 방언으로 등장했다고 보았다. 한국어는 해외 방언이 추가된 7대 방언으로 이루어졌다고 보는 것이다. 유튜브와 같은 인터넷 미디어에서 세계의 여러 누리꾼들이 쓰는 한국어는 해외 동포들의 방언과 다른 새로운 한국어 방언의 등장으로 이해할 수도 있다. 그렇다면 이제는 한국어가 8대 방언으로 구성되는 것으로 보는 것도 가능한 시대다.

한국 사람들의 미디어 생활에서 유튜브가 차지하는 비중이 높아가고 있지만 유튜브의 언어를 대상으로 한 연구는 아직 본격적으로 시작

와 같이 단순히 영상을 시청하는 수단이 아닌 콘텐츠를 수용하면서 직접 재생산하여 확산에까지 기여하는, SNS로 발전하고 있다"고 보았다.

2) 유튜브를 운영하는 구글(Google)의 발표에 따르면 유튜브가 한국 경제와 문화 등에 긍정적 영향을 주었는데, 구체적으로 유튜브가 2021년 한 해 경제적으로 한국 국내총생산(GDP)에 2조 원 넘게 기여했다고 평가했다(임성호 기자, <"유튜브, 한경제 2조원 기여"..카카오엔터 "구글, 중요 파트너">, 연합뉴스, 2022-08-17). 이는 한류 문화가 세계적으로 끼치는 기여도와 영향이 그만큼 대단하다는 뜻이며, 한국어의 관점에서는 유튜브가 많은 나라의 누리꾼들에게 한국어를 확산시키는 큰 마당으로 작용한다는 의미로도 해석이 가능하다.

되지 않았다. 관련 연구가 몇 편 있는데, 남길임·안진산·황은하(2020)은 유튜브의 K드라마 동영상 댓글을 대상으로 '표준형 대응쌍 말뭉치' 구축 방안을 논의했고, 왕서기·김유미(2022)는 방탄소년단 뮤직비디오 〈Butter〉와 〈Permission to Dance〉의 유튜브 영어 댓글을 수집하여 '텍스트 마이닝' 기법을 이용해 댓글의 주제와 대중들의 반응을 분석했다. 이신행·이주연·조민정·박태강(2022)에서는 유명인에 대한 선정적 유튜브 콘텐츠에 달린 댓글을 대상으로 기계학습 알고리즘으로 악플을 분류하여 어휘적 특성을 분석했다. 한편, 신유리(2020, 2021)은 유튜브 콘텐츠를 '미디어를 통한 의사소통 사건이자 새로운 사회적 관행'으로 인식하고 비판적 담화 연구의 관점에서 유튜브 콘텐츠 자체의 언어를 분석했다.

이 장에서는, 유튜브가 세계인의 삶에서 큰 부분을 차지하고 있는 인터넷 동영상 시대에, 유튜브 공간에서 한류 문화 동영상을 매개로 외국 누리꾼들에 의해서 한국어와 한글이 어떻게 쓰이며 세계적으로 확산되고 있는지를 살펴보고자 한다. 이를 통해 유튜브 등 동영상 공유 사이트가 한국어 사용과 확산을 촉진하는 21세기의 새로운 한국어 사용권으로 작용하고 있음을 확인하고, 한국어 교육 및 확산과 관련해 시사점을 제시할 것이다. 이를 바탕으로 한국어 연구에서 동영상 미디어 언어에 대한 본격적인 관심과 연구가 시작될 수 있다.

여기서 분석하는 자료는 전 세계적으로 큰 인기를 끌고 있으며, 한국 대중음악(케이팝)의 중심에 서 있는 방탄소년단(BTS)[3]의 유튜브 영

---

3) 방탄소년단은 2013년 6월에 활동을 시작한 7인 남성 그룹으로, 소속 가수는 'RM(김남준)', '진(김석진)', '슈가(민윤기)', '제이홉(정호석)', '지민(박지민)', '뷔(김태형)', '정국(전정국)'이다. 2020년 11월에 노래 <Life Goes On>과 앨범 ≪BE≫로 빌보드 차트 'Hot 100'(싱글)과 '빌보드 200'(앨범) 1위를 함께 차지하는 등 '21세기 비틀즈'라는 찬사를 받고 있다.

상에 세계 각지의 팬들인 '아미(Army)'⁴⁾들이 올린 댓글이다. 그 가운데 외국 누리꾼들이 한글로 한국어를 적었거나 로마자 등 외국 글자로 적되 한국어를 표현한 자료를 집중적으로 다룬다. 댓글을 수집한 주요 영상 목록은 다음과 같다. 동영상 조회 수는 2022년 8월 23일 확인한 것이다.

자료 수집은 2022년 7월부터 8월까지 이루어졌다. '구글 번역기'를 이용하여 통신 별명⁵⁾ 및 댓글 자료를 한국어로 번역하여 제시함으로써 외국 누리꾼들의 소속 국가 및 사용 언어를 확인하고, 한국어 사용의 다양한 모습을 분석하기로 하겠다. 누리꾼들의 소통 방식을 크게 '한국어로 소통하기'와 '한국어 등 이중 언어로 소통하기'로 나누어 각각 2절과 3절에서 통신 별명과 댓글의 쓰임을 기술하고, 4절에서는 외국 누리꾼들의 한국어 학습 의지와 사용에서 보이는 특징을 기술하기로 하겠다. 5절 맺음말을 통하여, 유튜브에서 한류 동영상을 매개로 이루어지는 외국인들의 한국어 접촉과 학습, 사용 모습에서 파악되는 중요한 의미 또는 앞으로의 과제를 몇 가지로 정리하여 제시할 것이다.

---

4) '아미'는 단순한 팬클럽이 아니라 방탄소년단의 한국어 노래 가사를 한글 및 영문으로 표기하여 유튜브에 올리고, 공연 현장에서 한국어 가사 따라 부르기를 하는 등 한국어 확산에 노력하는 점에서 눈에 띈다(양주리 2022:119 참조).
5) 이정복(2003다:143)에서는 '통신 별명'을 "인터넷 통신을 이용할 때 통신 화자를 나타내기 위하여 통신 이름과는 다르게 만들어 쓰는 임시적인 이름"으로 정의했다.

〈표 1〉 분석 대상 동영상 목록

날짜/게시자/조회 수	이름	주소
2020-06-13/ BANGTANTV/ 33,224,902	[2020 FESTA] BTS (방탄소년단) '방탄생파' #2020BTS FESTA	https://youtu.be/t9zPnWQIiuw
2020-09-29/ BANGTANTV/ 123,403,830	BTS (방탄소년단) 'Anpanman' @ TODAY Citi Music Series	https://youtu.be/EFHeeRIDAsg
2021-07-04/ BANGTANTV/ 40,037,500	[CHOREOGRAPHY] BTS (방탄소년단) 'Dynamite' Dance Practice (Cute & Lovely ver.) #2021BTSFESTA	https://youtu.be/WhDsAW1ZzZ8
2021-07-13/ BANGTANTV/ 56,602,567	[CHOREOGRAPHY] BTS (방탄소년단) 'Permission to Dance' Dance Practice	https://youtu.be/0xSFPome3Tc
2022-02-22/ BANGTANTV/ 4,955,152	[BANGTAN BOMB] 95z Having Fun - BTS (방탄소년단)	https://youtu.be/VicfBjAqRKA
2022-06-07/ BANGTANTV/ 9,108,231	[PRACTICE RECORD] BTS (방탄소년단) 'Best Of Me' #2022BTSFESTA	https://youtu.be/kFP1jqnibKQ
2022-06-14/ BANGTANTV/ 19,654,621	BTS (방탄소년단) '찐 방탄회식' #2022BTSFESTA	https://youtu.be/1t0iJ7F_k9Q
2022-07-04/ BANGTANTV/ 5,538,560	[EPISODE] BTS (방탄소년단) @ 64th GRAMMY Awards	https://youtu.be/Hr1OSHf3S2Q
2021-11-28/ KBS 다큐/ 446,113	BTS 그래미어워드 수상 기원 #방탄_때문에_한글_배웠다 전세계 아미들에게 부는 한글 열풍	한글날 특집 KBS 211009 방송	https://youtu.be/AuxaHe13NEk
2021-01-16/ God Bless You/ 876,135	방탄소년단 사투리 모음 /BTS Satoori Compilation	https://youtu.be/vUnlNOJgDVs

2. 한국어로 소통하기

외국 누리꾼들은 방탄소년단의 뮤직 비디오나 예능 활동을 담은 유튜브 동영상을 감상하고 느낌이나 가수들에게 전하고 싶은 마음을 댓글로 표현한다. 세계 여러 나라에서 다양한 언어 사용자들이 참여하기 때문에 게시판의 댓글은 한국어, 영어, 스페인어, 포르투갈어, 아랍어, 일본어 등 여러 언어를 이용해 작성된다. 2022년 6월 14일 올라온 〈BTS (방탄소년단) '찐 방탄회식'〉이라는 동영상에 붙인 댓글의 일부인 〈그림 1〉을 보면 여러 나라의 누리꾼들이 자신의 언어로 편하게 댓글을 쓰고 있음을 알 수 있다.[6]

그런데 방탄소년단이 영어를 잘 모르거나 일상적으로 쓰지 않는 한국 가수들로 구성되다 보니 한국인들뿐만 아니라 외국인들도 한국어로 댓글을 작성하는 누리꾼들이 많다. 한국어를 배워서 어느 정도 아는 사람들은 직접 한글로 작성하고, 한국어를 잘 모르는 사람들은 인터넷 번역기를 이용하여 한국어를 쓰거나 영어 등 외국어로 된 댓글에 한국어 단어를 섞어 쓰기도 한다. 한국어를 어느 정도 아는 경우든 잘 몰라 번역기의 도움을 받는 경우든 외국인의 한국어 문장은 대체로 서툴고 어색하며, 때로는 무슨 말인지 이해하기 어려운 것도 많다. 그럼에도 한글로 한국어를 적어 자신의 생각을 표현하는 것은 한국어를 일상적으로 쓰는, 자신들이 우상으로 받들고 따르는 한국 출신 가수들과 직접적으로, 더 가깝고 친밀하게, 정확하게 소통하고자 하는 강한 열망을 드러낸 것이다. 한국 대중음악을 즐기는 외국인들이 한국어와 한글을

---

6) 이 영상(https://youtu.be/1t0iJ7F_k9Q)은 방탄소년단이 단체 활동을 중지한다는 내용을 알린 것으로, 2022년 11월 17일 현재 조회수 20,646,241회로 전 세계 아미들의 높은 관심을 받고 있는 중이다.

배워 쓰려는 움직임이 전 세계적으로 활발하게 나타나고 있는데, 한편으로는 한국어로 된 노래 가사를 잘 이해하기 위해서 다른 한편으로는 한국 가수들과의 친밀하고 적극적인 소통을 위해서 한국어 배우기에 나섰다고 생각된다.

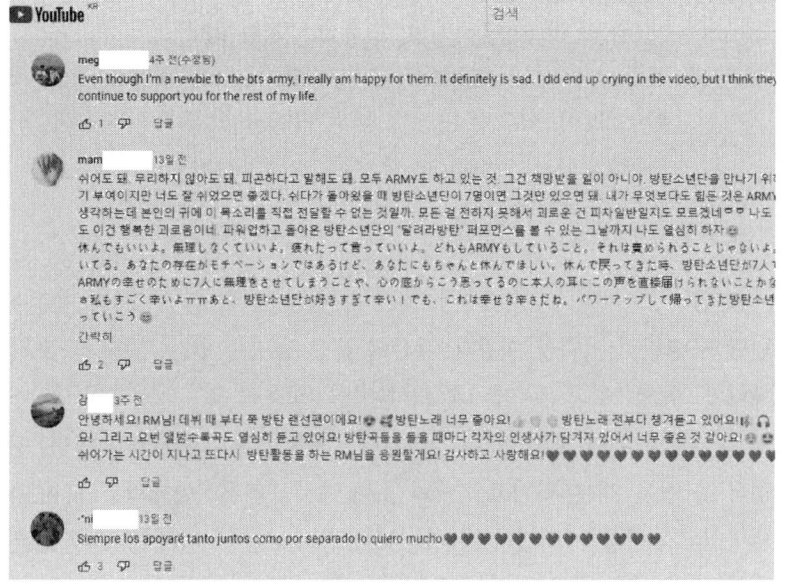

〈그림 1〉 BTS 관련 동영상 게시판의 댓글을 통한 소통 모습

구체적으로 외국 누리꾼들은 통신 별명을 한국어로 바꾸어 쓰거나 댓글을 한국어로 쓰는 모습을 보여 주었다. 일부 누리꾼은 통신 별명과 의견 댓글을 모두 한국어 또는 한글을 이용해 적기도 한다. 먼저 다음 보기 (1)은 외국 누리꾼들이 통신 별명을 한국어 또는 한글로 쓴 것이다.

(1) 외국 누리꾼들의 한국어/한글 사용 통신 별명

　가. 호석제니 드, 태형오빠, 김태현 사랑해요 ꕥ ♡, 지민의 아내 엄기안, 전중국, 떡의 소녀
　가-1. 방탄소년단 연인, 방탄소년단은 어떤 걸 좋아해요?
　나. 케이팝 인도, 핑크체리, 제네시스, 양지쪽, 방핑크 2, 유연함, 친절한., 짜릿한
　나-1. 예은, 박소아, 이정현, 김윤희, 김연다♥
　다. 킴 누가, 누르, 자비나르, 리카, 수완을, 로즈, ♥♥따이따이따이, 소래이, 아프난 마제드, 바란 아바시안, 루비루, 입티할, 라티파, 소하니 쿠마리, 아나 카렌, 마리암, 카리나
　라. 핫ㄹ ㅏㄹㅁ랍ㅌ

(1가)는 '호석제니 드', '태형오빠', '지민의 아내 엄기안'처럼 방탄소년단 구성원의 이름을 이용해 자신의 통신 별명을 만든 것이다. '호석제니 드'에서 '호석'은 '제이홉'의 본명인 '정호석'을, '태형오빠'의 '태형'은 '뷔'의 본명 '김태형'을 가리킨다. '전중국'은 '정국'의 본명인 '전정국'을 잘못 적은 것이고, '떡의 소녀'에서 '떡'은 '망개떡', '모찌'가 별명인 '지민'을 가리킨다. (1가-1)은 '방탄소년단' 자체를 넣어 만든 통신 별명이다. 이런 형식의 통신 별명은 가수들에 대한 친밀함을 표현하거나 특별한 관계를 지향하는 마음을 드러낸다.[7]

(1나)의 '케이팝 인도', '유연함', '짜릿한' 등은 한국어 단어를 이용해 통신 별명을 만들었고, (1나-1)의 '박소아', '김윤희' 등은 한국인 이름을 통신 별명으로 쓴 것이다. (1다)는 자신의 이름이나 관련 정보 등을 한글로 바꾸어 적은 것으로 생각된다. 좋아하는 가수들의 언어인

---

7) 서형요·이정복(2015:214)에서는 통신 별명의 의미 유형을 '자기 정보', '우상 정보', '지향 정보', '기타'의 네 가지로 분류했는데, (1가, 가-1)의 통신 별명은 우상 정보를 활용한 것에 해당한다.

한국어, 그것을 적는 글자인 한글을 이용해 자신의 통신 별명을 만들어 쓴다는 것은 그만큼 가수들, 한국, 한국어, 한국 문화에 높은 관심을 갖고 있기 때문일 것이다. (1라)는 한글로 표현하고자 한 통신 별명인데, 제대로 된 한글이 되지 못했다.

외국 누리꾼들이 사용한 이러한 한국어 또는 한글 사용 통신 별명은 어떤 유형이든 통신 별명을 통해 한국과 한국 문화, 한국어, 한국 출신 가수들에 대한 친근감과 우호적 태도, 적극적인 소통 의지를 드러내는 점에서 공통적이다. 이런 보기 외에도 한국어와 다른 언어를 함께 적은 통신 별명도 많이 나타나는데, 그 내용은 다음 절에서 다루기로 하겠다.

이번에는 외국 누리꾼들이 게시판에 쓴 한국어 또는 한글 사용 댓글들을 대략적인 한국어 수준별로 나누어 살펴보기로 한다.

(2) 외국 누리꾼들의 한국어/한글 사용 댓글 ①
    가. 우리는 항상 당신의 모든 결정을 지지하며 당신이 돌아올 때까지 항상 기다릴 것입니다. 항상 행복하세요, 슬퍼하지 마세요, 우린 괜찮아요. 사랑해요 (Zahra Nada; 플라워 클럽, 아랍어)[8]
    나. 당신의 결정이 무엇이든 항상 응원하겠습니다. 우리는 당신이 짊어지고 있는 많은 압력과 부담을 알고 있기 때문입니다. 아마도 지금이 휴식을 취하기에 적절한 시기일 것입니다. 방탄소년단♥아미 (LOvina Tedy; 로비나 테디, 체코어)
    다. 사랑하는 남준, 석진, 윤기, 호석, 지민, 태형, 정국. 오래동안 아미를 존재하게 해줘서 너무 너무 고맙고 아미들은 너무 행

---

[8] 외국어로 된 통신 별명을 이해하기 쉽도록 영어를 제외한 외국어 통신 별명을 '구글 번역기'를 이용하여 한글로 옮겨 적고, 번역기에서 인식한 본래 언어를 함께 밝힌다. 통신 별명의 길이가 짧아 사용 언어 인식이 정확하지 않은 경우도 일부 있을 것이다.

복해. 우리 다 괜찮으니까 아프지 말고 행복하게 살자. 항상
고마워 사랑해 (_ほり_ ; 호리, 일본어)
라. 헤어지는게 마음이 아프지만 난 항상 그를 응원할거야 그들은
절대 혼자가 아니야 (Jenny Maribel Camba Sellan; 제니
마리벨 캄바 셀란, 스페인어)

보기 (2)는 외국 누리꾼들의 한국어 사용 댓글 가운데서 의미 연결이 비교적 자연스럽고 문장 구성에 별 문제가 없어 중상급의 한국어 수준임을 보여 주는 것이다. 한국어의 제일 중요한 특성인 경어법 면에서도 청자 경어법의 말 단계 형식 사용의 일관성이 유지되고 있다. 한국어를 직접 배워서 쓴 것인지 번역기의 도움을 받아 부분적으로 고친 것인지 확인하기는 어렵지만 한국어 사용자들이 읽고 이해하는 데 전혀 문제가 없다. 방탄소년단의 팬들인 아미들은 한국어를 배워 한국 사람들과 소통이 가능한 경우가 많기 때문에 직접 쓴 것일 가능성이 높다. 특히 아래 (3)에서 제시하는 번역기를 이용해 작성한 댓글들에서 보이는 잘못이 나타나지 않는 점에서 이들 누리꾼들은 어느 정도 한국어 실력을 갖추고 있는 것으로 판단된다.

(3) 외국 누리꾼들의 한국어/한글 사용 댓글 ②
가. 장기 군 복무를 하게 되어 너무 기쁩니다! 너희들은 항상 우리를 위해 좋은 음악을 들려주고 우리를 행복하게 하기 위해 많은 일을 겪었다. 나는 그룹으로서든 개인으로서든 당신을 지지합니다. 나는 당신을 모두 사랑합니다. - 가장 긴 군대 구성원 (Isyss Cescíily; 이시스 세실라, 체코어)
가-1. 방탄소년단 안녕 잘 지내고 있길 바라 우리 아미들은 어떤 결정이든 우리 밴드를 응원해 그들이 행복하고 마음의 평화가 있기를 그게 내가 원하는거야. 저는 아랍군 출신입니다.

(Maha Waleed; 마하 왈리드, 아랍어)
나. 오랫동안 활동해주는 것은 굉장히 멋진 일입니다 고맙고 울 것 같아지고 싶어 좋아하는 것처럼 살아주세요, 매우 오랫동안 사랑합니다. (yukichiゆきち; 유키치, 일본어)
다. 방탄소년단 올해로 9년차 생일 축하해요 우리는 서로 가깝습니다 성공과 건강 그리고 미래를 위한 힘을 빕니다 사랑합니다 번역가가 내 마음을 전달했는지 모르겠지만 나는 당신 모두를 사랑합니다 (BTS: ARMY)

(3)의 댓글들은 전체적인 의미 해석은 되지만 문장 연결이 매끄럽지 못하고 어휘 사용이 잘못되었으며 문법적 잘못이 함께 나타난 점에서 한국어 중하급 수준의 보기들이다. 체코어 사용자가 쓴 (3가)를 보면 '기쁩니다', '지지합니다'의 하십시오체와 '겪었다'라는 해라체가 섞여 쓰여 청자 경어법 사용의 일관성이 전혀 유지되지 못했다.9) 또 '(방탄소년단 팬클럽 회원인) 아미로서 오랫동안 활동했다'는 뜻을 '장기 군 복무를 하게 되었다', '가장 긴 군대 구성원'으로 잘못 번역한 것도 눈에 띈다.10) 이러한 특징적인 잘못이 많은 점에서 이 댓글은 인터넷 번역기를 이용해 번역한 결과로 보인다. (3가-1)에서도 '저는 아랍에 사

---

9) 이러한 경어법 사용의 문제는 외국어를 번역기를 통해 한국어로 번역할 때 나타나는 전형적인 문제점이다. 이에 대해서는 뒤에서 다시 지적하기로 하겠다.
10) 방탄소년단 팬클럽인 'Army(아미)'를 인터넷 번역기에서는 '군대' 또는 '육군'으로 번역하는데, 한국에서는 번역하지 않고 '아미'라고 말하기 때문에 '군대'나 '육군'으로 적은 외국인들의 댓글은 한국어 사용자들에게 아주 어색하게 읽히게 된다. '아랍 아미'를 '아랍군', '인도 아미'를 '인도군'으로 번역해 적는 것도 어색하기는 마찬가지다. 그런데 한국어 문장 구사 수준이 높은 앞의 (2나) 누리꾼의 댓글에는 "방탄소년단♥아미"라는 표현이 나오는데, 외국 누리꾼 가운데서 한국어를 잘 아는 사람은 '군대' 대신 '아미'를 쓰는 일이 있음이 확인된다.

는 아미입니다'로 표현할 것을 '저는 아랍군 출신입니다'로 잘못 번역했고, 청자 경어법 사용의 일관성도 유지되지 못했다. (3나)의 보기 또한 해요체와 해체가 섞여 있어 경어법 사용의 문제가 있으며, '울 것 같아지고 싶어'와 '좋아하는 것처럼 살아주세요'의 문장 구성과 의미 표현도 문제다.

이러한 한국어 댓글들은 한국어를 잘 모르는 외국인들이 인터넷 번역기를 통하여 작성한 것이라는 점을 (3다)의 내용을 통해 구체적으로 확인할 수 있다. 이 누리꾼은 좋아하는 가수들에게 축하와 기원의 마음을 표현한 후 "번역가가 내 마음을 전달했는지 모르겠지만"이라고 적었다. 여기서 '번역가'는 '번역기'로 옮겨야 할 것을 인터넷 번역기에서 잘못 번역한 결과로 짐작되는데, 한국어를 모르는 이 누리꾼은 인터넷 번역기를 이용하여 한국어로 댓글을 쓴 것임을 직접 밝힌 셈이다.

(4) 외국 누리꾼들의 한국어/한글 사용 댓글 ③
    가. 두 챕터 출신이더라도 시간은 있다 우리는 영원히 계속 던질거야 펫들아 너무 사랑해 울지 않길 바라 화났어. 블레즈 던져. 너무 사랑해. ❤❤❤ (مرض الاسدي; 무르타자 알아사드, 아랍어)
    나. 방탄소년단은 사랑해.. 당신들 한테 아미 어떤 사람이 내가 잘 부르셔서.. 근데 나 아미애요 누군가 어디에서 어떻게 잘 하지만.. 나 내 인생에 아미야 넌 한테.. 내 사랑 꼭 지켜 (OT7 PIU; OT7 플러스, 이탈리아어)
    다. 를 위한 노력을 하고 있는 것이다 그 때 (Rija Batool; 리자 바툴, 힌디어)

(4)의 댓글들은 초급 정도의 한국어 수준에서 작성된 것들이다. 한국어 단어들로 구성되었지만 문장 구성이 불완전하고 뜻도 자연스럽게 이어지지 않는다. (4가)의 '두 챕터 출신', '계속 던질거야', '펫들아',

'블레즈 던져' 등 무슨 뜻인지도 알기 어려운 말들이 많다. (4나)에서는 '방탄소년단는', '아미애요', '넌 한테'에서 조사와 대명사 사용의 잘못이 보인다. (4다)의 글은 한국어 단어들을 쓴 것은 맞지만 주술 구조와 어순이 잘못되어 의미 전달에 실패했다. 이런 댓글도 번역기를 이용한 결과일 가능성이 높은데, 이용한 번역기 또는 번역 대상 언어에 따른 한국어 번역 수준의 차이가 큰 사실을 보여 준다.

(5) 외국 누리꾼들의 한국어/한글 사용 댓글 ④
　가. 로스 아모 치코스 살루도스 데데 멕시코 ♥ (Gacha life army)
　나. 어아뉴아유가유가오애으로웅프으오덯너궂다마도나로누됴우가녀라대류덜 (Safarul Farul; 등대 사파리, 루마니아어)
　다. 텀눔운충룽럼욱틸컨어난얀어언알타립난안아멈낭랑랄상라닌안 (Bea Ysabel Ramos; 베아 이사벨 라모스, 필리핀어)

(5)의 보기들은 한글로 적었으나 한국어가 전혀 아닌 댓글들이다. (5가)는 외국 누리꾼 자신이 쓰는 언어를 한글로 옮겨 적은 것으로 보이고, (5나, 다)는 무엇을 적은 것인지 알기 어렵다. 그럼에도 이 누리꾼들은 한국어 화자들이 쓰는 글자인 한글을 통해 무엇인가를 적음으로써 한국 출신 가수들, 나아가 한국인 누리꾼들과 친밀하게 직접적으로 소통하려는 강한 의지를 드러낸 것으로 생각된다. 그 과정에서 한국어를 스스로 쓰기 어려운 누리꾼들에게는 인터넷 번역기가 중요한 소통 매개 수단으로 작용하고 있는데, 번역기의 성능 및 누리꾼의 한국어 구사 수준에 따라 댓글에서 보이는 한국어 문장 구성의 완성도가 아주 다양한 모습을 보여 주는 점이 확인되었다.

3. 한국어 등 이중 언어로 소통하기

　방탄소년단의 팬들은 전 세계에서 다양한 언어를 사용하고 있기 때문에 동영상 게시판에서 언어적으로 소통하는 과정에서 어려움을 많이 겪게 된다. 국제어로 통하는 영어를 잘 쓰는 사람들은 모어가 무엇인지에 관계없이 영어로 쉽게 소통한다. 그런데 앞서 2절에서 살펴본 것처럼, 방탄소년단 소속의 가수들이 한국어를 쓰는 한국인이다 보니 팬들은 한국어를 배우거나 번역기의 도움을 받아 한국어를 써서 가수들과 심리적 거리를 좁히며 직접 소통하려는 노력도 많이 한다. 외국인 누리꾼들은 한국어와 영어, 한국어와 자신의 모어 등을 함께 씀으로써 표현하려는 의미를 분명하게 강조해 드러내고, 때로는 자신의 모어 사용으로 자신의 정체성을 동시에 표현하려는 모습을 보여 준다.
　이 절에서는 외국인 누리꾼들이 한국어 등 여러 언어를 함께 써서 이중 언어로 소통하는 모습을 살펴보기로 한다. 먼저 다음 (6)은 통신 별명 사용의 보기다.

(6) 외국 누리꾼들의 이중 언어 사용 통신 별명
　　가. 조아나HobiSunshine, 아제르바이잔 bts×육군, BANGTANV... 방탄아미....., 토끼●Ggukies, 　World pop (세계를 하나로 묶다), ARMY_WITH_LUV ♡~방탄소년단
　　가-1. 사이 Sai (한국어-인도네시아어), 고야_ﻧﻐﻮ (한국어-아랍어), ukichiゆきち (영어-일본 어)
　　나. 🕍　Lipi 리피 (힌디어-영어-한국어)

　(6가)의 보기는 외국 누리꾼들이 한국어(한글)와 영어를 이용해 통신

별명을 만들어 쓴 것이다. 이런 통신 별명 가운데 '조아나Hobi Sunshine'과 '토끼•Ggukies'의 'Hobi'와 'Ggukies'는 각각 방탄소년단의 '제이홉'과 '정국'을 가리키는 것으로, 자신이 좋아하는 가수와의 친밀감을 드러내기 위해 애칭으로 쓴 표현이다. 또한 '토끼'는 '정국'의 별명이기도 하다. (6가-1)은 각각 한국어와 인도네시아어, 한국어와 아랍어, 일본어와 영어를 함께 쓴 통신 별명이다.

(6나)와 같이 세 가지 언어를 이용해 통신 별명을 적은 것은 드문데, 이 보기에서는 힌디어, 영어, 한국어의 세 가지를 함께 이용하여 통신 별명을 만들었다. 세 언어 사용을 통해 가수들의 언어인 한국어에 대한 친밀감을 드러내고, 모어인 힌디어에 대한 자부심, 세계적 통용어인 영어에 대한 넓은 소통 의지를 각각 표현한 것으로 해석된다.

이번에는 둘 이상의 언어를 사용해 작성한 댓글을 살펴보기로 한다. (7)은 한국어와 다른 외국어를 함께 사용한 댓글들이다.

(7) 외국 누리꾼들의 이중 언어 사용 댓글 ①

　가. You are so cute little girl I love you ❤당신은 너무 귀여운 소녀, 나는 당신을 사랑합니다 (Jimin Mine)
　나. 당신은 항상 내 마음에 부모님도 내가 널 사랑하는 걸 원하지 않으시겠지만 끝까지 사랑할게
　　　انتم دائما فقلبي
　　　حتى ان اهلي ما يرضون اني احبكم بضل احبكم حتى نهايتي
　　　(كيم انديلا ;김 안델, 아랍어)
　다. 일본어 자막은 나중에 지원이 되는 것입니다, 나중에 며칠 후의 일입니까?1년 후 같은 건가요?
　　　Japanese subtitles will be supported at a later date, so how many days will it take?Like a year later?
　　　日本語字幕は後日サポートされますの後日とは何日後のことで

9장 방탄소년단 유튜브 동영상의 한국어 댓글　297

         すか？一年後とかですか？？（yo-ko h; 요코 h, 일본어）

(7가) 누리꾼은 영어와 한국어로 같은 내용을 반복해 적었다. 영어를 쓰면서 번역기를 통해 한국어로 바꾼 내용도 함께 제시한 것인데, 그만큼 한국 가수들에게 의사 전달이 잘 될 수 있도록 하려는 뜻으로 판단된다. 같은 이유에서 (7나) 누리꾼은 한국어와 아랍어로 같은 내용을 반복해서 적었다. (7다) 누리꾼은 한국어, 영어, 일본어 세 언어로 같은 내용을 작성했다. 좋아하는 가수는 물론 댓글을 읽고 쓰는 다른 누리꾼들과의 적극적인 소통 의지를 드러냈다고 하겠다.

(8) 외국 누리꾼들의 이중 언어 사용 댓글 ②
    가. 방탄소년단 우리를 떠나지 마 우리는 당신을 사랑합니다 당신은 내 인생을 아름답게 만든 사람 BTS Forever I love you from Iraq [영원히 방탄소년단. 나는 이라크에서 당신을 사랑합니다]11) (Jeona)
    나. Whatever happens We will always support you♥♥♥ [무슨 일이 있어도 우리는 항상 당신을 지원합니다] 우리는 너를 사랑해 당신을 보라색 (Joy kalarithara; 조이 칼라리타라, 말라얄람어)
    나-1. They looked so happy together :), Im crying so much

---

11) 기본적으로 원어 뒤에 [ ] 표시로 제시한 한국어는 지은이가 구글 번역기를 이용해 번역한 것임을 밝힌다. 현재 인터넷 번역기의 수준을 보여 주는 한편 번역기를 통해 외국인들에게 한국어가 어떻게 노출되고 있는지를 알 수 있도록 한국어 번역 결과를 따로 수정하지 않고 결과 그대로 제시한다. 다만, 대문자로만 적은 댓글이나 글자 반복으로 번역이 전혀 되지 않는 경우는 부분적으로 수정 후 번역했다. 또 이 보기의 경우 원문 그대로 번역하면 'BTS Forever I love you from 이라크'로 나오는데, 'Forever' 부분을 'forever.'로 수정하여 번역한 것이다.

that i can hardly even say anything lol. Seeing you guys cry, made me cry in a matter of seconds. Be strong and focus on your dream, army and your fans will support you all the way. [너무 행복해 보였어요 :), 너무 울어서 아무말도 할 수 없었어요 ㅋㅋㅋㅋㅋㅋㅋ 너희들이 우는 것을 보니 몇 초 만에 나도 울었다. 힘내시고 꿈에 집중하세요, 군대와 팬들이 끝까지 응원할 것입니 다.] 사랑해요 방탄소년단은 꿈을 포기하지 않습니다. 우리는 당신의 모든 결정을 지지할 것입니다. 사랑해요!!! (Loleseti Lafai; 로레셋 라파이; 사모아어)

다. بحبكم لاتنفصلو [때려야 뗄 수 없는 당신을 사랑해요; 아랍어] 분리하지 말아주세요 (Khadija Ben; 카디자 1세, 튀르키에어)

　(8)의 댓글은 두 언어로 댓글을 작성하되 내용이 크게 겹치지 않고 자연스럽게 이어지도록 한 것들이다. (8가)에서는 한국어를 기본 언어로 삼아 댓글을 적고 뒤에 간단한 영어 문장을 덧붙였다. 그런데 한국어로 적은 부분을 보면, 청자 경어법 면에서 해요체와 하십시오체가 기본으로 쓰이면서 "너희들이 우는 것을 보니 몇 초 만에 나도 울었다"로 해라체가 섞여 있다. 앞서 보기 (3)에서 지적한 것처럼 인터넷 번역기로 외국어를 한국어로 번역할 때 나타나는 가장 흔한 잘못이 바로 이런 문제이다. 의도적이고 전략적인 말 단계 변동이 아니라 아무런 이유 없이 청자 경어법의 말 단계 형식이 일관성을 유지하지 못하는 것이다. 뒤에 제시하는 여러 번역문에서도 같은 문제가 보이는데, 번역기의 낮은 번역 수준 때문에 외국인들의 한국어 학습과 사용에서 한국어의 가장 중요한 특성의 하나인 경어법에 대한 잘못된 지식을 퍼트릴 위험이 보인다.

　(8나, 나-1)에서는 영어를 기본으로 이용해 댓글을 적고 한국어 문

장을 덧붙였다. 대체로 덧붙는 문장은 가수들에 대한 사랑 표현을 공통적으로 담고 있다. 다른 언어, 특히 한국어 사용을 통해 좋아하는 가수들의 대한 자신의 마음을 강조해 전달하려는 뜻으로 해석된다. (8다)는 한국어와 아랍어로 구성된 댓글이며, 마찬가지로 두 언어로 쓴 내용이 중복되지 않고 자연스럽게 이어진다.

(9) 외국 누리꾼들의 이중 언어 사용 댓글 ③

가. 푹 쉬고 가셔도 괜찮고 솔로앨범도 들을 수 있어서 기쁩니다.. 우리 ARMYS는 당신이 항상 괜찮을 거라는 걸 알아요.. 방탄소년단 사랑해요! (ryecursed29)

나. I love you 방탄소년단 . And I'll forever support you I have just one rule for you "BESAFE!". [사랑해요 방탄소년단 . 그리고 나는 당신을 영원히 지지할 것입니다. 당신을 위

한 단 하나의 규칙이 있습니다. "BE SAFE!".] (just_favour)

나-1. Be happy, stay healthy and do whatever you guys want to do we will be waiting for you guys here until the day meet...Cheer up army oori Bangtang will comeback after the break until then let's break every record of views,listen to their songs ,and watch run BTS, bong Vonage, BTS performance, concerts .....and be ready for the BTS new chapter BTS forever × Army forever... [행복하고 건강하고 하고 싶은 거 다 하고 만날 그날까지 우리 여기서 기다리고 있을게...힘내라 아미 우리방탱이가 휴식 후 컴백할 때까지 그때까지 모든 조회수 기록을 깨자. 노래, 그리고 워치런 BTS, bong Vonage, BTS 공연, 콘서트 .....그리고 방탄소년단의 새로운 장을 준비하세요 BTS 영원히 × 아미 영원히...] (Anita K; 아니타 케이, 마라티어)

다. Go BTS find yourself in this world and comeback whenever

you want we will be waiting for you no matter how many years pass, how old you guys will be we will always love and support you and wait for you. [Go BTS는 이 세상에서 자신을 찾고 원할 때마다 컴백합니다. 몇 년이 지나도 몇 살이 됐든 우리는 당신을 기다릴 것입니다. 우리는 항상 당신을 사랑하고 지원하고 기다릴 것입니다.] 사랑해 (Selvi Guna; 셀비구나, 인도네시아어)

다-1. My shining boiiizzzz always make my life shining [나의 빛나는 boiiizzz는 항상 나의 삶을 빛나게 해] ..보라해 방탄소년단 (Ria Samanta; 리아 사만다, 케추아어)

외국 누리꾼들은 (9)와 같이 한국어 또는 영어를 기본으로 댓글을 작성하면서 다른 언어의 특정 단어나 구를 섞어 쓰기도 한다. (9가)에서는 한국어 댓글에 'ARMYS'라는 영어 단어가 섞여 쓰였고, (9나, 나-1)에서는 영어 댓글에 한국어 단어/구 '방탄소년단'과 'oori Bangtang'이 섞여 쓰였다. 특히 (9나-1)의 'oori Bangtang'은 영문 댓글 속에서도 영어 대명사 'our'가 아니라 한국어 'oori'(우리)를 쓴 점에서 눈에 띈다. (9다, 다-1)에서는 영어 댓글에 한국어 '사랑해'와 '보라해 방탄소년단'이 섞여 쓰였다.

이러한 (8)과 (9)에서 보이는 외국 누리꾼들의 이중 언어 사용은 각각 사회언어학의 '부호 뒤섞기(code-mixing)'와 '부호 바꾸기(code-switching)'에 해당한다. 두 언어를 섞어 쓴 이유는 기본적으로 의미를 강조하기 위한 것이며, 모든 댓글 보기에서 사용된 두 언어 가운데 하나가 한국어인 사실은 한국 출신 가수들을 위한 배려와 소통 의지를 표현하기 위한 것으로 해석된다.

4. 외국 누리꾼들의 한국어 학습 의지와 사용의 특징

전 세계적으로 큰 인기를 누리고 있는 방탄소년단의 동영상에 붙인 팬들의 댓글을 통해 외국인들의 한국어 사용 모습을 분석했는데, 그 과정에서 파악한 외국인들의 한국어 학습 의지와 한국어 사용의 중요한 몇 가지 특징을 기술하기로 한다. 외국 누리꾼들은 한국어로 된 노래 가사를 더 잘 이해하고, 좋아하는 한국 출신 가수들과 더 가깝게 소통하기 위해 가수들의 언어인 한국어와 그 표기 수단인 한글을 이용하여 통신 별명을 만들어 쓰거나 한국어로 댓글을 올리는 모습을 보여 주었다. 다음 (10)을 통해, 외국 누리꾼들이 번역기를 이용한 수동적 한국어 사용에 만족하지 않고 직접 한국어를 배워 소통하려는 강한 의지와 노력을 갖고 있음이 분명히 드러난다.

(10) 외국 누리꾼들의 한국어 학습 의지와 노력 ①
　가. 아직 한국어를 할 줄 모르겠지만 배우려고 열심히 노력하고 있습니다. 저는 한국어를 좋아하고 항상 저의 지원을 받을 것입니다 ♡ (Umaru Aizawa; 우마루 아이자와, 일본어)
　가-1. 저는 아랍인이고 한국어를 배우고 있습니다. 한국어를 배우는 데 도움을 줄 수 있는 사람이 있습니까? ❤ (•اولي! •); 우와!, 신디어)
　가-2. I'm leaning HANGLE.Because I like korean dorama and k.pop. [나는 HANGLE에 기대고 있습니다. 왜냐하면 나는 한국 도라마와 케이팝을 좋아하기 때문입니다.] (れいこ石川; 레이코 이시카와, 일본어)
　나. 저는 11 살의 브라질 군대입니다. 영어 수업을 많이 듣지만 아

직도 그들이 말하는 내용을 잘 이해하지 못합니다. 앞으로 한국어 수업도 듣고 싶어요. I'm an 11-year-old Brazilian army, I take a lot of English classes but I still don't really understand what they say, and in the future I also want to take Korean classes. I love BTS [저는 11살의 브라질 군대입니다. 영어 수업을 많이 듣는데 아직도 뭐라고 하는지 잘 이해가 안 갑니다. 앞으로 한국어 수업도 듣고 싶어요. 나는 방탄소년단을 사랑한다] (**Srta. Lopes** :); 미스 로페스, 포르투갈어)

다. 옵파사랑허 (Dipankar Das; 디팡카르 다스, 벵골어)

다-1. 방탄소년단 사랑 from india (Anuzz)

다-2. Estaremos con vosotros siempre, en lo que hagáis, porque habéis conseguido que os amenos tal y como sois. Os apoyaremos, no lo dudéis. Ojalá pudiera expresarlo en coreano, pero aún no he pasado del primer nivel. [우리는 당신이 무엇을 하든지 항상 당신과 함께할 것입니다. 우리는 당신을 지원할 것입니다, 주저하지 마십시오. 한글로 표현하고 싶은데 아직 1단계를 못넘어왔네요.] 사랑해 (Patricia Valades; 패트리샤 발라데스, 스페인어)

(10가~가-2)의 누리꾼들은 한국어를 배우려 노력하고 있음을 직접 밝혔다. 특히 아랍인 (10가-1)의 누리꾼은 게시판을 통해 공개적으로 한국어를 배우는 데 도움을 줄 사람을 찾고 있어 눈에 띈다. (10나) 누리꾼은 11살의 어린 브라질인이며, 한국어와 영어를 함께 적어 댓글을 올렸다. 한국어는 번역기를 통해 쓴 것으로 보이는데, 방탄소년단의 말을 잘 이해하기 위해 앞으로 한국어 수업을 듣고 싶다고 말했다.

(10다)의 누리꾼은 아주 초보적 수준의 한국어 학습자로 판단된다. '오빠 사랑해'라는 문장을 비슷한 글자인 '옵파사랑허'로 적었는데, 이

런 표기는 번역기를 이용해서는 나오기 어렵고 한국어를 조금 배운 학습자에게서 나온 것이다. (10다-1)의 누리꾼은 문장을 구성하지 못하고 '방탄소년단'과 '사랑' 두 단어로 자신의 마음을 표현했다. (10다-2) 누리꾼은 한국어로 표현하고 싶지만 수준이 아직 1단계를 못 넘었다고 하면서 스페인어로 댓글을 쓴 뒤에 한글로 한 단어의 '사랑해'를 덧붙였다.

이런 댓글들은 외국인들에게 인기가 많은 한국 대중음악이 한국어 학습과 확산의 통로가 되고 있음을 잘 보여 준다. 인터넷 번역기의 도움을 받든 직접 배워서 서투른 한국어를 쓰든 자신이 좋아하는 가수들의 언어인 한국어로 소통하고자 하는 강한 열의가 느껴진다. (11) 댓글에서 이런 점이 더 잘 드러난다.

(11) 외국 누리꾼들의 한국어 학습 의지와 노력 ②
    가. 안녕하세요 터키인입니다 더 쉽게 읽을 수 있도록 한글로 썼습니다 코로나19 사태때 팬이 되었고 처음에 어떤 어려움이 있었는지 배우고 포기하지 않고 나는 당신의 수십억 팬 중 하나입니다. 나는 당신을 매우 사랑합니다. 언젠가 내가 당신의 콘서트에 올 수 있기를 바랍니다. 방탄 ❤ 군대 (☕JUNKOOK 'UN KAHVESİ ☕; 정국의 커피, 튀르키예어)
    나. 우리 알제리 ARMY는 당신을 너무 사랑합니다. 우리는 당신을 여기 알제리에서 뵙기를 희망합니다. 우리는 당신을 사랑합니다우리는 방탄소년단을 영원히 사랑합니다. 그들을 위해 한국어를 배웠습니다 (army)
    다. 진씨의 노래를 듣고 감동받아서 한국어를 열심히 공부하게 되었어요. 진씨처럼 그렇게 계속 노력하면 언젠가 꼭 지금보다 잘할 수 있다는 생각에 힘을 내고 있어요. (踊る母; 춤추는 어머니, 일본어)

다-1. I'm also trying to learn Korean, my only goal is to be able to understand what BTS is saying on Vlive and understand their song lyrics and watch Run BTS without stopping the video because I saw the subtitles first, but it's not easy. [한국어도 배우려고 노력하고 있는데 Vlive에서 방탄소년단이 하는 말을 이해하고 노래 가사를 이해하고 자막을 먼저 봤기 때문에 비디오를 멈추지 않고 Run BTS를 보는 것이 유일한 목표이지만 쉽지 않습니다.] (Taehyung's ex housemaid)

(11가)의 튀르키예 누리꾼은 "(방탄소년단 가수들이) 더 쉽게 읽을 수 있도록 한글로 썼습니다"라고 밝히고 있다. 알제리인이라고 한 (11나) 누리꾼은 한국어를 배워서 한국어로 댓글을 달았는데, 그 이유를 사랑하는 방탄소년단을 위해서라고 적었다. (11다, 다-1) 누리꾼 또한 방탄소년단의 노래와 그들의 말을 잘 이해하기 위해 한국어를 배운다고 했다. 한국인 가수와 그들의 노래에 대한 강한 긍정적 태도가 외국 누리꾼들의 한국어 학습과 한국어를 통한 소통 노력으로 이어지고 있는 것이다. 한국어 가수들과 보다 쉽게, 더 잘 소통하기 위해 한국어를 직접 배우고 한국어로 댓글을 쓴다고 한 이러한 글에서는 앞서 인터넷 번역기를 이용한 댓글들과는 달리 청자 경어법 사용에서 일관성이 뚜렷하게 유지된 점이 눈에 띈다.

(12) 외국 누리꾼들의 한국어 학습 의지와 노력 ③
    가. 저는 한국어 배우고 있는 외국인인데 사투리 너무 매력적이고 재밌다고 생각해요. 일단 표준어 유창하게 할줄 알고나서 꼭 사투리도 배워볼래요. ㅎㅎㅎ (spreadluvnothate)
    나. 한국어 공부중인데 사투리 사투리로 얘기하고싶어유 (a z)

다. Satoori sounds so satisfying deep voice we love that [Satoori 는 너무 만족스러운 깊은 목소리를 들으며 우리가 좋아합니다.] (Alex Knight)

다-1. Their satoori is so charming [그들의 사토리는 너무 매력적이야] (Star Candy0919)

한편, 외국 누리꾼들은 표준 한국어뿐만 아니라 한국어 지역 방언에도 관심을 갖고 있다. 한국어를 배우고 있다는 (12가) 누리꾼은 "사투리 너무 매력적이고 재밌다고 생각해요"라고 적었다. 표준어를 잘 하게 된 후 꼭 한국어 사투리도 배우고 싶다고 밝혔다. (12나) 누리꾼도 사투리로 얘기하고 싶다고 했고, 영어로 댓글을 쓴 (12다, 다-1) 누리꾼들은 사투리가 만족스럽고, 깊은 목소리로 들리며, 너무 매력적이라고 말했다. 방탄소년단 소속 가수들이 경기 일산, 광주, 대구, 부산, 경남 거창 등 다양한 지역 출신으로 구성되어 여러 방언을 쓰면서 서로 재미있게 대화하는 경우가 많은데, 외국 누리꾼들은 이러한 한국어 방언 사용에 대해서도 많은 관심과 긍정적 태도를 보여 주고 있으며, 한국어 방언을 구체적으로 배우고 싶다는 뜻을 드러낸 것이다.12)

(13) 외국 누리꾼들의 한국어 학습 의지와 노력 ④

가. 미국사는데 흑인 여직원이 한국어를 나보다 잘해서 물어보니

---

12) 국내 누리꾼들은 방탄소년단 가수들이 자연스럽게 쓰는 한국어 방언을 쉽게 이해할 수 있는 점에서 한국어 화자로서의 자부심을 드러내며 다행스럽게 생각하는 모습을 댓글로 표현하고 있다. 보기: 세계적인 월드스타가 7명 모두 한국인이고 사투리를 쓴다는게 큰 매력임ㅋㅋㅋㅋㅋ 외국인들은 사투리의 귀여움을 모를텐데.. 내가 한국인이란게 감사함! / 나도나도 우리 탄이들 말할때 사투리는 물론 어감 감정까지 다 알아듣고 느낄수있어 너무 좋아 / 사투리멤버들 진짜 애정한다ㅋㅋㅋ 대구사람인거 자랑스러워지노ㅋㅋㅋㅋㅋ

방탄좋아해서 한글 배웠다고 했음 (SusangHan)

나. 저도 궁금했었는데 잘 만들어졌네요. 아무래도 가격은 좀 다가가기 힘든(?)지요? 우리도 방탄 때문에 한글 배우러 오는 학생이 있었는데 2년만에 쓰고,읽고 한글로 하는 수업 내용을 그대로 이해하는 경지에 올랐어요. 방탄,정말 최고에요!! (INSUK CHOI)

다. 캐나다 학교 교육청에서 2016년부터 한글을 가르치고 있어요. 방탄덕분에 우리 한글 프로그램 인기가 많아져서 예전에는 재외동포가 많았으면 현재는 현지 외국 친구들이 많이 배우고 있습니다. BTS를 좋아하는 친구들은 한국어뿐만 아니라 현지에서도 공부 잘하는게 신기해요. 공부도 놀기도 잘하는 듯 합니다. 잘 가르쳐야 한다는 생각에 어깨가 무겁지만 재미있게 한글 역사 문화 다양하게 가르치며 우리나라 홍보하고 있습니다. BTS 최고! BTS 때문에 월급도 받네요^^ (Christy)

라. 방탄소년단 컨텐츠 보다보면 같은 한국어를 쓴다는게 그렇게 고마울수가 없음. 특별한 번역없이, 문화적 차이 없이 멤버들이 하는 이야기를 온전하게 이해할 수 있다는게 얼마나 소중한지..외국 아미들도 같은 마음이니 저렇게 열심히 한국어를 배우는거겠지ㅠㅠ쉽지않은 언어일텐데도 마음이 참 예쁜 듯 (라엘)

(13)의 댓글은 한국인 누리꾼들이 쓴 것인데 방탄소년단 덕분에 외국인들이 한국어와 한글을 많이 배우고 있으며, 그런 외국인들은 한국어를 빨리 배우고 한국어 능력도 뛰어나다고 증언하고 있다. 또한 외국에서 한국어가 인기가 높다는 점을 지적하며 방탄소년단에게 고마워하는 모습이다. 특히 (13라) 누리꾼은 특별한 번역이나 문화적 차이 없이 방탄소년단 가수들의 말을 온전하게 이해할 수 있다는 점에서 한국

어를 쓰는 것이 고맙고 소중하게 느껴진다고 했다. 케이팝을 대표하는 방탄소년단의 노래와 활동이 나라 안팎의 많은 사람들에게 언어문화적인 면에서도 얼마나 큰 힘으로 작용하고 있는지를 잘 보여 준다.

이번에는 외국 누리꾼들의 한국어 사용에서 보이는 특별한 용법에 대해서도 몇 가지로 나누어 기술하기로 한다.

(14) 외국 누리꾼들의 특별한 한국어 표현 사용 ①

가. 오파, 우리 보라색 Oppa, 우리는 당신을 영원히 보라색으로 만듭니다. (Kanhaiya Kumar; 칸하이야 쿠마르, 힌디어)

가-1. 제이 당신은 매우 달콤한 사람 당신을 사랑합니다 oppam이 있어 너무 기뻐요♥
(taenin_gucci_terligi7; 태의 구찌 신발7, 투르크멘어)

가-2. Namjoon Oppah, you look so cute when you cook! [남준오빠 요리할 때 너무 귀여워요!] (Aliza Muskaan; 엘리자 미소, 힌디어)

가-3. AHHH JUNGKOOKIE OPPAAAA ALWAYS COPYING JIMIN OPPAAAAA SOOO SWEET AND CUTE [아 정국오빠 항상 따라하는 지민오빠아아 너무 달달하고 귀여워]13) (VIHA & VIMA)

가-4. BTS oppas no matter which ways you go but we ARMYs will support you all time [...] [BTS오빠는 어디를 가든지 우리 아미는 항상 응원할게] (rmozhi; 으르렁, 불가리아어)

나. How can we not loves our Maknae lines Jimin Tae and Jungkook they grown up in front of our eyes for over a decade many beautiful moments together [우리 눈 앞에서 10년 넘게 아름다운 순간을 함께한 지민태와 정국의 막내라인을 어찌 사랑하지 않을 수 있겠습니까?] (Linh Chau; 린차우,

---

13) 원문의 대문자 표기를 소문자로 바꾸어 옮긴 것이다.

베트남어)

나-1. Our babies are big handsome men but still our maknaes at heart n the eyes [우리 아기들은 덩치 큰 잘생긴 남자지만 마음은 여전히 우리 막내] (Gift Hadia; 결혼한 하디아, 노르웨이어)

나-2. 2:45 jk:rrrrap montarrrrr..... [jk:rrrrap 몬타르]14) I'm confused how he did it.... absolutely he is our golden maknae.... [어떻게 했는지 어리둥절.....그야말로 우리 황금막내다.] (사이 Sai)

다. maknae line without hyungs be like: kids when parent leave them alone at home and salute to ur mind blowing editing skills 7:50 cracked me hard [형 없는 막내 라인은 부모가 집에 혼자 놔두면 애들이 편집실력에 경의를 표한다 7:50 열심히 쪼개] (Fizza Mughal; 피자 무갈, 힌디어)

다-1. 얼마나 아름다운 형님 방탄소년단은 사랑입니다. (Ana Julia Hernandes; 아나 줄리아 에르난데스, 포르투갈어)

외국 누리꾼들은 방탄소년단을 이루는 7명의 가수들 사이에서 자주 쓰이거나 그들을 특별히 가리키는 한국어 가족 호칭어를 배워서 쓰는 일이 많다. (14가~가-4)는 방탄소년단 가수들을 친밀하게 가리키는 '오빠'의 사용 보기다. '오빠'를 영어로 'oppa'로 표기하다 보니 한글로 '오파'로 잘못 적는 현상도 나타난다. 로마자로 표기할 때도 'oppam', 'oppah'의 변이 형식이 나타나며, 길게 부르며 강조할 때는 (14가-3)처럼 'oppaaaa'로 모음을 반복하여 적는다. 또 (14가-4)

---

14) 'rrrrap montarrrrr'는 한 시민이 'rap monster'(RM)의 'r' 음을 길게 강조해 발음한 것을 방탄소년단 가수들이 다시 성대모사한 것을 댓글로 표현하면서 오타가 생긴 결과로 보인다. 관련 동영상 자막에는 'rrrrap monster'로 나온다(https://youtu.be/t9zPnWQIiuw).

의 영문 댓글에서 'oppas'라는 복수형으로 쓰이는 모습도 보인다.

(14나~다)는 방탄소년단 안에서 쓰는 호칭어 '막내'와 '형'이 영어 단어 'maknae', 'hyung'으로 적히며 자연스럽게 쓰이는 모습이다. '막내'의 경우 'maknaes', 'Maknae lines', 'golden maknae'와 같이 복수형으로 쓰이거나 다른 단어와 구를 이루며 영어에서 쓰이고 있다.15) (14다-1)에서는 '형님'이라는 높임의 가족 호칭어가 쓰였는데, 댓글을 쓴 누리꾼이 남성일 것으로 추측된다.

이와 같이 한류와 한국 연예인들 덕분에 '오빠', '형', '막내' 등의 한국어 호칭 표현이 영어 등 외국어로 퍼져 나가고 있다.16) 특히 영문 댓글에서 복수형 'oppas', 'maknaes', 'hyungs'가 쓰임으로써 한국어 호칭어가 영어에서 외국어 호칭 표현의 단순한 로마자 표기 수준을 넘어 영어 화자들에게 익숙한 일상적 어휘로 정착되어 가는 모습이다.17)

(15) 외국 누리꾼들의 특별한 한국어 표현 사용 ②

    가. Honestly, Jaesuk-nim is the only MC in my mind that fits BTS when interviewing them. [솔직히 말하면 방탄소년단 인터뷰할 때 생각나는 MC는 재석님밖에 없다.]

---

15) 방탄소년단의 팬들은 나이가 어린 '지민, 뷔, 정국'을 '막내 라인'이라고 부르고, 그들보다 나이가 많은 나머지 가수들을 '형 라인'으로 부른다.

16) 윤상석(2020)에 따르면 한국 대중문화를 즐기는 미국 누리꾼들은 '언니(unni)', '오빠(oppa)', '누나(noona)', '아줌마(ajumma)'와 같은 한국어 호칭어와 함께 케이팝에 관련된 표현인 '사생(sasaeng)', '애교(aegyo)'와 같은 표현도 즐겨 쓰는 것으로 나타났다.

17) 한국어 호칭어 가운데 '오빠', '누나', '언니'는 2021년 옥스포드 영어 사전(Oxford English Dictionary, OED)에 각각 'oppa', 'noona' 'unni'로 등재되었다(박성준 기자, <"오빠. 치맥 먹방은 대박"… 'K-단어' 품은 옥스퍼드 사전>, 세계일보, 2021-09-10).

(Kristoffer Gawaran; 리스토퍼 상, 필리핀어)

가-1. Jiminshi is always laughing [항상 웃는 지민이] (Stephanie Joseph)

나. Namjoonie sang full of emotion on Spring day JK's part! [봄날의 JK 파트에서 남주니가 감성 가득한 노래를 불렀다!] (Jimin divorce me)

나-1. Wohhhh jungkoookieeeee is just amazing his vocals and raping skills is just on another level jk deep voice literally killed it [우와 정국이이이이이 보컬 대박이고 랩 실력은 또 다른 수준 jk 딥 보이스 말 그대로 죽임] (COLDY COLDY ^_^ /)

다. Namjoona is too innocent for the world [남준아는 세상에 너무 순진해] (AKRITI; 수치, 힌디어)

다-1. Aaaaah Namjoonaaaaaa you don't chop the onion like that my dear! I'm crying lol. I wish I could show you how to hold a half-onion and chop it [으아아아아 남준아 너 양파 안 썰었어 내 사랑! 헐 울어. 양파 반개를 잡고 다지는 방법을 알려주셨으면 합니다.] (Yasemin Özbal; 야세민 오즈발, 튀르키예어)

다-2. Jiminiaaa sarangheeeeee you are so adorable [Jiminiaa 사랑희야 넌 너무 사랑스러워] (Vaishali Thakur; 바이샬리 타쿠르, 힌디어)

라. How can we not loves our Maknae lines Jimin Tae and Jungkook they grown up in front of our eyes for over a decade many beautiful moments together [우리 눈 앞에서 10년 넘게 아름다운 순간을 함께한 지민태와 정국의 막내라인을 어찌 사랑하지 않을 수 있겠습니까?] (Linh Chau; 린차우, 베트남어)

(15)의 보기에서는 호칭어 사용과 관련된 '님', '씨', '-이', '아' 등의 한국어 의존명사, 접미사, 호격 조사가 영어 등에 퍼져 나가고 있음을 알 수 있다. (15가, 가-1)의 'Jaesuk-nim', 'Jiminshi'는 각각 '재석 님', '지민 씨'를 로마자로 표기하여 영어 문장의 일부 요소로 쓴 것이 다. (15나, 나-1)의 'Namjoonie', 'jungkoookieeeee'에는 이름 뒤에 붙는 접미사 '-이'가, (15다~다-2)에는 이름 뒤에 붙는 호격 조사 '아'가 로마자로 바뀌어 쓰였다. '아'가 호격 조사라는 것을 모르기 때문에 (15다)와 같이 'Namjoona'가 영어 문장에서 주어로 쓰인 점도 눈에 띈다.18) 다만, 이들 누리꾼들은 (15ㄹ)을 쓴 것처럼 '(유)재석', '지민', '남준'이라는 한국어 이름을 잘 알기 때문에 'Jaesuk-nim', 'Jiminshi', 'Namjoonie' 등이 이름에 추가적 의미/문법 요소가 덧붙은 복합 형식임을 알고 쓴 것으로 판단된다.

(16) 외국 누리꾼들의 특별한 한국어 표현 사용 ③

　가. You guys are so funny and talented saranghae [너희들 너무 웃기고 재능있는 사랑해] (Azizah Abdul Aziz; 아지자 압둘 아 지즈, 말레이어)

　가-1. Espero que les vaya muy bien saranghae ♥♥♥♥♥ [나 는 당신이 아주 잘하기를 바랍니다; 스페인어] (Sara_sinh)

　가-2. SARANGHE BTS LOVE YOU PLS COME TO PAKISTAN [사랑해 BTS 사랑해 파키스탄에 와주세요]19) (BTS IS MY eVeRyThINg)

　가-3. This was so emotional BTS sarangae sarangaeyo [너무

---

18) 경상 방언에서는 "오빠야가 만들어준 잔치국수", "꽃님 오빠야를 본 철구반응"처럼 호격 조사 결합형에 주격 조사나 목적격 조사가 덧붙어 쓰인다. 호격 조사 결합형 자체가 호칭어로 재구조화된 것이다.

19) 원문의 대문자 표기를 소문자로 바꾸어 옮긴 것이다.

감동적이었어요 BTS 사랑해 사랑해요] (Monika Bohra; 모니카 보라, 힌디어)
나. Jimin speaking satoori really bless my ears [지민이 말하는 사투리 진짜 내 귀를 축복해] (nurul aina; 당신은 항상 끙끙 앓는다, 핀란드어)
나-1. All the members speak their satoori: deep voice Hobi speaks Jeolla satoori: voice go [멤버 전원이 사투리를 말해요: 깊은 목소리 호비가 말해요 전라 사투리: voice go] (N. Mcondomscandal)

(16가~가-3)과 같이 외국 누리꾼들은 외국어로 쓴 댓글에서 한국어 '사랑하다' 동사를 로마자로 표기해 자주 쓴다. 'saranghae'를 기본형으로 하여 여러 가지 변이 표기들이 보인다. 이들 누리꾼들은 영어나 스페인어 등에서 'saranghae' 또는 'saranghaeyo'를 동사로 활용해서 "SARANGHE BTS"와 같이 '서술어-목적어' 어순으로 문장을 구성한다. '사랑하다'가 영어 등 외국어의 동사로서 그대로 쓰이는 것이다.

(16나, 나-1)은 한국어 단어 '사투리(satoori)'가 영어 안에서 쓰인 보기다. 앞의 (12)에서 이미 설명한 것처럼 방탄소년단 소속 가수들이 다양한 한국어 방언을 쓰며 대화를 나누고, 이것이 팬들에게 긍정적으로 받아들여지면서 한국어 방언을 모르는 외국 누리꾼들도 점차 한국어 방언에 구체적 관심을 갖게 되었다. 두 누리꾼 모두 방탄소년단 가수들의 방언 사용을 아주 긍정적으로 평가하고 있다.

(17) 외국 누리꾼들의 특별한 한국어 표현 사용 ④
가. 오늘 일어나서도 그렇게 생각했다. 그런 얘기를 해주셔서 고마워요. 방탄을 보라해. 그런 말은 빈 말이 아니라 내가 방탄을 믿고 사랑해요. 그동안 받은 게 너무 많아. 이번에 우리 아미가

방탄 지켜주십시오... 사랑해. 보라해. (vinsem; 친숙한, 아이슬 란드어)

가-1. Keep going everyone!!! I will always support you guys ,no matter what!! Ps. Life goes on is my ringtone that is my favorite song [모두 힘내세요!!! 무슨 일이 있어도 항상 응원할게!! 추신. Life gos on my ringtone 내가 가장 좋아하는 노래] 보라해요!! 힘내새요 ㅠ ㅠ 기다리고 있어요!!!! (Gntr)

가-2. I will always wait here, let's support all members. Borahae [항상 여기서 기다릴게, 멤버들 모두 응원하자. 보라해] (Primadita Rachmawati; 프리마디타 라흐마와티, 인도네시아어)

가-3. I purple you, 7 년 당신의 옆에, 곧 8 년이 될 것입니다, 나는 너희들을 원한다 [보라해] (Xiomy E. YE)

나. 아포방포 This is all I can muster up to say rn...It's after days that I've finally mustered the courage to watch this... It feels like I have a lot to say to the boys and to army as well but.... I can't seem to frame anything properly but I believe this does sum it up ...아포방포! [이거밖에 할말이 없네요...몇일만에 드디어 용기내서 보게 되었네요... 소년들에게도, 군대에도 할말이 많은것 같지만.. .... 뭔가 제대로 틀을 잡을 수 없는 것 같지만 요약하자면] (betsy)

나-1. I just want to say － APOBANGPO! Remember that you've never disappointed me/us (ARMYS). I've been with you for eight years and I'm always by your side! If it wasn't for you, I wouldn't be here now! BORAHAE [하고 싶은 말 － 아포방포! 당신은 저/우리(ARMYS)를 실망시킨 적이 없다는 것을 기억하십시오. 나는 8년 동안 당신과 함께 했고 항상 당신 옆에 있습니다! 당신이 아니었다면 나는 지금 여

기 없었을 것입니다! 보라해] (BTSOT7)

(17)의 보기들은 외국 누리꾼들이 많이 쓰는 새말들이다. (17가~가-2)의 '보라하다'는 '(오랫동안 변함없이) 사랑하다'의 뜻으로 쓰는 방탄소년단 팬들인 아미 집단의 유대와 결속력을 높이는 새로운 은어다. 한국어로 쓰일 뿐만 아니라 (17가-2)처럼 영어 속에서도 'borahae'로 쓰인다. 심지어 (17가-3)의 "I purple you"와 같이 '보라하다'가 영어 'purple'로 바뀌어 '사랑하다' 뜻의 동사로 만들어져 쓰이기도 한다.20) 방탄소년단과 팬들의 모임에서 주위를 온통 보라색으로 꾸민 데서 이 말에 믿음과 사랑의 의미를 붙인 것으로 알려졌다.21) '보라해'와 'borahae', 'purple'이 방탄소년단에 대한 지극한 관심과 사랑, 팬으로서의 자부심과 연대감을 상징하는 중요한 정체성 표현으로 작용한다.22)

(17나, 나-1)의 '아포방포'는 '아미 포에버 방탄소년단 포에버'의 줄임말이다. 이 말도 (17나-1)처럼 영어에서 'apobangpo'라는 동사 형

---

20) 'I purple you'는 2015년에 공개한 서울시의 브랜드인 'I·SEOUL·U'와 구조가 같다. 'SEOUL'(서울)이 '사랑하다', '연결하다' 등의 뜻으로 쓰이는 것처럼 'purple'(보라)이 '사랑하다'의 뜻으로 쓰이며, 아미들 사이에서는 '연결하다'의 뜻도 있을 것이다.
21) 방탄소년단과 아미의 보라색과 '보라해'가 유명하다 보니 2022년 4월 방탄소년단의 미국 라스베이거스 공연을 기념해 해당 시에서는 도시 전체를 보라색 조명으로 바꾸고 'Borahaegas'(보라해+라스베이거스)라는 문구를 곳곳에 써 붙여 참여자들을 열렬히 환영했다.
22) 한류 문화에 관심이 많은 중국 누리꾼들은 한국어 종결어미 '-습니다'를 이용해 만든 '思密达'를 만들어 씀으로써 "한국에 대한 강한 관심과 애정, 긍정적 태도와 부정적 태도를 함께 드러내며, 재미있고 애교스럽게 의미를 표현"하는데(판영·이정복 2016:378), 아미들이 쓰는 '보라해', 'borahae'도 바로 방탄소년단에 대해 이런 기능을 맡고 있다.

식으로 쓰인다. 임시적이고 은어성을 지닌 아미 집단의 한국어 새말 표현이지만 방탄소년단의 노래와 함께 다른 언어로 널리 퍼져 나가는 한류, 케이팝의 상징어가 되고 있다.

5. 유튜브 한류 동영상의 의미와 과제

유튜브가 세계인의 삶에서 큰 부분을 차지하고 있는 인터넷 동영상 시대에, 유튜브 공간에서 한류 문화 동영상을 매개로 외국 누리꾼들의 의해서 한국어와 한글이 어떻게 쓰이며 해외로 확산되고 있는지를 살펴봄으로써 세계적으로 큰 인기를 끌고 있는 한국 대중음악이라는 문화콘텐츠가 그 자체 기능을 넘어 한국어의 확산과 영역 확장에 크게 기여하고 있음을 밝히고자 하였다. 구체적으로, 방탄소년단의 노래나 예능 활동을 담은 유튜브 동영상에 붙인 외국인 누리꾼들의 한국어 댓글 자료를 분석하여 동영상 미디어 공간에서의 한국어, 한글 사용의 실태를 기술했다. 누리꾼들의 소통 방식을 크게 '한국어로 소통하기'와 '한국어 등 이중 언어로 소통하기'로 나누어 2절에서는 한국어를 이용해 쓴 외국 누리꾼들의 통신 별명과 댓글을 분석했고, 3절에서는 한국어 등 이중 언어로 쓴 통신 별명과 댓글을 분석했다. 4절에서는 외국 누리꾼들의 높은 한국어 학습 의지와 한국어 사용에서 보이는 특징을 기술했다.

이러한 과정을 통해, 전 세계적인 인기를 얻은 방탄소년단의 동영상을 매개로 세계 각지의 팬들인 아미들이 다양한 언어로 활발히 소통하고 있으며, 특히 한국어와 한글을 이용하여 가수들과 친밀하게, 직접, 적극적으로 소통하려는 강한 열의와 노력을 보여 주는 점을 확인하였다. 또 외국 누리꾼들은 케이팝과 관련된 각종 한국어 표현을 자신들의 언어에 수입하여 섞어 쓰는 모습도 나타났다. 방탄소년단의 동영상이 외국인들의 한국어와 한글에 대한 관심을 높이고, 그것을 직접 배워 쓰려는 과정에서 중요한 촉진제가 되고 있는 것이다. 이런 점에서 수많은 한류 문화 동영상을 전 세계인들이 공유할 수 있도록 하는 유튜브와 같은 인터넷 매체가 한국어 사용의 새로운 영역으로 작용하며, 결과적으로 한국어 사용권이 더 크고 넓게 확장되는 의미가 있음을 지적한다.

유튜브에서 한류 동영상을 매개로 이루어지는 외국인들의 한국어 접촉과 학습, 사용 모습에서 파악되는 중요한 의미 또는 앞으로의 관련 과제를 몇 가지로 정리해 보기로 한다.

첫째, 방탄소년단의 동영상을 통해 많은 외국 누리꾼들이 자연스럽게 한국어를 접하면서 한국어 노래를 잘 이해하고 한국 출신 가수들과 친밀하며 정확하게 적극적으로 소통하기 위해 한국어, 나아가 한국어 방언을 배우려는 강한 의지를 드러내거나 실제 배우려 노력하고 있음을 확인했다. 유튜브의 한류 문화 동영상이 전 세계의 한류 팬들을 한자리에 모으는 데서 나아가 한국어에 대한 관심을 불러일으키고, 한국어 학습과 사용의 강한 촉진제가 되고 있는 것이다.

둘째, 외국 누리꾼들은 한류 문화와 관련된 한국어의 여러 단어를 영어 등 자신이 쓰는 언어에 빌려 사용함으로써 한국어 요소가 외국어로 확산되어 쓰이는 것으로 나타났다. 이들 누리꾼들은 한국어를 직접 배우려는 사람들에 비해서 당장은 관심이 낮다고 하겠지만 한국어 단어들의 꾸준한 사용으로 한국어에 대한 친숙도와 학습 의지는 더 올라갈 것이다.

셋째, 방탄소년단의 팬들인 '아미'들은 '보라하다', '아포방포'와 같은 새말을 만들어 씀으로써 한국 출신 가수들과 그들의 음악을 좋아하고 따르는 사람들로서의 유대를 강화하며, 한국어 요소를 공통의 소통과 연대 수단으로 활용함으로써 한국과 한국 문화, 한국어에 대한 긍정적 태도를 갖게 될 것으로 보인다.

넷째, 외국 누리꾼들은 인터넷 번역기를 이용해 한국어 댓글을 작성하는 경우가 많은데, 그 과정에서 번역기의 품질 한계로 잘못된 한국어가 그대로 노출되는 문제를 안고 있다. 특히 현 단계에서 번역기가 한국어 청자 경어법의 말 단계 형식 사용의 일관성을 전혀 보장하지 못하기 때문에 외국어를 번역기로 옮긴 한국어는 크게 부자연스럽게 느껴진다. 이는 한국어를 처음 배우거나 접하는 외국인들에게 잘못된 한국어를 퍼트리는 문제가 있다. 한국어 교육 및 확산 면에서 관련 기관의 구체적인 대책 마련이 필요한 부분이다.[23]

---

23) 이러한 문제 제기 이후 2024년 4월 현재 네이버의 인터넷 번역기 '파파고'에서는 영어, 중국어, 일본어를 한국어로 번역할 때 '높임말'과 '안높임말'을 선택하여 번역함으로써 청자 경어법의 일관성이 어느 정도 유지되도록 설정되어 있다. 구글 번역기에서는 이런 과정은 없으나 2년 전에 비해 청자 경어법의 일관성이 상당히 높아졌다.

10장_ 케이팝 노랫말 언어에 대한 누리꾼들의 태도

1. 케이팝의 노랫말과 한국어

21세기 들어 전 세계에서 '케이컬처'(K-culture)라는 '한류 문화' 또는 '한국 문화'가 크게 유행하고 있다. 방탄소년단, 블랙핑크, 뉴진스 등의 대표적인 한국 가수들이 이끄는 한국 대중음악, 곧 '케이팝'(K-pop)을 비롯하여 '케이무비'(K-movie), '케이드라마'(K-drama), '케이푸드'(K-food) 등 다양한 한국 문화가 가까운 아시아는 물론이고 멀리 유럽과 아메리카에서까지 큰 관심과 사랑을 받고 있다. 이러한 한류 현상은 일부 지역에서 일시적으로 생겨난 것이 아니라 전 세계적으로, 지속해서 이어지는 거대한 물결이 되었다.

그 가운데 케이팝[1]은 한류의 중심 역할을 맡고 있다. 케이팝을 이루는 요소 가운데 핵심은 한국어 노랫말과 화려한 집단춤, 군무다.2) 그런데 케이팝 노래들을 보면 전체적으로 한국어로 된 노랫말이 많지만 외국 진출이나 외국인 팬들을 고려하여 영어를 섞어 쓴 곡이 크게 늘어났고, 완전히 영어나 일본어로 된 곡들도 많다. 한국어 중심으로 노랫말이 만들어졌더라도 반복되는 후렴구에서 영어를 필수적인 것처럼 섞어 쓴다. 케이팝 노랫말의 언어 구성이 다양해짐에 따라 자연스럽게 그것에 대한 누리꾼들의 반응 또는 언어 태도가 여러 가지로 표출되고 있다. 그동안의 케이팝 노랫말에 대한 연구는 한국어와 영어의 혼용 실태 분석에 집중되었는데, 이 장에서는 노랫말 언어에 대해 한국 누리꾼들이 어떤 태도를 보여주는지를 자세히 살펴보고자 한다.

최근 여러 분야에서 한류 문화에 대한 연구가 활발히 진행되고 있다. 케이팝의 언어에 대한 연구도 다수 나왔다. 노래를 구성하는 핵심 요소의 하나가 언어인 만큼 케이팝 노랫말을 다룬 연구는 계속 이어질 것이다. 케이팝 언어를 다룬 연구 가운데, 한성일(2010), 박준언(2014, 2015), 강희숙(2016) 등은 케이팝 노랫말에 쓰인 영어의 기능, 한국어와 영어의 혼용 현상과 그 의미 기능을 다루었다. 또 양명희(2012)는 1960년대와 2000년대 전반기의 대중가요를 대상으로 지칭어와 표현어를 중심으로 남성어와 여성어의 변화 양상을 남녀의 지위 및 관계 변화와 관련하여 해석했다. 이상욱(2015)는 케이팝의 노랫말

---

* 이 장의 내용은 이정복(2023마)를 부분적으로 고친 것이다.
1) 이상욱(2015:110)은 케이팝을 "1990년대 후반 이후 한국 대중음악의 주류 장르이다. 정확히는 한국 매니지먼트사에 의해 생산되어 국제적으로 소비되는 아이돌의 댄스음악"이라고 정의했다. 그러면서 그 최초 작품으로 1996년 발표된 H.O.T의 1집 ≪We Hate All Kinds of Violence≫를 들었다.
2) 이동배(2019:82)는 "칼군무라 불리는 완벽한 고난이도 안무와 서사적인 퍼포먼스는 방탄소년단의 특징이다"라고 평가했는데, 이는 다른 케이팝 가수들에게도 적용된다.

특성을 내용적 측면과 형식적 측면으로 나누어 분석하면서 케이팝 노랫말은 한국어와 영어가 혼용되는 주된 특성을 지니며, 그것은 영어 노랫말이 더 세련되었다고 여기는 사람들의 심리에서 나온 것이라고 했다. 서근영·홍성규(2019)는 케이팝을 글로벌 음악으로 부상하도록 하기 위한 전략으로 노랫말에 한국어와 영어를 섞어 쓰는 이중 언어를 선택했다고 하면서 한국어 노랫말이 '리듬 표현', '영어 노랫말과의 압운 맞추기', '영어식 발음 표현'의 세 가지 동기에서 음운 변화가 나타난다고 분석했다.

그러나 이런 연구들에서는 노랫말 언어가 한국어 중심에서 한국어와 영어의 혼용, 심지어 영어 중심으로 넘어가는 상황에 대한 누리꾼들의 태도를 구체적으로 다루지 않았다. 특히 케이팝의 핵심 구성 요소인 한국어 노랫말 언어가 한국어의 미래에도 영향을 끼칠 수 있음을 고려하면 노랫말 언어에 대한 누리꾼들의 태도 표출은 중요하게 받아들이고 주의 깊게 분석할 가치가 있다. 그런 점에서 이번 연구의 필요성이 높은 것으로 판단된다.

이 장은 크게 세 내용으로 구성된다. 첫째, 세계적으로 가장 유명한 케이팝 가수인 방탄소년단의 노래를 대상으로 제목과 노랫말의 한국어 및 외국어 사용 정도를 분석한다. 둘째, 노랫말 언어에 대한 누리꾼들의 긍정적, 부정적 태도를 분석한다. 셋째, 노랫말의 언어 사용이 케이팝 및 한국어의 미래에 어떤 영향을 끼칠지를 생각해 본다.

핵심 분석 자료인 누리꾼들의 태도 자료는 구글, 네이버, 다음 사이트의 검색 기능을 이용하여 2023년 4월부터 8월 사이에 수집했다. 신문 기사, 인터넷 게시판과 카페, 〈유튜브〉 등의 사회적 소통망 등의 자료를 수집했고, 자료의 분량은 A4 기준으로 300쪽 이상이다. 이용한 검색어는 '케이팝 가사', '케이팝 영어 가사', '케이팝 가사 댓글 반응', '방탄 영어 가사', '방탄 영어가사 반응', '방탄 영어노래 반응', '방탄

일본어 노래', '한글가사 외국인반응' 등이다.3) 다양한 출처와 형식의 자료가 수집되었는데, 특히 '네이트판'(pann.nate.com) 게시판과 '82cook'(www.82cook.com), '더쿠'(theqoo.net) 사이트의 자료가 많았다. 익명으로 글을 쓰고 토론할 수 있는 이들 사이트에서는 연예계 관련 정보 교류와 대화가 아주 활발하게 이루어진다. 케이팝과 그 언어에 대한 누리꾼들의 진지한 생각과 분명한 태도를 솔직하게 드러내는 자료가 많아 연구에 큰 도움이 되었음을 밝힌다.

2. 노랫말 언어의 사용 실태

김민성·박진우 기자의 2019년 한글날 특집 기사에서는 케이팝 712곡의 제목과 노랫말에서 영어, 일본어 등 외국어가 차지하는 비중을 형태소 단위로 분석했다.4) 방탄소년단, 블랙핑크, 레드벨벳, 아이유, 트와이스의 노래 712곡의 제목에서 외국어 비율은 67.6%로 높았다. 688곡의 노랫말에서 외국어 사용 비율은 30.3%로 제목보다는 낮게 나타났다. 블랙핑크 노래가 42%로 가장 높았고, 방탄소년단 33.4%, 아이유 7.1%로 가수에 따른 차이가 있었다. 아이돌 그룹은 해외 시장을 고려해 노랫말에서 외국어를 전반적으로 많이 쓰는 것으로 해석되었다. 평균은 30.3%였으나 일부 노래에서는 외국어가 80%가 넘었다. 방탄소년단 24곡, 레드벨벳 14곡, 트와이스 7곡, 아이유 2곡, 블랙핑크 1곡이 외국어 노랫말 비율이 80%를 넘는데, 이 곡들은 해외, 특히

---

3) '케이팝 언어', '가사 언어'와 같이 '언어'가 들어간 자료도 검색했으나 활용할 만한 것이 나오지 않았다. 누리꾼들이 노래와 관련해 '언어'라는 말을 쓰지 않기 때문으로 판단된다.
4) 김민성·박진우 기자, <영어제목 1위 '트와이스'… 외국어가사 1위 '블랙핑크'>, 한국경제, 2019-10-08 기사 참조.

일본 시장에 발매한 것이었다.

이 기사에서는 케이팝의 한국어 노랫말이 외국인들에게 한국어와 한글을 배우고 한국 문화를 공유하도록 하는 점에서 의미가 있음을 지적했다. 또한 외국인 팬들은 케이팝 노랫말을 통해 단순히 한국어를 접하는 것이 아니라 '최애', '귀요미', '쩔다' 등의 새말이나 평소 쉽게 듣기 어려운 한국어 방언까지도 세밀하게 배우게 되는 점에서 한국어 노랫말의 중요성을 강조하고 있다.

노랫말을 100% 외국어로 쓴 경우도 상당수 있는데, 2020년 안진용 기자의 보도에 따르면,5) 성시경의 〈And we go〉는 영어로만 노랫말이 쓰였다. 혁오 밴드의 5집 ≪사랑으로≫는 앨범명만 한국어일 뿐, 수록된 6곡의 제목과 노랫말에서 영어만 쓰였다. 그 밖에도 가수 백예린, 에릭남, 림킴의 노래도 영어로 나왔다. 이 기사에서는 케이팝 노랫말의 영어 사용 이유로 두 가지를 들고 있다. 하나는 해외 진출을 위한 것으로, 노랫말을 영어로 써야 한국을 넘어 전 세계 팬들에게 쉽게 다가갈 수 있다고 보았다. 다른 하나는 음악의 맛을 살리기 위해서 영어 노랫말을 택하는 경우도 적지 않다고 보았다. 어감이나 발음을 고려해 영어로 노래를 만들어 부르기도 한다는 것이다.

이러한 언어 사용 특징을 보이는 케이팝의 실태를 좀 더 구체적, 집중적으로 살펴보기 위해 방탄소년단의 노래를 대상으로 제목과 노랫말의 언어 사용 실태를 〈표 1〉로 정리했다.6) 전 세계적으로 음악계 최고

---

5) 안진용 기자, <유명 뮤지션들 잇단 영어가사 곡 발표, 왜?…가사 전달 쉬워 전 세계 팬들에 어필>, 문화일보, 2020-05-08 기사 참조.
6) 군 입대 문제로 2022년 6월 단체 활동 중단을 발표한 이후 개별적으로 발표한 노래가 많고 높은 인기를 얻고 있지만 여기서는 자료의 동질성 유지를 위해 단체로 활동하며 발표한 노래만 분석 대상으로 삼는다. 이후 개별적으로 발표한 노래 등에 대한 분석은 앞으로의 과제로 남긴다.

의 인기와 영향력을 누리고 있으며, 케이팝을 대표하는 방탄소년단은 2013년 6월에 활동을 시작한 이후 2020년 11월에 노래 〈Life Goes On〉과 앨범 ≪BE≫로 빌보드 차트 'Hot 100'(싱글)과 '빌보드 200' (앨범) 1위를 함께 차지하는 등 '21세기 비틀즈'라는 찬사를 받고 있다 (이정복 2022나:2). 또 그 팬 클럽인 '아미'의 회원들은 방탄소년단의 한국어 노랫말을 통해 한글과 한국어, 한국 문화를 배우며 널리 확산시키고 있다. 이런 점을 고려하면 방탄소년단이 부르는 노래의 노랫말은 단순한 노랫말에 그치는 것이 아니라 한국인과 한국어는 물론 세계의 팬들에게 끼치는 영향이 무척 크다고 하겠다.

〈표 1〉 방탄소년단 노래의 언어 사용 실태

번호	앨범명	발매일	곡 수	제목 언어	노랫말 언어
1	싱글 1집 ≪2 COOL 4 SKOOL≫	2013-06-12	9	한 1 영 7 한(영) 1	한(영) 5 영(한) 1
2	미니 1집 ≪O!RUL8,2?≫	2013-09-11	10	한 2 영 8	한(영) 8 한-영 1
3	미니 2집 ≪SKOOL LUV AFFAIR≫	2014-02-12	10	한 3 영 6 한(영) 1	한(영) 9
4	SKOOL LUV AFFAIR 리패키지 ≪SKOOL LUV AFFAIR SPECIAL ADDITION≫	2014-05-14	1(18)	영 1	한(영) 1
5	정규 1집 ≪DARK&WILD≫	2014-08-20	14	한 8 영 6	한 1 한(영) 13
6	미니 3집 ≪화양연화 pt.1≫	2015-04-29	9	한 4 영 4 한(영) 1	한(영) 8
7	미니 4집 ≪화양연화 pt.2≫	2015-11-30	9	한 2 영 7	한(영) 8

8	화양연화 리패키지 《화양연화 Young Forever》	2016-05-02	3(23)	영 2 한(영) 1	한(영) 3
9	정규 2집 《WINGS》	2016-10-10	15	한 3 영 12	한(영) 15
10	WINGS 리패키지 《YOU NEVER WALK ALONE》	2017-02-13	4(18)	한 1 영 3	한(영) 3
11	미니 5집 《LOVE YOURSELF 承 'Her'》	2017-09-18	11	한 3 영 7 한-영 1	한(영) 9
12	정규 3집 《LOVE YOURSELF 轉 'Tear'》	2018-05-18	11	한 2 영 8 숫자 1	한(영) 11
13	LOVE YOURSELF 리패키지 《LOVE YOURSELF 結 'Answer'》	2018-08-24	8(26)	영 5 영-한자 3	한(영) 8
14	미니 6집 《MAP OF THE SOUL : PERSONA》	2019-04-12	7	영 5 한(영) 2	한(영) 7
15	정규 4집 《MAP OF THE SOUL : 7》	2020-02-21	15(20)	한 2 영 12 한(영) 1	한(영) 14 한-영 1
16	디지털 싱글 〈Dynamite〉	2020-08-21	1	영 1	영 1
17	디럭스 에디션/에센셜 에디션 《BE》	2020-11-20	7(8)	한 3 영 4	한(영) 6
18	디지털 싱글 〈Butter〉	2021-05-21	1	영 1	영 1
19	디지털 싱글 〈Permission to Dance〉	2021-07-23	1	영 1	영 1
20	디지털 싱글 〈My Universe〉	2021-09-24	1	영 1	한-영 1
21	앤솔러지 앨범 《Proof》	2022-06-10	3(48)	영 2 한 1	한(영) 3
합			150	150	138

* 곡 수에서 괄호 안은 기존 발표한 중복 곡을 포함한 전체 수록곡임.
** '노랫말 언어'의 곡 수가 적은 것은 가사가 없는 것을 제외한 결과임.

방탄소년단이 2013년에 첫 앨범을 발표한 이후 지난해 단체 활동을 중단하기까지 모두 21차례에 걸쳐 여러 형식의 앨범을 발표했다. 중복곡을 제외하면 모두 150곡이다. 10년 동안 노래 제목과 노랫말의 언어 사용에서 큰 변화는 없는 것으로 나타났는데, 한 가지 눈에 띄는 점은 '코로나 19'가 유행했던 2020년 이후에 영어로만 된 노래가 잇달아 세 곡이 발표된 것이다.7) 기존 곡은 한국어를 중심으로 하면서 노래에 따라 정도 차이는 있지만 영어를 섞어 쓰는 정도였는데, 이 세 곡은 완전히 영어로만 노랫말이 만들어졌다. 이와 관련해 여러 가지 찬반 논란이 많았는데, 그 이유와 그에 대한 누리꾼들의 태도에 대해서는 다음 절에서 자세히 살펴보기로 하겠다.

〈표 2〉 방탄소년단 노래의 제목과 노랫말 언어 분포

구분	제목	노랫말
한국어	35(23.3)	1(0.7)
영어	103(68.7)	3(2.2)
한(영)	8(5.3)	131(94.9)
영(한)	0	1(0.7)
한-영	0	2(1.5)
영-한자	3(2)	0
숫자	1(0.7)	0
합	150곡(100%)	138곡(100%)

〈표 2〉를 보면, 노래 제목은 영어로 된 것이 103개(68.7%)로 가장

---

7) 2022년 6월 방탄소년단이 단체 활동 중단을 선언한 이후 정국이 2023년 7월 발표한 <Seven>과 11월에 발표한 앨범 ≪GOLDEN≫에 실린 11곡은 모두 완전 영어 노래다.

많았다. 한국어로 된 것은 35개(23.3%)로 영어 제목의 3분의 1 정도로 적었다. 노랫말 언어 사용은 이와 달리 한국어와 영어가 섞인 것이 131개로 전체의 약 95%로 많았다. 영어로 된 것은 3곡, 한국어로 된 것은 1곡밖에 없었다. 두 가지를 종합하면, 케이팝의 대표적 가수인 방탄소년단 노래는 절대다수가 영어 제목과 한국어-영어 혼용 노랫말로 이루어진 것임을 알 수 있다. 또 한국어와 영어를 섞어 쓴 경우도 노래에 따라 영어의 쓰임이 몇 단어 또는 후렴구에 한정되는 경우도 있지만 상당수 노래에서는 한국어와 영어가 거의 비슷한 비중으로 섞여 쓰였다. 전반적으로 케이팝 노랫말이 한국어와 영어를 섞어 쓰는 것을 기본으로 하고 있음을 알 수 있다.8)

그렇다면 각 유형의 노랫말이 실제로 어떻게 구성되어 있는지를 구체적 보기를 통해 살펴볼 필요가 있다. (1)은 한국어만 쓴 노랫말이다.

(1) 한국어만 쓴 노랫말
뭐해
뭐해
뭐해
(Interlude : 뭐해, 2014, 방탄소년단 정규 1집)

---

8) 한국 가요 노랫말에서 영어나 외래어가 많이 섞여 쓰인 것은 최근의 문제가 아니라 상당히 오래전부터 나타난 현상이다. 이는 한국에서 영어나 서양말에서 들어온 외래어를 더 멋지고, 고급스럽다고 생각하는 화자들의 언어 태도와 밀접한 관련이 있다. 이정복(2017다:773)에서는 "영어 등에서 들어온 외래어를 쓰면 더 눈에 띄고 멋져 보이며 고급스럽게 생각된다는 한국 누리꾼들의 의식적 무의식적 가치 판단과 언어 태도" 때문에 영어 차용 새말이 많이 쓰이고 있다고 분석한 바 있다. 서양에 뿌리를 둔 한국의 현대 대중가요 또는 케이팝에서는 외국 진출 이전부터 영어에 대한 편애와 편향이 강했는데, 여러 가지 요인으로 최근 그 정도가 극심해진 것이다.

전체 150곡에서 외국어가 전혀 쓰이지 않고 한국어로만 된 노래는 이 한 곳뿐이다. 그것도 '뭐해'라는 한 단어가 세 번 반복된 아주 짧은 간주곡 형식이다. 케이팝 노래에서 영어의 비중이 높아진 상황을 알려 준다. 앞서 제시한 기사 자료(김민성·박진우 2019)에서 방탄소년단 노래의 노랫말 33.4%가 영어 등 외국어로 이루어졌다고 분석한 것을 통해 알 수 있듯이 케이팝 노랫말에서 한국어와 영어의 섞어 쓰기가 이제 일상화된 상황이다.

한국어와 영어를 섞어 쓴 노랫말에서 영어가 어느 정도 쓰였는지는 다양하게 나타난다. 아래에서 한국어와 영어를 섞어 쓴 노랫말을 영어 사용 정도 면에서 '한국어와 영어를 섞어 쓴 노랫말', '영어의 비중이 더 높은 노랫말', '영어만 쓴 노랫말'의 세 가지 유형으로 나누어 보기를 살펴본다.

(2) 한국어와 영어를 섞어 쓴 노랫말 ①
    핸드폰 좀 꺼줄래
    모두가 스마트하다지만
    우린 점점 멍청해지잖아
    […]
    짹짹대 넌 tap tap 하며 킥킥대
    밥알 튀어 그 놈의 핸드폰으로 백백 대
    맞아야지 정신 좀 들겠냐
    니 배터리 없을 때 우린 충전돼 있겠냐
    (핸드폰 좀 꺼줄래, 2014, 방탄소년단 정규 1집)

2014년에 나온 (2)의 〈핸드폰 좀 꺼줄래〉에서는 전체 노랫말의 99%가 한국어로 되어 있고 'tap tap', 'PC방', '3D' 등 세 단어만 영어 또는 로마자 표기가 나타났다. 방탄소년단의 전체 노래에서 영

사용률이 아주 낮은 이런 노래는 아쉽게도 찾기가 드물다.

(3) 한국어와 영어를 섞어 쓴 노랫말 ②
수십짜리 신발에 또 수백짜리 패딩
수십짜리 시계에 또 으스대지 괜히
교육은 산으로 가고 학생도 산으로 가
21세기 계급은 반으로 딱 나눠져
있는 자와 없는 자
신은 자와 없는 자
입은 자와 벗는 자
또 기를 써서 얻는 자
[...]
(Ayo baby) 철딱서니 없게 굴지 말어
그깟 패딩 안 입는다고 얼어 죽진 않어
패딩 안에 거위털을 채우기 전에
니 머릿속 개념을 채우길, 늦기 전에

Wow 기분 좋아 걸쳐보는 너의 dirty clothes
넌 뭔가 다른 rockin, rollin, swaggin, swagger, wrong!
도대체 왜 이래 미쳤어 baby
그게 너의 맘을 조여버릴 거야, dirty clothes
(La la la la la la la la la)
니가 바로 등골브레이커
(등골브레이커, 2014, 방탄소년단 미니 2집)

2014년 미니 2집에 실린 〈등골브레이커〉는 한국어 노랫말을 기본으로 하면서 '(Ayo) baby', 'Wow'와 같은 여음구나 'La la la la la la la la la'의 후렴구, 그리고 'dirty clothes', 'rockin', 'rollin' 등

몇몇 의미 요소에서 영어를 쓰고 있다. (2)의 노래에 비해 영어의 비중이 더 높다.

(4) 한국어와 영어를 섞어 쓴 노랫말 ③
　24 누구보다 더 빨리 어른이 된 것만 같아
　My life has been a movie all the time
　해 뜨는 곳으로 달렸어 every single night
　누구의 내일에 가봤던 것도 같아
　온 세상이 너무 컸던 그 소년
　Keep on runnin' errday mic 잡아들어
　Friends ridin' subway, I'll be in the airplane mode
　전 세계를 rock on I made my own lotto
　But 너무 빠른 건지 놓쳐버린 흔적이
　Don't know what to do with
　Am I livin' this right?
　왜 나만 다른 시공간 속인 걸까

　Oh I can't call ya I can't hol' ya
　Oh I can't
　And yes you know yes you know
　Oh I can't call ya I can't touch ya
　(시차, 2020, 방탄소년단 정규 4집)

　2020년 발표된 (4)의 〈시차〉라는 곡에서는 한국어가 기본 언어로 쓰이면서도 영어가 비슷한 비중으로 많이 섞여 쓰인 점이 특징이다. 영어가 여음구나 후렴구에 그치지 않고 내용의 핵심 부분을 맡고 있기도 하다. 첫 세 줄을 보면, '(가) 24 누구보다 더 빨리 어른이 된 것만 같아/ (나) My life has been a movie all the time/ (다) 해 뜨는

곳으로 달렸어 every single night'에서 한국어와 영어가 내용상 이어
지고 있다. 다만 (가)와 (나)는 대등하게 이어지고 있는 데 비해 (다)에
서는 한국어가 기본 문장이고 영어가 부사어로서 한국어 문장의 일부
처럼 쓰였다. 전체 방탄소년단의 노래를 훑어볼 때, (4)와 같은 방식의
한국어, 영어 섞어 쓰기 노랫말이 가장 많다.

(5) 영어의 비중이 더 높은 노랫말

    You, you are my universe and
    I just want to put you first
    And you, you are my universe, and I…

    In the night I lie and look up at you
    When the morning comes I watch you rise
    There's a paradise they couldn't capture
    That bright infinity inside your eyes

    매일 밤 네게 날아가 (가)
    꿈이란 것도 잊은 채
    나 웃으며 너를 만나 (나)
    Never ending forever baby
    (My Universe, 2021, 방탄소년단 디지털 싱글)

(5)의 〈My Universe〉는 영어가 기본 언어로 쓰이면서 한국어 노랫
말도 함께 들어간 노래다. 이 곡은 영국의 록밴드 콜드플레이의 음반
《Music of the Spheres》의 수록곡으로, 콜드플레이와 방탄소년단
이 함께 불렀다. 외국 가수가 자신의 영어 노래에 한국어 노랫말을 넣
고 한국 가수와 함께 부른 것은 케이팝의 높은 위상을 알려 준다.
    그런데 이 곡을 콜드플레이가 방탄소년단 없이 단독으로 방송에서

부르면서 한국어 노랫말 부분을 직접 불러 한국인 팬들에게서 긍정적 반응을 얻기도 했다.9) 예를 들면, "콜드플레이가 한국어로 노래를.... 영국에서... 오래살고 볼일이다.. 눈물 주룩.."(mun***), "외국에서 한국어로 한소절이라도 한국어로해주면 왜케 뿌듯하냐"(use***), "진짜 감동이다 그냥 영어로 해도 아무도 뭐라 안할텐데 우리가 영어하는것도 아니고 쌩판 외국어를ㅜㅜㅜㅜ 연습을 얼마나 하셨을까"(you***) 등의 댓글이 달렸다.

(6) 영어만 쓴 노랫말

    Cos ah ah I'm in the stars tonight
    So watch me bring the fire and set the night alight
    Shoes on get up in the morn
    Cup of milk let's rock and roll
    King Kong kick the drum rolling on like a rolling stone
    Sing song when I'm walking home
    Jump up to the top LeBron
    (Dynamite, 2020, 방탄소년단 디지털 싱글)

방탄소년단이 영어로만 된 노래를 처음 낸 것은 2020년 코로나 19 대유행이 시작된 이후다. 그 상황에서 공연 등의 활동에서 제약을 크게 받게 되고, 돌파구를 마련하는 차원에서 영어 곡을 통해 전 세계 팬들에게 가까이 다가가려고 한 것으로 평가된다. (6)의 〈Dynamite〉 이후 잇달아 〈Butter〉, 〈Permission to Dance〉 등 완전 영어 곡을 발표하여 미국 빌보드의 최상위권에 오르는 큰 성과를 거두었다. 그러나

---

9) <영국 방송에서 또 한국어로 노래 부른 콜드플레이 (필~럭)>, 팝캐스트, 2021-10-29.
   https://www.youtube.com/shorts/SW1etQy R5VA

방탄소년단은 처음부터 한국어 노래를 부르는 것을 자부심으로 내세우며 활동해 온 만큼 영어 노래를 두고 팀 내부에서 의견 차이가 있었고, 팬들 사이에서도 반응이 크게 엇갈리기도 했다. 이에 대해서는 다음 절에서 자세히 살펴보기로 하겠다.

한편, 방탄소년단의 노래는 대부분 일본어로 번역되어 일본에서 다시 발매되었다. 음반 목록을 순서대로 제시하면 다음과 같다.

〈표 3〉 방탄소년단의 일본어 노래 발표 현황

번호	앨범명	발매일	곡 수
1	싱글 1집 ≪NO MORE DREAM≫	2014-06-04	3
2	싱글 2집 ≪BOY IN LUV≫	2014-07-16	3
3	싱글 3집 ≪DANGER≫	2014-11-19	3
4	정규 1집 ≪WAKE UP≫	2014-12-24	13
5	싱글 4집 ≪FOR YOU≫	2015-06-17	3
6	싱글 5집 ≪I NEED U≫	2015-12-08	3
7	싱글 6집 ≪RUN≫	2016-03-15	3
8	정규 2집 ≪YOUTH≫	2016-09-07	13
9	베스트 앨범 ≪THE BEST OF 防弾少年団 -KOREA EDITION≫	2017-01-06	14
10	베스트 앨범 ≪THE BEST OF 防弾少年団 -JAPAN EDITION≫	2017-01-06	14
11	싱글 7집 ≪血, 汗, 涙≫	2017-05-10	3
12	싱글 8집 ≪MIC Drop/DNA/Crystal Snow≫	2017-12-06	3
13	정규 3집 ≪FACE YOURSELF≫	2018-04-04	12
14	싱글 9집 ≪FAKE LOVE/Airplane pt.2≫	2018-11-07	4
15	싱글 10집 ≪Lights/Boy With Luv≫	2019-07-03	3
16	정규 4집 ≪MAP OF THE SOUL : 7 ~ THE JOURNEY ~≫	2020-07-15	13
17	베스트 앨범 ≪BTS, THE BEST≫	2021-06-16	23
합			133

방탄소년단의 일본어판 노래는 중복된 곡을 포함하여 모두 133곡인데, 한국어 노랫말을 일본어로 번역하여 발표한 것이 대부분이다.[10] 다만, 〈WAKE UP〉(2014), 〈FOR YOU〉(2015), 〈Wishing on a star〉(2016), 〈いいね! Pt.2~あの場所で~〉(좋아요! PT.2~그곳에서~, 2017), 〈Crystal Snow〉(2017) 등은 처음부터 일본 팬들을 위해 일본어 노랫말로 만든 곡이다. 일본어 노랫말에서 한 가지 눈에 띄는 특징은 한국어판에 비해 영어 사용 비율이 더 높아진 점이다.

〈표 4〉는 한국에서 2014년에 발표한 미니 2집의 대표곡인 〈상남자(Boy In Luv)〉와 일본에서 같은 해에 발표한 싱글 2집의 번역곡 〈Boy In Luv〉의 노랫말 일부다. 내용은 서로 비슷하고, 직역한 문장도 일부 있지만 전체적으로는 일본의 문화에 맞추어 번역한 '번안곡'이다. 예를 들어 '되고파 너의 오빠'라는 부분을 '会いたいんだ/愛したいんだ'(보고 싶다. 사랑하고 싶다)로 번역했는데, 한국어에서 '사귀거나 사랑하는 남자', 심지어 '남편'을 가리킬 때 쓰는 호칭어 '오빠'가 일본어 '兄さん'에서는 그런 특수한 의미로는 쓰이지 않기 때문에 직역을 피한 것으로 보인다.[11]

---

10) 10여 년 전 케이팝 가수들은 일본 활동을 위한 일본어 노래뿐만 아니라 중국 활동을 위한 중국어 노래도 따로 발표하는 일이 많았으나 (안진용 기자, <한-중·일어 버전 동시발표… 케이팝 '투트랙 전략'>, 문화일보, 2015-04-03 기사 참조), 한중의 정치적 관계가 나빠지면서 최근에는 그런 일이 드물다.

11) 한국어 사전에서도 '남남끼리의 손아래 여자가 손위의 남자를 친근하게 가리키거나 부르는 말'(고려대 한국어대사전)의 추가 의미는 나오지만 '사귀거나 사랑하는 남자'를 가리키는 뜻은 아직 실리지 않았다.

〈표 4〉 한국어판과 일본어판 노래의 영어 사용 차이

한국어	일본어
되고파 너의 오빠 너의 사랑이 난 너무 고파 되고파 너의 오빠 널 갖고 말 거야 두고 봐	会いたいんだ 愛したいんだ その愛がもう今見たいんだ 会いたいんだ 愛したいんだ
왜 내 맘을 흔드는 건데 왜 내 맘을 흔드는 건데 왜 내 맘을 흔드는 건데 흔드는 건데 흔드는 건데	今かっさらう SO WATCH OUT NOW! BABY WHY YOU そんなに GO WAY? BABY WHY YOU そんなに GO WAY? BABY WHY YOU そんなに GO WAY?
아빠, 아빤 대체 어떻게 엄마한테 고백한 건지 편지라도 써야 될런지 뭔지, 네 앞에서 난 먼지	OH, DAD! OH! DADは一体MOMに どうやって愛 伝えたの? たの?分からなくなるもう なるもう気分はそう 小さいBOY

영어 사용 면에서 보면, 한국어 노랫말에는 영어가 전혀 쓰이지 않았으나 일본어 노래에는 'SO WATCH OUT NOW', 'BABY WHY YOU そんなに GO WAY', 'OH, DAD' 등 영어가 많이 쓰였다. 이렇게 일본어 번역곡에서 영어가 많이 쓰인 것은 한국어 화자들에 비해 영어 사용에 대한 일본어 화자들의 개방적 태도를 반영한 것이면서 일본어와 어울리는 영어의 발음이나 어감을 고려한 것으로 판단된다.

케이팝의 한국어 팬들은 방탄소년단 등 한국 가수들이 일본에서 일본어로 노래를 부르고, 일본어 음반을 발매하는 것을 두고 상당히 강한 부정적 태도를 드러내는 일이 많다. 영어 노래에 비해 일본어 노래에 대한 태도가 더 부정적이고 강한 느낌이다. 한국 가수들이 일본어로 노래를 부르는 것에 대한 태도는 4절에서 자세히 살펴보기로 한다.

3. 영어 노랫말에 대한 태도

앞 절에서 살펴본 것처럼 케이팝 노래에서 영어 노랫말의 비중이 높아지고 있고, 최근에는 영어로만 된 노래도 계속 나오고 있다. 또 대부분의 노래가 일본어로 번역되어 일본에서도 발표되는 상황이다. 먼저, 이 절에서는 케이팝에서 비중이 높아지고 있는 영어 노랫말 또는 영어 노래에 대한 누리꾼들의 태도를 긍정적 태도와 부정적 태도로 나누어 살펴보겠다.12)

(7) 영어 노랫말에 대한 긍정적 태도 ①
가. 솔까 방탄팬이 한국인만 있는것도 아니고 따지고 보면 영미권 팬층이 ㄹㅇ 두텁고 영어가 아무래도 세계 공영어로 쓰이고 있으니까 영어곡 내는게 현재 방탄 정체성에는 맞는거라고 봄 영어 노래로 아직도 까고 있는건 까들밖에 없음 더 잘될까봐 불안한가봄 (OOO, 2021-07-06)13)

---

12) 노랫말에 대한 태도 자료에서 보기 (10), (12)와 같이 특정 게시글에서 집중적으로 인용하는 경우는 해당 출처를 밝히고, (7), (8)과 같이 여러 게시글에서 가져온 경우는 일일이 표시하지 않는다. 출처를 밝히지 않은 주요 자료의 목록을 일부 제시하면 다음과 같다.
<방탄은 지금 영어곡을 안 내면 바보 아님?>
  https://pann.nate.com/talk/360952419
<방탄노래 가사 안들려요>
  https://www.82cook.com/entiz/read.php?bn=15&num=...
<방탄 일본어 앨범..>
  http://www.gasengi.com/main/board.php?bo_table=...
<방시혁 피디님, 언제까지 BTS가 일본어 노래 불러야 하나요?>
  http://www.hmhtimes.com/...

가-1. 영어노래 내는 거 싫어하는 사람=악플러나 까밖에 없음 방탄이 세계 공용어인 영어로 노래해서 세계 시장에서의 입지가 더 커지는 게 싫으니까 ㅇㅇ 팬이면 방탄이 먹을 수 있는 파이가 커지는 데 싫어할 이유가 있다 없다? (OOO, 2021-07-06)

가-2. 다른덴 모르겠고 BTS와 블핑은 이제 한국팬 보다 세계팬들이 훨씬 많아서 그려려니 해야죠... (타이***, 2023-07-27)

나. 난 작년에 라고온도 이해가 안 됐음 다마로 잘 되고 영어곡 한 번 더 내면서 외국 인기 확실하게 해도 모자를판에 한국어곡을 냈음 팬을 위한 곡이라고 했는데 팬서비스더라도 본인 커리어 더 높게 쌓을 수 있는 시점에서 굳이..? 지금도 버터로 커하 찍고 상승세 타는데 이 시점에서 외국에서 먹히기 힘든 한국어 곡을 내는 건 ㅈㄴ 말이 안 됨 (OOO, 2021-07-05)

다. 너도 평소 팝많이들음? 난 솔직히 계속 좀 내줬음좋겠음 ㅅㅂ 국뽕 ㅈㄴ참ㅋㅋㅋ (OOO, 2021-07-05)

(7가, 가-1) 누리꾼들은 케이팝의 영어 노랫말과 관련해 영어가 세계 공용어기 때문에 영어 노래를 내는 것이 세계 시장에서 입지를 굳히는 방법이라고 보았다. (7가-2) 누리꾼은 방탄소년단, 블랙핑크와 같이 유명한 케이팝 가수들은 한국 팬들보다 세계 팬들이 훨씬 많아서 노랫말에 영어가 많이 쓰이는 현상을 이해해야 한다고 말했다. 따라서 (7나) 누리꾼은 방탄소년단이 영어 노래로 외국에서 인기를 크게 얻은

---

13) 인용하는 게시글과 댓글의 작성자와 올린 날짜를 밝히기로 한다. 작성자 정보가 없는 경우는 'OOO'으로 표시하고, 작성자 통신 별명은 한글로 된 것은 앞 2음절, 로마자 등은 앞 3음절을 밝히고 나머지 부분은 '***'로 표시한다. 별명이 없는 일부 자료는 인터넷 접속 주소를 밝혔다.

상황에서 영어 노래 대신 "외국에서 먹히기 힘든 한국어 곡"을 내는 것이 아주 이해하기 힘들다고 했다. (7다) 누리꾼은 방탄소년단의 영어 노래가 좋은 성적을 거둔 것을 두고 뿌듯함을 느낀다면서 앞으로도 영어 노래를 계속 내면 좋겠다고 말했다.

이런 누리꾼들은 케이팝의 영어 노래나 영어가 많이 쓰인 노래가 세계 팬들에게 인기를 끌고, 빌보드 차트와 같은 순위 경쟁에서 좋은 성적을 낼 수 있는 점을 고려하여 이해하거나 적극적으로 지지하는 태도를 드러내었다. 나아가 영어 노래가 방탄소년단의 정체성에도 맞는다고 했다.

(8) 영어 노랫말에 대한 긍정적 태도 ②
    가. 근데 어디에선가... 코로나로 인해 힘들었는데 다이너마이트, 버터로 큰 사랑을 받았다고. 그래미 후보에도 오르고.. 코로나 아녔으면 이런 노래 안나왔을 거라고 했었음 (OOO, 2022-06-15)
    나. 그건아님 방탄도 돌파구가 필요했다 이러는걸 보면 다마 자체는 득이지 (OOO, 2022-06-15)
    나-1. 다이너마이트 아니었으면 월드클래스고 뭐고 못되고 그냥 그렇게 끝났을건데 무조건 득이지 아미들도 그 덕에 어깨 펴고다닌거 아님? (OOO, 2022-06-15)
    다. 이 노래는 팝가수인 BTS가 영어로 된 곡을 발표한 거라서, 왜 한국어로 안 부르냐가 의미가 없죠. 그리고 KPOP이란 흐름이 이제 한국어로 노래를 부르는 한국 가수의 개념을 넘어서서요. (SCi***, 2023-07-27)

(8가~나-1)의 누리꾼들은 방탄소년단이 영어 노래인 〈다이너마이트〉와 〈버터〉로 세계적인 인기를 끌고, 그래미상 후보에도 오르는 등

큰 성과를 거둔 점에 긍정적 태도를 드러내었다. 코로나 상황에서 공연이 모두 취소되어 음악 활동을 제대로 하기 어려웠는데 영어 노래를 발표함으로써 한국을 넘어 세계의 사랑을 받은 것은 방탄소년단이나 그 팬들에게 도움이 되었다고 평가했다. (8다) 누리꾼은 2023년 7월에 방탄소년단의 정국이 〈Seven〉이라는 완전 영어 노래를 낸 것을 두고 방탄소년단도 결국 '팝가수'기 때문에 영어 곡을 발표할 수 있다는 긍정적 태도를 보였다. 이제 케이팝이 한국 가수가 한국어로 노래 부르는 것을 넘어서는 단계라고 보았다.

이와 달리 부정적 태도를 다양하게 드러낸 누리꾼들이 더 많다.

(9) 영어 노랫말에 대한 부정적 태도 ①

가. 49살인데 방탄 그렇게 좋다는 노래 요즘 나온 신곡..가사를 하나도 못알아 듣겠어요 리듬감은 좋지만 늙어서 그런가 노래인가? 싶고요 차안에서 듣는데 임창정 윤미래노래 가사가 척척 아주 잘들리네요 요즘 나오는 보이 걸그룹 노래들도 가사가 안들리긴 마찬가지 리듬감 좋은게 요즘 노래들 특징인건지 이제는 가사는 안듣나봐요 영어 한글 섞여서 뭐가 뭔지 단어 툭툭 영어단어 툭툭.. (방탄노래 가사 안들려요, 방탄***, 2021-05-26)

나. 이번 싱글이 영어인데 안들려서 가사를 외우니까 좀 들려요 듣기 평가 하는 느낌이에용 ㅎ (ㅇㅇ***, 2021-05-26)

나-1. 저만 이런게.아니었군요 버터 중간중간 한국어 있는줄 알았어요 ^^; 요즘 노래들이 대부분 그런거 같은게, 내가 나이들었구나 하고 있었거든요 방탄은 굳이 영어 노래 안내도 될텐데 싶기도 하고 봄날 노래 정말 좋아하는데....우리말로 노래 내줬음 좋겠어요 (갈망***, 2021-05-26)

나-2. 아이가 왜 kpop인데 영어로 노래를 하냐고 뭐라하네요. 발음도 좋지 않은데 굳이 영어로 안해도 방탄노래는 인기 있다고.. 친구들이 한국어 배울려고 하니 아이도 한국어 하는거 뿌듯해 하거든요. 저도 여기 쇼핑센터에서 한국어 노래 들으면 왠지 국뽕에 취하기도 해서 가수들 웬만하면 한국어로 노래해주시기를 바라네요. (외국***, 2021-05-26)

다. BTS 노래는 우리말 가사라도 팝발성에 어울리게 부르지 우리식 발성을 안하던데요. (...***, 2021-05-26)

다-1. 호주에서 오래 살다 온 회사 직원에게 "요즘 뜨는 KPoP 노래들 가사 잘 들리냐?" 물어보니 일부러 열중해서 들어도 한번에 알아듣기는 쉽지 않다고 하더군요. 그런데 그건 KPoP만 그런건 아니고, 그런 종류 노래는 다 마찬가지라고 합니다. 영어가사만 안들리는 것도 아니고 우리말 부분도 안들리긴 마찬가지라서, 그냥 노래 전체 가사 따로 공부하고 들어야 한다고...... (하..***, 2023-07-27)

(9가) 게시글은 방탄소년단을 포함해 "이제는 가사는 안들나봐요 영어 한글 섞여서 뭐가 뭔지 단어 툭툭 영어단어 툭툭"이라고 하면서 영어가 많이 섞여서 노랫말이 안 들린다고 하소연한 내용이다. 이에 대해 (9나~나-2) 누리꾼들도 전반적으로 동의하면서 영어로 노래 부르는 것에 부정적 태도를 드러내었다. 영어 노래라서 안 들려 노랫말을 외어서 듣는데 듣기 평가를 하는 느낌이라고 했다. 영어 노랫말이 잘 안 들리다 보니 영어 노래인데 한국어가 섞여 있는 줄로 잘못 알았다는 말도 했으며, 케이팝인데 발음도 좋지 않으면서 굳이 영어로 노래할 필요가 있느냐고 했다. 영어 노랫말 외우기가 힘들어 한국어 노래를 따라 부르는 해외 팬들의 힘든 마음이 이해된다고도 했다. 영어 노랫말이 많이 들어 있거나 영어로만 된 케이팝 노래가 잘 들리지 않아 이해가 어렵다는 현실적 문제를 공통적으로 지적했다.

한편, (9다, 다-1) 누리꾼들은 케이팝 가수들이 한국어도 영어식 '팝

발성'으로 발음하기 때문에 노랫말이 더 안 들리는 현상이 있음을 지적했다. 영어 노랫말이 많아지다 보니 그 영향으로 한국어 부분까지도 영어식으로 발음하는 문제가 있다는 것이다. 서근영·홍성규(2019:19)는 "K-pop 가수들은 한국어와 영어를 혼용하여 가창할 때, 삽입언어인 영어를 최대한 원어민처럼 발음하게 되면서 영어의 초분절 요소가 발휘되고, 한국어를 발화할 때 영어처럼 강세 언어로 전이되는 과정을 겪게 된다"고 설명했다. 영어가 높은 비중으로 섞여 쓰인 케이팝 노랫말이 한국인들에게 잘 들리지 않는 것이 단순한 느낌의 문제가 아니라 가수들의 영어식 발성 때문이라는 주장이 사실인 셈이다. 한국인 팬들이 듣기에 한국어를 영어처럼 발음하는 현상이 좋게 보일 수는 없을 것이다.

일부 누리꾼들은 방탄소년단의 영어 노래가 단순히 이해나 발음 문제를 떠나 정체성 훼손 문제라고 보고 부정적 태도를 분명히 드러냈다.

(10) 영어 노랫말에 대한 부정적 태도 ②

가. 2022년 06월 15일 회식 영상 봤는디, 데뷔때부터 지금까지 본인들이 작사작곡하면서 차차 만들어간 길인데 갑분 영어곡 들어가면서 본인들의 길이 사라진 느낌 소속사가 시켜서 하는 느낌이었을거같음 빌보드 1위가 좋긴하고 방탄한테 최고의 업적이지만 자괴감 들거같음 내가 방탄이라면 데뷔초팬이면 알겠지만 방탄 진짜 힘들게 컸는데 본인들이 닦아논 커리어에 딴사람이 투입해서 어질러논거같아 난 솔까 다너마가 방탄한텐 독인거같음 다너마 버터 퍼투댄 3곡은 방탄의 실적을 위한 노래뿐이지 방탄 멤버들을 위한 노랜 아냐 (OOO, 2022-06-15)

나. 영어곡 활동은 일부 멤버도 반대했다고 했음. 이 때부터 방탄은 방탄 손을 떠났다는 거 팬들도 어렴풋이 느꼈을 것. 계약해지나 해체 아니고 솔로 활동으로 환기 시키는 거 현명하다고

생각함. (OOO, 2022-06-15)

나-1. 내 생각엔 다이너마이트까지만 했으면 괜찮았을 것 같음 코로나 팬데믹 터지고 다 힘든 상황에사 밝은 노래하고 싶었다 했었고 활동하는 멤버들도 즐거워 보였음 근데 그 때 빌보드랑 그래미 위해서 버터랑 퍼투댄 낸게 사실은 판단 미스였다고 생각함 물론 그 결정에는 하이브 지분이 컸을테고.. (OOO, 2022-06-15)

나-2. ㄴㄴ 다너마는 빌보드 1위도 해보고 그래미 한 발자국 더 나아가는 발판이었는데 버터랑 퍼투댄이 뇌절에 독이 된 것 같음 연달아서 영어 내는거 반대했는데 회사에서 밀어붙였다고 하지 않았나 (OOO, 2022-06-15)

나-3. 난 이글 공감하는데 다마땜에 빌보드1위는 했지만 그이후부터 방탄 색깔이 완전 사라짐 (OOO, 2022-06-15)

다. 본인들이 영어곡 내면 방탄 아니라고 해놓고선 내놓는게 살짝 추하긴함 애초에 그런말을 하지 말던가 (OOO, 2021-07-06)

(10)은 방탄소년단이 영어 노래를 부른 것에 대해 부정적 태도를 강하게 드러낸 게시글 〈방탄한테 다너마가 독인것같지 않냐?〉와 그 댓글이다(https://pann.nate.com/talk/366561774). (10가) 게시글의 누리꾼은 방탄소년단이 지금까지 한국어 노랫말을 스스로 만들고 작곡까지 하면서 힘들게 성장했는데 영어 노래를 부르게 된 것은 원해서가 아니라 소속사의 뜻에 따른 것이라서 영어 노래가 독이 된 거 같다는 의견을 적었다. (10나~나-3) 누리꾼들은 게시글에 동의하면서 '영어 노래 활동을 일부 멤버도 반대했다', '다이너마이트 한 곡만 하고 멈추어야 했다', '잇달아 영어 노래 내면서 방탄소년단 색깔이 완전히 사라졌다'라고 말하며 영어 노래 활동을 부정적으로 평가했다.

(10다)는 〈방탄은 지금 영어곡을 안 내면 바보 아님?〉이라는 게시글(https://pann.nate.com/talk/360952419)에 붙은 댓글인데, 이 누

리꾼은 방탄소년단 가수들이 스스로 영어 노래는 정체성과 맞지 않는 다고 말해 놓고 영어 노래를 내어서 추하다고 직설적으로 비판했다.

방탄소년단의 영어 노래에 대한 누리꾼들의 이러한 부정적 태도는 (11)과 같이 과거에 언론에서 밝힌 노랫말 언어에 대한 방탄소년단의 생각 또는 태도와 밀접한 관련이 있다.

(11) 노랫말 언어에 대한 방탄소년단의 태도

가. 많은 사람들이 놀랍게도, 케이팝 그룹 BTS는 영어로 된 노래를 만들지 않고, 대신 한국어와 일본어를 고수하면서, 세계에서 가장 큰 음악 활동가들 중 하나가 되었다. Entertainment Weekly의 새로운 인터뷰에서, BTS의 멤버들은 왜 그들이 영어 히트곡을 소개하는 대신 그들의 케이팝 뿌리에 충실하기로 선택했는지에 대해 토론했다. "우리는 1위를 차지하기 위해 우리의 정체성이나 진정성을 바꾸고 싶지 않습니다"라고 그 그룹의 리더인 RM은 설명했다. "예를 들어 우리가 갑자기 완전한 영어로 노래하고, 이 모든 다른 것들을 바꾼다면, 그것은 BTS가 아닙니다" (RAISA BRUNER 기자, BTS Explains Why They're Not Going to Start Singing in English, TIME, 2019-03-28)

나. 그럼에도 한국어로 된 가사로 된 노래를 부르겠다는 BTS의 소신과 철학은 확실해 보인다. BTS를 대표해 외신과 인터뷰를 한 RM은 시사주간지 타임과의 회견에서 이렇게 말했다. "우리는 영어 가사 노래를 부름으로써 정체성이나 진정성이 훼손되는 것을 원치 않는다. 설령 그렇게 해서 정상의 자리에 오를 수 있다 하더라도 그것은 우리가 원하는 바가 아니다. 우리가 갑자기 전체 가사가 영어로 된 노래를 부른다면 더 이상 우리는 BTS가 아닐 것이다" (윤흥식 기자, 방탄은 왜 영어가사 노래를 부르지 않을까?, UPI뉴스, 2019-03-30)

(11가)는 2019년 3월에 미국 주간지 ≪타임≫의 기사에서 방탄소년단이 노래를 영어로 부르지 않고 한국어를 고집하는 이유를 정체성, 진정성과 연결해 설명한 것이고, (11나)는 이를 국내 언론에서 보도한 기사다. 자신들이 "갑자기 완전한 영어로 노래"하는 것은 정체성이나 진정성을 훼손하는 것이며, 그럴 때 더이상 방탄소년단이 아니라며 강한 어조로 노랫말 언어에 대한 태도와 의지를 밝혔다. 이런 내용을 알고 있는 누리꾼들로서는 2020년 이후 영어 노래를 3곡이나 내자 앞의 (10)과 같이 부정적 태도를 드러낸 것이다.

(12) 영어 노랫말에 대한 부정적 태도 ③
    가. 근데 K-POP인데 꼭 영어를 써야할까 싶네요..영어를 꼭 써야 한다면 문법을 맞추는게 맞는거구요..그리고 아예 해석불가능한 문장인데.. 차라리 해석이라도 되면 다행이죠.. (전지***)
    가-1. 어설프게 영어 넣을바에야 한국어로 하는게 더 나은데... 영어 넣는다고 노래가 좋아보인다는 법도 없는데 무조건 영어만 넣음 (H.O***)
    나. 영어권 나라에서 온 외국인들이 케이팝을 들으면 비웃는 이유이기도 하죠… 근데 왜 그렇게 영어가사를 넣고 싶어하는지;; 훨씬 예쁜 우리말이 있는데 (J.E***)
    나-1. 마자요 저 미국사는데 케이팝 한류니 뭐니하기전에 가사에 영어넣을거면 문법좀..ㅠㅠㅠㅠㅠㅠ외국애들이 이게 뭔소리냐 할때마다 민망.. (유 아***)
    나-2. 내가 그래서 외국에서도 우리나라 노래 소개하는게 쫌 부끄러웠음.... 케이팝이라면서 말은 죄다 영언데 그것도 말이 되지도 않아서... (샤 이***)
    나-3. 솔직히 반대로 입장바꿔 생각해도 비웃을만하고 욕할꺼잖아요. 영어를 가사에 넣을꺼면 말이 되도록 써서 넣든가.. 아니면 한국어로만 쓰던가. 그냥 우리가 들으면서 흥을 돋구려고 엉뚱

한 영어쓰는거면 케이팝케이팝 안거렸으면…. (Bar***)
다. 노래가 시(詩)와 같은 역할을 해서 감정 표현을 축약할 수는 있겠으나 전체적인 맥락이나 용례에 대한 고려 없이 마구잡이로 영어를 사용하는 것은 K팝의 세계화에 유감스러운 일이다 (손병***).
다-1. 해외진출하기에 부적절한 요인에도 이런게 있는것같아요. 문법이 안맞는다고 생각하는 가요들이 많긴하던데.. (국어***)
다-2. 듣기에 거북할정도로 난잡한 영어를 억지로 섞어부르는것도 귀에 거슬리기도하고 음악은 듣는 사람들을 적어도 불쾌하게 만들면 안 되잖아요? (국어***)

(12)는 약 10년 전에 한 연예오락 사이트((https://www.instiz.net)에 올라온 〈K-POP 영어가사 대부분이 문법 안맞음;;〉이라는 게시글에 달린 댓글이다. "근데솔직히 리듬맞추다보면 안맞을수도있는거지.. 팝송에서도 리듬맞추다보면 문법안맞고 줄임말도 많음,,."이라는 댓글도 있었지만 절대다수는 (12)와 같이 케이팝에 영어 노랫말이 많고, 영어 문법이 맞지 않는다는 점에 공감하면서 영어 노랫말에 비판적 태도를 드러내었다. (12가, 가-1) 누리꾼들은 케이팝에 영어를 써야 할 이유가 없고, 영어를 쓴다고 노래가 좋아보이지도 않는다고 하면서 꼭 영어를 써야 한다면 어설프게 쓰지 말고 문법에 맞추어 쓰라고 적었다. (12나~나-3) 누리꾼들은 문법에 맞지 않고 의미가 제대로 통하지 않는 케이팝의 영어 때문에 외국인들이 비웃고 있으며, 외국인들에게 소개하기가 부끄럽다고 밝혔다. (12다~다-2) 누리꾼들은 잘못된 영어가 사용된 케이팝은 해외 진출에도 도움이 되지 않으며, 난잡한 영어를 섞어 부르는 노래는 귀에 거슬리고 불쾌하게 만든다고 비판했다. 케이팝의 노랫말에 영어가 많이 섞여 쓰이는 것에 대해 10년 전

에 누리꾼들이 보여 준 태도는 이처럼 부정적인 경우가 다수인 것으로 나타났다.

(13) 영어 노랫말에 대한 부정적 태도 ④

가. @kea***님 네... 이번에 카리나 신곡 스파이시? 노래 한국어 영어 섞여있는데 도대체 말이 되는게 있는건지 먼 말인지 한 마디도 못알아 듣겠더라구요 그냥 스파이시만 하다 끝남 =_=;;; (배드***, 2023-07-27)

가-1. 전체 가사가 영어인 곡들도 난무합니다. BTS의 성공 이후 인디씬에서도 이런 곡들이 너무 많아졌어요. (GEN***, 2023-07-27)

가-2. 별로죠 솔직히 그러니 노래들 질이 떨어지고 휘발성 강해서 일년만 지나도 잊혀지는거같습니다 그래서 더더욱 안 듣게 되고 가사는 뭔 말인지도 모르겠고 걍 음만 대충 듣는거같아요 이유도 무슨 글로벌 진출? 은 말도 안되구요 한글가사 따로 영어나 일어가사 따로 만든 케이스가 왕왕 있으니까요 (cor***, 2023-07-27)

나. 정국의 세븐은 k-pop이 아니라 그냥 한국 사람이 부르는 팝 아닌가요? 한국 사람이 미국에서 부르던 노래는 김시스터즈 시대에도 영어로 불렀던거 같네요 아 그리고 정국 세븐은 한국어로 하면 심의에서 걸릴 듯..... (단장***, 2023-07-27)

나-1. 외국인으로 구성된 케이팝 아이돌은 한국말로 노래를 부르고, 한국인 아이돌은 영어 노래를 부르고... 저는 이제 케이팝이 뭘까 의문이 들기 시작했습니다. (일리***, 2023-07-27)

(13)의 댓글은 2023년 7월에 한 누리꾼이 올린 〈영어가사가 난무하는 최신 케이팝 노래 ..... 저만 이상하게 느끼는 걸까요?〉라는 게시글에 달린 것인데,14) 영어가 많이 섞인 노랫말이나 완전 영어로 된 노래

에 대한 부정적 태도를 보여 준다. (13가, 가-1)과 같이 영어가 많이 쓰였거나 완전히 영어로 된 케이팝이 늘어난 상황에 불만을 드러내는 누리꾼들이 많았다. (13가-2) 누리꾼은 영어가 많이 쓰인 노래가 질이 떨어지고 휘발성이 강해서 곧 잊혀진다고 했다. 또 노랫말이 이해가 안 되고 음만 대충 듣게 된다고 하면서 '글로벌 진출'을 위한 것이라면 한국어 노래 따로 영어나 일본어 노래 따로 내는 것이 낫다고 했다.

(13나) 누리꾼은 완전히 영어로 노래한 것은 "k-pop이 아니라 그냥 한국 사람이 부르는 팝"이라고 평가했다. (13나-1) 누리꾼은 외국인들로 구성된 케이팝 가수들은 한국어로 노래하는데, 정작 한국 가수들은 영어 노래를 부르는 모순적 상황을 지적하면서 "이제 케이팝이 뭘까 의문이 들기 시작했습니다"라고 비판했다. 한국 팬들은 한국 가수들이 부르는 영어 노랫말 중심의 노래들이 케이팝의 정체성 혼란까지 일으킨다고 본 것이다.

이러한 누리꾼들의 영어 노랫말에 대한 부정적 태도를 통하여 케이팝 노랫말에서 영어의 섞임이 일상화되었을 뿐 아니라 영어 비중이 훨씬 높아졌고, 이제는 완전 영어 노래가 유행처럼 번지고 있으며, 한국어 팬들은 이런 현상에 대해 전반적으로 부정적 태도가 강함을 알 수 있다. 실제로, 세계적 인기를 얻고 있는 케이팝 그룹 뉴진스가 올해 7월에 발표한 2집 곡들을 보면 영어가 기본 언어로 쓰이면서 후렴구에 한국어가 몇 마디 들어가는 정도로 영어 비중이 더 올라갔다. 대표곡인 〈Super Shy〉를 보면 "I'm super shy, super shy / But wait a minute while / I Make you mine, make you mine / 떨리는 지금도 / You're on my mind / All the time / I wanna tell you but / I'm Super shy, super shy"처럼 한국어는 겨우 후렴구로 나타나는 식이다.

---

14) https://www.clien.net/service/board/park/18210448

심지어 노랫말이 완전 영어로 만들어진 곡들이 최근 몇 년 사이 아주 많이 나왔다. 몇 개의 보기를 들면, 〈Yummy Yummy Love〉(2022, 모모랜드), 〈Bottom Of The Ocean〉(2021, 골든차일드), 〈MONEY〉(2021, 리사), 〈On The Ground〉(2021, 로제), 〈The Feels〉(2021, 트와이스), 〈2 MINUS 1〉(2021, 세븐틴), 〈One Day At A Time〉(2020, 에이티즈), 〈Crazy Over You〉(2020, 블랙핑크) 등이 영어 노랫말로 발표된 곡이다. 〈The DJ Is Mine〉(2012, 원더걸스) 등 2010년대에도 영어로 된 노래가 종종 나왔으나 2020년 방탄소년단의 영어 노래 이후 더 가속화된 것이 분명하다. 여러 가수들이 적극적인 해외 활동을 위해 한국어 노래 없이 처음부터 영어 노래를 발표하는 것으로 해석된다.15) 이제는 앞서 본 것처럼 완전히 영어로만 된 노래를 부르는 것을 두고 찬반양론이 나오는 상황인 점을 통해 케이팝 노랫말에 영어의 영향이 아주 강력해진 사실을 알 수 있다.

4. 일본어 노랫말에 대한 태도

케이팝 가수가 부른 일본어 노래나 일본어 노랫말에 대한 누리꾼들의 태도는 한일의 역사적 관계 등의 요인으로 영어의 경우에 비해 더 부정적으로 나타난다. 먼저, 일본어 노랫말에 대한 긍정적 태도를 살펴본다.

(14) 일본어 노랫말에 대한 긍정적 태도 ①
   가. 방탄일본노래 나만그래...? 일본어는 코빼기도 모르는내가 방

---

15) 이태수 기자, <100% 영어가사, 데뷔 직후 미국행…과감해진 K팝 해외공략>, 연합뉴스, 2022-01-30 기사 참조.

탄덕에 일본노래듣기시작함ㅁㅋㅋㅋㅋㅋㅋㅋㅋㅋㅋㅋㅋ 언제한번 우연찮게 for you 들어봤는데 맨날 한국어만듣다가 방탄이 일본어로 노래부르니깐 되게 색다른거얔! 일본어로 랩하는거진심ㅋㅋㅋㅋㅋㅋㅋㅋㅋㅋㅋㅋㅌㅋㅋㅋㅋㅋ 그거로 시작해 상남자, jump, miss right, 호르몬전쟁 거의다 일본어로 들얶ㅋㅋㅋ 뭔소리인지는 모르겠는데 좋음ㅋ!!! 특히 포유는진짜 뭐라는건지모르겠는데 진짜 노래가 넘흐 좋앜ㅋㅋ!! 방탄이 일본어하는거 너무 색다르고 좋앜ㅋ!! 나만그런건가??
(ㅇㅁ***, 2015-06-21)

나. 나도 좋음 나 for you 노래가넘좋아서 히라히라마?인가 키라키라마 이러고ㅋㅋㅋㅋ뭔뜻인지도모르는데 흥얼거림ㅋㅋㅋㅋ애들은 일본어버전도 좋음....ㅎ (윤기***, 2015-06-21)

다. 마자마자!!!!!! 히라히라마 키라키라마!! 이파트내가 포유듣고서 계속부르고다님 ㅠㅠ 그 손동작까지 따라하면섴ㅋㅋㅋㅋㅋㅋㅋㅋㅋㅋ 뭔뜻인지는몰라 그냥 좋으니깐 부르고다니는거얔ㅋ (ㅇㅁ***, 2015-06-21)

(14)의 누리꾼들은 '네이트 판' 게시판에서 〈방탄일본노래〉라는 게시글과 그 댓글을 통해 일본어로 부른 방탄소년단의 노래에 대해서 긍정적 태도를 보여 주었다(https://pann.nate.com/talk/327483697). (14가) 누리꾼은 일본어 노래가 색다른 느낌이어서 너무 좋다고 했고, (14나, 다)의 누리꾼도 맞장구치고 있다. 노랫말이 무슨 뜻인지 알지 못해도 노래 자체가 좋아서 듣는다고 했다. 이들은 방탄소년단의 한국어 노래를 이미 즐겨 들었던 팬으로 보이며, 일본어로 노래하는 것 자체에 대한 부정적 태도는 없기에 일본어로 부른 노래도 즐겨 듣는 것으로 이해된다.

(15) 일본어 노랫말에 대한 긍정적 태도 ②

가. 한국 가수 치고 일본에서 돈 안벌려고 하는 사람이 있나유~ 글고 일본만큼 앨범 사주는 시장이 없다는게 현실이라... 헐리우드 영화가 중국 눈치를 보며 각본 쓰듯이 한국 가수들은 큰 손인 일본의 입맛에 맞춰주는 수 밖에 없다능... 글고 일본은 단순히 용돈벌이라고 부르기엔 너무 큰 시장이구염. 미국 다음으로 음반시장이 큰 곳이 일본인디유... (노바***, 2018-04-04)

나. 걍 일본 종특 케이돌이 일본 진출할 때 조건 같은 거잖아 일본어 노래 꼭 있어야 하는 거 어쩔 수 없지 (OOO, 2018-09-09)

다. 이런 악플이 점점 많아져 방탄소년단 그룹에게돌아올지도모릅니다 방탄소년단의 입장에서 일본 팬들에게 모국의 언어로 노래를 선물해준다라는 의미로 노래를 불렀는데 이런 댓글은 방시혁 대표님뿐만이 아니라 방탄 분들에게도 영향을 끼치지 않을까요? (이지***, 2020-11-22)

다-1. 구제돌덕이라 가끔 일본방송 찾아보는데 일본쪽에선 방탄이 일본어버전 노래 내주는걸 뿌듯해해 팬들 사이에서 앙꽝맨 쿠마몬 이런것에서도 유대감 느끼는 것 같구 암튼 특별하게 대해준다?고 느끼는 것 같음 실제로 악수회도 그렇고 빅힛도 진출전략을 신경많이 쓰는것같음... 그래서 일본어 말해달라고 하거나 확인받고 싶어하는것도 있는것 같음 (OOO, 2018-09-09)

라. 일본 음악 시장이 한국어 음원을 싫어하거나 일본어 음반을 내야 호응이 좋다고 회사들이 판단해서 그렇게 들어간 거겠죠. 삼성이 일본에서 삼성 로고 지우고 폰 파는 것처럼요. (모렐***, 2023-05-17)

(15)의 누리꾼들은 2018년부터 2023년까지 서로 다른 게시글의 댓

글을 통해, 케이팝 가수들이 일본어로 노래하는 것을 일본의 음반 시장 규모, 계약 조건, 일본 팬들의 요구와 관련지어 이해할 수밖에 없다는 태도를 보여 준다. 미국 다음으로 일본 시장이 크기 때문에 해외에서 활동하는 대다수 한국 가수들이 경제적 이익을 위해 일본어로 노래한다는 사실을 지적했다. 또한 일본에 진출할 때 일본어 노래를 불러야 한다는 조건이 계약서에 들어가기 때문에 일본어 노래를 부르는 것은 어쩔 수 없다고도 적었다.

(15다) 누리꾼은 "일본 팬들에게 모국의 언어로 노래를 선물해준다"라는 의미에서 이해할 것을 호소했다. (15다-1)을 보면, 일본 팬들은 한국 가수들이 일본어로 노래 부르고 말하는 것을 뿌듯해하며, 또 그것을 적극 요구하고 있음을 밝혔다. (15라) 누리꾼은 케이팝 가수들이 일본어로 노래하는 것을 '삼성 휴대폰에서 삼성 로고를 지우고 일본에 파는 것'에 비유했다. 결국 한국 가수들이 일본에서 활동할 때 일본어를 쓰는 것을 대중이 강하게 바라기 때문에 그것이 계약으로 연결되고, 가수들은 그것을 따를 수밖에 없는 현실이기에 가수들의 처지를 이해하자는 것이 누리꾼들의 생각이다.16)

이러한 긍정적 태도는 전반적으로 약하고 많지 않았다. 이와 달리 부정적 태도는 상당히 강하고 많은 누리꾼들에게서 나타났다.

(16) 일본어 노랫말에 대한 부정적 태도 ①
　가. 방탄은 왜 일본에서 일본어로 노래부르죠? 일본어버젼의 노래들이 아예 따로 준비되어있더만요 미국 유럽에서도 한국어로 부르는데 일본따위의 나라에 가서 현지어로 불러주는지 모르

---

16) 보기 (15)의 의견은 대체로 일본어 노래가 어쩔 수 없는 현실 상황에서 나온 것이기 때문에 이해해 줄 수밖에 없다는 뜻인데, 한국 가수와 일본 팬들의 관계에 도움이 된다고 보는 긍정적 태도가 일부 나타나면서도 중립적 태도가 드러난 것으로 보는 것도 가능하다.

겠네요 방탄급이 아니라 인기 없는 신인가수들이 보통 그러는 것 아닌지 (Fra***, 2019-08-10)

가-1. 방탄 좋아 하지만... 방탄 일본어 앨범이 일본에서만 있기 있는게 아니라 전세계적으로 인기 끌면서 일본어 음성이 듣기 좋다. 일본어에 호감이 간다. 방탄 한국어 노래도 좋지만 일본어 노래도 좋다 하는 반응을 보면... 솔직히 방탄이 JPOP과 일본어 일본음악 홍보 느낌이 들어서 유쾌하지는 않더군요... (에어***, 2018-04-04)

가-2. 방탄이 일본어 노래부르고 세계 주요 차트 1등했다는 소식에 마음이 아팠는데 너무 공감합니다 방대표는 왜 케이팝그룹 방탄이 일본어 노래를 불러 지금껏 케이팝 가수들이 한국어 노래를 부르고 한국어를 좋아하게 했던 그 노력들을 허사로 만드나요? 방탄은 J pop 선두주자네요 이제 겨우 한국어가 세계인들에게 인정받기 시작했는데 어느 외국인은 방탄이 일본 그룹 인줄 압니다 (이주***, 2020-07-23)

가-3. 정말 공감합니다. 일본애들 우리나라 곡이 80개이상 국가에서 1위했다며 자기네들이 뽕처먹고 있는거 보고 기함을.. 한국어로 노래하는 게 정체성이라고 RM님이 말했었던거 보고 그럼 일본어는...? 하고 너무 마음이 아팠어요.. (오희***, 2021-03-22)

나. 우리가 노래 들을때 가수의 국적이나 소속사의 국적은 신경안 쓴다. 그저 노래만 듣는다. 국적에 상관없이 영어노래는 그냥 다 pop음악으로 인식하고 듣고 있다. 그래서 노래의 언어가 중요하다. 그런데 우리나라 가수가 일본에서는 일본어로 노래하고 있다. 이게 일본 한정이라면 모르겠지만 전세계가 다 보고 들을수 있게 공식 음원,앨범,MV까지 일본어로 만들어 준다. 우리나라 가수가 일본어로 부른 이 노래는 그럼 케이팝인가? 제이팝인가? (난알***, 2023-05-17)

나-1. @난알***님 회사의 경영진이 일본인들의 취향에 맞춰 일본에서 돈을 벌어 오겠다는데 어쩌겠습니까. 실력이 좋아서 일본인들의 돈을 벌어 온다는데 무슨 문제라도 있는 건가요? 한국의 엔터테인먼트는 중국에 가서도 중국어로 활동하고 중국인의 돈도 빼앗아 옵니다. 그리고 요즘은 영어로 서방세계에 진출해서 달러도 벌어 오고 있고요. (림김***, 2023-05-17)

나-2. 우선 다른분들이 다 설명해주신것과 더불어 최근이라고 하는 것도 웃긴데 꽤 전부터 한국원곡 그대로 방송에 많이 나오고 있습니다. pop은 전세계어디가도 현지화를 잘 안하니 특별한 경우고 애초에 영화 나 티비나 뭐 그런 다른 컨텐츠도 뭐 전부다 일본은 일본인 성우가 일본어로 다 현지화해서 나옵니다. 한국처럼 자막이나 원곡 중시 같은 분위기가 아니에요. 예를들면 디즈니곡들도 다 더빙 판이 기본이고 그것밖에 몰라요 여기선. 그냥 애초에 일본인들의 소비 성향이나 일본 자체가 그런걸 더 선호해온 분위깁니다 딱히 한국어를 듣고 싶지 않아서가 아닙니다. (멜론***, 2023-05-17)

(16가) 누리꾼은 방탄소년단이 일본에서 일본어로 노래하는 것을 불만스럽게 보았다. 일본어판 노래를 따로 준비하고 있으며, 미국이나 유럽에서는 한국어로 부르는데 일본에서는 현지어로 부른다는 점을 이해하기 어렵다고 불만을 터트렸다. (16가-1~3) 누리꾼들은 방탄소년단이 일본어로 노래하다 보니 일본어에 대한 세계인들의 호감도가 올라가고, 방탄소년단이 일본 가요계의 선두주자처럼 인식되며, 일본 그룹인 줄 오해하는 현상에 대해서 강하게 비판했다. 또 일본 사람들이 방탄소년단의 세계적 인기를 일본의 성취처럼 여기는 것에 대해서도 너무 마음이 아팠다고 적었다.

(16나) 누리꾼도 노래의 언어가 중요하다면서 한국인 가수가 일본어로 노래하는 것은 '케이팝'이 아니라 '제이팝'이라고 보아야 한다는 불

만의 목소리를 높이고 있다. 이에 대해 (16나-1, 2) 누리꾼들은 일본어로 부르는 것은 돈을 벌기 위해 현지화하는 것이므로 문제로 보아서는 안 된다고 반박했다. 특히 (16나-2) 누리꾼은 일본인들의 소비 성향이 외국 노래든 드라마든 일본어로 바꾸는 것을 좋아하는 것이지 한국어를 듣고 싶지 않아서 일본어 노래를 강요하는 것이 아니라고 했다.

(17) 일본어 노랫말에 대한 부정적 태도 ②

가. 곡참여는 이해한다쳐도..아키모토가 우익인사라는 논쟁이 있고, 방시혁이 아키모토의 음악 스타일을 좋아했다고 그러니 더 기름을 부었죠.그래서 싫어하는 반응은 나오는거네요. 이게 또 나중에 국.뽕 만랩인 일본이 방탄은 우리가 키웠다. 자위질 할수있는 여지를 주기도 하니까요.복잡합니다. (폭포***, 2018-09-13)

나. 방시혁이 아무래도 미친듯... 일본어로 부르는 방탄 노래 듣기도 싫어서 사실 듣지도 않았지만 그래도 일본시장에서 버는 돈이 무시 못한대서 아이들 생각해서 그냥 넘어가긴 했었는데 지금 돈이 부족해서 그러나요? 방시혁이 원래 성향이 우익이었나요? 아님 친일파 성향? 세계관이 좋다고 일본 우익과 손을 잡아요? 미친 거 확실하네요... (182.215.xxx.5, 2018-09-14)

다. 방시혁이 일빠인건 맞아요ㅋ. 유명한 일본애니덕후에 하필 365일중 딱 하루있는 광복절날 일본만화추천글 올리고요. 같은 날 진은 오늘을기억하자며 태극기 사진 올림. ㅋㅋ 남들은 연예인이 문제 일으키는데 여긴 사장이 까일 빌미를 주죠 (67.183.xxx.253, 2018-09-19)

라. 미친듯. 우익에 여혐까지..말도는 그런 인사와 손잡고 곡만드는것도 모잘라 세계관이 좋다며 가사까지부탁... 방시혁 돈에 미친듯합니다. (199.66.xxx.95, 2018-09-14)

일본어 노래를 부르는 가수에 대한 부정적 태도는 소속사 사장에 대한 비난과 일본 발매 예정의 수록곡 변경으로까지 연결된다. 2018년 9월 13일 'MLBPARK' 게시판(http://mlbpark.donga.com)에 올라온 〈아키모토가 방탄 가사 하나 써주는게 뭐 대단한건가요〉라는 게시글과 그 인용글에 붙인 댓글인 (17)의 누리꾼들은 방탄소년단이 일본어 노래를 부르는 것은 소속사 사장이 '우익' 또는 '친일파' 성향이 있기 때문이 아닐까 의심하고 있다. 또한 (17라)를 보면, 여성 혐오와 우익 활동으로 논란이 된 일본 작곡가 아키모토 야스시에게 노랫말을 부탁해 함께 일본어 곡을 만들어 발표하려는 것을 두고 "방시혁 돈에 미친듯합니다"라고 아주 강하게 비난했다. 결국 방탄소년단 팬들의 항의를 받아 이 계획은 취소되고 앨범 수록 예정 곡이었던 〈Bird〉가 제외되었다.17) 한국 가수가 일본어로 노래하는 것에 대해서도 부정적인데 그 노래가 일본 우익 성향의 작곡가와 함께 만든 것이라는 점에서 한국인 팬들은 용서할 수 없다는 강력한 태도를 드러내고, 그것을 저지하는 현실적 힘을 발휘하기도 했다.

5. 케이팝 노랫말과 한국어

앞의 두 절을 통해 케이팝 언어에 대한 누리꾼들의 태도를 긍정적 태도와 부정적 태도로 나누어 살펴보았다. 여기서는 케이팝 노랫말의 언어가 앞으로 어떻게 바뀌어 나갈지, 그것이 한국어에 어떤 영향을 줄 것인지에 대해 생각해 보기로 한다. 이를 위해 먼저, 케이팝 노랫말 언어에 대해 언론이나 전문가들의 생각은 무엇인지를 살펴보겠다.

---

17) 홍혜민 기자, <빅히트, 일 '우익논란' 아키모토 야스시 협업 취소… 'Bird' 수록 제외 [공식]>, 한국일보, 2018-09-16 기사 참조.

(18) 케이팝 노랫말 언어에 대한 언론과 전문가의 평가

가. 국내 가수들이 약 10년 전부터 외국 시장을 본격적으로 공략하면서 우리 가요계에는 영어 사용이 일상화됐다. 이제 소나무나 여자친구 등 한국어로 이름을 지은 그룹을 찾기가 어렵다. 노래를 만들 때부터 한글과 영어 제목을 함께 구상하고, 후렴구에 영어 표현을 넣는 일은 관행으로 자리 잡았다. 이처럼 가요계에 갈수록 영어가 흘러 넘치는 현상에 대해 의견이 엇갈린다. 한 편에서는 국내 가요계의 영어 사용을 국외 시장과 팬을 염두에 둔 전략 차원에서 이해해야 한다고 말한다. [...] 이처럼 케이팝에 영어를 쓰는 건 케이팝을 접하는 세계 팬들이 노래를 쉽게 이해하고 노래 콘셉트를 정확하게 알 수 있도록 돕기 위한 노력으로 봐야 한다. (안효진 기자, '가요계 영어사용, 외국진출에 필수', 연합뉴스, 2015-06-04)

가-1. 케이팝은 오래전 로큰롤이 그랬듯이 급속도로 세계 곳곳으로 퍼져 나가고 있다. 그런데 이들의 언어는 어떨까? 한국어로만 되어 있는 가사는 드물다. 세계를 휩쓸고 있는 방탄소년단(BTS·비티에스)의 노래만 봐도 한국어와 영어를 섞어 쓴 가사가 많다. [...] 10년 전만 해도 '아시아의 작은 나라 언어'라는 이미지가 강했던 한국어는 어느덧 영어와 더불어 '대중음악의 대표 언어'가 되었다. [...] 한국어에서 파생했지만 오로지 한국어만은 아닌, 다른 언어를 쉽게 수용함으로써 등장한 혼합언어가 대중문화의 새로운 패자로 등장하는 모습을 지켜보고 있는 것 같기도 하다. (로버트 파우저, 'K-pop 언어'의 의미, 한겨레, 2020-12-02)

나. 케이팝을 다른 글로벌 팝음악과 차별화해주는 가장 중요한 요소 중 하나는 바로 '한국어로 된 가사'라고 생각. [...] 이러한 퍼포먼스, 뮤비, 춤, 가사야말로 해외 수용자들이 케이팝을 통해 느끼는 '한국적(혹은 이국적)인 어떤 것'이다. [...] 따라서 케이팝의 세계화 (특히 미국·글로벌 시장 진출)를 위해서 영어 가사

붙이기를 자꾸 시도하는 것은 그다지 효과적이지 않을 것이다. (이규탁, 케이팝과 한국어 가사, 포포스스, 2018-03-09)

나-1. 외국어로 쓰여진 노래가 해외 팬들을 위한 배려라는 목소리도 있지만 과도한 외국어 사용이 K-pop이라는 장르를 계속 한국의 음악으로 여길 수 있을지, 그 정체성에 의문을 갖게 한다면 그건 해외 팬들을 위한 배려라고 볼 수 없을 것이다. 해외의 K-pop 팬들은 한국의 문화, 그리고 한국어에도 큰 관심을 가지고 있다. 한국어 노래는 그 나름의 매력을 가지고 해외 팬들에게 좋은 인상을 남길 수 있을 것이라고 생각한다. 더불어, 노래에 담겨 있는 한국어 문장들은 노래가 가지고 있는 K-pop, 한국 노래로서의 정체성을 확실히 해줄 것이라고도 기대한다. (민선호 기자, K-pop 가사를 보며 되돌아보아야 할 것, 미디어 경청, 2021-08-10)

2015년에 나온 (18가) 기사에서는 케이팝 노랫말에 영어가 많이 쓰이는 점을 해외 시장과 팬을 위한 전략으로 이해할 수 있으며, 결과적으로 세계 팬들이 노래를 쉽게 이해하는 데 도움이 될 것이라고 보았다. 외국인 학자가 쓴 (18가-1)에서는 한국어가 영어와 더불어 '대중음악의 대표 언어'가 되었으며, 한국어와 영어가 섞인 '케이팝 언어'라는 '혼합언어'가 대중문화의 새로운 패자로 등장했다고 평가하고 있다.

이와 달리 (18나)에서 대중음악평론가는 해외 케이팝 이용자들이 케이팝을 통해 '퍼포먼스, 뮤직비디오, 춤, 가사'와 같은 '한국적인 어떤 것'을 느끼기 때문에 케이팝의 세계화를 위해 영어 노랫말 붙이기를 시도하는 것은 효과적이지 않을 것이라고 보았다. (18나-1)에서도 과도한 외국어 사용이 케이팝의 정체성에 의문을 갖게 할 것이며, 해외 팬들은 한국 문화와 한국어에도 큰 관심이 있기에 한국어 노랫말이 중요함을 강조하고 있다.

이처럼 케이팝 노랫말에 영어가 많이 쓰이고, 최근에는 완전 영어 노래가 나오는 것을 두고 언론이나 전문가들 사이에서도 의견이 엇갈리고 있다. 케이팝의 세계화와 해외 팬들의 이해를 위한 전략적 노력으로 보아야 한다는 쪽과 세계의 팬들은 영어 노랫말이 아니라 한국어 노랫말을 듣고 싶어하기 때문에 영어 노랫말을 남용할 필요가 없다는 쪽이 팽팽하다. 그렇다면 외국인 팬들은 케이팝의 노랫말과 관련해 어떤 생각으로 케이팝을 듣고 있는지를 구체적으로 살펴보기로 한다.

(19) 케이팝 노랫말 언어에 대한 외국 팬들의 생각
　가. 왜 외국인들이 KPOP을 듣냐고? 짧게 대답하자면 좋으니까. 일단, 네 질문의 첫 번째 실수는 사람들이 음악의 가사를 이해하고 싶어한다는 가정부터 잘못됐어. 음악의 가사를 들어보면, 가사 대부분은 그냥 김빠진 것들 덩어리이야. 가사를 모르는 게 차라리 프로고, 가사를 이해하는건 뉴비지. (Gal***)
　가-1. 난 오히려 외국 노래가 더 좋아. 외국 노래는 개네들이 뭘 말하는지 모르기도 하고 일단 노래가 좋으니까 말야. 음악은 음악이고 나는 그저 그 음악의 멜로디가 좋을 뿐이고. 그게 왜 내가 KPOP과 JROCK, 인도 영화, Tagalog를 좋아하는 이유야. (chr***)
　가-2. 내 경우엔 KPOP이 좀 더 중독적이고 좋게 들리는 음악이야. 그리고 KPOP을 들을 때 가사를 이해하지 못하긴 하지만 언어는 그렇게 중요한건 아니지. 난 항상 노래의 음악과 보컬에 집중하거든. 가사는 나에게 전혀 문제될 것 없고, 왜 다른 사람들이 음악 그 자체보다 가사를 더 중요하게 여기는지 이해가 안가네. (sle***)
　가-3. 너 이런 경험있어? 노래 가사를 읽고서 "와, 이거 완전히 A 타입하고는 다르게 말하는 노래네, 내가 평생 듣던 노래는 항상 B타입 가사였는데, 이거 완전히 다르잖아!"라고 느낀 경험

말야. 심지어 네가 가사가 뭘 말하는지 모른다고 해도, 노래의 비트, 목소리, 멜로디가 맘에 들고 노래가 뭐에 대해 말하는지 요지만 파악해도 그 노래에 대해서 이해할 수 있게 되지. (Pur***)

나. BTS가 특히 내가 좋아하는 그룹이야. 난 걔내들의 긍정적인 메시지가 참 좋아. 하지만 일반적인 KPOP의 경우 가사를 읽긴하는데 뭐 거의 신경쓰지는 않지. 음악이 좋게들린다? 그걸로 충분해. 나 이해못하는데 진짜 여러 가지 언어로 되있는 팝송들 엄청나게 듣거든. 게다가 공부나 일할 때 모르는 언어로 된 가사를 듣는 게 훨씬 집중하기도 쉬워! (per***)

나-1. 왜냐면 KPOP 가사는 일반적으로 서양것들보다 더 밝은 이미지이기 때문에 그래. 팝은 대개 행복이나 재미, 사랑과 같은 것들에 대해 노래하잖아. 근데 일반적으로 미국의 노래같은 경우엔 오랫동안 부정적인 것들에 꽂혀있거든. 한국은 고맙스럽게도 그런게 전혀 없지. 또 한편으로, 가사를 바로바로 이해할 수 있도록 한국어도 열심히 배우고 있어 :) (red***)

나-2. [...] 그리고 만약 내가 가사를 이해하고 싶어한다면, 인터넷에 그 가사에 대한 모든건 벌써 해석되어있고, 이해하기 어려운 언어 특유의 뉘앙스에 대한 분석 또한 있지. 그리고 난 우리나라 노래에 비해서 KPOP은 좀더 밝고, 놀라운 무엇인가를 가지고 있다고 생각해. 난 근심걱정하나도 없는 신나는 노래를 좋아하거든. 예를 들어서 남자와 여자의 관계같은 주제가 아닌 노래말야 ㅋㅋㅋ. (se0***)

외국 누리꾼들이 쓴 (19)의 댓글들은 한 외국 사이트에서 한국인이라고 밝힌 누리꾼이 올린 〈외국인들이 KPOP을 듣는 이유는 뭐야?〉(2018-11-11)라는 게시글에 붙인 것이다.[18] 질문 게시글을 올린

---

18) 영어로 쓴 게시글과 댓글을 해외 누리꾼들의 반응을 소개하는 사이

한국인 누리꾼은 "KPOP 가사는 거의 영어가사를 포함하지 않고, 그래서 너희들 대다수가 가사를 이해하지 못할 거라고 생각해. 그니까 물어보는건데, 너희들은 왜 '한국 음악'을 듣는거야?"라고 물었다. 이에 대해 외국 누리꾼들은 다수가 (19가~가-3)과 같이 노래에서 노랫말은 중요하지 않고 음악 자체 또는 음악의 멜로디가 중요하다고 말했다. 이와 달리 (19나~나-2)의 누리꾼들은 케이팝이 좋은 이유를 케이팝의 노랫말 언어의 특징과 연결 짓고 있다. 케이팝 노랫말은 서양 팝송과 달리 '긍정적 메시지', '밝은 이미지', '밝고 놀라운 무엇'을 담고 있어서 케이팝을 좋아한다고 적었다.[19]

이러한 외국인 누리꾼들은 공통적으로 한국어를 알지 못하며, 따라서 케이팝 노랫말의 정확한 뜻을 잘 모르고 듣는 경우가 많다. 그러나 케이팝을 즐겨 듣는 데는 전혀 문제가 없고, 오히려 모르는 언어로 된 노래를 듣는 것이 더 편하다고 밝혔다. 노랫말의 뜻을 자세히 알고 싶으면 인터넷에서 쉽게 찾을 수 있지만 노랫말의 요지만 알아도 노래를 듣는 데 문제가 없다고도 했다.[20] 또한 (19나-1) 누리꾼이 "가사를 바로바로 이해할 수 있도록 한국어도 열심히 배우고 있어"라고 적은 것처럼 케이팝을 즐겨 듣는 외국 팬들 가운데 한국어를 적극적으로 배우

트인 '가생이닷컴'(www.gasengi.com)에서 한국어로 번역해 올린 것을 재인용했음을 밝힌다.

[19] 외국인 팬들이 느끼는 바와 같이 케이팝의 성공을 이끈 요인 가운데 하나가 '건전성'이라는 평가다. 이상욱(2015:133)은 "K-pop은 주 소비층인 청소년과 관련된 보편적 건전성으로 국내를 넘어 세계 시장 공략에도 성공할 수 있었다"고 보았다.

[20] 케이팝 한국어 노랫말이나 가수들의 대화를 담은 동영상 내용을 다른 언어로 번역해 자막을 달아 주는 자원봉사자들이 많아서 외국인 팬들도 인터넷을 통해 한국어 노랫말의 뜻을 이해하는 것이 전혀 어렵지 않다. 이와 함께 "언어적 장벽이 존재하는 해외 팬들은 유튜브 등의 동영상 플랫폼을 통해 방탄소년단의 음악을 접하고 그 메시지를 이해"(이동배 2019:83)하기도 한다.

는 사람도 많다. 케이팝을 잘 이해하기 위해 케이팝의 언어인 한국어를 배우는 외국인들이 늘어난 것은 여러 언론 보도를 통해 이미 잘 알려져 있다.21)

이런 점을 종합적으로 고려하면, 외국인 팬들을 위해 한국어 노랫말에 영어를 섞어 쓰거나 완전히 영어로 노래를 부르는 것은 외국인 팬들이 바라는 것이 아님을 알 수 있다. 한국어 노랫말을 바로바로 이해할 수 있도록 한국어를 열심히 배우고 있다고 한 팬의 말은 한국어를 몰라서 노래를 듣기 어려우니 영어 노래를 불러 달라는 뜻이 아니다. 오히려 한국어의 고유한 말소리에서 표현되는 느낌을 살려 들으면서도 그 뜻을 충분히 이해하려는 노력으로 보인다. 외국 팬들은 케이팝을 들으면서 자신의 모어와는 다른 한국어의 발음과 의미와 분위기까지 함께 즐긴다고 해야 할 것이다.

그런데 한국어를 바탕으로 한 케이팝이 세계적으로 큰 인기를 끌다 보니 다른 나라 가수들이 노랫말에 한국어를 섞어 씀으로써 케이팝과 비슷한 분위기를 내는 특별한 모습도 나타나고 있다.

---

21) 케이팝 등 케이컬처와 관련해 한국어와 한글 학습 열기가 높은 현상을 보도한 최근 기사를 몇 개 들면 다음과 같다. <"K-컬처에 푹 빠져 한국어도 배워요"…북유럽 한류 열풍의 중심 스웨덴>, YTN, 2023-07-09; 김나윤 기자, <"뉴진스 노래로 한국어 배워요"…'안녕 K팝' 태국편 나왔다>, 뉴스트리코리아, 2023-06-14; <"한국 가서 더 배울 거예요"…프랑스 한국어 축제 '열기'>, YTN, 2023-05-21; 이진욱 기자, <방탄소년단 해외 팬 84% "한국어 배우고파">, CBS노컷뉴스, 2019-01-08; 임희윤 기자, <"'사랑해' '고마워' 한국어 가사에 크게 공감"…케이팝이 돌려놓은 '한글'>, 동아일보, 2018-10-08.

(20) 일본 가수가 부른 한국어를 섞어 쓴 노래
Oh 괜찮아
좋은 느낌
Let's go now

なりきってパリピってフォトジェニック
ナイーブなフリして脳内Bounce (가즈아)
本気とかまだ見せてない世代
大人達ほどヤワじゃないの

가즈아 ついてこれるかな？
Just keep your eyes on our generation
전부다 3 2 1 でHands up
(같이 가자, 超特急, 2021-09-15)

이 노래는 일본의 그룹 '초특급'이 2021년에 발표한 〈같이 가자〉이다.22) 제목이 한국어이고, 노랫말에서 한국어가 상당히 많이 쓰였다. 일본어를 기본으로 하되 한국어와 영어를 섞어 쓴 노랫말이다. 이 곡은 일본 음원 사이트인 라인 뮤직에서 1위에 오르는 등 인기를 끌었다.23)

또한 베트남에서는 이미 2019년에 남성 가수 비엣 아텐(Viet Athen)이 부른 'ANNYEONG(안녕)'이라는 노래에서 한국어가 쓰였다.24) '안녕 안녕 안녕'이 후렴으로 반복적으로 나오고, 맨 끝 구절은

---

22) 노랫말은 아래 사이트에서 그대로 가져온 것이다.
https://www.lyrical-nonsense.com/lyrics/chotokkyu/lets-go/
23) 유승목 기자, <한글로 미 빌보드 점령한 BTS…일 아이돌도 '한국어' 노래 냈다>, 머니투데이, 2021-10-07 기사 참조.
24) 유튜브에 공개된 'ANNYEONG(안녕)'의 공식 뮤직 비디오 주소는

'난 여전히 널 기다리나봐'로 끝난다. 한국어가 들어간 이러한 외국 노래는 케이팝의 높은 인기와 케이팝 언어가 한국어인 점을 반영한 것인데, 일본이나 베트남 대중에게 한국어가 케이팝의 언어로서 높은 인지도와 긍정적 이미지를 갖고 있기에 가능하다.

한편, 외국인 케이팝 팬들은 노래를 들을 때 한국어의 특정 표현이 주는 어감에 관심을 갖고 있으며, 긍정적 태도를 보여 주기도 한다. 한국어 노랫말의 의미 해석 차원을 넘어 방언 어휘나 새말, 특정 표현의 발음이나 느낌에까지 세세한 관심을 드러내는 일이 많다.

(21) 케이팝 노랫말의 어휘 및 어감에 대한 외국 팬들의 관심
  가. 폴링폴링은 너무 평범하다. 내가 한국어를 몰라서 "소복소복"이 무슨 뜻인지 모르지만 적어도 폴링폴링으로 표현 할 수 있는 단어는 아닐 거야
  가-1. 영어단어는 너무나 제한적이야. 아마 "소복소복" 말고도 더 많은 단어를 영어로 번역이 불가능할 거야
  가-2. 이게 내가 한국어를 배우려는 이유야. 나의 언어로 완벽하게 번역되지 못하는 단어들이 있으니까. 물론 한국어도 영어를 번역하지 못하는 단어가 있을거라 생각하지만 반대의 경우가 월등히 많을 거야
  나. 방탄이 또 한건 했군요. 그런데 덕질의 힘은 대단해요. 전달하고자 하는 뉘앙스를 온전히 전달받고자 노력하는 게 놀랍네요. 근데 소복소복 같은 의성,의태어는 그냥 느끼는 수밖에 없는뎅..눈이 얌전하지만 꽤 빠르게 쌓여가고 있음 딱 봐도 소복소복이란 소리가 나오지 않나.. (use***)
  나-1. 케이팝 제대로 파고싶은 팬이라면 한국어를 필수로 배워야 하는 이유가 이거죠 어떠한 나라의 언어로도 표현이,번역이

다음과 같다. https://www.youtube.com/watch?v=RU91Scu8d6U

불가능한 단어 자체의 느낌은 한글 그대로의 느낌뿐이라는거 ㅎ덕분에 프랑스 같은 유럽 국가들에서 제 2 외국어로 한국어가 채택될 만큼 한국어와 한글의 위상이 많이 올라간것이 감개무량 하네요. (dok***)

나-2. snowing falling and gathering, slightly, silently, softly, continuously, not windy 풀어쓴 소복소복 정말 함축적인 아름다운 낭만적인 느낌이고 그걸 보는 사람의 마음을 나타내는 보는 모든사람 모두가 동일하게느끼는 감정이 아닌 단어, 급한 마음 격한 마음 불안한 마음을 가진 사람입에서 나올수 있는 단어가 아니지. 일상이 시적인 단어를 자연스럽게 사용하고 있으면서 그걸 모르고 사는 민족 ㅎㅎㅎㅎㅎ 외국인 들아 !! 아름드리 까마득히 새근새근 말랑말랑 보드랍게 감칠맛 느긋함 환희 뜨끈뜨끈 버선발로 나서 마중하다 느지구리 한들한들 등따시고 배부르다 주르륵 쭈르륵 주루룩 찔끔 힐끔 낼름 비스무리 배시시 천진난만 해맑은 웃음 등 어때???? (mun***)

(21)은 방탄소년단의 지민이 2020년 12월에 홀로 발표한 〈크리스마스 러브〉의 노랫말에 나오는 "Christmas I love you 흰 눈처럼 소복소복 넌 내 하루에 내려와" 부분의 '소복소복'의 뜻에 대한 외국인 팬들의 반응을 소개한 유튜브 동영상 내용과 그에 대한 한국어 누리꾼들의 생각을 적은 댓글이다.[25] 외국 팬들은 '소복소복'의 뜻이 영어 번역어 'falling falling'(폴링폴링)으로는 이해되지 않는다고 하면서 한국어의 많은 단어가 영어로 정확하게 번역되기 어렵고, 따라서 한국어를 직접 배우려 한다고 말했다. 이러한 외국 팬들의 태도를 두고 한국

---

25) <"한국어는 가장 감성적인 언어야" 방탄소년단(BTS) 해외팬들이 한국어 때문에 분노한 이유 // "가사를 번역 못하는게 말이 돼?" [해외반응]>, 세상을말하다, 2020-12-26. https://youtu.be/2Jiy-b4E8uM

누리꾼들은 "덕질의 힘은 대단해요. 전달하고자 하는 뉘앙스를 온전히 전달받고자 노력하는 게 놀랍네요", "케이팝 제대로 파고싶은 팬이라면 한국어를 필수로 배워야 하는 이유가 이거죠"라고 하면서 외국 팬들의 한국어 학습 노력에 공감과 칭찬을 보내고 있다.26) 또 (21나-2) 누리꾼은 "일상이 시적인 단어를 자연스럽게 사용하고 있으면서 그걸 모르고 사는 민족"이라고 하여 한국인들의 한국어에 대한 자각과 자부심 갖기를 촉구했다.

물론 케이팝 노랫말의 내용에 대해 외국인들뿐만 아니라 한국인 팬들도 구체적 관심과 긍정적 태도를 드러내기도 한다.

(22) 케이팝 노랫말 내용에 대한 한국인 팬들의 반응
가. 3년전 방탄을 알고 가장 충격받았던게 바로 노래가사였어요. 어떻게 이런 가사를 쓸수 있을까? 진부하지 않은 신선한 표현의 가사, 내면의 이야기를 꺼내어와 들려주는 이야기들...좋은 가사의 곡이 한두곡이 아닌 대부분의 곡이 의미가 있어요. 그래서 매일 방탄 노래를 듣지만 저는 질리지가 않더라구요. (프레***, 2020-10-03)
나. 제로 어클락 저도 좋아해요. 이번 온콘에서 안무도 있어서 좋았구요. 방탄은 퍼포먼스도 좋지만 전 노래가 그렇게 좋아요. 가사가 훌륭해요. 전 영포에버 가사가 그렇게 좋아서 눈물이 나요 (114.108.xxx.184, 2020-11-18)
다. 노래가 위로가 되었다더라. 팬질이 삶의 활력소가 되었다더라. 가사를 듣고 울었다더라. 뭐 다 남의 얘긴줄 알았는데 겪어보니 다 내 얘기. 글고 저는 방탄의 노래가사를 같은 한국인이라

---

26) 외국인 케이팝 팬들은 한국어 노랫말의 이해 및 한국 가수들과의 친밀하고 빠른 소통을 위해 한국어를 직접 배우거나 때로는 번역기를 이용해 한국어를 쓴다. 자세한 내용에 대해서는 이정복(2022나)를 참조할 수 있다.

듣자마자 이해할 수 있는 것도 너무 행복해요. 달방이나 본보도 보자마자, 듣자마자 웃을 수 있는 한국인이라 좋아요. 외국 팬들은 우리만큼 심도 깊게 이해할 수 없을테니까요. (119. 149.xxx.18, 2020-11-17)

(22)의 한국인 누리꾼들은 공통적으로 방탄소년단의 노래가 노랫말이 너무 좋다고 말하고 있다. 신선한 표현, 내면의 이야기를 들려주는 노랫말이 충격적일 만큼 좋게 느껴지고, 위로가 되며, 눈물이 난다고 말한다. 특히 (22다) 누리꾼은 "방탄의 노래가사를 같은 한국인이라 듣자마자 이해할 수 있는 것도 너무 행복해요"라고 하면서 외국인 팬들은 한국인들만큼 깊게 이해할 수 없을 것임을 지적했다.

앞의 보기 (19)에서 외국인 팬들 가운데 일부는 노랫말이 중요하지 않고 멜로디가 좋아서 듣는다고 했고, 일부는 케이팝 노랫말이 밝고 긍정적 메시지를 담고 있어서 좋다고 했는데, 한국인 팬들은 외국인들에 비해 노랫말의 의미를 더 깊이 있게 받아들이는 것으로 판단된다. 그것은 한국어 사용자들이 한국어의 의성의태어와 같은 다양한 감각적 표현과 함축적 의미까지 쉽게 이해할 수 있기 때문에 가능하다.

지금까지의 분석 결과를 종합하면, 케이팝은 후렴구 등에서 일부 영어를 섞어 쓰더라도 한국어를 바탕 언어로 노랫말을 만드는 것이 케이팝 정체성 유지에 도움이 되며, 그것이 한국인은 물론 세계의 팬들도 바라는 것이라고 하겠다. 또 한국어 노랫말이 전달하는 의미와 느낌은 영어 등 외국어로 번역할 때보다 한국어 자체를 통하여 온전히 이해할 수 있다. 케이팝을 멜로디 중심으로 편하게 듣는 차원을 넘어 의미나 느낌까지 깊이 있게 이해하기 위해서 외국 팬들이 한국어를 배우려는 노력이 세계 곳곳에서 나타나고 있는데, 이런 열성 팬들의 노력은 한국어 노랫말 중심의 케이팝 유지, 발전은 물론이고 한국어의 미래에도 큰 도움이 될 것으로 예상된다.

6. 케이팝의 정체성: 한국어 노랫말

이 장에서는 케이팝 노랫말의 언어 사용 실태를 분석하고, 영어 및 일본어 노랫말에 대한 누리꾼들의 태도를 살펴본 후 케이팝 노랫말과 한국어의 관련성을 생각해 보았다. 케이팝 노랫말의 기본 언어는 한국어지만 갈수록 영어를 섞어 쓴 노래가 늘어나고 있고, 영어의 비중도 높은 것으로 나타났다. 또 영어 노랫말만 있는 노래도 점차 많아지고 있다. 또한 일본에서 활동하기 위해 노랫말을 일본어로 바꾸어 부른 노래도 많다. 영어나 일본어 노랫말에 대해 한국인 팬 또는 누리꾼들은 케이팝이 해외에 진출하고 세계의 팬들을 배려하기 위한 것이라는 점에서 어느 정도 이해할 수 있으며, 영어나 일본어 노래도 색다른 느낌이 있어서 좋다는 긍정적 태도가 일부 나타났다. 그러나 영어가 많이 섞여 있는 케이팝의 노랫말이 귀에 잘 들어오지 않고, 케이팝의 정체성을 흐리게 하며, 노래의 질을 떨어뜨린다고 보는 등의 부정적 태도가 더 강했다.

케이팝은 '팝송'의 한 가지다. 따라서 리듬이나 멜로디는 영어 중심의 팝송과 별반 다르지 않다. 케이팝이 팝송과 다른 점은 무엇인가? 케이팝은 한국인 가수가 한국어로 한국의 문화와 한국인의 정서를 노래한 것이라는 점이 영어 중심의 팝송과 다르다. 그런데 케이팝이 세계적으로 인기를 끌며 퍼져나가면서 외국인 가수들이 케이팝을 부르기도 한다. 또 외국인 팬들이 노랫말을 쉽게 이해할 수 있도록 영어나 일본어, 중국어로만 된 노래를 부르기도 한다. 이런 상황에서 케이팝의 정체성이 무엇인지 의문을 갖는 사람들이 점점 늘어나고 있다. 케이팝이 고유의 정체성을 버리게 되면 한국인들이 먼저 케이팝에서 멀어질 위험성이 느껴진다.

외국인 가수들이 한국인이 만든 한국어로 된 노래를 부른다면 케이팝이라고 보는 데 문제가 없다. 한국인 가수가 한국어 노랫말의 케이팝을 먼저 발표하고, 외국인들을 배려하는 차원에서 외국어 번역 곡을 추가로 발표하는 것도 케이팝의 정체성 유지에 문제가 되지 않는다고 본다. 그러나 한국인 가수가 외국인들이 만든 영어 등 외국어 노래를 처음부터 발표하는 것은 케이팝의 범위를 넘어서는 것이라고 이해하는 한국인들이 많은 것으로 판단된다. 케이팝을 정말로 좋아하는 외국인 팬들도 완전한 영어 노래를 바라지 않는 것으로 나타났다. 그것은 그냥 한국인이 부르는 영어 팝송일 뿐이라고 보는 것이 옳다. 케이팝이라고 할 때 최소한의 필수 조건은 '한국어 노랫말'이며, 케이팝이 정체성을 유지하면서 세계인들의 사랑을 받을 때 케이팝을 떠받치고 있는 한국어와 한글도 함께 세계인들의 관심을 받는 언어와 글자로 더 높이 발돋움할 수 있을 것이다.

11장_ 유튜브 동영상 언어의 연구 현황과 과제

1. 동영상 미디어 시대의 언어 사용

　언어 연구는 화자들이 자유롭게 쓴 무질서해 보이는 언어 자료에서 질서를 찾고, 새로운 의미를 끌어내는 생생한 현장 활동의 과정이다. 따라서 언어 연구자들은 화자들이 어디서, 어떻게 언어를 사용하고 있는지에 꾸준히 관심을 두고 그들을 따라가며, 때로는 함께 가며 연구하는 것이 필요하다. 화자들의 언어 사용 무대가 달라지면 연구자들 또한 자료 수집과 분석의 관심 무대가 달라져야 한다.

　21세기는 미디어, 특히 인터넷 매체가 지배하는 시대다. 언어의 면에서 보면 '인터넷 통신 언어'의 시대이기도 하다. 2023년 4월에 발표한 과학기술정보통신부와 한국지능정보사회진흥원의 ≪2022년 인터넷 이용 실태 조사≫ 보고서에 따르면, 3세 이상 한국인의 93%가 인터넷을 이용하는 것으로 나타난 것처럼, 한국어 사용자들의 삶에서 인터넷이 차지하는 비중이 참으로 높다. 일상 공간에서 서로 얼굴을 마주하고 나누는 대화보다 인터넷 공간에서 읽고 쓰며, 보고 듣는 시간이 훨씬 많아졌다. 종이 신문이나 종이책을 손으로 만지며 보는 대신 휴대폰이나 컴퓨터로 글을 읽는다. 전화를 걸어 말로 통화하기보다는 문자 메시지나 쪽지 프로그램을 통해 소통하는 것이 더 편리한 시대다. 신문, 라디오, 텔레비전과 같은 기존의 대중 매체를 모두 하나로 끌어 모으고, 심지어 교육, 운동, 사교, 건강관리, 게임까지도 모두 흡수해 가고 있는 인터넷이라는 괴물 종합 매체가 사람들의 일상적 삶과 언어 생활 방식을 혁명적으로 바꾸어 버린 것이다.

그런데 인터넷 매체 이용 방식도 시간의 흐름에 따라 계속 바뀌고 있다. 2000년 전후 인터넷이 처음 대중화될 때는 인터넷 카페와 블로그를 중심으로 소통했고, 2010년 무렵에는 페이스북과 트위터 등 문자 중심의 사회적 소통망(SNS)을 주로 이용했다. 최근에는 유튜브, 틱톡과 같은 동영상 미디어에서 정보를 주고받고 댓글로 세계인들과 대화를 나눈다. 정부의 2022년 인터넷 이용 실태 조사의 결과에 대한 심층 분석 자료의 첫 부분 제목이 '동영상 전성시대, 이용 플랫폼 및 활용 다양화'로 되어 있을 정도로 한국인들의 동영상 미디어 이용률이 높다. 이러한 인터넷 이용 방식의 변화와 함께 누리꾼들의 언어 사용 방식이나 양태가 더욱 다양해지고 이전과 달라졌다.

이 장에서는 동영상 미디어 이용이 크게 많아진 현재 상황에서 그와 관련해 언어 연구가 어떻게 이루어지고 있는지를 살펴보고, 앞으로 동영상 미디어의 언어 자료에 대한 연구 과제가 무엇인지 생각해 보기로 하겠다. 한국인들의 사용이 많은 가장 대표적인 동영상 미디어인 〈유튜브〉의 영상 내용과 그에 딸린 댓글을 대상으로 이루어진 언어 연구를 대상으로 기존 연구 성과를 분석하고, 그것을 바탕으로 앞으로 집중해서 연구해야 할 연구 주제 또는 방향을 제시한다.[1] 이를 위해 먼저 다음 2절에서 최근의 인터넷 이용 환경 변화와 유튜브 미디어에서의 언어 사용 방식을 개략적으로 살펴보기로 하겠다. 3절에서는 유튜브 언어 자료를 다룬 선행 연구를 검토하고, 4절에서는 유튜브와 같은 동영상 미디어 언어 연구의 과제를 제시하겠다.

2. 인터넷 이용 환경의 변화와 유튜브

≪2022년 인터넷 이용 실태 조사≫ 보고서를 보면, 한국 인터넷 이용자의 96.1%가 동영상 서비스를 이용하고 있으며, 스마트 텔레비전이나 OTT 플랫폼 이용도 늘어나고 있는 것으로 나타났다. 2019년에는 동영상 서비스 이용률이 81.2%였는데 4년 동안 14.9% 포인트나 올랐다.

---

* 이 장의 내용은 이정복(2023라)를 부분적으로 고친 것이다.
1) 유튜브를 언어 교육에 활용하기 위한 연구도 많이 진행되고 있으나 여기서는 논의 범위를 적절히 한정하는 차원에서 언어 교육 관련 연구는 분석 대상에서 제외했다.

<표 1> 동영상 서비스 이용 앱/사이트별(1+2+3순위) 이용률 변화

(단위: %, %p)

항목	2021년	2022년	증감
네이버 (포털사이트, 네이버TV)	32.7	35.3	+2.6
티빙	3.9	6.3	+2.4
틱톡	4.5	6.8	+2.3
디즈니 플러스	-	2.3	+2.3
무료플레이	-	1.9	+1.9
애플TV	-	1.6	+1.6
웨이브	2.2	3.6	+1.4
아마존 프라임	0.2	1.5	+1.3
통신사 앱/사이트	4.5	5.3	+0.8
아프리카TV	3.7	4.0	+0.4
왓챠플레이	2.2	2.1	-0.1
다음 (포털사이트, 카카오TV)	9.1	8.7	-0.3
페이스북 와치	1.9	0.8	-1.1
유튜브	90.3	88.9	-1.5
넷플릭스	29.8	25.2	-4.7

출처: 과학기술정보통신부·한국지능정보사회진흥원(2023:35)

<표 1>의 동영상 미디어별 이용률을 보면, 유튜브가 2021년 90.3%, 2022년 88.9%로 1위다. 2위는 네이버TV를 포함한 네이버로 이용률이 각각 32.7%, 35.3%로 나타났고, 3위는 넷플릭스로 29.8%, 25.2%로 나타났다. 이와 함께 2023년 8월 한국인들의 모바일 실사용자 수 통계에 따르면, 유튜브는 4,162만 명으로 '국민 메신저'로 불리는 카카오톡 사용자 4,196만 명에 이어 작은 차이로 2위를 차지했다.[2] 차이가 34만 명에 불과할 정도로 유튜브가 인터넷 미디어로서 지배적 위치에 있음이 확인된다. 한국인들은 서로 잘 아는 사람들과의 연락과 소통을 위해 카카오톡을, 잘 모르는 사람들과 영상을 보며 사

---

[2] 박영훈 기자, <"아! 이러다 큰일난다" 국민메신저 카카오 초유의 사태…뒤집힐 판>, 헤럴드경제, 2023-09-22 기사 참조.

회적 소통을 위해 유튜브를 이용하고 있다.

<표 2> 성·연령별 주 이용 앱/사이트 (3개 항목 응답, %)

구분		유튜브	네이버	넷플릭스	다음	틱톡	티빙	통신사 앱/사이트	아프리카TV	웨이브	디즈니 플러스	왓챠 플레이	쿠팡 플레이	애플 TV	아마존 프라임	페이스북 워치
전체		88.9	35.3	25.2	8.7	6.8	6.3	5.3	4.0	3.6	2.3	2.1	1.9	1.6	1.5	0.8
성별	남자	89.6	35.6	26.7	8.8	6.8	6.1	5.4	4.7	3.9	2.2	2.3	1.9	1.5	1.9	0.8
	여자	88.1	35.0	23.6	8.6	6.9	6.5	5.1	3.3	3.4	2.3	1.9	1.8	1.8	1.2	0.7
연령	3-9세	75.7	12.7	7.0	2.9	5.6	1.4	2.9	2.2	0.5	6.3	0.4	0.3	14.0	0.2	0.1
	10대	91.7	31.1	26.6	8.0	18.6	7.2	4.3	7.6	3.4	3.7	2.5	0.9	0.7	1.1	1.4
	20대	90.9	38.6	44.0	8.8	11.8	11.4	6.5	6.4	7.5	3.3	4.6	2.9	1.3	2.2	1.6
	30대	91.3	42.5	40.0	10.9	8.2	10.3	7.4	5.9	5.5	3.3	3.3	2.7	0.8	2.3	1.2
	40대	91.1	41.3	33.8	11.6	6.1	8.0	7.9	4.4	4.9	2.2	2.6	2.9	0.7	2.2	1.0
	50대	90.9	38.1	18.0	9.5	2.9	4.4	4.5	2.2	2.4	0.8	1.1	1.7	0.6	1.5	0.3
	60대	87.7	32.2	6.9	6.9	1.9	1.5	3.1	1.2	0.8	0.4	0.3	0.9	1.0	0.6	0.1
	70세 이상	77.2	21.6	2.7	4.4	0.6	1.0	1.4	0.7	0.4	0.1	0.2	0.6	2.2	0.4	0.1

출처: 과학기술정보통신부·한국지능정보사회진흥원(2023:36)

한국인 약 90%가 유튜브로 동영상을 보거나 게시판에 댓글을 다는 등의 활동을 한다는 사실을 통해서 이 미디어가 한국인의 일상 삶에 얼마나 강한 영향을 끼치는지를 충분히 짐작할 수 있다. 특히 주목할 부분은 유튜브 이용자의 세대 분포가 아주 고르다는 점이다. <표 2>를 보면 2022년 기준으로, 10대에서 50대가 모두 이용률 90%가 넘었고 그 차이도 거의 없다. 3-9세가 75.7%, 70세 이상이 77.2%로 조금 낮을 뿐이고, 10대 청소년부터 60대 노년층까지 거의 모든 세대가 90% 이상의 높은 이용률을 보여 주었다. 이것은 21세기 현재 대다수의 한국인들이 유튜브와 함께, 유튜브를 통해서 보고 듣고, 읽고 쓴다는 언어생활 실상을 말해 주는 것이기도 하다.

유튜브는 "사용자가 동영상을 자유롭게 올리거나 시청할 수 있는 구글의 콘텐츠 호스팅 웹사이트이자, 2023년 현재 세계 최대 규모의 비디오 플랫폼"(나무위키)으로 정의된다. 대표적인 동영상 미디어 사이트이면서 댓글을 통해 누리꾼들이 활발히 소통하는 사회적 소통망(SNS)의 역할도 겸하고 있다. 2005년에 설립된 유튜브는 2023년 현재 전 세계 이용자 수는 약 25억 명으로 페이스북에 이어 2위이고, 한국의 유튜브 사용자는 4,600만 명으로 국가별 사용자 순위에서 14위에 해당한다(https://www.statista.com).

그렇다면 한국인의 일상 미디어 언어생활을 독차지하고 있다고 할 정도로 중요해진 인터넷 동영상 미디어 유튜브에서는 어떤 방식으로 언어와 정보가 전달되고 소통되는지를 살펴보는 것이 필요하다. 언어 중심으로 내용이 만들어진 유튜브 동영상에서 사용된 언어는 크게 '영상 정보 언어, 영상 내용 언어, 댓글' 세 가지 유형으로 나눌 수 있다. 음악이나 풍경 등의 이미지를 핵심 내용으로 하는 영상의 경우, 영상 내용 언어는 없어도 영상 정보 언어와 댓글은 나타난다.

영상 정보 언어는 영상의 제목과 게시자 이름을 가리킨다.[3] 대다수 영상에서 제목이 언어로 표현된다. 인터넷에서 기사 제목을 붙일 때 독자들의 시선을 끌기 위해 내용을 과장하거나 의문문을 쓰는 등의 특별한 표현 기법을 쓰는 것처럼, 유튜브 영상도 제목을 어떻게 붙이는지에 따라 조회 및 구독자 수에서 큰 차이가 있기에 게시자는 영상 제목의 언어 사용에서 많은 점을 고려한다. 인터넷 카페나 블로그에서도

---

[3] 영상 표지라고 할 수 있는 '썸네일'의 내용은 영상 정보 언어의 일종이면서 영상 내용 언어기도 한 이중적 성격을 지닌다. 누리꾼들이 영상을 적극적으로 골라 보도록 영상 내용과 거리가 있는 자극적인 내용을 제시하는 경우가 있는데, 전반적으로는 영상 내용을 요약하거나 내용 일부를 인용하는 경우가 많다.

마찬가지지만 유튜브 영상은 조회 수가 곧 게시자의 경제적 수입과 직결되기 때문에 제목의 중요성이 훨씬 더 강하다. 예를 들면 '지상 최악의 ○○○', '○○○ 씨 자택에서 숨진 채 발견', '100억짜리 ○○○', '○○○ 하드 다 털었습니다', '대한민국의 ○○○ 인기 이유가 따로 있었다?!!'와 같은 제목은 내용을 정확히 반영하기보다 누리꾼들의 시선을 끌기 위해 다양한 전략을 사용하고 있다. 결과적으로 영상 제목 언어에는 흥미롭거나 문제적인 점이 많고, 앞으로 이에 관련된 구체적인 연구가 필요하다. 다만, 영상 정보 언어는 언어량이 제한적이고 다른 언어 자료에 비해 언어 사용 방식도 다양하지 않아서 유튜브 언어의 핵심 부분이라고 하기는 어렵다.

사용된 언어량에서나 언어 사용의 다양성 면에서 유튜브 언어의 핵심은 영상 내용 언어와 댓글이다. 영상 내용 언어는 출연자의 입말과 그것을 자막으로 처리한 글말로 다시 나뉜다. 영상에 따라 입말만 있거나 자막만 있는 것도 있다. 유튜브 영상은 텔레비전과 비슷한 방송 형식으로 만들어지는 것이 많은 점에서 유튜브 자막은 방송 자막과 기능 면에서 비슷하면서도 표현이 더 자유롭고, 형식도 다양하게 나타난다. 입말 또한 방송의 그것과는 다르게 더 자유롭고 다양한데, 그것을 다루는 본격적 연구도 의미 있는 결과를 이끌어 낼 것이다.

댓글은 이용자들이 쓰는 경우가 많으나 출연자, 제작자가 이용자들과 대화를 나누면서 함께 쓰기도 한다. 실시간 방송에서는 실시간 댓글이 대화처럼 이어지며 작성된다. 유튜브 영상마다 붙은 게시판에 이용자들이 올리는 각종 댓글은 내용, 사용자, 언어 종류 및 사용 방식 등의 면에서 여러 가지 새로운 특징이 나타난다. 특히 유튜브는 전 세계 누리꾼들이 즐겨 이용하는 동영상 매체기 때문에 서로 다른 언어를 쓰는 누리꾼들이 만나 소통하고 정보와 의견을 나누는 과정에서 자연스럽게 언어 접촉이 활발히 이루어진다. 유튜브의 사회적 소통망 기능은 바로 댓글 쓰기를 통하여 가장 강하게 발휘된다. 이런 점들에 대한 본격적이고 심층적인 연구 가능성과 필요성이 높다.

영상 정보 언어는 제목에서 사용한 언어의 종류와 수 면에서 하위 유형을 나눌 수 있고, 게시자 이름의 언어적 특성을 몇 가지로 나누어 살필 수 있다. 다만 언어량이 제한적이고 언어 사용 방식의 다양성이 낮은 점, 기존 연구가 아직 없는 점을 고려하여 여기서는 영상 정보 언어를 제외하고, 유튜브 언어를 다룬 기존 연구의 검토와 앞으로의 방향 제시를 위해 영상 내용 언어와 댓글 면에서 언어 사용 양상에 따른 유튜브 동영상의 유형을 몇 가지로 나누어 제시하겠다.

[그림 1] 입말과 자막이 함께 나오는 영상

유튜브 영상 자료 [그림 1]은 미국인 출연자가 한국어에 대해 한국어로 말하는 것인데, 그 말은 동시에 한국어 자막을 통해 글말로 함께 나온다. 입말과 글말이 같은 내용을 동시에 전달하는 영상으로 대부분의 언어 중심 영상이 이 방식으로 만들어진다. 입말과 글말을 함께 사용함으로써 내용의 전달력을 높이는 효과가 있다. 입말과 글말은 이 영상처럼 정확히 대응하기도 하지만 입말을 중심으로 하면서 핵심 내용을 요약, 정리해 글말로 간결하게 표시한 것도 있다.

[그림 2] 입말과 번역 자막이 함께 나오는 영상

[그림 2]의 자료는 외국인들이 한국 거리를 걸어 다니면서 관심 있는 시설이나 독특한 한국 문화를 소개하는 내용이다. 입말은 영어로 되어 있고, 주요 이용자들인 한국인들을 위해 한국어로 번역해서 자막을 붙였다. 정보 전달에 일차적 목적이 있는 자막인데, 본래 영어의 내용과 한국어 번역의 대응이 정확한지, 번역 과정에서 문화 차이와 미디어 환경에 따라 굴절되거나 더하고 줄인 표현이 있는지를 살펴보는 것도 흥미로울 것이다. 다른 언어를 쓰는 누리꾼들이 유튜브 영상을 함께 보기 때문에 갈수록 이러한 자막 언어 번역은 더 중요해지고 있

으며, 관련 연구도 늘어날 것으로 예상된다.

[그림 3] 입말과 요약 자막이 있는 영상

[그림 3]은 입말 사용이 기본이되 중요한 내용을 자막으로도 일부 표시하는 영상이다. 북한 이탈 주민인 두 출연자는 남한의 표준어에 가깝게 말하기 때문에 자막이 없어도 이용자들이 듣고 이해하는 데는 어려움이 없다. 다만, 중요한 내용을 자막으로 표시하기 때문에 해당 부분의 발화 내용을 한 번 더 강조하는 효과가 있다. 이것은 자막의 기능 중에서 의미 강조 기능이 중요하게 작용하는 보기다.

[그림 4] 입말만 있는 영상

위에 제시한 [그림 4]의 영상은 본래 출연자의 입말만 제공되는 것이다. 그런데 유튜브에 자동 자막 제공 기능이 있어서 이용자들이 자막을 보이도록 설정하면 입말을 자막으로도 동시에 볼 수 있다. 제작자가 미리 달아놓은 자막과 달리 자동 자막은 출연자 입말의 발음이 정확하지 않거나 음질이 좋지 않고 배경 소음이 강한 때에는 전사된 글말의 정확성이 상당히 떨어지는 문제가 있다. 이는 유튜브에서 제공하는 자동 자막 기능이 영어에 비해 다른 언어는 아직 음성 인식과 번역에서 정확도가 떨어지는 것과도 관련될 것이다.

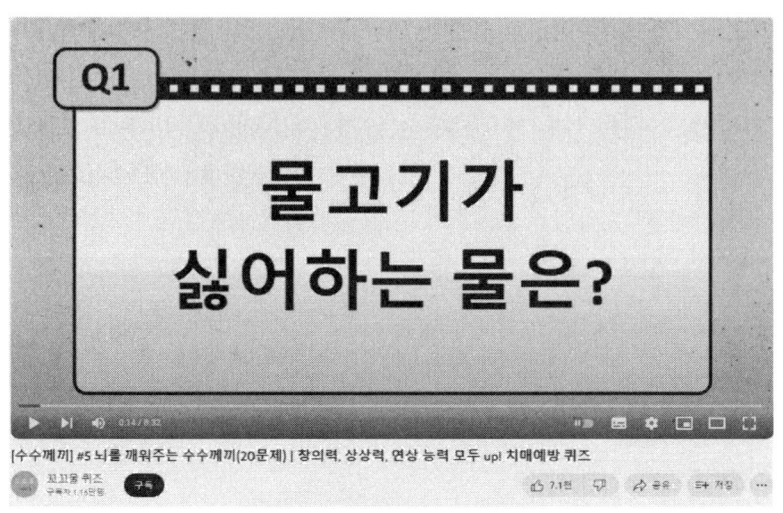

[그림 5] 자막만 있는 영상

 드물기는 하지만 [그림 5]와 같이 입말 없이 자막으로만 내용을 전달하는 영상도 있다. 이 자료는 퀴즈를 내고 이용자들이 풀어 보도록 하는 내용인데, 글말로만 내용을 전달하고 있다. 배경 음악과 효과음만 들어 있고 입말은 전혀 나오지 않는다. 퀴즈의 내용 자체가 아주 단순해서 굳이 입말로 전달하지 않아도 전달과 이해가 쉽게 되기 때문이다. 요즘은 글말을 성별이나 세대가 다양한 화자의 음성 형식으로 바꾸어 주는 프로그램이 많아서 글말로만 내용을 전달하는 이런 영상 자료는 아주 드문 편이다.
 다음으로 유튜브 영상의 게시판에서 댓글을 누가, 어떻게 쓰는지 유형을 살펴본다. 그런데 유튜브의 모든 영상에서 댓글을 달 수 있는 것은 아니다. '동영상 소유자가 댓글 사용 안함으로 설정한 경우', '미성년자 보호와 같은 안전상의 이유 또는 기타 안전 위반으로 유튜브에서 댓글을 사용을 중지한 경우', '채널 또는 동영상의 시청자층이 아동용으로 설정된 경우' 등의 영상에는 댓글을 달 수 없다. 따라서 아동용 영상이나 제작자가 댓글 사용을 허락하지 않은 영상에서는 댓글로 소통하고 싶어도 할 수 없는 상황이다.4) 그런 경우를 제외하면 다수 영상에서는 댓글 사용이 자유롭고 활발하게 이루어진다. 댓글이 많이 붙은 영상은 수십만, 수백만 개의 댓글이 달리기도 한다.

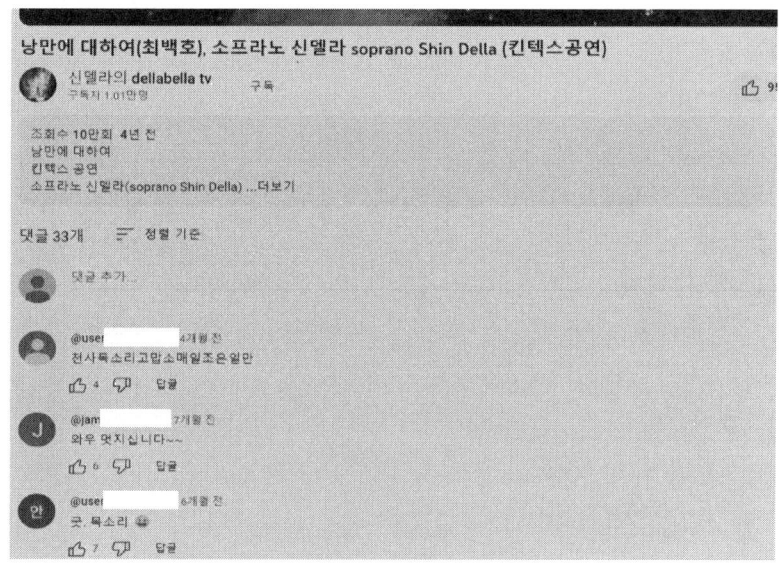

[그림 6] 이용자들의 댓글만 있는 영상

댓글이 있는 영상을 중심으로 댓글 사용이 어떻게 이루어지는지의 유형을 두 가지로 나누었는데, [그림 6]의 영상은 여성 성악가가 가요

---

4) 제작자가 댓글 사용을 허락하지 않는 이유가 여러 가지가 있겠는데, 영상 내용이 허위 사실을 포함하고 있거나 다른 영상에서 내용을 허락 없이 가져왔거나 비슷한 내용을 여러 영상에서 반복적으로 다루는 등의 문제로 누리꾼들에게서 비난받을 가능성이 있는 점 때문에 댓글 게시판을 스스로 차단해 둔 경우가 흔하다.

〈낭만에 대하여〉를 부른 것으로 댓글은 모두 이용자들이 달았다. 노래나 목소리를 칭찬하는 댓글이 올라와 있으며, 이에 대한 제작자나 성악가의 반응이나 대답은 보이지 않는다. 댓글에 대한 반응이 없어서인지 조회 수에 비해 댓글 수가 적다.

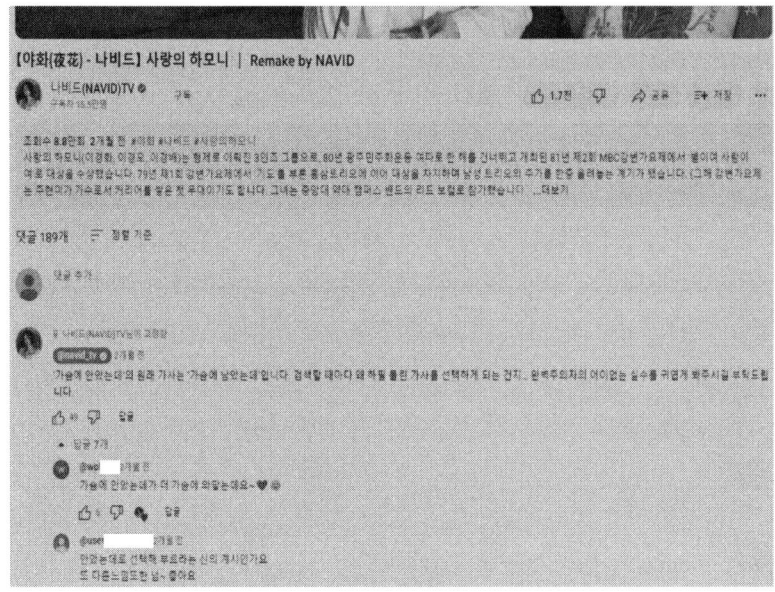

[그림 7] 출연자/제작자와 이용자들의 댓글이 함께 있는 영상

[그림 7] 영상도 가수의 노래를 담은 것인데, 댓글 게시판에서 출연 가수도 댓글을 올렸다. 이에 대해 이용자들이 다시 댓글로 답을 하고 가수는 하트 그림글자를 붙임으로써 가수와 팬 사이에서 대화가 이루어지는 모습이다. 전체적으로 보아 이 유형의 댓글이 달리는 영상은 비율이 높지는 않은 편이다.

[그림 8] 유튜브 실시간 방송 이용자들의 댓글 대화

　유튜브에서 실시간 방송을 진행하는 때에는 [그림 8]과 같이 이용자들이 방송 내용과 관련해 의견이나 인사말 등을 화면 오른쪽의 대화창을 통해 올리기도 한다. 이것은 방송 화면에 그대로 나타나며, 이후 영상으로 저장하여 공개할 때 게시판 댓글과는 별개로 화면에 남게 된다. 대화 참여자가 많을 때, 실시간 댓글 대화는 빠르게 흘러가고 노출되는 공간도 적기 때문에 보통의 댓글과 달리 길게 쓰는 일이 드물고, 깊이 있는 대화가 이루어지기는 어렵다.

3. 동영상 미디어 언어의 연구 현황

　앞서 유튜브 영상의 언어를 '영상 정보 언어', '영상 내용 언어', '댓글'의 세 가지로 나누었는데, 영상 정보 언어를 다룬 연구는 아직 없다. 따라서 여기서는 유튜브와 같은 동영상 미디어의 언어를 대상으로 한 연구를 '영상 내용 언어 연구'와 '영상 댓글 언어 연구'로 나누어 선행 연구를 분석한다. 앞의 연구는 영상에 나오는 사람의 발화나 그것을 그대로 또는 줄여서 표시한 자막 언어를 연구한 것이다. 뒤의 연구는 영상 게시판에 누리꾼들이 붙인 댓글이나 실시간 대화의 언어를 연구한 것이다. 아직 관련 연구가 많지는 않지만, 두 유형의 연구에는 어떤 것이 있는지 살펴보기로 한다.

3.1 영상 내용 언어 연구

유튜브 영상 내용 언어를 다룬 연구는 최근 5~6년 전부터 시작되었다. 신유리(2018, 2020, 2021), 김민영(2019), 이태석·정혜인·주희수·김순영(2022), 하승희(2022), 이정복(2023가), 조위수(2023가, 나) 등이 있다. 각각에 대해 핵심 내용을 정리하고 필요에 따라 연구 의의나 한계점을 지적하겠다.

유튜브 영상 내용 언어를 비교적 이른 시기에 본격적으로 분석한 작업으로 신유리(2018) 등 일련의 연구가 눈에 띈다. 신유리(2018)은 매체 환경의 변화가 담화의 생산 과정과 방법, 내용, 형식에 영향을 준다는 관점에서 매체 환경의 변화가 광고에서 어떤 변화를 이끌었는지를 유튜브 광고 자료 분석을 통해 살펴보고자 했다. 2013년부터 2018년까지 나온 유튜브 광고 중 대중들의 주목을 받은 광고를 대상으로 '활동, 사회적 관계, 의사소통 기술'의 면에서 담화 특성을 다루었다. 유튜브 광고는 광고 생산자와 유튜브 사용자의 상호작용이 가능해졌으며, 뮤직비디오나 다큐멘터리, 인터뷰와 같은 다른 장르가 광고와 혼합되는 모습을 보여 주는 것으로 나타났다.

신유리(2020)은 제도성이 강한 국가기관이 대중적 인기가 높은 유튜브 채널 '펭TV'와 협업을 통해 생산한 동영상 자료를 담화 분석 관점에서 다룬 것이다. 중앙 행정기관은 '유머를 통한 전경화된 오락 추구', '무게 중심을 두지 않은 정보의 배경화된 추구', '댓글을 통한 담화 참여자들의 활발한 상호작용'의 의사소통 방식을 드러낸 것으로 나타났다. 또한 유튜브 채널을 통한 홍보 활동 과정에서 정보뿐만 아니라 오락성을 적극적으로 드러내며, 수신자들과 대화 형식의 상호작용을 하는 모습을 보여 주었는데, 이는 유튜브 매체의 탈제도성, 1인 미디어적 속성, 소셜네트워크적 특성과 같은 의사소통 기술과 관련되는 것으로 해석했다.

신유리(2021)은 어린이 유튜브 콘텐츠가 본질적으로 '프로모션'의 성격을 지닌 것으로 보고, 이러한 특성이 텍스트에 실현되는 양상과 수용자인 어린이 구독자에게 미치는 영향을 분석하고, 사회적 함의를 살펴보고자 했다. 부모와 자녀가 함께 출연하는 어린이 유튜브 채널 3개에서 9개의 동영상을 분석하여 어린이 유튜브 담화가 장난감, 간식, 가족 여가 활동과 관련된 상품을 홍보하는 광고 장르의 특성이 있음을 밝혔다. 놀이 및 집에 대한 표상 방식을 통해 유튜브 담화가 물신주의 이데올로기를 반영하고 있으며, 구독자의 시청 행위는 텍스트를 생산하고 유통하는 자본가에게 이익을 안겨 주는 노동 행위로 이해할 수 있다는 관점을 드러내었다.

김민영(2019)는 새로운 어휘 영역에 관심을 둔 것인데, 한국 미용 문화와 관련된 유튜브 동영상 21개를 대상으로 '미용 한국어'의 쓰임을 분석했다. '미용 유튜브'의 갈래 특성에 따른 고빈도 표현으로 '-을게요', '-게', '-도록', '-어 주다'가 잘 쓰이고 있으며, '강아지 눈매', '도자기 피부', '골고루 도포하다', '포인트를 주다', '볼륨감 있다', '탄력 있다' 등의 고정 표현이 많이 쓰인다고 기술했다. 또 미용 한국어에는 외래어가 높은 빈도로 쓰인다고 보아 집중적으로 살펴보았는데, 한국어를 기본 언어로 쓰면서도 영어 등에서 온 외래어 또는 외국어가 '언어 혼용' 수준으로 많이 섞여 쓰인다고 평가했다. 유튜브 영상 내용 가운데 한국 미용에 관련된 언어를 살펴봄으로써 '미용 한국어'라는 개념을 새롭게 도입함으로써 앞으로 관련 연구를 이끄는 효과가 있을 것으로 보인다.

이태석·정혜인·주희수·김순영(2022)는 유튜브 예능 방송의 자막 언어 번역의 유형을 나누고 각 유형별 번역 전략을 살펴본 것이다. 예능 방송에는 자막이 필수적 요소로 들어가는데 한국 예능 방송을 보는 외국인들이 늘어나면서 영어 등 외국어로 자막을 번역해 제공하는 영상도 늘어났다. 이 연구에서는 11개 영상의 영어 번역 자막을 대상으로 '기본적 정보 전달형', '제작진 의견 제시형', '출연자 발화 인용 및 요약형'의 세 가지로 유형을 나누고, 각 유형의 구체적 번역 전략을 파악했다. 기본적 정보 전달형 자막에서는 공간 제약을 극복하며 정보를 충실히 전달하기 위한 전략이, 제작진 의견 제시형에서는 오락적 기능을 위해 명시화, 원문 맥락 고려, 의성어로 설명 대체 등의 전략이 사용된 것으로 나타났다. 출연자 발화 자막에서는 발화 내용을 전달하면서도 영어 시청자를 고려하여 재미를 더하는 전략을 사용하는 모습을 확인했다. 외국 누리꾼들에 대한 정보 전달 기능을 넘어 오락적 기능과 문화적 소통 기능을 수행하는 예능 방송 번역 자막의 중요성과 연구 필요성을 환기한 점에서 연구 의의가 있다.

북한 이탈 주민들의 유튜브 영상을 대상으로 언어 특성을 다룬 연구가 다수 나왔다. 하승희(2022)는 유튜브 개그 관련 채널 '고농축(북한 버전)', '피식대학(풍계리민철TV)'의 동영상 자료를 '북한어의 의도적 왜곡과 언어유희', '인권유린 및 호전적 태도 비난 풍자', '정체성을 인정받기 위한 맹목적 자본주의 추종', '자기검열을 위시한 국가보안법

작동체계의 균열' 면에서 북한의 재현 양상을 살펴보았다. 이 가운데 언어 사용에 초점을 맞춘 북한어의 의도적 왜곡과 언어유희 부분에서는 '영어 약자 및 외래어 왜곡 순화 표현', '두음법칙의 오적용', '북한식 사투리 표현과 남한식 표현 결합'의 세 가지 특징이 있음을 보고했는데, "북한어의 언어적 특성을 활용한 재현에서는 의도적으로 오역하거나 문법의 과잉적용을 통해 웃음을 유발하려는 특징"이 나타났다고 했다.

조위수(2023가)는 북한 이탈 주민이 출연하는 유튜브 채널 '윤설미TV'의 자료를 대상으로 질문 담화의 거시적 기능과 미시적 기능을 분석했다. 방송에서 북한 이탈 주민들은 거시적 관점에서 방송의 흐름 전개에 질문을 활용하고 있는데, 구체적으로 '화제 도입, 화제 전환, 화제 마무리'를 위해 질문을 이용하는 것으로 기술했다. 미시적 관점에서는 '발화를 이어가는 과정에서 시간 벌기, 기억하기, 바로잡기의 기능에서 질문을 활용하고, 나아가 발화 내용의 강조, 상대의 주의를 집중시키기, 상대의 동의를 유도하기, 정보를 요구하거나 도움 청하기, 상대의 발화 내용을 확인하거나 상대의 의견에 동의·반박하기, 상대의 발화 내용에 대한 감정 표현하기' 등의 다양한 기능을 위해 질문을 활용한다고 분석했다. 이 연구는 남북 언어의 이질화 극복을 위해 북한 이탈 주민의 담화를 분석한 점에서 의의를 찾을 수 있다고 스스로 밝혔다.

조위수(2023나)는 남북한 언어 이질화를 극복하고 통일 이후의 언어 통합을 실현하기 위한 목적에서 북한 이탈 주민이 출연하는 유튜브 채널 '윤설미TV'의 자료를 담화 전략 면에서 분석했다. 제보자들은 반복과 질문을 전략적으로 활용하고 있으며, 북한식 표현을 맥락화 단서로 활용한다고 보았다. 체면 위협 행위가 일부 있었으나 반복을 통한 맞장구와 호응 전략을 통해 상대의 체면을 세워주고 담화를 협력으로 이끄는 양상이 많이 발견되었다고 기술했다. 또한 여성들은 '빠른 말투와 말 겹치기, 따발총 질문' 등 고참여 스타일의 담화 특성을 보여 주는 것으로 평가했다.

이정복(2023가)는 한국어의 차별 언어 또는 혐오 표현을 내용으로 하는 유튜브 영상을 검토하여 차별 언어에 대한 이해가 정확하게 이루어졌는지를 비판적 관점에서 분석한 것이다. 최근에 한국에서 사회적 관심을 많이 받는 '먼지 차별'의 개념을 소개하고, 영상 자료에서 먼지 차별에 대한 이해가 제대로 잘 되었는지를 살펴보았다. '차별 언어'와 '혐오 표현'의 차이점과 구별 필요성을 다루었고, 차별 언어인지 아닌지 구별이 쉽지 않은 표현의 보기를 통해서 차별 언어에 대한 정확한 이해가 필요함을 지적했다. 한국어 화자들에게 큰 영향을 주는 인터넷 동영상 자료의 문제점을 구체적으로 검토함으로써 차별 언어에 대한 화자들의 정확한 이해를 돕고, 잘못된 자료 때문에 나타나는 불필요한 논란과 반발, 감정 다툼, 그리고 사회적 대립이 확산되지 않도록 막는 효과를 거두고자 했다. 차별 언어를 다룬 영상을 넘어 유튜브 일반 영상을 대상으로 차별 언어 사용 문제를 구체적으로 다루는 연구의 필요성을 느끼게 된다.

3.2 영상 댓글 언어 연구

유튜브 영상의 댓글 언어를 다룬 연구는 영상 내용 언어를 다룬 것에 비해 적은 편이고, 연구 시기도 조금 더 늦다. 남길임·안진산·황은하(2020), 왕서기·김유미(2022), 이정복(2022나), 유여란(2023), 이찬영·윤나영(2023)이 각기 다른 관점에서 댓글 언어를 분석했다.

남길임·안진산·황은하(2020)과 왕서기·김유미(2022)는 대규모 언어 자료를 대상으로 컴퓨터를 활용해 가공하고 분석하는 전산언어학적 연구다. 남길임·안진산·황은하(2020)은 유튜브 동영상 90개의 댓글 자료를 분석하여 사용자 생성 콘텐츠(UGC)의 언어학적, 응용적 활용을 위한 '표준형 대응쌍 말뭉치' 구축 방안과 관련 문제를 논의했다. 기존의 사전이나 언어 규칙으로 처리할 수 없는 비표준형의 구조적 특성을 분류한 면에서 '조어법 등 언어 구조적 특성에 대한 연구'로 공학적, 언어학적 연구를 포괄하는 점에서 의의가 있다고 밝혔다. 구체적 분석 결과, 유튜브 말뭉치는 세종 문어, 구어 말뭉치와의 어절 일치도가 토큰 기준 55% 이하로 나타났고, 유튜브 댓글의 특수 어형을 자연어 처리 관점에서 '띄어쓰기 비규범형, 표준형 대응쌍이 존재하는 유형과 존재하지 않는 유형, 고유명사 유형' 등으로 나누어 분포와 예시를 분석하고 표준형 대응쌍 구축을 위한 처리 방안을 논의했다. 유튜브 댓글에 대한 말뭉치 언어학적 접근인 점에서 새로운 시도라는 의미가 있다. 다만, 일상어와 비교해 표기, 형태, 의미 면에서 다양한 변이가 특징이고 그 자체로서 의미 기능이 발휘되는 인터넷 통신 언어 자료를 표준형 말뭉치로 바꿈으로써 새롭게 밝혀내거나 활용할 수 있는 것이 무엇인지에 대한 고민이 필요하다.

왕서기·김유미(2022)는 '비정형 텍스트에서 숨겨진 주제어를 찾아낼 수 있는' 기법인 '텍스트 마이닝(text-mining)'을 이용해 유튜브 음악 영상의 댓글을 분석하여 음악 영상에 대한 누리꾼들의 반응을 살펴보았다.[5] 방탄소년단의 〈Butter〉, 〈Permission to dance〉 뮤직비디오의 영어 댓글 약 71만 개를 대상으로 '키워드 분석'과 '토픽 모델링'을 활용하여 자료를 분석하고 주제 분포를 시각화해 제시했다. 키워드 빈도 분석 결과를 보면, 〈Butter〉의 경우 'army, Butter, like,

---

[5] 언어학 분야의 연구는 아니나 유튜브 댓글의 주제어를 분석한 연구로는 김찬우·박효찬·박한우(2017)이 있다.

love, let' 순으로 많이 쓰였고, 〈Permission to dance〉는 'song, army, love, dont, dance, need' 순으로 많이 쓰였다. 토픽 분석 결과에서는, 〈Butter〉에서는 조회 수에 대한 감탄이나 노래에 대한 평가가 많았고, 〈Permission to dance〉에서는 노랫말과 가수들에 대한 칭찬이 많은 것으로 나타났다. 대규모의 유튜브 댓글 자료에 대한 새로운 접근 방식의 하나로서 의미가 있으나 분석 결과의 단순함과 허전함을 보완할 방안이 무엇인지 적극적으로 고려할 필요가 있다.

이정복(2022나)는 유튜브가 세계인의 삶에서 큰 부분을 차지하고 있는 인터넷 동영상 시대에, 유튜브 공간에서 한류 문화 동영상을 매개로 한국어와 한글이 어떻게 쓰이며 세계적으로 확산되고 있는지를 살펴보았다. 구체적으로 방탄소년단의 노래나 예능 활동을 담은 동영상에 붙인 외국인 누리꾼들의 댓글 자료를 분석하여 한국어, 한글 사용의 실태를 기술했다. 전 세계적 인기를 얻은 방탄소년단의 동영상을 통해 세계 각지의 팬들인 '아미'들이 다양한 언어로 활발히 소통하고 있으며, 특히 한국어와 한글을 이용하여 가수들과 직접, 적극적으로 소통하려는 노력을 보여 주는 점을 확인하였다. 또 외국 누리꾼들은 케이팝과 관련된 한국어 표현을 자신들의 언어에 수입하여 섞어 쓰는 모습도 나타났다. 방탄소년단의 동영상이 외국인들의 한국어와 한글에 대한 관심을 높이고, 그것을 직접 배워 쓰려는 촉진제가 된다고 보았다. 이런 점에서 수많은 한류 문화 동영상을 전 세계인들이 공유할 수 있도록 하는 유튜브와 같은 인터넷 매체가 한국어 사용의 새로운 영역으로 작용하며, 결과적으로 한국어 사용권이 더 넓게 확장되는 의미가 있음을 강조했다.

유여란(2023)은 유튜브 동영상의 실시간 대화와 댓글을 대상으로 대화분석 관점에서 칭찬, 격려, 우호적 표현 등의 '긍정적 평가 대화'를 분석했다. 그 결과를 보면, 긍정 평가의 유형에는 '반복적 발화 형태', '비언어적 표현 수단의 사용', '약어, 비표준어 등 단어, 문장의 단순화'가 있다고 했다. 대상에 따른 평가 양상에서는 '평가 대상이 유튜브의 진행자나 초대 손님인 경우' 외모나 패션 등에 대한 우호적 평가를 내리고, 다른 대화 참여자들이 동조 현상을 보여 주는 것으로 나타났고, '전달하고 있는 내용일 경우'에는 글의 길이가 더 길고 이모티콘 등의 '비언어적 표시어' 사용 빈도가 훨씬 낮은 것으로 나타났다고 했다. 이 연구는 유튜브 동영상 게시판에 붙은 댓글과 실시간 대화를 분석하는 구체적 한 관점을 보여 준 점에서 의미가 있다.

이찬영·윤나영(2023)은 유튜브와 트위치의 실시간 방송 대화 자료를 대상으로 '임시어'의 유형과 특성, 단어 형성론적 의의를 다루었다. 형태론 연구 대상으로서 임시어가 지니는 가치와 중요성에도 실체적 차원의 연구가 부족했다는 반성에서 풍부한 임시어 자료를 관찰할 수 있는 사용역의 하나로 인터넷 실시간 방송의 댓글 대화 자료를 분석한 것이다. 이러한 임시어는 '맥락 의존성', '의미 관계 및 지시 개념의 다양성', '동의 유의 관계 임시어 형성' 등의 특징을 띠며, 임시어의 일반적 특징을 공유하면서도 온라인 실시간 방송의 대화라는 장르적 특성을 반영하는 것으로 해석되었다. 이 연구는 동영상 미디어의 댓글 대화 자료를 대상으로 '임시어' 형성이라는 형태론의 구체적 주제를 다룬 점에서 의의가 있다.

4. 동영상 미디어 언어 연구의 과제

앞의 두 절을 통해 유튜브에서 언어 사용이 어떤 방식으로 이루어지며, 유튜브 언어 유형을 어떻게 나눌 수 있는지, 각 유형의 언어를 다룬 기존 연구에는 어떤 것들이 있는지를 살펴보았다. 여기서는 연구 주제의 관점에서 앞으로 유튜브를 포함한 동영상 미디어 언어를 연구할 때 중요하게 고려해야 할 과제나 방향에 대해 다섯 가지로 나누어 생각해 보기로 한다.6)

첫째, 언어 사용 환경의 차이 때문에 동영상 미디어 언어가 일상어 또는 기존의 통신 언어와 어떻게 다른지를 다루는 연구가 계속 진행될 필요가 있다. 동영상 미디어에서는 입말과 글말이 모두 사용된다. 그러나 입말과 글말 모두 일상어와는 구별되는 점이 많다. 유튜브도 일종의 방송이기 때문에 출연자들이 쓰는 입말은 일상어보다 격식성이 높고, 대형 방송사의 방송에 비해서는 격식성이 낮으면서 자유로운 특징이 있다. 댓글을 통해 쓰는 글말은 통신 언어의 하나이기 때문에 입말과 글말의 특성을 함께 갖고 있으면서 그 자체의 쓰임 환경에서 영향을 받아 독특한 모습을 보여 준다. 통신 언어는 그 자체로만 존재하는 것이 아니라 일상어 입말과 글말에 다시 영향을 준다. 통신 언어 연구 초기부터 일상어와 어떻게 다른지에 대한 집중적인 관심을 받았는데, 동영상 미디어의 통신 언어와 일상어 또는 다른 매체를 통한 기존의 통신 언어와의 차이 및 상호 영향 관계를 파악하는 연구가 이어질 수 있을 것이다.

---

6) 유튜브를 포함한 동영상 미디어에서 쓰이는 언어도 인터넷 통신 언어의 한 가지다. 그것은 초기의 대화방, 게시판, 전자 편지에서 쓰이던 통신 언어와 공통점이 있으면서도 언어 사용 환경 및 소통 방식의 다름에 따른 차이점도 나타난다. 동영상 미디어에서 쓰이는 누리꾼들의 언어는 기존의 통신 언어 사용 영역이 확대된 결과임을 고려하면 여기에서 제시하는 연구 과제 외에도 음운, 문법, 담화, 문체 면에서 다양한 연구가 가능하고 또 필요함을 지적한다. 통신 언어의 개념과 유형, 발생 동기와 기능에 대해서는 이정복(2003가), 기존 통신 언어 연구의 과제와 의의는 이정복(2003가, 2005, 2007가, 2012가, 2018가, 2019가)를 참조할 수 있다.

[그림 9] 비격식적이며 자유로운 발화의 유튜브 방송

영상 자료 [그림 9]는 방송인 유재석 씨가 진행하는 개인 유튜브 방송인데, 엄격한 심의 규정을 따라야 하는 공중파나 케이블 텔레비전의 방송과 달리 출연자들이 별명을 쓰기도 하고 '씨', '님' 대신 '형'이나 이름으로 편하게 부르고, 유행어나 속어도 많이 쓴다. 자막 사용에서도 일상어와 다른 통신 언어 사용이 높은 빈도로 나타난다. 이용자들은 연예인들이 평소 자기들끼리만 있을 때처럼 편하고 자유롭게 말하며, 내용도 틀에 박히지 않은 풍성한 이런 종류의 '리얼 예능'인 유튜브 예능 방송을 아주 좋아하게 된다.

해당 영상의 댓글 게시판에 올린 몇 개의 의견을 보면, "공유님이 오랜만에 만난 세찬님을 이후에 자연스럽게 쌥쌥이로 부르는것도 그렇고 점점 멘트가 트여서 케미 맞추는거 보면 ㄹㅇ핑계고가 얼마나 좋은 콘텐츠인지 느껴짐..핑계고=내향형이라도 편하게 얘기하다 갈수있는 곳이 되가는 느낌.."(@SVT***), "공유배우님의 내추럴한 모습을 무려 1

시간 넘게 볼 수 있다니 진짜 너무너무 행복해요… 추석 선물 감사합니다 핑계고~~!"(@use***), "대본없이 이런저런 이야기 하는게 너무 편하고 재밌네요 의식의 흐름대로 ㅋㅋ 사람 살고 이야기 하는거 다 똑같은거 같네요 사람냄새 나서 좋아요"(@use***)와 같이 편하고 자연스러우며 자유로운 말하기에 대한 칭찬이 많다.7) 이처럼 언어 사용 환경이 달라짐으로써 말하기 방식과 사용 언어가 크게 달라지는 현상에 대한 다각도의 담화 분석이 가능하다.

둘째, 동영상 미디어를 통해 무엇을 누리는지를 살피는 연구도 필요하다. 누리꾼들은 동영상을 통해 많은 시간을 보내고 재미를 누리며, 정보를 얻고, 다른 사람들과의 관계를 유지해 나간다. 인터넷에서 누리꾼들이 말과 그림, 동영상 이미지를 함께 이용해 재미를 얻고 함께 공감하는 '복합형 말놀이' 활동이 크게 늘었다. 언어의 오락적 기능과 친교적 기능을 분석하는 연구를 통해 인터넷 통신 언어 시대 사람들의 언어 행위와 언어문화를 깊이 있게 이해할 수 있다. 말과 이미지를 결합한 복합형 말놀이 활동이 극대화된 공간이 바로 유튜브와 같은 동영상 미디어인데, 이런 동영상 미디어에서는 새로운 갈래의 영상이 점점 늘어나고 있다. 그 한 보기가 광고 영상의 변화다.

---

7) 현재의 언어 사용 실태를 있는 대로 보여 주기 위해 맞춤법, 띄어쓰기 등 어문 규범 면에서 전혀 수정하지 않고 누리꾼들이 쓴 댓글 그대로를 제시한다.

[그림 10] 웹 드라마 형식의 유튜브 광고

　　[그림 10]은 한 편의점 회사가 찍어 올린 '웹 드라마' 형식의 〈편의점 고인물〉이라는 광고 영상인데, 신유리(2018)에서 지적한 것처럼 드라마와 광고라는 서로 다른 장르가 혼합된 것으로 최고 조회 수가 1,000만이 넘을 정도로 유튜브 이용자들에게서 큰 인기를 끌었다. 유튜브 광고는 상품 자체를 직접 알리기보다는 상품이나 회사에 대한 긍정적 이미지를 재미있는 이야기가 있는 영상으로 만들어 간접적으로 알리는 방식을 쓰는 경우가 많다. 유튜브에서는 기존의 텔레비전이나 신문 광고와 달리 이용자들이 주체적으로 광고 보기를 선택할 수 있는데, 이런 드라마 형식의 광고는 이용자들이 먼저 자발적으로 찾아보게 된다. 특히 드라마 형식이지만 '쇼츠(shorts)'라는 최대 60초의 짧은 영상 형식으로 만들었기 때문에 지루하지 않게 볼 수 있다. 최근 보도에 따르면, 이 편의점 회사에서는 인기를 끈 드라마 형식의 광고 〈편의점 고인물〉, 〈편의점 뚝딱이〉에 이어 3번째로 〈편의점 베짱이〉라는 15부작 웹 드라마를 방송한다고 한다.8) 매체와 그 이용 환경이 바뀜에

---

8) 이상현 기자, 〈"남들은 광고 안 보려 돈 내는데"…Z세대가 찾아보는

따라 기존의 광고라는 갈래가 다른 형식과 혼합, 변형되고 있음을 잘 보여 준다.

[그림 11] '사이버 렉카'의 심각성을 다룬 시사 프로그램

셋째, 동영상 미디어를 통해 어떤 문제가 나타나는지를 다루는 연구 활동이 강화되어야 한다. 통신 언어는 규범에서 벗어나 자유롭게 표현되기 때문에 언어 규범의 유지 및 언어 교육에 부정적 영향을 준다. 이 문제는 통신 언어 연구 초기에 집중적 관심을 받았고, 앞으로도 마찬가지다. 특히 비속어와 차별 언어를 분석하는 연구가 더 많이 나올 필요가 있다. 오락적 기능에서 무의식적으로 사용하는 경우라고 해도 차별 언어는 약자를 괴롭히고 언어공동체를 분열시키는 부작용이 크다.

언론학 분야의 연구인 이신행·이주연·조민정·박태강(2022)는 혐오를 조장하고 악성 댓글을 확산시키는 유튜브 '사이버 렉카'9) 채널의

이 유튜브>, 매일경제, 2023-09-25 기사 참조.

영상 댓글을 분석하여 어휘 특성을 분석했는데, 욕설이나 비속어보다는 외모 비하나 조롱 목적의 '멸칭'과 '모욕적 상징이 함축된 고유 명사'가 사용된 댓글이 많았다고 보고했다. 차별 언어는 단순히 언어의 문제가 아니라 사회적인 문제 요소인 만큼 다양한 분야의 연구자들이 함께 협력하여 연구를 진행하는 것도 도움이 될 것이다.

[그림 12]는 동물들이 주인공으로 나오는 만화 영상인데, 대부분의 대화에 욕설 등의 비속어가 섞여 나오는 점이 특징이다. 이용자들은 욕설에 대해 거의 의식하지 못하고 내용이 재밌다는 점에 주목하고 있지만 욕설의 일상적 사용은 누리꾼들에게 욕설에 대한 무비판적 태도를 갖추도록 만들고, 욕설 사용의 문제를 전혀 인식하지 못하도록 하는 점에서 문제가 크다. 방송이나 신문과 같은 기존의 미디어에 존재하는 언어 사용 규범이 없거나 약한 인터넷 동영상 미디어에서는 이런 비속어 사용이 자연스럽게 나타나는 경우가 많은데, 그것과 관련된 연구가 나와야 하겠다.

---

9) '사이버 렉카'는 '사이버 바람잡이'로 순화해 쓰는 말로서 "남의 불행이나 사고, 실수, 결점, 잘못 등을 인터넷 상에 주로 영상의 형태로 공론화해서 이득(조회수, 인지도, 광고 수익)을 챙기는 사람"(나무위키)을 가리킨다. 신문, 방송과 관련되어 나타났던 '황색언론', '파파라치', '가짜뉴스'의 인터넷판이라고 할 수 있는데, 언어적으로 [그림 11]에서 알 수 있듯이 비속어나 차별 표현 사용이 심각한 수준이다.

[그림 12] 내용에서 비속어가 많이 쓰인 영상

넷째, 유튜브에 있는 영상 가운데는 전 세계의 이용자들에게서 관심을 받는 것이 많고, 이런 영상을 매개로 다양한 문화와 언어를 배경으로 하는 사람들의 접촉과 소통이 늘어났는데, 서로 다른 언어와 문화의 접촉과 상호 영향을 분석하는 연구가 활성화될 필요가 있다.10) 한국 가요, 드라마와 같이 한국어와 한국 문화를 내용으로 한 유튜브 영상이 세계적 인기를 끌면서 해외 누리꾼들이 한국어와 한국 문화에 관심을 가지게 되었고, 댓글을 통해 한국 누리꾼들과 소통하고 있다. 이 과정에서 서로의 언어에 새로운 요소가 들어가게 되고 문화적으로 가깝게 서로 닮게 된다. 인터넷 자체가 언어와 문화, 국경의 벽을 넘어 사람들이 두루 소통할 수 있는 매체지만, 더 쉽게 접할 수 있고 이해가

---

10) 한국 유튜브 채널에서 올리는 영상의 시청 시간 가운데 30% 이상이 해외에서 나올 정도로 한국 콘텐츠가 외국 누리꾼들에게 큰 인기를 끌고 있는 것으로 나타났다(김찬호 기자, <한 유튜브 영상 30%는 해외서 시청…"K콘텐츠 놀라운 성과">, 뉴시스, 2023-09-21 기사 참조).

빠른 동영상 미디어는 온 세계의 누리꾼들을 진정 하나로 이어 주는 역할을 충실히 발휘하는 점에서 특별나다.

[그림 13] 한국관광공사에서 올린 부산 홍보 영상

[그림 14]는 한국관광공사에서 운영하는 유튜브 계정에서 올린 부산 관광 홍보 영상인 [그림 13]에 누리꾼들이 붙인 댓글이다. 한국어, 영어, 우크라이나어, 스페인어 등 서로 다른 언어를 쓰는 누리꾼들이 방탄소년단 가수들이 나오는 영상 내용을 보고 출연자들이나 아름다운 부산 풍경을 칭찬하고 있다. 특히 눈에 띄는 댓글 내용은 [그림 14]에서 @Min*** 누리꾼이 "Amazinnng Suga hyung, I love you and Jimin hyung, I love you ♥"(대단해요 슈가형 사랑해요 지민이형 사랑해요♥)라고 적었는데, '슈가 형', '지민 형'이라고 하여 한국어 '형'을 영어로 'hyung'으로 쓴 점이다.11) 이처럼 한국의 노래나 드라마를

---

11) 이 누리꾼은 계정 정보를 통해 확인한 결과 튀르키예어 또는 투르크멘어 사용자로 추측된다.

11장 유튜브 동영상 언어의 연구 현황과 과제 399

즐기는 외국 누리꾼들이 한국어의 특정 표현을 자신들의 언어에 빌려 쓰는 모습이 종종 나타난다. 유튜브 영상을 매개로 언어의 접촉과 수용이 나타나는 점이 확인된다.12)

[그림 14] 여러 언어 사용자들이 댓글로 소통하는 모습 ①

한편, 누리꾼들은 댓글로 생각을 밝힐 뿐만 아니라 서로 대화를 나눈다. [그림 15]를 보면, 한국인 누리꾼이 "부산 사람 울컥하네요.. 옛날 동네, 지금 동네, 내가 걷던 해파랑길.. 내가 사는 부산 아름다운 도시.. 아 눈물난다.. 노래도 정말 좋네요. 지금 내 감정에 딱 맞는. 슈가, 지민 고마워요~"라고 쓰자 부산을 천국에 비유하며 공감을 나타내는

---

12) 한국 노래를 즐겨듣는 외국 누리꾼들이 한국어 표현을 빌려 쓰고, 번역기를 이용해 독특한 모습의 한국어를 쓰는 현상에 대해서는 이정복(2022나)에서 자세히 다루어졌다.

누리꾼(@Dei***)이 러시아어로 "вы живете в раю"(당신은 천국에 살고 있어요)라고 답글을 붙였다. 또 다른 러시아 누리꾼(@use***)도 "Вы настольгируете по старому Пусану??? Современный город тоже не плох, красивый город!"(옛 부산이 그리우신가요??? 현대 도시도 나쁘지 않고, 아름다운 도시예요!)라고 부산이 아름다운 도시라고 칭찬한다. 그런데 영어를 쓰는 누리꾼(@him***)이 영상 내용과 관련 없이 "G DRAGON KING"(지드래곤이 최고)이라고 하는 다른 연예인을 칭찬하는 글을 올렸고, 이에 대해 앞의 누리꾼(@Dei***)이 "повзрослей, это антиреклама"(어르신, 이런 광고 반대예요)라며 나무라고 있다.

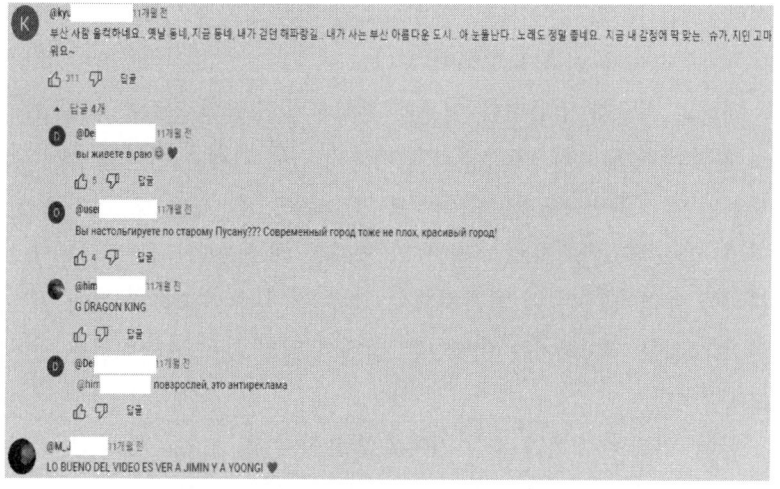

[그림 15] 여러 언어 사용자들이 댓글로 소통하는 모습 ②

이처럼 서로 다른 언어를 쓰는 누리꾼들이지만 인터넷 번역기나 유튜브 번역 기능을 이용해 댓글의 내용을 이해하고 답글을 통해 대화를 나누는 모습이 흔히 나타난다. 이런 댓글을 통해, 언어와 문화가 다른 누리꾼들이 어떤 태도와 언어 행동으로 소통하는지를 교차 문화적 관점에서 분석한다면 흥미로운 결과를 찾을 수 있을 것이다.

다섯째, 문화산업, 교육 발전에 이바지할 수 있는 통신 언어 연구가 더 활발하게 이루어져야 한다. 최근 연구가 시작된 대규모 말뭉치 자료를 이용한 '감성어' 연구는 서비스, 마케팅 등 문화산업과 관련하여 사람들의 생각을 파악하는 데 도움이 된다. 유튜브 이용자들이 영상의 게시판에 올리는 댓글을 분석하면 연예인이나 정치인 등 특정 인물이나 기업의 서비스와 상품 등에 대한 누리꾼들의 태도와 행동의 방향을 짐작할 수 있고, 이는 사람과 기업의 활동 방향을 재정립하는 데 도움이 된다. 언어 연구가 사람들의 삶과 행동을 이해하고 수정하는 현실적 자료로 쓰이는 것이다. 또한 김수정·이안용·박덕유(2021)에서 분석한 [그림 16]과 같이 특정 언어 요소에 대한 화자들의 태도를 분석하는 데도 감성어 연구가 도움이 된다.

대량의 자료를 컴퓨터를 이용해 분석하면 소량의 자료를 수작업으로 분석할 때에 비해 더 분명하게 자료의 언어 특성을 신뢰도 높게 살펴보는 데 도움이 될 것이다(이정복 2018가:118). 다만, 앞서 기존 연구 분석에서도 한계점을 지적한 바 있지만 대규모 말뭉치를 컴퓨터로 분석한 이런 연구는 질적 분석으로 찾을 수 있는 세밀하고 깊이 있는 언어 사실을 제시하기는 어렵다는 점에서 질적 분석과 병행하는 것이 효과적이다.

한편, 인터넷 매체와 통신 언어를 활용한 소통 교육은 태어나면서부터 인터넷 매체에 익숙한 신세대들에게 효과와 필요성이 크다. 동영상 미디어는 글자를 통해 소통하던 기존의 인터넷 매체와 다른 소통의 문제가 생긴다. 얼굴을 드러내고 말과 글로 동시에 메시지를 전달하는 과정에서 영상 출연자들은 고려해야 할 요소가 더 많아졌다. 또 이용자들이 영상 게시판에 올리는 댓글은 더 많은 누리꾼에게 퍼져나가는 점 때문에 작성 과정에서 신중하게 생각해야 할 경우도 있다. 영상 제작자나 출연자, 영상 이용자 모두 동영상 미디어에서의 소통 문제가 쉬운 문제가 아니게 되었다. 이러한 소통의 문제를 파악하고 학교 교육에 연결하는 실용적 응용 연구가 강화될 필요가 있다.

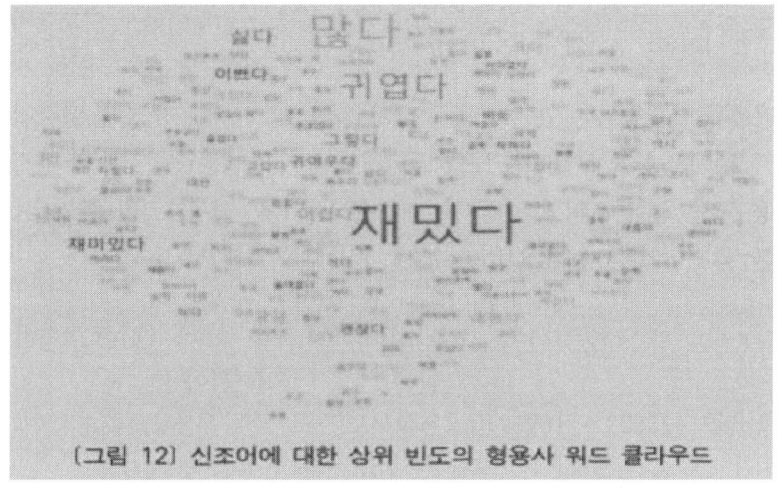

[그림 16] 언어 요소에 대한 화자들의 태도를 보여 주는 감성어 분석
(김수정 외 2021:29)

지금까지 이 장을 통해 동영상 미디어와 관련된 언어 연구가 어떻게 이루어지고 있으며, 앞으로 동영상 미디어의 언어 자료에 대한 연구 과제가 무엇인지 생각해 보았다. 가장 대표적인 동영상 미디어인 유튜브의 언어 사용 환경과 언어 유형을 살펴본 후 영상 내용 언어와 댓글 언어를 대상으로 이루어진 기존 연구 성과를 분석하고, 앞으로 집중해서 연구해야 할 연구 주제 또는 방향을 다섯 가지로 제시했다. 이 과정을 통해, 사람들의 언어생활에서 비중이 높아지는 동영상 미디어의 중

요성을 인식하고 그 안에서 이루어지는 언어 사용에 관심을 가지고 본격적 연구를 진행할 필요가 있음을 강조했다.

최근 카카오톡의 언어 자료를 분석한 연구들이 많이 나오고 있다. 한국어 사용자의 대부분이 매일 사용하는 인터넷 응용 프로그램인 점에서 생산되는 언어량이 많고, 한국어 사용의 다양한 모습이 나타나고 있기 때문이다. 이와 마찬가지로 한국인들의 일상을 지배하고 있다고 할 정도로 비중이 높아진 유튜브와 같은 동영상 미디어에서 이루어지는 언어 사용을 다루는 연구의 속도를 높이는 것이 필요하다. 언어 사용자들이 활동하는 언어 사용 무대가 달라졌다면 연구자의 자료 수집과 분석의 관심 무대도 그만큼 달라져야 한다. 미디어 발달로 언어 사용 환경이 다양해지고 영역이 넓어짐으로써 언어 연구자들이 다루어야 할 문제도 한없이 많아진 셈이다.

참고문헌

강희숙(2012) <통신언어에 나타난 역문법화 현상 고찰―접두사 "개-"의 용법을 중심으로>, ≪한민족어문학≫ 61, 61-87, 한민족어문학회.
강희숙(2016) <K-pop 노랫말의 코드 전환 양상 및 담화 기능>, ≪호남학≫ 60, 193-226, 전남대 호남학연구원.
고려대 민족문화연구원(2009) ≪고려대 한국어대사전≫, 고려대 민족문화연구원.
고이케 마코토(2006) <인도네시아로 확대되는 한류 드라마의 인기>, ≪경영경제≫ 39-1, 261-269, 계명대 산업경영연구소.
고주환·이충우·김지은(2014) <인터넷 신문 표제어 제시 유형 연구―경성기사와 연성기사의 구분을 중심으로>, ≪언어≫ 39-1, 27-42, 한국언어학회.
고창수(2014) <웹의 진화, 언어의 진화>, ≪어문논집≫ 72, 29-44, 민족어문학회.
과학기술정보통신부·한국지능정보사회진흥원(2023) ≪2022년 인터넷 이용 실태 조사≫, 한국지능정보사회진흥원.
곽유석(2017) <혼성어 형성에 관한 소고>, ≪형태론≫ 19-1, 1-24, 형태론 편집위원회.
곽은희(2016) <'대나무 숲'과 산호·민요의 기능적 유사성 연구―언중의 발화와 소통 방식을 중심으로>, ≪한글≫ 312, 37-65, 글학회.
구나경(2012) <비평적 담화분석 관점에서 살펴본 개화기 해외발행 민족지의 안중근 의거 보도>, ≪텍스트언어학≫ 33, 213-260, 한국텍스트언어학회.
구본관(2001) <컴퓨터 통신 대화명의 조어 방식에 대한 연구>, ≪텍스트언어학≫ 10, 293-318, 한국텍스트언어학회.
국남(2016) <공적 이메일 텍스트의 구조와 기능>, ≪텍스트언어학≫

41, 1-27, 한국텍스트언어학회.
국립국어원(1999) ≪표준국어대사전≫, 두산동아.
권선미(2008) <통신 언어 성 욕설의 실태 분석—10대와 20대 누리꾼을 중심으로>, 단국대 석사학위논문.
권순희(2002) <매체 변화에 따른 유머의 표현 기제>, ≪국어교육연구≫ 10, 181-209, 서울대 국어교육연구소.
권연진(1998) <컴퓨터 통신어의 언어학적 연구>, ≪언어과학≫ 5-2, 257-271, 동남언어학회.
권연진(2000) <컴퓨터 통신언어의 유형별 실태 및 바람직한 방안>, ≪언어과학≫ 7-2, 5-27, 동남언어학회.
권오경·서은아(2002) ≪인터넷 통신어휘 사전≫, 동인.
권익호·송민수(2011) <신문광고 헤드라인에 대한 한·일 대조연구—1990년대와 2000년대의 한국 중앙광고대상과 일본 광고전통(電通)상 수상작 중심으로>, ≪일본언어문화≫ 18, 79-96, 한국일본언어문화학회.
권창섭(2013) <'한다요'체의 출현과 확산에 대한 사회언어학적 연구>, ≪방언학≫ 17, 169-200, 한국방언학회.
김가연(2017) <모바일 메신저 대화 언어에 나타난 명사형 어미 '-(으)ㅁ' 종결문의 사용 양상>, ≪텍스트언어학≫ 43, 57-84, 한국텍스트언어학회.
김대호 외 9인 지음(2012) ≪소셜미디어≫, 커뮤니케이션북스.
김대호(2012) <소셜미디어 등장의 의미, 영향과 발전의 관계>, ≪소셜미디어≫, 김대호 외 9인 지음, 1-25, 커뮤니케이션북스.
김명운(1997) <현대국어 청자대우법에 대한 사회언어학적 연구>, 서울대 석사학위논문.
김민영(2019) <K-Beauty 한국어 표현 연구—1인 미용 방송을 중심으로>, ≪문화교류와 다문화교육≫ 8, 123-144, 한국국제문화교류학회.
김병건(2015) <메르스 보도에 대한 신문 사설의 비판적 담화 분석>, ≪한말연구≫ 38, 47-76, 한말연구학회.

김병건(2016) <신문의 사설·칼럼에 나타난 '진보'에 대한 비판적 담화 분석>, ≪사회언어학≫ 24-1, 65-90, 한국사회언어학회.
김병건(2017) <신조어의 조어법 연구>, ≪한말연구≫ 44, 57-81, 한말연구학회.
김병선(2010) <사회적 네트워크 서비스(social network service)에서 사용되는 공손전략에 관한 탐색적 연구―트위터를 중심으로>, ≪사회과학논총≫ 29-1, 57-88, 계명대 사회과학연구소.
김병홍(2012) <대중매체 언어 분석 방법론>, ≪우리말연구≫ 30, 5-39, 우리말학회.
김병홍(2016) <신문 헤드라인의 언어형식 분석>, ≪동남어문논집≫ 42, 113-136, 동남어문학회.
김선철(2011) <통신언어 준말의 형성에 대한 음운론·형태론적 고찰>, ≪언어학≫ 61, 115-129, 한국언어학회.
김성도(2002) <상호매체성의 융합기호학적 함의―하이퍼미디어에서 발현되는 텍스트와 이미지의 융합성을 중심으로>, ≪텍스트언어학≫ 13, 29-56, 한국텍스트언어학회.
김성도(2003) ≪디지털 언어와 인문학의 변형≫, 경성대 출판부.
김성도(2008) ≪호모 모빌리쿠스―모바일 미디어의 문화생태학≫, 삼성경제연구소.
김성식·배진아(2014) <SNS 커뮤니케이터의 유형 분석―페이스북과 트위터의 비교를 중심으로>, ≪사이버커뮤니케이션학보≫ 31-4, 97-139, 사이버커뮤니케이션학회.
김수정·이안용·박덕유(2021) <빅데이터 분석을 통한 신조어 연구 동향과 소셜미디어 사용자의 신조어에 관한 인식 연구>, ≪한민족어문학≫ 92, 9-47, 한민족어문학회.
김순임(2009) <교육 현장에서의 활용을 위한 한국어와 일본어의 통신언어에 관한 일고찰>, ≪일본어교육연구≫ 17, 155-165, 한국일본어교육학회.
김순자(2011) <통신언어에 나타난 말줄임표의 의미와 기능>, ≪한국

　　　　　어 의미학》 35, 1-21, 한국어의미학회.
김열규(1997) 《욕 그 카타르시스의 미학》, 사계절.
김요한(2004) <"텍스트"에서 "하이퍼텍스트"로>, 《텍스트언어학》 16, 179-203, 한국텍스트언어학회.
김유정(2013) <소셜네트워크서비스 이용에 대한 비교 연구—싸이월드, 페이스북, 트위터 간의 이용동기와 만족 비교>, 《언론과학연구》 13-1, 5-32, 한국지역언론학회.
김윤화(2019) <SNS(소셜네트워크서비스) 이용추이 및 이용행태 분석>, 《KISDI STAT Report》 19-10, 2-7, 정보통신정책연구원.
김은성(2010) <문법교육과 매체 언어 문화>, 《국어교육학연구》 37, 5-39, 국어교육학회.
김인택(2011) <통신 별명의 사회·문화론적 특성>, 《한민족어문학》 59, 611-646, 한민족어문학회.
김재욱·정희란(2012) <전자 커뮤니케이션 서비스(ECS)에서의 한국어 학습자 통신언어 분석>, 《언어와 문화》 8-2, 77-102, 한국언어문화교육학회.
김재준·김바우·김재범(2008) <통신언어의 일탈도 측정에 대한 탐색적 연구>, 《인문사회과학연구》 21, 167-198, 호남대 인문사회과학연구소.
김정우(2006) <통신 이름에 나타난 정체성 표현의 양상>, 《사회언어학》 14-1, 1-23, 한국사회언어학회.
김정우(2011) <시대변화에 따른 라디오 광고언어의 전략과 표현 양상 비교연구>, 《우리어문연구》 40, 195-224, 우리어문학회.
김정우(2012) <제품군에 따른 광고 언어의 사용 양상>, 《우리어문연구》 44, 333-360, 우리어문학회.
김종수(2000) <금기와 사전에 나타난 금기어>, 《독어교육》 20, 251-271, 한국독어독문학교육학회.
김찬우·박효찬·박한우(2017) <2017년 대통령 후보수락 연설 유튜브 동영상의 댓글망과 의미망 분석>, 《Journal of the Korean

Data Analysis Society》 19-3, 1379-1390, 한국자료분석학회.

김찬호(2023) <짧은 영상 매체 댓글의 언어적 특성 및 국어 교육적 활용 방안 연구—'틱톡형 숏폼'과 그 댓글을 중심으로>, 대구대 교육대학원 석사학위논문.

김학진·김성문·김진우·박선주(2007) 《디지털 편! 재미가 가치를 창조한다》, 삼성경제연구소.

김한샘(2011) <방송 언어의 공공성 진단 기준>, 《반교어문연구》 30, 37-59, 반교어문학회.

김한철(2008) <한국어와 포어의 통신언어 사용에 대한 소고>, 《포르투갈-브라질 연구》 5-2, 179-200, 한국포르투갈-브라질학회.

김해연(2007) <영어와 콩글리시에서의 줄임말의 형성과 언어적 동기>, 《영어학》 7-1, 73-101, 한국영어학회.

김해연(2008) <한국어 줄임말의 사회언어학적 고찰>, 《사회언어학》 16-2, 169-192, 한국사회언어학회.

김해연(2009) <한국 인터넷 신문의 흥미 유발 전략의 텍스트언어학적/사회언어학적 분석>, 《텍스트언어학》 26, 107-138, 한국텍스트언어학회.

김해연(2011) <비판적 담화분석과 텍스트 분석—'준동하다' 분석을 중심으로>, 《텍스트언어학》 30, 17-44, 한국텍스트언어학회.

김현아(2007) <포털사이트 네이버 '붐'의 통신 언어에 관한 연구>, 한양대 교육대학원 석사학위논문.

김형주·서은아·김미형(2016) <시사 토크 프로그램의 방송언어 청정성 평가—'메르스 사태'를 중심으로>, 《한민족어문학》 72, 5-23, 한민족어문학회.

김혜영·강범모(2013) <신문 사설에 나타나는 어휘 사용의 추이—[물결21 코퍼스]를 활용하여>, 《텍스트언어학》 35, 1-22, 한국텍스트언어학회.

김혜영·강범모(2015) <신문 사설의 논점을 드러내는 특징적 표현 연구>, 《언어와 언어학》 69, 1-26, 한국외대 언어연구소.
김혜정(2002) <하이퍼텍스트 구조 이해—문어텍스트와의 관련성을 중심으로>, 《텍스트언어학》 13, 267-294, 한국텍스트언어학회.
남궁양석(2002) <중국어 채팅언어의 사회언어학적 연구>, 《중국어문논총》 22, 111-131, 중국어문연구회.
남길임·김덕호(2014) 《2014년 신어》, 국립국어원.
남길임·송현주·이수진(2014) <빅데이터 적정 텍스트 추출을 위한 언어학적 접근—"학교폭력" 관련 텍스트를 중심으로>, 《텍스트언어학》 36, 151-179, 한국텍스트언어학회.
남길임·송현주·최준(2015) <현대 한국어 [+사람] 신어의 사회·문화적 의미—2012, 2013년 신어를 중심으로>, 《한국사전학》 25, 39-67, 한국사전학회.
남길임·안진산·황은하(2020) <UGC 표준형 말뭉치 구축을 위한 말뭉치언어학적 연구—유튜브 댓글을 중심으로>, 《한말연구》 57, 63-96, 한말연구학회.
남신혜(2015) <SNS 텍스트에 나타난 코드스위칭의 담화 기능—페이스북 사례를 중심으로>, 《사회언어학》 23-1, 31-53, 한국사회언어학회.
남혜현(2014) <언어유희와 규범의 변화—러시아 사이버 언어의 사용을 중심으로>, 《노어노문학》 26-3, 3-28, 한국노어노문학회.
노먼 페어클러프 지음/이원표 옮김(2004) 《대중매체 담화 분석》, 한국문화사.
노명희(2006) <최근 신어의 조어적 특성>, 《새국어생활》 16-4, 31-46, 국립국어원.
노명희(2009) <외래어 단어 형성>, 《국어국문학》 153, 5-29, 국어국문학회.
노명희(2012) <외래어 차용의 형태론적 양상>, 《반교어문연구》 33, 35-68, 반교어문학회.

마셜 매클루언 지음/김성기·이한우 옮김(2002) ≪미디어의 이해≫, 민음사.
문명훈(2023) <혐오표현과 자유—혐오표현의 해악성과 자유의 보장>, ≪문화와 정치≫ 10-3, 107-132, 한양대 평화연구소.
민경훈·이대균(2016) <만 5세 유아의 통신언어 사용에 있어서의 사회언어학적 의미—인터넷 신조어 '헐', '대박'을 중심으로>, ≪열린유아교육연구≫ 21-3, 33-55, 열린유아교육학회.
박건숙(2010가) <인터넷 통신에 나타난 정보 지시 표현의 언어학적 연구—형태 및 구조 분석을 중심으로>, ≪국어교육≫ 131, 281-309, 한국어교육학회.
박건숙(2010나) <인터넷 포털 사이트에 나타난 정보 지시 표현의 의미 연구>, ≪한국어 의미학≫ 31, 23-49, 한국어의미학회.
박덕유(2010) <지하철 광고 언어의 오용 실태와 개선 방안>, ≪새국어교육≫ 85, 433-453, 한국국어교육학회.
박덕유·강미영·김수진·이혜경·이옥화·김철희(2014) <저품격 언어의 분석적 고찰—방송언어를 중심으로>, ≪언어학연구≫ 30, 45-73, 한국중원언어학회.
박동근(2003) <통신언어의 생성 방식에 따른 생산성 연구>, ≪한말연구≫ 12, 41-59, 한말연구학회.
박동근(2008가) <한국어 만화 텍스트의 흉내말 사용 양상>, ≪겨레어문학≫ 41, 33-58, 겨레어문학회.
박동근(2008나) ≪한국어 흉내말의 이해≫, 역락.
박동근(2011) <도구 유입에 따른 어휘 의미 변화—컴퓨터 사용과 관련된 용어의 의미 변이를 중심으로>, ≪사회언어학≫ 19-1, 59-82, 한국사회언어학회.
박동근(2012) <[X-남], [X-녀]류 통신언어의 어휘형성과 사회적 가치 해석>, ≪사회언어학≫ 20-1, 27-56, 한국사회언어학회.
박동근(2013) <매체 변화에 따른 언어 사용 방식의 변화>, ≪새국어생활≫ 23-1, 18-33, 국립국어원.
박동근(2020) <매체 언어 연구의 성과와 과제>, ≪사회언어학≫ 28-4,

29-69, 한국사회언어학회.
박선옥(2017) <줄임말의 형태적 구조와 생성 동인 분석 연구―2015년 신어를 대상으로>, ≪동악어문학≫ 70, 97-123, 동악어문학회.
박선우(2017) <사회적 연결망 서비스(Social Network Service)의 활용과 보급>, ≪나라사랑≫ 126, 149-172, 외솔회.
박선우·박진아·홍정의(2014) <SNS 모바일 텍스트의 언어학적 양상―성별과 연령의 차이를 중심으로>, ≪현대문법연구≫ 82, 95-120, 현대문법학회.
박선우·유현지·이수미(2016) <한국어 SNS 텍스트에 사용된 지역어의 기능에 대하여>, ≪어문학≫ 133, 1-31, 한국어문학회.
박선우·한재영·이지현(2015) <한국어 모바일 텍스트에 대한 인식과 태도>, ≪어문론집≫ 62, 61-103, 중앙어문학회.
박선자·김문기·정연숙 엮음(2014) ≪한국어 시늉말 사전≫, 세종출판사.
박숙희(2012) <방송 언어의 운율 유형>, ≪한글≫ 296, 41-79, 한글학회.
박영미·김종수(2006) <인터넷 언어의 언어학적 연구―국어와 독일어의 문장구조 비교 분석>, ≪독일어문학≫ 14-1, 125-143, 한국독일어문학회.
박영준(2004) <한국어 금기어 연구―유형과 실현 양상을 중심으로>, ≪우리말연구≫ 15, 79-105, 우리말학회.
박용익(2017) <텍스트언어학의 혁신과 도약을 위한 '인문 텍스트언어학'>, ≪텍스트언어학≫ 42, 31-57, 한국텍스트언어학회.
박용찬(2008) <국어의 단어 형성법에 관한 일고찰―우리말 속의 혼성어를 찾아서>, ≪형태론≫ 10-1, 111-128, 형태론 편집위원회.
박은선(2012) <한국어 교육에서 트위터(Twitter) 사용의 교육적 효과>, ≪한국어교육≫ 23-2, 115-141, 국제한국어교육학회.
박은하(2010) <드라마에 나타난 호칭어 및 높임법 사용 양상 연구>, ≪드라마연구≫ 33, 151-182, 한국드라마학회.

박은하(2013) <여성화장품 상품명에 대한 사회언어학적 연구―2008년-2012년 TV 광고를 중심으로>, ≪사회언어학≫ 21-3, 113-134, 한국사회언어학회.
박은하(2014) <텔레비전 멜로드라마의 이야기구조와 남녀주인공의 특성―방송 3사를 중심으로>, ≪한국콘텐츠학회논문지≫ 14-2, 48-59, 한국콘텐츠학회.
박은하(2016) <텔레비전 화장품 광고에 표현된 언어 사용의 변천―1980년대 이전의 광고와 2013년 이후의 광고를 중심으로>, ≪사회언어학≫ 24-1, 149-174, 한국사회언어학회.
박장혁(2016) <인터넷 매체 언어의 국어 파괴 현상의 고찰을 통한 표준어 자동 번역 기술에 대한 연구>, 한국산업기술대 박사학위논문.
박재연(2017) <한국어 줄임말 비어의 어휘론과 화용론>, ≪한국어 의미학≫ 56, 161-188, 한국어의미학회.
박재현·김한샘(2015) <분석적 계층화 과정을 활용한 방송언어 평가 척도 연구>, ≪사회언어학≫ 23-3, 87-108, 한국사회언어학회.
박준언(2014) <K-pop 노랫말 코드전환의 기저언어 설정>, ≪이중언어학≫ 54, 158-184, 이중언어학회.
박준언(2015) <K-pop 노랫말들의 언어 혼종―영어 변이형들과 코드 전환 사용>, ≪이중언어학≫ 61, 95-124, 이중언어학회.
박지윤(2011) <온라인 뉴스 텍스트의 비판적 이해 과정―하버마스의 '의사소통 행위이론'을 검증틀로>, ≪텍스트언어학≫ 31, 103-122, 한국텍스트언어학회.
박진영·심혜령(2012) <모바일 기반 의성어·의태어 교육 연구>, ≪한말연구≫ 31, 75-106, 한말연구학회.
박철주(2010) ≪대중매체 언어 연구≫, 역락.
박형기(2011) ≪트위터 만인보≫, 알렙.
백승익(2014) <매스미디어가 텍스트와 신조어에 미치는 영향―매개적 분기를 중심으로>, ≪언어≫ 39-1, 67-108, 한국언어학회.

변영수(2015) <신문 표제의 공정성 고찰―《조선일보》와 『한겨레』 기사를 중심으로>, 《겨레어문학》 55, 43-80, 겨레어문학회.
사례(2016) <TV방송과 신문보도의 문체적 특성에 대하여>, 《텍스트언어학》 40, 59-85, 한국텍스트언어학회.
서근영·홍성규(2019) <K-Pop 노랫말의 음운 변화 현상>, 《언어학》 27-4, 1-20, 대한언어학회.
서은아(2007) 《네티즌 언어―글쓰기로써 말하기 또는 네티즌의 펌글, 댓글, 베플, 악플, 아이디 그리고 이모티콘의 언어학적 분석》, 커뮤니케이션북스.
서은아(2011) <방송 언어의 공공성 기준에 관한 연구>, 《겨레어문학》 47, 91-116, 겨레어문학회.
서형요·이정복(2015) <한중 인터넷 통신 별명의 비교 분석>, 《사회언어학》 23, 205-238, 한국사회언어학회.
설진아(2009) <소셜 미디어(social media)의 진화양상과 사회적 영향>, 《한국언론정보학회 학술대회》 35-57, 한국언론정보학회.
설진아(2011) 《소셜 미디어와 사회 변동》, 커뮤니케이션북스.
손미·안남일(2021) <한류의 생성과 전개 양상―드라마와 K-pop을 중심으로>, 《문화영토연구》 2-2, 63-85, 문화영토연구원.
손세모돌(2015) <줄인말의 형성과 형태 결정의 영향 요인>, 《한말연구》 38, 105-135, 한말연구학회.
손예희·김지연(2010) <소셜 미디어의 소통 구조에 대한 국어교육적 고찰―트위터, 미투데이 등의 마이크로 블로그를 중심으로>, 《국어교육》 133, 207-231, 한국어교육학회.
손지훈·박한우(2021) 유튜브와 K-POP 아이돌 팬덤 분석―'TREASURE' 동영상을 중심으로, 《Journal of The Korean Data Analysis Society》 23-6, 2713-2725, 한국자료분석학회.
손현익(2016) <소수자에 대한 금기어와 그 완곡어법에 관한 연구―인종 소수자와 성 소수자를 중심으로>, 《슬라브학보》 31-1, 63-86, 한국슬라브유라시아학회.

손혜옥·이수미(2011) <'영어+하다'류 외래어 형용사의 국어 내 정착 양상 연구>, ≪한국어 의미학≫ 35, 145-187, 한국어의미학회.
손흔위(2016) <한중 인터넷 금칙어의 비교 연구>, 대구대 석사학위논문.
송경숙(2002) <한국어와 영어 인터넷 채팅에서의 프레임(frame) 분석>, ≪텍스트언어학≫ 13, 73-105, 한국텍스트언어학회.
송경숙(2003) <한국어와 영어 사이버 커뮤니케이션에서 남성과 여성 간의 성(gender) 역학>, ≪사회언어학≫ 11-2, 161-186, 한국사회언어학회.
송경숙(2004) <컴퓨터-매개-담화에서의 대화체 구성>, ≪텍스트언어학≫ 17, 333-354, 한국텍스트언어학회.
송경숙(2014) <사이버 커뮤니케이션에서 한국어와 영어 간의 코드-스위칭 담화 전략─페이스북을 중심으로>, ≪언어연구≫ 29-4, 725-748, 한국현대언어학회.
송성경(2009) <중국 인터넷 통신 언어 연구>, 부산대 석사학위논문.
시정곤(2020) <계량적 방법을 이용한 트위터 언어의 특징 연구─구어와 문어의 언어 양상을 중심으로>, ≪한국어문교육≫ 31, 111-142, 한국어문교육연구소.
신서인(2015) <코퍼스를 이용한 신문기사 담화 분석─'성장'을 중심으로>, ≪텍스트언어학≫ 39, 111-156, 한국텍스트언어학회.
신유리(2018) <광고담화의 장르 분석─유튜브 동영상 광고를 중심으로>, ≪한국언어문화≫ 65, 169-196, 한국언어문화학회.
신유리(2020) <새로운 의사소통 방식으로서의 유튜브 담화 분석─<자이언트 펭TV>와 중앙 행정 기관의 협업을 중심으로>, ≪담화와 인지≫ 27-3, 93-125, 담화·인지언어학회.
신유리(2021) <프로모션 사회의 어린이 유튜브 담화 연구─부모와 자녀가 출연하는 어린이 채널을 중심으로>, ≪사회언어학≫ 29-3, 223-251, 한국사회언어학회.
신호철(2014) <매체, 언어, 매체언어 개념의 국어교육학적 분석>, ≪어문론집≫ 60, 367-388, 중앙어문학회.

아라이 야스히로(2011) <휴대전화에 있어서의 행위선택의 한일 대조 연구>, ≪사회언어학≫ 19-2, 237-259, 한국사회언어학회.
안태형(2010) <인터넷 토론 게시판 댓글의 유형 연구>, ≪우리말연구≫ 26, 311-333, 우리말학회.
안태형(2011) <인터넷 토론 댓글의 방어 전략과 전략 선택 요인>, ≪배달말≫ 49, 71-94, 배달말학회.
안태형(2012) <악성 댓글의 범위와 유형>, ≪우리말연구≫ 32, 109-131, 우리말학회.
안태형(2015) <네이버(Naver)기사에 딸린 악성 댓글의 실태>, ≪우리말연구≫ 40, 153-174, 우리말학회.
양명희(2011) <토론 댓글의 텍스트언어학적 연구―다음 아고라의 토론 댓글을 중심으로>, ≪텍스트언어학≫ 30, 161-186, 한국텍스트언어학회.
양명희(2012) <대중가요에 나타난 성별 대상어의 변화에 대한 연구>, ≪어문연구≫ 40-2, 7-32, 한국어문교육연구회.
양명희·박미은(2015) <형식 삭감과 단어형성법>, ≪우리말글≫ 64, 1-25, 우리말글학회.
양주리(2022) 방탄소년단이 한국어 확산에 미치는 영향에 관한 연구, ≪한국어교육연구≫ 16, 한국어교육연구학회, 107-128쪽.
엄홍준(2021) <줄임말의 수용성에 대한 양적연구>, ≪현대문법연구≫ 112, 111-134, 현대문법학회.
에레즈 에이든·장바티스트 미셸 지음/김재중 옮김(2015) ≪빅데이터 인문학―진격의 서막≫, 사계절.
에릭 퀄먼 지음/INMD 옮김(2009) ≪소셜노믹스―세계를 강타한 인터넷 문화혁명, 트위터와 소셜미디어≫, 에이콘출판.
엽영임·양명희(2016) <'완전'의 사용에 대한 고찰―구어와 통신언어를 중심으로>, ≪한국어 의미학≫ 52, 251-269, 한국어의미학회.
예설교(2014) <한국어와 중국어의 인터넷 의성의태어 연구>, 대구대 석사학위논문.

오새내(2002) <한국어 여성비속어의 분류와 특성>, ≪한국어 의미학≫ 11, 139-169, 한국어의미학회.
오새내(2011) <사회언어학적 맥락으로 본 방송언어>, ≪한국어학≫ 51, 31-55, 한국어학회.
왕서기·김유미(2022) <텍스트 마이닝(Text-mining)을 이용한 댓글 분석 연구―BTS의 'Butter'와 'Permission to Dance' 뮤직비디오 유튜브 댓글을 중심으로>, ≪언어사실과 관점≫ 56, 157-181, 연세대 언어정보연구원.
월터 옹 지음/이기우·임명진 옮김(1995) ≪구술문화와 문자문화≫, 문예출판사.
유여란(2023) <온라인 의사소통 환경에서 긍정적 대화 연구―유튜브 동영상 실시간 채팅글과 댓글을 중심으로>, ≪담화와 인지≫ 30-3, 113-133, 담화·인지언어학회.
유희재·유성희·김진웅(2016) <말뭉치언어학 관점에서 신문기사 범죄 사건 명명 방식 분석>, ≪담화와 인지≫ 23-2, 21-51, 담화·인지언어학회.
육영주(2003) <언어 유희에 관한 연구―개그콘서트를 중심으로>, 한양대 석사학위논문.
윤경선(2013) <소셜미디어 트위터(Twitter)로 살펴본 신어 형성>, ≪한국어 의미학≫ 42, 537-555, 한국어의미학회.
윤상석(2020) <미국에서의 한국어 사용>, 2020 세계한국어대회 발표문.
윤석진(2003) <TV드라마 연구 방법에 관한 시론(試論)―KBS 미니시리즈 <겨울연가>를 중심으로>, ≪대중서사연구≫ 9-1, 193-218, 대중서사학회.
윤석진(2012) <'놀이'로서의 TV드라마 시청 방식 고찰>, ≪한국언어문화≫ 47, 89-121, 한국언어문화학회.
윤석진·정현경·박상완(2016) <텔레비전드라마의 "막장" 논란에 대한 고찰―방송통신심의위원회 심의 사례를 중심으로>, ≪한국언어문화≫ 59, 359-396, 한국언어문화학회.
윤재연(2013) <서사 텍스트로서의 스토리 광고, 그 개념과 유형>,

≪사회언어학≫ 21-1, 153-183, 한국사회언어학회.
윤진서(2013) <유머의 실현 방식 연구―코미디와 토크쇼의 비교를 중심으로>, ≪텍스트언어학≫ 35, 175-206, 한국텍스트언어학회.
이갑남(2017) <중한 금기어와 완곡 표현 대조 연구―죽음과 질병 관련 어휘를 중심으로>, ≪동아인문학≫ 41, 125-153, 동아인문학회.
이경우(2001) <현대국어 경어법의 사회언어학적 연구(2)>, ≪국어교육≫ 106, 143-174, 한국국어교육연구회.
이기황(2016) <언어 자료의 보고, 빅데이터>, ≪새국어생활≫ 26-2, 9-30, 국립국어원.
이동배(2019) <글로벌시대 문화콘텐츠의 스토리텔링 연구―케이팝 BTS사례를 중심으로>, ≪문화콘텐츠연구≫ 17, 69-93, 건국대 글로컬문화전략연구소.
이상욱(2015) <K-pop 노랫말의 특성 연구>, ≪한국문학과 예술≫ 16, 109-142, 숭실대 한국문학과예술연구소.
이선영(2007) <국어 신어의 정착에 대한 연구>, ≪한국어 의미학≫ 24, 175-195, 한국어의미학회.
이선영(2015) <비속어와 욕설의 개념에 대하여>, ≪어문론집≫ 64, 59-80, 중앙어문학회.
이선영(2016) <신어에서의 약칭어와 혼성어에 대하여>, ≪한국학연구≫ 41, 269-291, 인하대 한국학연구소.
이선웅(2005) <TV 코미디 프로그램의 유머 분석>, ≪어문학≫ 89, 1-26, 한국어문학회.
이선웅(2009) <대중매체 언어 연구의 현황과 과제―신문, 방송, 인터넷 통신 언어에 대한 최근 연구를 중심으로>, ≪어문학≫ 103, 117-142, 한국어문학회.
이선웅(2011) <국어과 교육과정에서의 방송언어 활용사―거시적 관점의 서술을 중심으로>, ≪한국언어문화학≫ 8-1, 100-129, 국제한국언어문화학회.

이성만(2013) <텔레비전 뉴스방송의 텍스트유형학적 연구>, ≪텍스트언어학≫ 35, 207-228, 한국텍스트언어학회.
이성범(2011) <의사소통 행위로서 TV 방송 자막의 언어학적 고찰>, ≪언어와 정보 사회≫ 15, 53-86, 서강대 언어정보연구소.
이성범(2012) <광고 언어의 비진실성에 대한 화용적 접근>, ≪언어와 정보 사회≫ 18, 167-198, 서강대 언어정보연구소.
이수진·김예니(2014) <2013년 신어의 추출 방법론과 형태·의미적 특성>, ≪한국사전학≫ 23, 232-262, 한국사전학회.
이신행·이주연·조민정·박태강(2022) <기계학습 기반 유튜브 악플 분석―"사이버렉카"에 달린 댓글의 어휘적 특성>, ≪한국디지털콘텐츠학회논문지≫ 23-6, 1115-1122, 한국디지털콘텐츠학회.
이신형(2009) <외래어의 자생적 기능에 관한 고찰>, ≪새국어교육≫ 82, 511-534, 한국국어교육학회.
이영제·강범모(2012) <정치 관련 신문 언어의 변화 양상―키워드와 명사 관련어를 통해 본 2000-2009년의 변화 양상>, ≪언어과학≫ 19-1, 203-234, 한국언어과학회.
이은주(2011) <컴퓨터 매개 커뮤니케이션으로서의 트위터―향후 연구의 방향과 과제>, ≪언론정보연구≫ 48-1, 29-58, 서울대 언론정보연구소.
이익섭(1994) ≪사회언어학≫, 민음사.
이재승·김태호(2016) <신문기사에 사용된 건강관련 어휘 '웰빙'과 '힐링'에 대한 경험론적 연구>, ≪언어과학연구≫ 78, 327-346, 언어과학회.
이정권·최영(2015) <소셜미디어 이용 동기 연구―개방형 SNS와 폐쇄형 SNS 비교를 중심으로>, ≪한국언론학보≫ 59-1, 115-148, 한국언론학회.
이정복(1997가) <컴퓨터 통신 분야의 외래어 및 약어 사용 실태와 순화 방안>, ≪외래어 사용 실태와 국민 언어 순화 방안≫, 121-154, 국어학회.

이정복(1997나) <방송언어의 가리킴말에 나타난 '힘'과 '거리'>, ≪사회언어학≫ 5-2, 87-124, 한국사회언어학회.
이정복(1998가) <컴퓨터 통신 분야의 외래어 사용>, ≪새국어생활≫ 8-2, 61-79, 국립국어원.
이정복(1998나) <국어 경어법 사용의 전략적 특성>, 서울대 박사학위 논문.
이정복(1999) <국어 경어법의 전략적 용법에 대하여>, ≪어학연구≫ 35-1, 91-121, 서울대 어학연구소.
이정복(2000가) <컴퓨터 통신 속의 지역 방언>, ≪우리 말글과 문학의 새로운 지평≫, 리의도 외 9인, 87-118, 역락.
이정복(2000나) <통신 언어로서의 호칭어 '님'에 대한 분석>, ≪사회언어학≫ 8-2, 193-221, 한국사회언어학회.
이정복(2001가) ≪국어 경어법 사용의 전략적 특성≫, 태학사.
이정복(2001나) <통신 언어 문장종결법의 특성>, ≪우리말글≫ 22, 123-151, 우리말글학회.
이정복(2002가) <전자편지 텍스트의 구조와 기능>, ≪텍스트언어학≫ 12, 93-118, 한국텍스트언어학회.
이정복(2002나) <전자편지 언어에 나타난 우리말 변용 현상>, ≪사회언어학≫ 10-1, 225-251, 한국사회언어학회.
이정복(2002다) <통신 언어 문장종결법의 사회언어학>, ≪사회언어학≫ 10-2, 109-135, 한국사회언어학회.
이정복(2003가) ≪인터넷 통신 언어의 이해≫, 월인.
이정복(2003나) <통신 언어의 표준 화법>, ≪새국어생활≫ 13-1, 69-87, 국립국어연구원.
이정복(2003다) <인터넷 게시판의 특성과 이용자 별명의 관련성>, ≪텍스트언어학≫ 14, 139-165, 한국텍스트언어학회.
이정복(2003라) <대구 지역 대학생들의 게시글에 나타난 통신 언어 분석>, ≪한국어학≫ 21, 239-267, 한국어학회.
이정복(2004가) <인터넷 통신 언어 경어법의 특성과 사용 전략>, ≪언어과학연구≫ 30, 221-254, 언어과학회.

이정복(2004나) <공동체의 관점에서 본 말과 구비문학>, ≪구비문학연구≫ 19, 19-56, 한국구비문학회.
이정복(2005) <사회언어학으로 인터넷 통신 언어 분석하기—최근의 연구 현황과 과제>, ≪한국어학≫ 27, 37-79, 한국어학회.
이정복(2006가) <청소년들의 경어법 사용 실태 분석—대구 지역 고등학생을 대상으로>, ≪한국어학≫ 30, 207-242, 한국어학회.
이정복(2006나) <인터넷 통신 언어 자료에 나타난 대구 지역 고등학생들의 방언 사용 실태>, ≪우리말글≫ 38, 135-168, 우리말글학회.
이정복(2007가) <인터넷 통신 언어에 대한 사회적 인식과 평가>, ≪방언학≫ 5, 199-236, 한국방언학회.
이정복(2007나) <인터넷 통신 언어에서 보이는 방언 사용의 성별 차이>, ≪어문학≫ 97, 63-96, 한국어문학회.
이정복(2008가) <21세기의 금기어, 인터넷 금칙어>, ≪꿈과 열정이 있는 풍경—101인의 학자들이 엮어낸 진솔한 이야기≫, 328-333, 한국문화사.
이정복(2008나) <외래어 순화 정책의 방향—정부 활동을 중심으로>, ≪어문학≫ 99, 27-66, 한국어문학회.
이정복(2008다) <인터넷 금칙어와 통신 화자들의 대응 전략>, ≪사회언어학≫ 16-2, 273-300, 한국사회언어학회.
이정복(2009가) <한국 사회의 인종차별적 언어문화에 대한 비판적 분석>, ≪언어과학연구≫ 48, 125-158, 언어과학회.
이정복(2009나) ≪인터넷 통신 언어의 확산과 한국어 연구의 확대≫, 소통.
이정복(2009다) <한국 속담에 나타난 장애인 차별 표현>, ≪텍스트언어학≫ 27, 215-244, 한국텍스트언어학회.
이정복(2010가) <인터넷 사이트 방문자에 대한 호칭 실태 분석>, ≪사회언어학≫ 18-1, 1-29, 한국사회언어학회.
이정복(2010나) <상황 주체 높임 '-시-'의 확산과 배경>, ≪언어과학연구≫ 55, 217-246, 언어과학회.

이정복(2010다) <인터넷 통신 공간의 여성 비하적 지시 표현>, ≪사회언어학≫ 18-2, 215-247, 한국사회언어학회.
이정복(2011가) <트위터의 소통 구조와 통신 언어 영역>, ≪인문과학연구≫ 37, 235-270, 대구대 인문과학연구소.
이정복(2011나) <인터넷 통신 언어와 사회언어학—'한다요체'를 중심으로>, ≪우리말연구≫ 29, 7-40, 우리말학회.
이정복(2011다) <트위터 누리꾼들의 호칭어 사용에 대한 사회언어학적 접근>, ≪어문학≫ 114, 143-174, 한국어문학회.
이정복(2011라) <인터넷 통신 언어 실태와 세대 간 의사소통의 문제>, ≪배달말≫ 49, 29-69, 배달말학회.
이정복(2012가) <스마트폰 시대의 통신 언어 특징과 연구 과제>, ≪사회언어학≫ 20-1, 177-211, 한국사회언어학회.
이정복(2012나) ≪한국어 경어법의 기능과 사용 원리≫, 소통.
이정복(2013가) <누리소통망과 새말의 형성>, ≪새국어생활≫ 23-1, 34-52, 국립국어원.
이정복(2013나) <사회적 소통망(SNS)의 지역 차별 표현>, ≪어문학≫ 120, 55-83, 한국어문학회.
이정복(2014가) ≪한국 사회의 차별 언어≫, 소통.
이정복(2014나) <대중 매체 언어 연구의 목적과 방향>, ≪어문학≫ 124, 67-101, 한국어문학회.
이정복(2014다) <통신 언어 의성의태어 사용과 성별 차이>, ≪우리말글≫ 62, 45-74, 우리말글학회.
이정복(2015가) <사회적 소통망(SNS) 말놀이의 유형과 기능>, ≪어문학≫ 130, 27-61, 한국어문학회.
이정복(2015나) <인터넷 매체와 지역 방언>, ≪방언학≫ 22, 83-134, 한국방언학회.
이정복(2016) <누리꾼들의 비의도적 차별 언어 사용 연구>, ≪사회언어학≫ 24-3, 345-377, 한국사회언어학회.
이정복(2017가) ≪사회적 소통망(SNS)의 언어문화 연구≫, 소통.
이정복(2017나) <2017년 한국 대선 기간의 유명 정치인들에 대한 트

위터 누리꾼들의 호칭어 및 경어법 사용>, ≪언어와 정보 사회≫ 31, 251-279, 서강대 언어정보연구소.

이정복(2017다) <트위터 누리꾼들의 영어 차용 복합어 새말 사용 및 관련 태도 분석>, ≪영어학≫ 17-4, 749-782, 한국영어학회.

이정복(2018가) <소셜 미디어에 대한 텍스트언어학적 접근>, ≪텍스트언어학≫ 44, 97-122, 한국텍스트언어학회.

이정복(2018나) <뉴스 댓글에서의 욕설 사용 실태와 한국 사회의 금기 문화>, ≪우리말연구≫ 55, 61-91, 우리말학회.

이정복(2019가) <통신 언어의 의미>, ≪한국어 의미 탐구의 현황과 과제≫, 669-695, 한국문화사.

이정복(2019나) <언어 정책 및 교육 관점에서 본 한국어의 변이와 변화>, ≪사회언어학≫ 27-3, 131-179, 한국사회언어학회.

이정복(2021) <비판 정치 트윗글의 언어 사용 분석>, ≪우리말연구≫ 66, 133-168, 우리말학회.

이정복(2022가) <누리꾼들의 상황 주체 높임 '-시-' 사용 연구>, ≪방언학≫ 35, 107144, 한국방언학회.

이정복(2022나) <방탄소년단 유튜브 동영상의 한국어 댓글 분석>, ≪한말연구≫ 63-27, 1-22, 한말연구학회.

이정복(2023가) <차별 언어 관련 유튜브 동영상의 비판적 검토>, ≪한말연구≫ 64-13, 1-20, 한말연구학회.

이정복(2023나) <외래 고유명사 줄임말의 유형과 사용 효과>, ≪사회언어학≫ 31-1, 111-147, 한국사회언어학회.

이정복(2023다) <한국어 차별 언어 연구의 몇 가지 문제>, ≪한말연구≫ 64-26, 1-21, 한말연구학회.

이정복(2023라) <동영상 미디어 시대의 언어 연구 현황과 과제>, ≪한민족어문≫ 102, 7-45, 한민족어문학회.

이정복(2023마) <케이팝(K-pop) 노랫말의 언어에 대한 누리꾼들의 태도 분석―방탄소년단(BTS)을 중심으로>, ≪사회언어학≫ 31-4, 235-277, 한국사회언어학회.

이정복(2024) <상황 주체 높임과 '-시-'의 기능 변화>, ≪언어와 정보 사회≫ 51, 159-193, 서강대 언어정보연구소.

이정복·김봉국·이은경·하귀녀(2000) ≪바람직한 통신 언어 확립을 위한 기초 연구≫, 연구 보고서, 문화관광부.

이정복·박은하(2019) <네이버 뉴스 댓글의 욕설에 대한 사회언어학적 연구>, ≪사회언어학≫ 27-1, 153-178, 한국사회언어학회.

이정복·박호관·양명희(2005) ≪청소년 언어 사용 실태 연구―고등학교 2학년 서울, 대구 지역 학생을 대상으로≫, 연구 보고서, 국립국어원.

이정복·양명희·박호관(2006) ≪인터넷 통신 언어와 청소년 언어문화≫, 한국문화사.

이정복·판영(2013) <한국과 중국의 통신 언어 호칭어 '님'과 '亲(친)'의 쓰임>, ≪우리말글≫ 58, 127-150, 우리말글학회.

이정복·판영(2015) <한국어와 중국어의 인터넷 의성의태어 비교>, ≪사회언어학≫ 23, 145-175, 한국사회언어학회.

이종철(2009) <TV 광고 언어의 논증적 의미 관계 양상>, ≪한국어교육학회지≫ 129, 209-238, 한국어교육학회.

이종철(2012) <라디오 광고 언어의 문체 연구>, ≪한국어교육학회지≫ 139, 303-333, 한국어교육학회.

이주희(2012) <마이크로블로그 커뮤니케이션의 언어문화 연구―트위터를 중심으로>, ≪인문과학연구≫ 30, 135-169, 성신여대 인문과학연구소.

이지영(2010) <인쇄 광고 매체언어의 사용 양상 연구―학원 광고를 중심으로>, ≪한국어 의미학≫ 33, 203-228, 한국어의미학회.

이지은·두수진·이상민·최한나·이민규(2014) <소셜 미디어 매개유력자의 속성과 트위터 메시지 유형 연구―파워 트위터리안의 리트윗 메시지를 중심으로>, ≪한국언론학보≫ 58-6, 245-278, 한국언론학회.

이진성(2003) <한국어와 영어에 나타난 통신언어의 특징적 양상 비교>, ≪사회언어학≫ 11-2, 215-237, 한국사회언어학회.

이진성(2011) <TV 화장품 광고에 반영된 여성과 남성에 대한 언어 태도의 차이>, ≪사회언어학≫ 19-2, 287-318, 한국사회언어학회.

이진성(2013가) <영어 통신어는 우리말 통신어와 어떻게 다를까?>, ≪새국어생활≫ 23-1, 70-88, 국립국어원.

이진성(2013나) <영어 통신언어의 표기 특성과 한국어 통신언어와의 의사소통 전략의 차이>, ≪사회언어학≫ 21-3, 221-247, 한국사회언어학회.

이찬영(2016가) <현대 한국어 혼성어 연구>, 연세대 석사학위논문

이찬영(2016나) <혼성어 형성에 대한 인지적 고찰>, ≪형태론≫ 18-1, 1-27, 형태론 편집위원회.

이찬영·윤나영(2023) <온라인 스트리밍 실시간 채팅에서의 임시어 형성 유형과 특성 연구>, ≪한국어학≫ 100, 155-186, 한국어학회.

이철우(2012) <텔레비전 매체에서의 자동차 광고 언어에 나타난 표현 전략>, ≪우리말연구≫ 30, 63-87, 우리말학회.

이태석·정혜인·주희수·김순영(2022) <한국 예능 방송 자막 유형별 한-영 번역 양상 연구>, ≪번역·언어·기술≫ 3, 179-110, 동국대 번역학연구소.

이호승(2014) <국어 혼성어와 약어에 대하여>, ≪개신어문연구≫ 39, 49-73, 개신어문학회.

임규홍(2000) <컴퓨터 통신언어에 대하여>, ≪배달말≫ 27, 23-59, 배달말학회.

임영철·이길용(2008) ≪사회적 의사소통 연구─장애인 차별 언어의 양태에 관한 연구≫, 연구 보고서, 국립국어원.

임영호(2013) <누리소통망 서비스 확산과 소통 문화의 변화>, ≪새국어생활≫ 23-1, 3-17, 국립국어원.

장경현(2013) <인터넷 언어의 종결어미 회피 현상 연구>, ≪언어정보와 사전편찬≫ 31, 171-195, 연세대 언어정보연구원.

장경현(2016) <신문 텍스트에 나타나는 외모 이데올로기─연예기사를

중심으로>, ≪인문학연구≫ 51, 733-760, 조선대 인문학연구원.
장경희(2010) <국어 욕설의 본질과 유형>, ≪텍스트언어학≫ 29, 401-427, 한국텍스트언어학회.
장민기(2016) <통신 화자의 금칙어 사용에 대한 유형 분석―'아프리카TV' 대화방을 중심으로>, 한양대 석사학위논문.
장민정(2011) <토크쇼 대화에 나타난 질문-응대의 전략 분석>, ≪텍스트언어학≫ 30, 211-236, 한국텍스트언어학회.
장부리(2013) <한중 통신 언어의 문법화와 역문법화 비교 연구>, 조선대 석사학위논문.
장익진(2000) <21세기 매스 커뮤니케이션 효과론 연구의 변화에 대한 전망>, ≪21세기 미디어 연구의 패러다임≫, 조항제 외 4인, 58-92, 한나래.
장일식(2023) <글로벌 한류와 팬덤(Fandom)―한국 드라마를 중심으로>, ≪영화교육연구≫ 17-1, 17-40, 한국영화교육학회.
전병용(2003) <통신 언어의 방언 양상에 대한 연구―대화방 언어를 중심으로>, ≪개신어문연구≫ 20, 221-246, 개신어문학회.
전병용(2006) <조선시대 언어유희와 통신언어 언어유희의 비교 분석>, ≪동양고전연구≫ 24, 185-221, 동양고전학회.
전병용(2012) <인터넷 댓글에 나타난 '성기' 관련 욕설의 변이형 고찰>, ≪어문연구≫ 74, 105-130, 어문연구학회.
전병철(2007) <댓글에 나타난 욕설의 형태 연구>, ≪언어학 연구≫ 11, 189-205, 한국중원언어학회.
전은진(2012) <스마트폰 응용 프로그램 '청소년 은어 사전'에 오른 은어에 대한 언어학적 분석>, ≪사회언어학≫ 20-1, 267-293, 한국사회언어학회.
전정미(2012) <광고 텍스트에 나타난 공손 전략 연구>, ≪사회언어학≫ 20-2, 401-423, 한국사회언어학회.
정한데로(2010) <'형식명사+-요' 구성에 관한 소고(小考)―인터넷 통신 언어를 중심으로>, ≪언어와 정보 사회≫ 13, 37-65,

서강대 언어정보연구소.

정현선(2004) <인터넷 유머 이해의 문화교육적 고찰―다중문식성과 하이퍼텍스트적 소통 원리를 중심으로>, ≪한국어 의미학≫ 14, 297-325, 한국어의미학회.

정현선(2013) <SNS의 언어 현상과 소통 공간에 관한 국어교육적 고찰>, ≪국어교육≫ 142, 79-114, 한국어교육학회.

정혜녕·남윤주(2017) <리뷰 텍스트의 신뢰도 관여 요인에 대한 안구운동추적 연구>, ≪텍스트언어학≫ 43, 193-219, 한국텍스트언어학회.

조경하(2012) <온라인 게임 금칙어의 조어 방식에 관한 연구>, ≪우리어문연구≫ 42, 149-190, 우리어문학회.

조국현(2007) <인터넷 '댓글'의 텍스트유형학적 연구>, ≪텍스트언어학≫ 23, 203-230, 한국텍스트언어학회.

조국현(2008) <온라인 팬 커뮤니티의 담론 분석―'디워 영구아트'를 사례로>, ≪텍스트언어학≫ 25, 31-55, 한국텍스트언어학회.

조국현(2009) <온라인 신문의 하이퍼텍스트종류>, ≪텍스트언어학≫ 27, 111-136, 한국텍스트언어학회.

조국현(2011) <정치인 팬 커뮤니티 분석―'박사모'를 중심으로>, ≪텍스트언어학≫ 31, 279-309, 한국텍스트언어학회.

조국현(2012) <신문 사설의 '안철수 담화' 분석>, ≪텍스트언어학≫ 32, 201-240, 한국텍스트언어학회.

조남현·정진자(2015) <장애고등학생의 SNS와 일상언어에서의 비속어·은어 사용실태>, ≪장애아동인권연구≫ 6-2, 15-33, 한국장애아동인권학회.

조남호(2014) <한국어의 외래어 수용과 대응>, ≪인문과학연구논총≫ 35-3, 13-38, 명지대 인문과학연구소.

조민하(2013) <방송 언어의 비표준어 사용 실태 조사를 통한 정책적 제안>, ≪사회언어학≫ 21-1, 271-299, 한국사회언어학회.

조민하·홍종선(2015) <방송 언어의 외래어·외국어 사용 실태와 개선 방안―주말 드라마를 중심으로>, ≪한어문교육≫ 34,

29-52, 한국언어문학교육학회.
조수선(2013) <방송의 문자정보 유형과 표현사례 연구>, 《동서언론》 16, 35-57, 동서언론연구소.
조엘 컴·켄 버지 지음/신기라 옮김(2009) 《트위터―140자로 소통하는 신 인터넷 혁명》, 예문.
조오현·김용경·박동근(2002) 《컴퓨터 통신언어 사전》, 역락.
조원형(2011) <인터넷 백과사전 <위키백과> 문서의 텍스트성>, 《텍스트언어학》 30, 237-262, 한국텍스트언어학회.
조위수(2023가) <북한이탈주민 담화에 나타난 질문의 기능 연구―윤설미TV를 중심으로>, 《문화와 융합》 45-1, 383-394, 한국문화융합학회.
조위수(2023나) <북한이탈주민의 담화 전략 특성 연구―윤설미TV 유튜브 방송 담화를 중심으로>, 《문화교류와 다문화교육》 12-1, 215-236, 한국국제문화교류학회.
조향숙(2013) <금기어와 한국인의 감성>, 《인간·환경·미래》 10, 97-118, 인제대 인간환경미래연구원.
지윤주·김일규(2015) <통신언어의 모음변이와 음성학적 유사성>, 《말소리와 음성과학》 7-1, 133-138, 한국음성학회.
채완(2003) 《한국어의 의성어와 의태어》, 서울대 출판부.
채완(2011가) <광고의 전략과 언어 표현 기법>, 《언어와 정보 사회》 15, 87-119, 서강대 언어정보연구소.
채완(2011나) <TV 광고 언어의 통합적 해석>, 《한국어 의미학》 36, 419-448, 한국어의미학회.
천선영(2013) <'쓰여진 말', 새로운 구어를 통해 살펴본 소통과 상호작용 성격과 특성 변화―'문자메시지'의 언어·사회이론적 함의>, 《사회이론》 44, 173-209, 한국사회이론학회.
최명원·김선영·김지혜·이애경(2012) <SNS 메신저 '카카오톡' 언어현상 연구>, 《텍스트언어학》 33, 467-493, 한국텍스트언어학회.
최명원·홍성완(2016) <정보 전달매체(SNS vs. 종이 인쇄물)에 따른

학습자의 읽기수행능력 비교 연구>, ≪텍스트언어학≫ 41, 351-376, 한국텍스트언어학회.

최상민(2018) <TV 막장 드라마 속에 나타난 혐오 언어와 부정적 해악>, ≪드라마연구≫ 54, 165-193, 한국드라마학회.

최신인·최은정(2015) <신문기사의 신조어 재현 양상 연구>, ≪새국어교육≫ 102, 215-243, 한국국어교육학회.

최유숙(2016) <신문기사에 나타난 북한이탈주민 지칭어 분석>, ≪어문론집≫ 67, 33-66, 중앙어문학회.

최재수(2007) <중국어와 한국어의 인터넷 언어 비교연구>, ≪중국학연구≫ 41, 157-176, 중국학연구회.

최형용(2003) <'줄임말'과 통사적 결합어>, ≪국어국문학≫ 135, 191-220, 국어국문학회.

최화니(2012) <'막이래'의 담화 기능 연구―트위터(Twitter) 언어를 중심으로>, ≪텍스트언어학≫ 32, 241-264, 한국텍스트언어학회.

카릴 샐리(2023) <한국어 인칭어의 대인관계 관리 기능 연구>, 서울대 박사학위논문.

칸다 토시아키 지음/김정환 옮김(2010) ≪트위터 혁명―사람들은 왜 트위터에 열광하는가?≫, 스펙트럼북스.

판영·이정복(2016) <중국 누리꾼들이 사용하는 한국어 종결어미 '思密达(습니다)'의 쓰임과 기능>, ≪언어와 정보 사회≫ 29, 353-382, 서강대 언어정보연구소.

표시연(2017) <영어 형태소가 합성된 신조어 생성의 형태론적 유형에 대한 고찰>, ≪언어≫ 42-1, 97-120, 한국언어학회.

하승희(2022) <국내 개그 유튜브 콘텐츠의 북한 재현 특성―유튜브 채널 '피식대학', '고농축'을 중심으로>, ≪국제한인문학연구≫ 34, 97-124, 국제한인문학회.

한국방송학회 방송과수용자연구회 엮음(2012) ≪소셜 미디어 연구≫, 커뮤니케이션북스.

한국언론학회 엮음(2012) ≪정치적 소통과 SNS≫, 나남.

한국인터넷진흥원(2010) ≪인터넷 & 시큐리티≫, 한국인터넷진흥원.
한국인터넷진흥원(2011) ≪2010년 인터넷이용실태조사≫, 한국인터넷진흥원.
한국인터넷진흥원(2015가) ≪2015년 인터넷이용실태조사≫, 한국인터넷진흥원.
한국인터넷진흥원(2015나) ≪2015년 모바일인터넷이용 실태조사≫, 한국인터넷진흥원.
한국정보산업연합회 조사연구팀(2006) <소셜 미디어(social media)란 무엇인가?>, ≪정보산업≫ 242, 52-55, 한국정보산업연합회.
한성일(2003) <설문 조사를 통해서 본 통신 언어 사용에 대한 연구>, ≪사회언어학≫ 11-2, 301-322, 한국사회언어학회.
한성일(2009) <인터넷 댓글의 비방성에 대한 연구>, ≪한말연구≫ 24, 287-314, 한말연구학회.
한성일(2010) <대중가요에 쓰인 영어 가사의 기능 연구>, ≪텍스트언어학≫ 29, 477-502, 한국텍스트언어학회.
허상희(2011) <의사소통 도구로서의 트위터(Twitter)의 특징과 소통 구조에 관한 고찰>, ≪우리말연구≫ 28, 259-283, 우리말학회.
허상희(2012) <대학생들의 전자편지 제목 분석―교수와 학생 간의 전자편지를 중심으로>, ≪우리말연구≫ 30, 241-268, 우리말학회.
허상희(2013가) <누리소통망의 의사소통 방식과 구조―트위터와 페이스북을 중심으로>, ≪새국어생활≫ 23-1, 53-69, 국립국어원.
허상희(2013나) <대학생들의 전자편지에 대한 화용론적 분석>, ≪한민족어문학≫ 64, 155-189, 한민족어문학회.
허상희(2016) <대학생의 카카오톡 언어 사용 분석>, ≪한글≫ 314, 103-143, 한글학회.
허상희·최규수(2012) <트위터에서 트윗(tweet)의 특징과 유형 연구>,

≪한민족어문학≫ 61, 455-494, 한민족어문학회.
허재영(2001) <금기어의 구조 및 발생 요인>, ≪사회언어학≫ 9-1, 193-217, 한국사회언어학회.
허재영(2009) <신문 매체 언어 연구와 국어과 교육>, ≪사회언어학≫ 17-2, 177-197, 한국사회언어학회.
홍달오(2014) <접두사의 준부사화 경향에 대한 고찰―접두사 '개-'를 중심으로>, ≪언어≫ 39-1, 231-249, 한국언어학회.
홍삼열·오재철(2012) <SNS 활용이 사회자본 형성에 미치는 영향 비교 분석―트위터, 페이스북, 카카오스토리를 중심으로>, ≪스마트미디어저널≫ 1-4, 72-78, 한국스마트미디어학회.
홍정효(2008) <네트워크 기반 게임의 통신언어에 나타나는 유아 언어파괴, 은어 및 비속어 사용에 관한 연구>, ≪유아교육논총≫ 17-1, 63-79, 부산유아교육학회.
황경수(2011) <신문 언어의 오류 양상에 대한 고찰>, ≪새국어교육≫ 87, 353-373, 한국국어교육학회.
황성근(2014) <소셜네트워크서비스(SNS)가 글쓰기에 끼친 영향성 연구>, ≪사고와 표현≫ 7-1, 133-159, 한국사고와표현학회.
Bryant, J.(1993) <Will traditional media research paradigms be obsolete in the era of intelligent communication networks?>, in P. Gaunt (ed.) ≪Beyond Agendas―New Directions in communication research≫, Westport: Greenwood Press.
Crystal, D.(2004) ≪The Language Revolution≫, Cambridge: Polity. 크리스털 지음/김기영 옮김(2009) ≪언어 혁명≫, 울력.
Crystal, D.(2006) ≪Language and the Internet≫ (2nd edn), Cambridge: Cambridge University Press.
Crystal, D.(2008) ≪Txtng: The Gr8 Db8≫, Cambridge: Cambridge Univ. Press. 크리스털 지음/이주희·박선우 옮김(2011) ≪문자메시지는 언어의 재앙일까? 진화일까?≫, 알마.
Jiyoung Danial(2010) <A study of net-lingo in Korean and

English>, ≪한어문교육≫ 22, 321-391, 한국언어문학교육학회.

Minhee Bang & Seoin Shin(2010) <Using corpus linguistics in the study of media language>, ≪사회언어학≫ 18-1, 77-103, 한국사회언어학회.

Ryoo, Mi-Lim(2005) <The discourse of sexual jokes in the virtual world>, ≪텍스트언어학≫ 18, 121-144, 한국텍스트언어학회.

찾아보기

(B)

BTS 285, 2898 343, 356

(O)

OTT 15, 371

(ㄱ)

가리킴말	174
간접 높임	33
감성어	402
거리 조정하기 전략	17, 28
경어법	16
경어법의 전략적 용법	16
경제성의 동기	77
경제적 동기	78
공문서	73
구별성의 동기	77
규범적 용법	16
글말	376
금기어	114, 118
금칙어	114

금칙어 대응 전략	117, 173
금칙어 욕설	119
기사 댓글	267
기업 보도자료	74
기타 욕설	132

(ㄴ)

네이버 밴드	259
노랫말	327
노랫말 언어	321
누리꾼들의 태도	215, 347, 348
뉴스 댓글	119

(ㄷ)

댓글	375
댓글 대화	391
동영상 미디어	370
드라마 대사의 언어적 장치	45
드라마 대화의 사실성	45

(ㄹ)

레드벨벳	322
로마자 줄임말	72, 88
리뷰 텍스트	271

(ㅁ)

마이크로 블로그	263
멜로 드라마	50, 51
문화콘텐츠	13, 47, 316
미용 한국어	385

(ㅂ)

방탄소년단	285, 322, 389
번역 자막	396
보라하다	315
복합 양식 텍스트	277
부정적 부사어	165
부정적 평가어	162
블랙핑크	322
블로그	258
비속어	160, 396
비판 정치 트윗글	152, 181
빅데이터	278

(ㅅ)

사물 높임	32
사용자 생성 콘텐츠(UGC)	389
사이버 렉카	396
사투리	306
사회적 소통망	75, 147, 186, 197, 223, 256, 258
상황 주체 높임	31, 45
새말	126, 189
성기 및 성행위 욕설	125
성차별 언어	37
소셜 미디어	255, 257
쇼츠(shorts)	395
수혜자 공손 전략	16, 18
신분 및 품성 욕설	130
실시간 대화	390
실시간 방송	383, 391
실시간 소통	261
심리적 해방 동기	78
싸이월드	260

(ㅇ)

아미(Army)	286
아이러브스쿨	260
아이유	322
아포방포	315
안높임말	174
언론 기사	73
영상 내용 언어	375
영상 정보 언어	374
영어 노랫말	336
영어 차용 복합어	187, 204
영어 차용 복합어 새말	186, 191
영어 차용 줄임말	201
영어 차용 파생어	194

영어 차용 합성어	193
영어 차용 혼성어	197
예능 자막	50
오락적 동기	78
완곡 표현	118
완곡어	116
외국어	73, 191, 214
외래 고유명사	74
외래 고유명사 줄임말	75
외래어	73, 186, 191, 214
욕설	113, 115, 160, 397
욕설 댓글	121
웹 드라마	395
위세적 기능	212
위키피디아	258
유대 강화 동기	78
유머 텍스트	277
유튜브	54, 63, 283, 288, 316, 321, 364, 370
유튜브 광고	395
음절 모으기	76
의성어	227
의성의태어	224, 366
의태어	230
인스타그램	259
인터넷 금칙어	117
인터넷 동영상 방송 서비스	15
인터넷 매체	369
인터넷 번역기	294, 299, 318
인터넷 텍스트	264
인터넷 통신 언어	49, 255
일반 댓글	267
일본어 노랫말	348
입말	376

(ㅈ)

자기 방어 표현	170
자동 자막	379
자막	376
자음만으로 줄여 적기	77
잘라 합치기	76, 87
잘라내기	76, 82
장애 및 질병 욕설	128
장애 차별 언어	40
전략적 용법	16, 45
전자편지 텍스트	266
정체성 바꾸기 전략	17, 26
정치 트윗글	148, 150
죽음 욕설	129
줄임말	75, 192
지위 드러내기 전략	17, 24
지위 불일치 해소 전략	16, 20
직업 차별 언어	42
직장 드라마	50, 56
집단 지성	261

(ㅊ)

차별 속담	136

차별 언어	37, 46, 388, 396
차별 표현	37, 46, 167
차용 표현	191
차용어	186, 191
첫음절 모으기	83
청자 경어법 사용의 일관성	294
칭찬 정치 트윗글	151

(ㅋ)

카카오스토리	259
카카오톡	272
케이드라마	13, 319
케이무비	319
케이컬처	13, 319
케이팝	285, 308, 319
케이팝 노랫말	355
케이팝 노랫말 언어	355
케이팝 언어	355
케이팝 정체성	366

(ㅌ)

텍스트 마이닝	389
텔레비전 드라마	15, 50
토론 댓글	267
통신 별명	289, 296
통신 언어	49
통신 언어 사용 동기	78, 213
통신 언어 새말	55
통신 언어 의성어	227, 234

통신 언어 의성의태어	225, 240, 241, 243
통신 언어 의태어	230, 238
트와이스	322
트위터	75, 147, 186, 223, 259, 262, 272

(ㅍ)

파생어	192
팔로우	263
팟캐스트	258
페이스북	223, 259, 262
표현적 동기	78
퓨전 사극	50, 59

(ㅎ)

하이퍼텍스트	265
학원 드라마	50, 54
한국 사회 금기 문화	140
한국어 노랫말	368
한국어 번역 줄임말	88, 92
한류	13, 284
한류 문화	319
합성어	192
합쳐 줄이기	76, 81
혼성어	190, 192
혼종어	189